はじめての人も
イチからわかる

やさしい
中学地理

堀野 たかし 著

はじめに

学校を卒業してから，ほぼ塾講師，家庭教師一筋に生きてきました。その経験から言えるのですが，社会が苦手な生徒の特徴は「社会科は暗記科目，ひたすら覚えるしかない」と思い込んでいることです。テスト直前に，涙ぐましい反復暗記によって，知識を頭に叩きこみますが，すぐに忘れてしまいます。だから，出題範囲が狭い定期テストはある程度出来ますが，出題範囲の広い入学試験や模試ではよい成績がとれません。そして，その生徒はこうつぶやきます，「社会はやってもやってもできるようにならない」と。

なぜ努力しても忘れてしまうのでしょうか？ それは，その知識を「自分が生きていく上で重要ではない」と思っているからです。生きていく上で重要な知識は忘れないですよね。つまり社会科は「生きていく上で重要だ」と思えれば社会の成績が上がるはずですが，そのためには，どうすればよいでしょうか？

世界は，日本は，そしてあなたは実に様々な問題に直面しています。「環境問題はどうしたら解決できるか？」「諸外国との関係はどうあるべきか？」「貧困の問題にどう対処すべきか？」などなど。これらの問題についてあなたはどう考えますか？ 他人に解決を任せておけばよいのでしょうか？ 違いますね。あなたが動かなければなりません。「自分も世界を動かしている一員なのだ」と自覚してください。その自覚を「当事者意識」といいますが，その意識を持てた時，「社会科」こそが，それらの問題を解決することに役立つものであり，「生きていく上で重要だ」と分かるはずです。実は入試問題の多くも当事者意識を持っているのかを問うているのです。本書は，与えられた環境の中でできるだけ幸福になりたいと努力する人々の姿，つまり地理を皆さんにお伝えします。皆さんが直面している問題を解決するのにお役に立てれば望外の幸せです。

末尾となりますが，学研プラスの歴代の担当者，中原由紀子さん，延谷朋実さん，細川順子さん，八巻明日香さんに感謝いたします。

堀野　たかし

本書の使いかた

本書は中学地理をやさしく，くわしく，しっかり理解できるように編集された参考書です。また，定期試験や入試などでよく出題される問題を収録しているので，良質な試験対策問題集としてもお使いいただけます。以下のような使いかたの例から，ご自身に合うような使いかたを選んで学習してください。

1 最初から通してぜんぶ読む

オーソドックスで, いちばん地理の力がつけられる使いかたです。特に,「地理を学び始めた人」や「地理に苦手意識のある人」にはこの使いかたをオススメします。キャラクターと先生の掛け合いを見ながら読み進め, CHECK 問題で確認しましょう。

2 知りたい単元を読む

復習したい単元や，先取り学習をしたい単元がある人は，そこを重点的に読んでみるのもよいでしょう。教科書よりもくわしく「なぜ？」の理由を説明しているので，より理解が深まるはずです。

3 別冊の問題集でつまずいたところを本冊で確認する

ひと通り中学地理を学んだことがあり，実戦力を養いたい人は，別冊の問題集を中心に学んでもよいかもしれません。解けなかったところ，間違えたところは本冊の内容を読み直して理解してください。ご自身の弱点を知ることもできます。

登場キャラクター紹介

サクラの双子の兄。元気がとりえの中学生。地理に興味はあるが，これまではあまり勉強してこなかった。

サクラ

ケンタの双子の妹。しっかり者で明るい女の子。地理が得意。ときどきするどい指摘をする。

先生（堀野　たかし）

社会を長年指導している，中学地理の救世主。ケンタとサクラの社会科教師として，奮闘。

もくじ

1章 世界の姿 …… 7
1-1 世界の大陸と海洋 …… 8
1-2 さまざまな国 …… 12
1-3 地球上での位置の表し方 …… 16
1-4 さまざまな地図 …… 21
1-5 時差の計算 …… 29

2章 環境と暮らし …… 39
2-1 世界のさまざまな気候と暮らし …… 40
2-2 世界の宗教 …… 67

3章 アジア州 …… 71
3-1 アジア州 …… 72

4章 ヨーロッパ州 …… 103
4-1 ヨーロッパ州 …… 104

5章 アフリカ州 …… 133
5-1 アフリカ州 …… 134

6章 北アメリカ州 …… 151
6-1 北アメリカ州 …… 152

7章 南アメリカ州 …… 181
7-1 南アメリカ州 …… 182

8章 オセアニア州……193

8-1 オセアニア州……194

9章 日本と世界① 人口……205

9-1 日本と世界① 人口……206

10章 日本と世界② 日本のエネルギー……211

10-1 日本と世界② 日本のエネルギー……212

11章 日本と世界③ 貿易……217

11-1 日本と世界③ 貿易……218

12章 日本の姿……229

12-1 日本の領土……230
12-2 日本の地域区分・都道府県……243
12-3 世界の中の日本の位置……245
12-4 日本の地形と気候……253
12-5 日本の自然災害と防災……278

13章 日本の農業……283

13-1 日本の農業……284

14章 日本の水産業……303

14-1 日本の水産業……304

15章 日本の工業……311

15-1 日本の工業……312

16章 日本の商業・サービス業・交通 …… 331
16-1 日本の商業・サービス業 …… 332
16-2 日本の交通 …… 334

17章 北海道地方 …… 339
17-1 北海道地方 …… 340

18章 東北地方 …… 359
18-1 東北地方 …… 360

19章 関東地方 …… 383
19-1 関東地方 …… 384

20章 中部地方 …… 409
20-1 中部地方 …… 410

21章 近畿地方 …… 447
21-1 近畿地方 …… 448

22章 中国・四国地方 …… 459
22-1 中国・四国地方 …… 460

23章 九州地方 …… 471
23-1 九州地方 …… 472

さくいん …… 490

世界の姿

ここではまず世界全体の姿をとらえよう。そして，国について学び，球体の地球を平面図で表現するためのさまざまな工夫があることを学習しよう。

「確かにいろいろな種類の地図がありますね。」

その次に地球上での位置の表し方を知ってもらい，時差の計算ができるようになってもらう。

「海外旅行に行くと時差ボケがつらいです。」

「広大な地球を短時間で移動できるようになった代償だね，時差ボケって。」

世界の大陸と海洋

世界はどのような姿をしているのか？

次の写真が**地球**で，全周約４万 km の球体だ。

◀地球の姿

地球の表面の陸地と海洋の面積の割合（わりあい）は**陸地３：海洋７**で，海洋のほうが広いんだよ。

陸地は，**ユーラシア大陸**，**アフリカ大陸**，**北アメリカ大陸**，**南アメリカ大陸**，**オーストラリア大陸**，**南極（なんきょく）大陸**の**六大陸**と，多くの島々からなるよ。海洋は，**太平洋（たいへいよう）**，**大西洋（たいせいよう）**，**インド洋**の**三大洋**と，日本海や地中海（ちちゅうかい）などの付属（ふぞく）する小さな海からなる。次のページの地図で確認（かくにん）しよう。太平洋の「太」と大西洋の「大」の漢字は間違（まちが）えやすいから，しっかり区別して覚えよう。実は，太平洋の「太」の「、」は，太平洋の真ん中にあるハワイ島を表しているんだよ…。ごめんなさい。ウソです（笑）。

さて，六大陸の中で，もっとも面積が大きいのは何大陸かな？ アジアやヨーロッパが属する大陸だよ。

「はい。**ユーラシア大陸**です。」

正解（せいかい）。ユーラシア大陸だけが三大洋の全てに面しているね。では，ユーラシア大陸，アフリカ大陸，オーストラリア大陸の全てに面している海洋は何かな？ 次の図を見て答えてね。

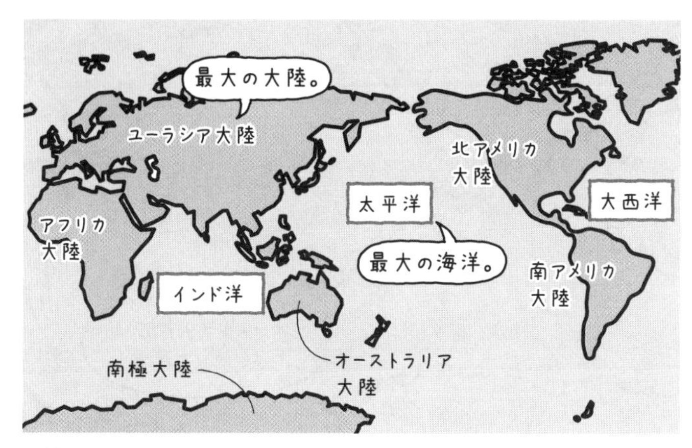

▲世界の六大陸・三大洋

「えっ～と。ユーラシア大陸は太平洋，大西洋，インド洋に面しています。アフリカ大陸は大西洋とインド洋に面しています。オーストラリア大陸は太平洋とインド洋に面しています。したがって，答えは**インド洋**ですね。」

そのとおり。

また，世界は６つの州に分けることができるよ。次のページの地図を見てみよう。

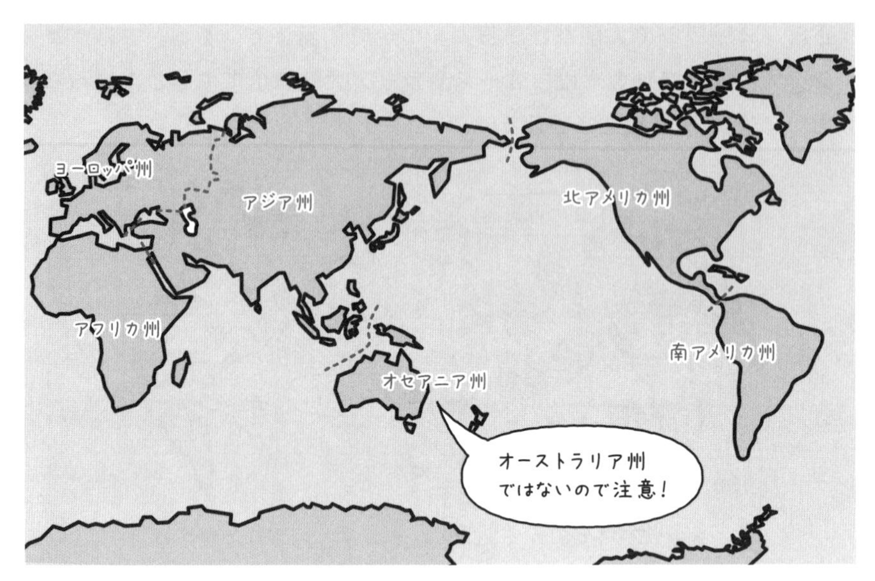

▲世界の地域区分

「アフリカ大陸とその周辺を**アフリカ州**，北アメリカ大陸とその周辺を**北アメリカ州**，南アメリカ大陸とその周辺を**南アメリカ州**，オーストラリア大陸とその周辺を**オセアニア州**として，ユーラシア大陸とその周辺は**アジア州**と**ヨーロッパ州**に分けられるわけですね。」

うん。アフリカ州とアジア州の境目(さかい)にある大きな半島は何半島かな？ ちなみに三方を海に囲まれている地形が半島だよ。

「**アラビア半島**です。アジア州に属しています。」

そうだね。アジア州とヨーロッパ州の境のひとつになっているのが，**ウラル山脈**だ。ウラル山脈より東がアジア州，西がヨーロッパ州だよ。ウラル山脈は南北約 2500 km にわたって連なっているよ。

Point　世界はどんな姿をしているのか？

- 陸地と海洋の割合は**陸地3：海洋7**で，海洋のほうが広い。
- **六大陸**…ユーラシア大陸，アフリカ大陸，北アメリカ大陸，南アメリカ大陸，オーストラリア大陸，南極大陸。最大はユーラシア大陸。
- **三大洋**…太平洋，大西洋，インド洋。最大は太平洋。
- 6つの州…**アジア州，ヨーロッパ州，アフリカ州，北アメリカ州，南アメリカ州，オセアニア州**。

1-2 さまざまな国

独立国とは

世界の6つの州は**独立国**や独立国とはいえない**地域**から成り立っている。

「先生，独立国とは何ですか？」

独立国とは，**国民（住民）・領域・主権**（他国に従属しない統治権をもつこと）をもつ団体のことだ。国連に加盟している国は193か国ある（2021年4月現在）。

国境とは

国と国との境界，つまり**国境**に注目してほしい。大体は，山脈・川などの自然物を利用したり，緯線や経線など人工的な目印を利用したりしている。

「先生，アフリカの国境線は直線が多いです（134ページの地図参照）。人工的なものを利用したものなんですか？」

いいところに気がついたね。**5**の141ページでも述べるが，アフリカは長い間ヨーロッパの植民地だった国が多い。そこで，かつて植民地支配していた国の都合で，経線や緯線などに沿って境界線が決められたなごりなんだ。

それぞれの国の面積，人口などに注目しよう。

世界で一番面積が小さい国はヨーロッパ州のバチカン市国だ。これは東京ディズニーランドより小さい。

「1日で一回りできますね。」

頑張ればね。世界一大きい国はロシア連邦(れんぽう)だ。世界の陸地面積の約8分の1を占める。日本の約45倍の大きさだ。ウラル山脈を境に右（東）はアジア州，左（西）はヨーロッパ州だ。

「2つの州にまたがっているんですね。」

そのとおり。また，海との関係で国々を分類してみよう。海に面している国が最も多いが，海に面していない国を内陸国，海に囲まれている国を島国（海洋国）という。

「日本やイギリス（ヨーロッパ州）は典型的な島国ですね。」

そうだ。あと，面積が大きくても人口が多いとは限らないよ。面積が世界最大のロシア連邦は，人口では世界9位（2020年）だよ。いっぽう，アジア州だけで世界の総人口である，約78億人（2020年）のおよそ60%を占めているよ。これについては**3**の74ページを見てくれたまえ。

国の名前・国旗に注目しよう。

日本はなぜ日本というのか知っているかい？

「漢和辞典で漢字の意味を調べると，“日＝太陽，本＝はじまり”とありますが。」

「わかりました。太陽がのぼりはじめる所，という意味ですか？」

うん。その考えが有力だ。中国の古文書にもそのような記載があるんだ。

「国の名前の由来を調べると，その国の特徴，アイデンティティが分かりそうで興味深いですね。」

次に国旗に注目しよう。下の国旗を見てほしい。全てオセアニア州の国の国旗だが共通点は何だろう？

▲オーストラリア

▲ニュージーランド

▲フィジー

▲ツバル

「いずれもイギリスの国旗が左上にあります。」

そうだね。かつてイギリスの植民地であり，いまもイギリス連邦（イギリスを中心とする，ゆるやかな国家の連合体）に所属しているという意味だ。ちなみにイギリス国旗をユニオンジャックというが，実はユニオンジャックそのものも，イングランド，スコットランド，アイルランドを表す旗が組み合わされたものだよ。

さて，次の国旗はどこの国のものでしょうか？

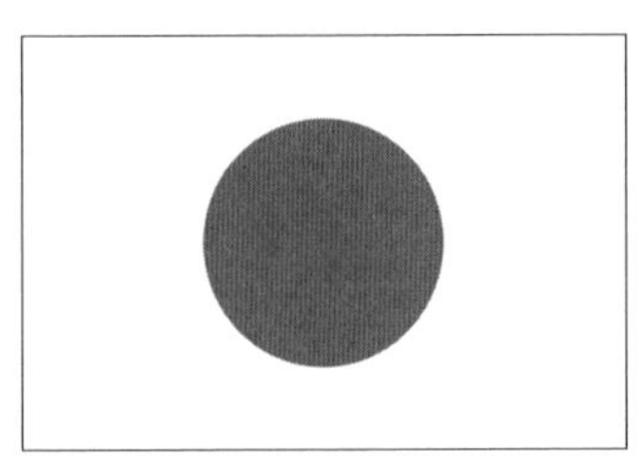

「日本の国旗です。法律上の名前は**日章旗**です。」

「これは太陽を表しているんですよね。日本の名の由来が“太陽がのぼりはじめる所”なんですから。」

そうだね。

Point　さまざまな国々

- **独立国＝国民＋領域＋主権**
- 国の特徴を知る→**国境線**（アフリカ州の国々），**面積**（ロシア連邦とバチカン市国），**人口**（アジア州の国々），**国の名前**，**国旗**（オセアニア州の国々）に注目。

地球上での位置の表し方

地球上での位置はどのように表すのか？

ある地点を基準(きじゅん)に地球の中心から南北の角度，そして，ある地点を基準に地球の中心から東西の角度の２つがわかれば，地球上での位置がわかるよ。南北の角度を**緯度(いど)**，東西の角度を**経度(けいど)**というよ。

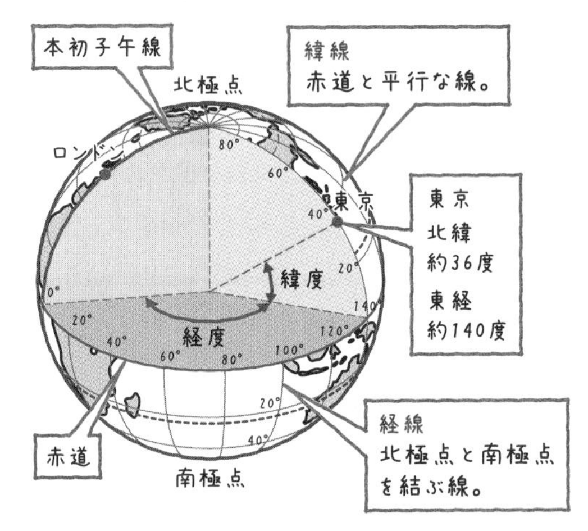

◀緯度と経度の表し方

「つまり，緯度が縦(たて)方向の位置を，経度が横方向の位置を表すわけですね。」

そうだね。同じ緯度の地点を結んだ線を**緯線**，同じ経度の地点を結んだ線を**経線**というよ。

「地図の横の線が緯線，縦の線が経線ですね。」

うん。どちらが緯線でどちらが経線かを覚えにくい人がいると思うので，ここで必勝暗記法を紹介(しょうかい)するよ。

-必勝暗記法1- 緯線と経線

（横が）（緯線）（経線は）（縦）
よこ　い　けい　た

さて，さっきの図を見てみよう。緯度の基準となっているのは**赤道**（せきどう）で，**赤道は緯度0度**だ。また，赤道は北極点と南極点の中間地点を結んだ線だから，赤道で地球を切ったとすると，ちょうど半分ずつに分けることができるね。このとき赤道より北側の地球を**北半球**，赤道より南側の地球を**南半球**というよ。ちなみに赤道の全長は約4万kmだ。

そして，赤道から北方向の角度は北緯○○度，南方向の角度は南緯●●度と表すんだ。北極点は北緯90度，南極点は南緯90度だね。

続いて，下の地図を見てごらん。これは赤道が世界のどこを通過（つうか）しているかを示（しめ）した地図だ。アジア州の中で赤道が通過しているのはどの国かな？

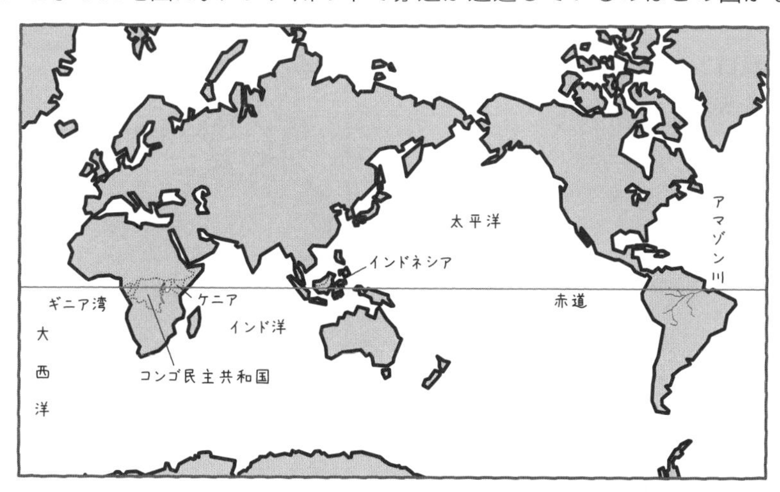

▲赤道が通るところ

「**インドネシア**です。」

「地図帳で確認すると，インドネシアの**カリマンタン（ボルネオ）島**やスマトラ島などを通過していますね。」

そうだね。アジア州の国の中で，赤道が通過しているのはインドネシアだけだ。では，インドネシアから赤道を西に追いかけていこう。何という海洋に出たかな？　三大洋のひとつだよ。

「西ということは，左に見ていけばいいわけですね。**インド洋**に出ました。その後アフリカ大陸の中央部，すなわちケニアやコンゴ民主共和国などを経て**ギニア湾**に出て**大西洋**を通過し，南アメリカ大陸の**アマゾン川**，そして**太平洋**に出ます。」

今度は経度について詳しく見ていこう。16ページの図をもう一度見てごらん。経度の基準となっているのは**本初子午線**で，本初子午線は**経度０度の経線**です。本初には「最初」という意味があるんだ。本初子午線は，イギリスの首都ロンドンにある旧グリニッジ天文台を通るよ。

「先生，なぜ，イギリスのロンドンを通るように本初子午線が定められているのでしょうか？」

そうだね。イギリスが当時（19世紀）はもっとも発達していた国で，緯度や経度を定めるのに必要な天体観測の実績もあったからなんだ。

次に，本初子午線がどんなところを通っているか見ていこう。右の地図を見てごらん。本初子午線を北から南に追っていこう。もちろんイギリスのロンドンを通っているね。

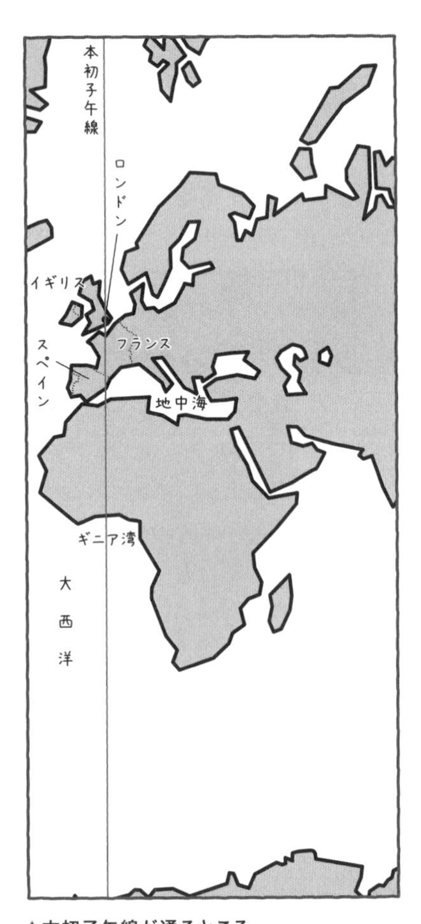

▲本初子午線が通るところ

「はい。そのあと，**フランス**や**スペイン**を通って，**地中海**に出ますね。」

「続いて，**アフリカ大陸の西部**を通っていますね。そのあと，**ギニア湾**のちょうど真ん中あたりを通過して，**大西洋**に出ます。」

そうだね。経度は本初子午線を基準（0度）として，東西を180度ずつに分けたものだ。本初子午線から東を東経○○度，本初子午線から西を西経●●度で表すよ。また，経線は北極点と南極点を結ぶ線で，本初子午線のちょうど地球の反対側には，経度180度の経線があるね。

「ということは，赤道のときと同じように，本初子午線と経度180度の経線で地球をちょうど半分ずつに切り分けることができるわけですね。」

そうだね。さて，下の地図を見てみよう。経度180度の経線付近には，ほかにも何かないかな？

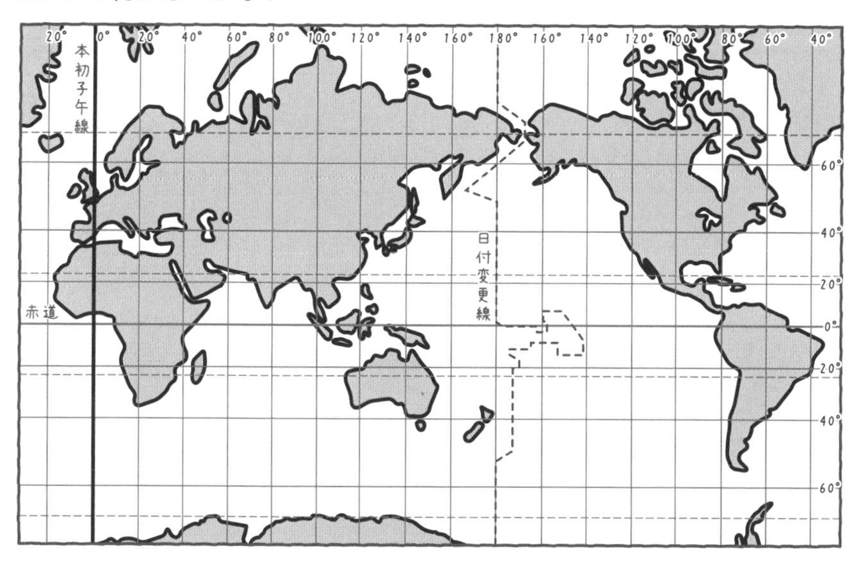

▲**緯線・経線と日付変更線**

「**日付変更線**(ひづけへんこうせん)がありますね。何か陸地を避(さ)けるようにくねくねしていますが…。これはなぜでしょうか？」

うん。今は日付変更線が経度180度の経線付近にあることだけを覚えておいてね。くわしいことは，「1-5時差の計算」のところで解説するよ。

Point 地球上での位置の表し方

- **緯度**…**赤道**を基準（0度）として，南北をそれぞれ**90度ずつ**に分けたもの。北半球の地点は**北緯○○度**，南半球の地点は**南緯●●度**。
- **緯線**…同じ緯度の地点を結んだ線。
- **経度**…**本初子午線**を基準（0度）として，東西を**180度ずつ**に分けたもの。本初子午線から東を東経○○度，本初子午線から西を西経●●度。本初子午線はイギリスの首都**ロンドン**を通る。
- **経線**…同じ経度の地点を結んだ線。
- 経度180度の経線付近に**日付変更線**がある。

さまざまな地図

世界地図にはどのようなものがあるか？

二人は**地球儀**を見たことがあるかな？ 地球儀は，地球をそのままの形で小さくした模型だね。そのため，距離や面積，形や方位など全てがほぼ正しく表されているんだ。でも，欠点もあるぞ。何だと思う？

「ぐるぐる回さないと世界の全てを見ることはできませんよね。」

「持ち運びづらいことも欠点だと思います。」

そうだね。そこで，世界地図が利用されるんだ。しかし，世界地図にも欠点がないわけではない。ほぼ球体の地球を平面の地図に投影するのだから，必ずゆがみが生まれてしまうんだ。

「なるほど。全てを同時に正しく表すことはできないわけですね。」

そのとおり。平面の地図では，地球儀のように，地球上の距離や面積，形や方位など全てを同時に正しく表すことはできないんだ。そこで，さまざまな種類の世界地図を目的によって使い分ける必要がある。ここでは，いくつか世界地図を紹介していくよ。まずは，中心からの距離と方位が正しく表される世界地図を見てみよう。

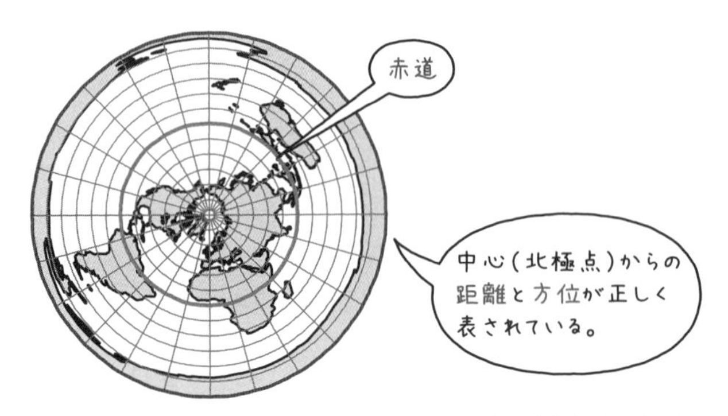

▲中心からの距離と方位が正しく表される世界地図（北極点を中心）

「あっ!! この世界地図は見たことがあります。国際連合の旗に使われていますよね。」

よく知っているね。図の中心点からほかの地点を結ぶ直線は最短経路となっていて，中心からの距離を正しく求めることが出来るんだ。この長所をいかして，中心からの距離と方位が正しく表される世界地図は**航空図**として利用されているよ。目的地までの最短経路・距離を知ることが出来るからね。

▲国際連合の旗

「しかし，この地図は，中心から離れるほど形が大きくゆがんでしまうようですね。南極大陸などはとても変な形をしています。」

確かにそうだね。短所もあるけど，それぞれの地図の長所をいかして利用することが大切だね。

さて，次ページの地図で，東京からロンドン，東京からカイロはそれぞれ約何 km 離れているかな？

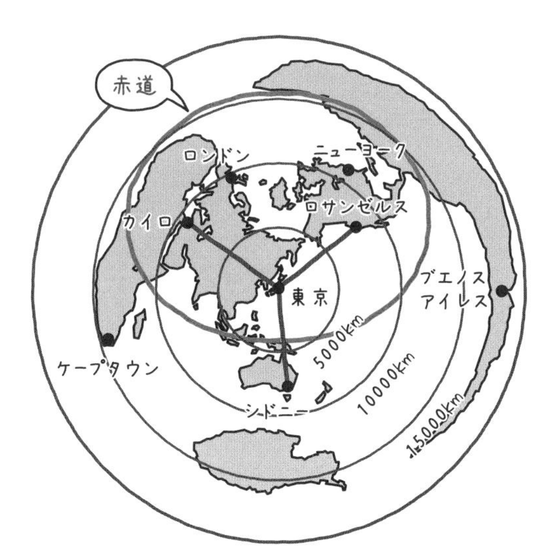

▲中心からの距離と方位が正しく表される世界地図（東京を中心）

「ロンドンもカイロも東京から**約 10000 km** 離れています。」

では，シドニーとニューヨークでは，どちらの都市のほうが東京から近いかな？

「ニューヨークは東京から 10000 km 以上離れていますが，シドニーは 10000 km 以内にあります。よって，**シドニー**のほうが近いです。」

正解。

「アフリカ大陸は，東京から 15000 km 以内の範囲(はんい)におさまっていますね。」

そうだね。かなりゆがんで見える南アメリカ大陸よりもアフリカ大陸のほうが東京から近い距離にあることがわかるね。さて，東京から見てインド洋はどの方位にあるかな？

「インド洋は，ユーラシア大陸やアフリカ大陸，オーストラリア大陸などに囲まれた海洋ですよね。ということは，**南西**にあります。」

そのとおり。では，東京から見て，カイロはどの方位にある？

「東京から見て**北西**にあります。」

正解。では，東京からカイロに最短経路で向かうとすると，どの大陸を通ることになるだろうか？

「東京とカイロを直線で結ぶとわかりやすいですね。**ユーラシア大陸**と**アフリカ大陸**です。」

そうだね。では，最後に東京から見て，ロサンゼルス，ブエノスアイレス，シドニー，ケープタウンはそれぞれどの方位にあるかな？

「はい。ロサンゼルスは**北東**，ブエノスアイレスは**東**，シドニーは**南**，ケープタウンは**南西**にあります。」

そのとおり。

「東京からまっすぐ東に向かうと，南アメリカ大陸のブエノスアイレス付近に着くわけですね。すごく意外です。」

22ページの世界地図と23ページの世界地図で，**赤道**を確認してみよう。利用する世界地図によって，赤道の見え方が違うので注意してね。

続いて，角度が正しい世界地図を紹介しよう。

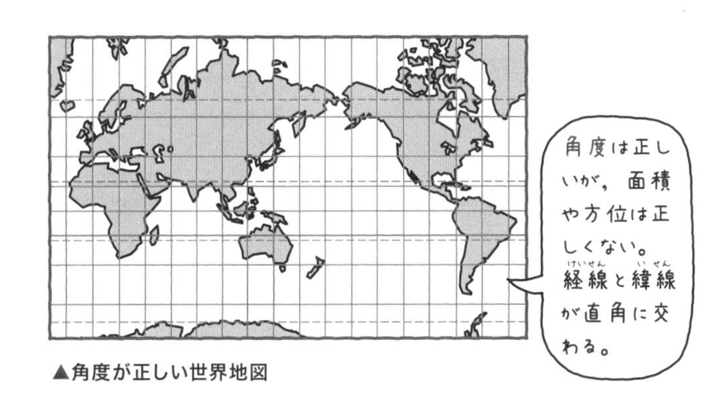

▲角度が正しい世界地図

「先生。この地図は見たことがあります。経線と緯線が直角に交わることが特徴ですね。」

そう。地図上の２つの地点を結ぶ直線は**等角航路**となっている。短所は，高緯度の地域ほど陸地の形が大きくゆがみ，面積・距離が拡大されてしまうことだね。方位も正しくないんだ。

「等角航路って何ですか？」

等角航路とは，地球上の２つの地点の間で，いつも経線と一定の角度を保つように進むコースのことだよ。これに対して，地球上の２つの地点の間を最短距離で進むコースを**大圏航路**というんだ。出来れば，大圏航路で目的地まで行けると時間をムダにしなくてすむよね。

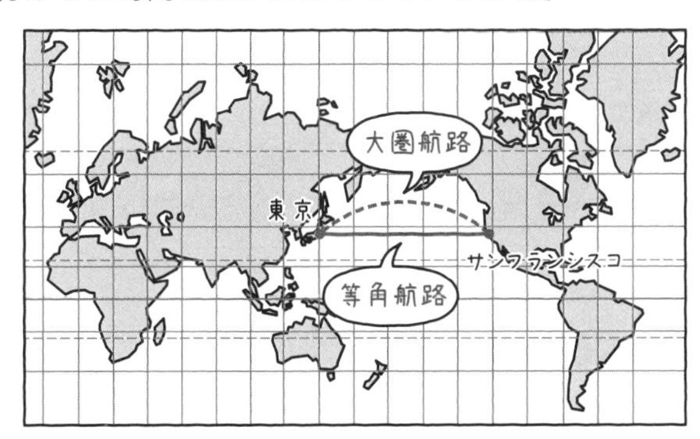

▲角度が正しい地図における等角航路と大圏航路

「そうですよね。最短距離を進んだほうが必要な水や食料，燃料(ねんりょう)が少なくてすみます。」

うん。でも，地球は球体だから，大圏航路で進むには進路を常(つね)に変えなくてはいけないんだ。

「現在はコンピュータや，地球上での位置がわかるGPS(ジーピーエス)などを利用することができますが，昔は大圏航路で進むのが難(むずか)しかったことでしょう。」

そのとおり。それに対して，等角航路を進むには，羅針盤(らしんばん)を利用して方位が常に一定になるようにすればよかったんだ。この世界地図は等角航路がわかることから，主に**航海図**として利用されているよ。右は，中心（東京）からの距離と方位が正しい世界地図における，東京からサンフランシスコまでの間の等角航路と大圏航路を示(しめ)している。

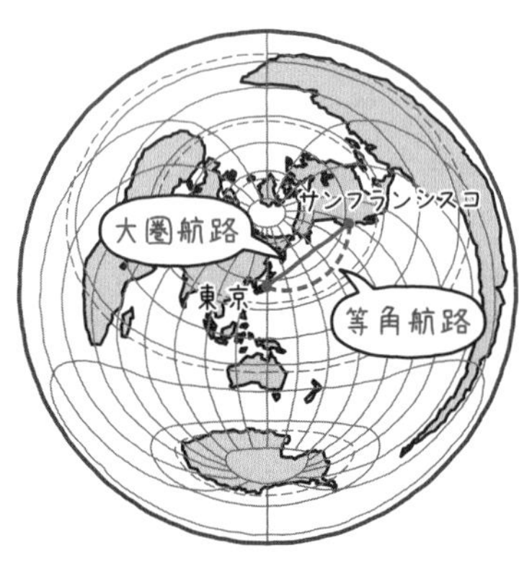

▲中心からの距離と方位が正しく表される地図の等角航路と大圏航路

最後に**面積**が正しい地図を紹介しよう。

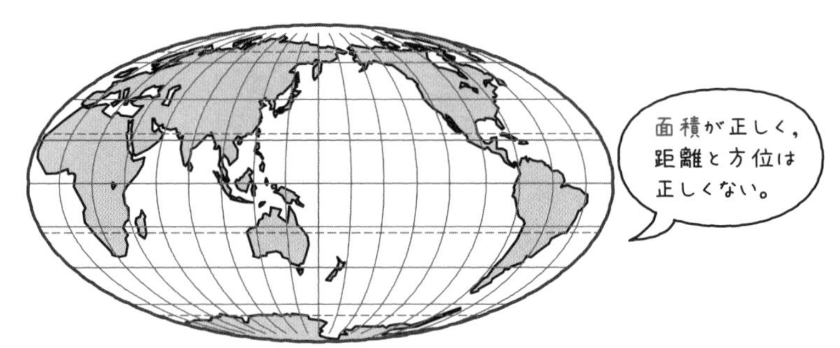

▲面積が正しい世界地図

「地図が楕円形になっていますね。」

そうだね。楕円形にすることで，北極や南極に近い地域の陸地の形のゆがみが小さくなった。この図法は面積が正しいことから，主に**分布図**として利用されているよ。

この世界地図で，グリーンランドとオーストラリア大陸の位置がわかるかな？

「はい。グリーンランドは北アメリカ大陸の右上にあります。オーストラリア大陸は，地図の真ん中やや下あたりにありますね。」

そうだね。では，それを踏まえて，25ページの角度が正しい世界地図と26ページの面積が正しい世界地図を見て，それぞれグリーンランドとオーストラリア大陸の大きさを確認してみて。

「うわっ!! 25ページの地図ではオーストラリア大陸よりもグリーンランドのほうが大きく見えます。」

そうだね。つまり，地図によっては，グリーンランドの形がすごく拡大されているわけなんだ。何が正しく表されている地図かをしっかり押さえて使うことが大切だね。

「世界地図は球体である地球を平面に表したもので，距離や面積，形や方位など全てを同時に正しく表すことはできません。そこで，目的に合わせて，それぞれの世界地図の長所をいかして利用することが大切なのがよくわかりました。」

ここで紹介した図法以外にもさまざまな世界地図があるから，二人ももっと調べてみるとおもしろいと思うよ。

Point 世界地図の種類

- **地球儀**…距離や面積，方位などすべてがほぼ正しく表されている。
- **中心からの距離と方位が正しい図法**…主に**航空図**に利用。
- **経線と緯線が直角に交わり，角度が正しい図法**…主に**航海図**に利用。
- **等角航路**…地球上の２つの地点の間で，いつも経線と一定の角度を保つように進むコース。
- **大圏航路**…地球上の２つの地点の間を最短距離で進むコース。
- **面積が正しい図法**…主に**分布図**に利用。

1-5 時差の計算

日付変更線とはどのようなものか?

地球は地軸を中心に回転している。これを自転というよ。では，地球はどちら向きに回っているか，知っているかな？ 東から西へ向かって？ それとも西から東へ向かって？ 下の図の日本の位置の変化に注目すればわかるはず。

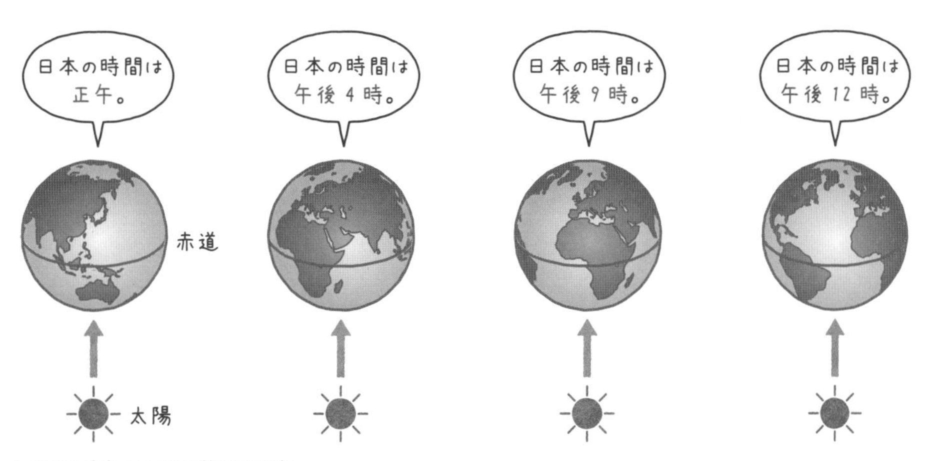

▲地球の自転と太陽の位置の関係

「わかりました。西から東へ向かって回転していますね。つまり，**東向き**に自転しています。」

「太陽が日本のほぼ真上に来るときが正午，つまり午前12時（午後0時)ですね。太陽が日本のちょうど裏側にあるときが午後12時(午前0時）というわけですか。」

そうだね。しかし，これは日本の時間だ。アメリカ合衆国のニューヨークに住む人たちは，太陽がニューヨークのほぼ真上にあるときを正午，太陽がニューヨークのちょうど裏側にあるときを深夜の午後12時(午前0時)としたいよね。しかし，日本とニューヨークの両方のほぼ真上に太陽があるなんてことはありえない。

「だから，日本時間とニューヨーク時間は違うわけですね。」

そのとおり。それでは，世界各地の時間はどのように決められたのか，解説するよ。

まず，「北極点の真上から見た地球」の地図を見てみよう。何がわかるかな。

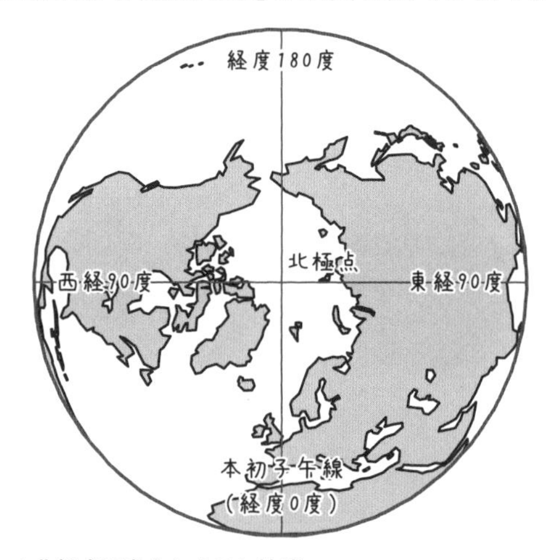

▲北極点の真上から見た地球

「本初子午線のちょうど地球の裏側にあるのが，経度180度の経線であることがよくわかります。**本初子午線**とこの経度180度の経線で地球をちょうど半分ずつに切り分けることができますよね。」

そうだね。この経度180度の経線にほぼ沿って引かれているのが**日付変更線**だ。この日付変更線から地球の1日が始まり，ちょうど地球が1回転したところで地球の1日が終わるんだ。例えば，日付変更線のすぐ西の地域では1月1日を世界で最初に迎えることになり，日付変更線のすぐ東の地域では1月1日を世界で最後に迎えることになる。本初子午線や日付変更線の位置を次の地図で改めて確認しよう。

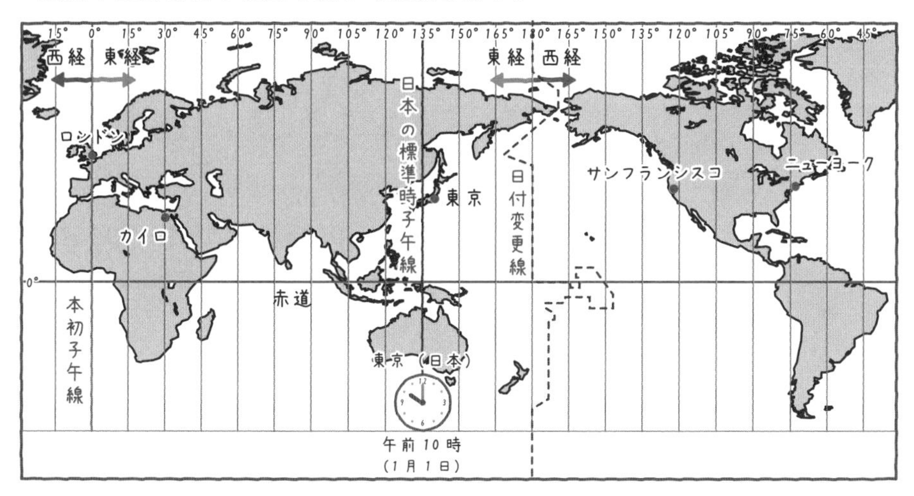

▲本初子午線と日付変更線，日本の標準時子午線

「つまり，東経180度から地球の新しい1日が始まり，西経180度で地球の1日が終わるイメージですね。日付変更線を境（さかい）に日付が変わるわけですか。」

そういうこと。そのため，私（わたし）たちが旅行などで日付変更線を越（こ）えるときには注意が必要だよ。日付変更線を西から東に越えるときは日付を1日遅（おく）らせ（－1日），東から西に越えるときは日付を1日進める（＋1日）。次の図でイメージしてみてね。

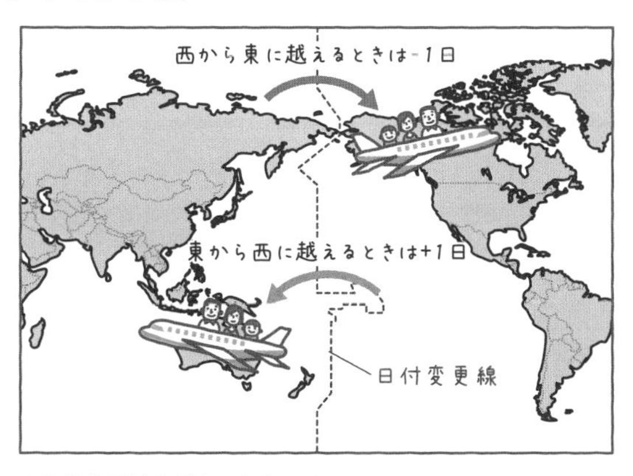

▲日付変更線を越えるときには…

「ところで，日付変更線から地球の１日が始まるとすると，ちょうど地球が半分回ったところで，太陽が本初子午線のほぼ真上にきますよね。まさに本初子午線上の時刻(じこく)が，世界の時刻の中心となっているといえるかもしれません。」

「ところで，31ページの地図を見ると，日付変更線は直線ではなく，うねうねしていて，経度180度の経線と一致(いっち)していませんよね。これには何か理由があるのですか？」

日付変更線は陸地を通らないように引かれているんだ。なぜなら，同じ地域内で日付が違ってはとても困(こま)るからね。これを避(さ)けるために，日付変更線は31ページの地図のように引かれているんだよ。あと，地球上での日本の位置については，くわしくは12-3で説明しているよ。

Point　日付変更線

- **本初子午線…経度０度の経線**で，経度の基準となっている。イギリスのロンドンを通る。
- **日付変更線…経度180度の経線**にほぼ沿って引かれている。日付変更線を西から東に越えるときは日付を**１日遅らせ**，東から西に越えるときは日付を**１日進める**。
- 日本の時刻の基準…**東経135度の経線**（標準時子午線）上の時刻。

時差の計算方法とは？

地球は１日で１回転する。つまり，24時間で360度回転するわけだ。ということは，１時間に何度の速さで回転していることになるかな？

「360（度）÷24（時間）＝15（度）。つまり，１時間に15度の

速さで回転しています。」

正解。よって，経度が15度違えば，1時間の時刻(じこく)のズレが生まれる。この時刻のズレを**時差**というよ。

「ということは，経度差がわかれば時差もわかるわけですね。」

そのとおり。経度差が15度なら1時間，30度なら2時間，45度なら3時間の時差がある。時差は**「経度差÷15度」**で求められることを覚えておこう。また，地球の1日はどこから始まったかな？

「先ほど勉強したばかりですね。日付変更線です。ちょうど経度180度の経線付近に引かれています。」

地球の1日は日付変更線から始まり，地球は西から東に向かって回転しているから，ざっくりと「日付変更線のすぐ西の地域→日本→中国(ちゅうごく)→インド→アフリカ大陸の国々→南北アメリカ大陸の国々→日付変更線のすぐ東の地域」の順に新しい1日を迎えることになるよ。世界地図で確認しようね。

「日本で朝に太陽が昇(のぼ)ったとき，中国ではまだ太陽が昇っていないわけですね。」

そういうこと。日本で太陽が昇ったあと，続いて中国で太陽が昇り，そのまた後にインドで太陽が昇る…。以上のことから，A地点がB地点よりも東にある場合，A地点はB地点よりも時刻が早いことがわかるね。また，A地点がB地点よりも西にある場合は，A地点はB地点よりも時刻が遅(おそ)いこともわかる。これは時差を計算するうえで，重要なことなので覚えておこう。

また，世界の国や地域は時刻の基準となる**標準時**を定め，**標準時子午線**を決めている。標準時子午線となる経線上の時刻が標準時だ。これらのことを踏(ふ)まえて，実際に時差を計算してみよう。

1章

まず，第１問。東京が１月１日午前 10 時のとき，イギリスのロンドンは何月何日何時でしょう？ ２つの都市の位置は，31 ページの地図で確認しよう。

「東京は東経 135 度の経線上の時刻を標準時としていますよね。ロンドンは当然，経度０度の本初子午線上の時刻が標準時です。よって，東京とロンドンの経度差は，135（度）－０（度）＝**135（度）**です。時差は「経度差÷ 15 度」で求められますから，
135（度）÷ 15（度）＝９（時間）。つまり，**9 時間**の時差があることがわかります。」

「ロンドンは東京より西にありますから，東京よりも時間が９時間遅いことになりますね。」

よく理解できているね。では，１月１日午前 10 時の東京よりも９時間遅いということは，ロンドンは何月何日の何時かな？

「**1 月 1 日の午前 1 時**ですね。」

よく計算できたね。では，第２問。同じく東京が１月１日午前 10 時のとき，エジプトのカイロは何月何日何時かな？ カイロは東経 30 度の経線上の時刻を標準時としているよ。31 ページの地図で位置を確認してみよう。

「経度差は，135（度）－ 30（度）＝ **105（度）**となります。
105（度）÷ 15（度）＝７（時間）。つまり，**7 時間**の時差があることがわかります。カイロは東京より西にありますから，カイロの時間は東京よりも７時間遅いはずです。よって，カイロは **1 月 1 日の午前 3 時**です。」

そのとおり。順調だね。では，第３問。同じく東京が１月１日午前 10 時のとき，アメリカ合衆国のニューヨークは何月何日何時かな？ ニュー

ヨークは，西経 75 度の経線上の時刻を標準時としているよ。今度は西経の都市との時差を求める問題だ。ニューヨークの位置は，31 ページの地図で確認してね。

「本初子午線を基準に経度差を考えるとよいと思います。東京は本初子午線から東に 135 度いったところにあります。ニューヨークは本初子午線から西に 75 度いったところにあります。よって，経度差は 135（度）＋ 75（度）＝ **210（度）** となります。」

そうだね。2 つの都市がともに東経にあるとき，あるいはともに西経にあるとき，経度差は経度が大きいほうから小さいほうを引けばいいわけだ。しかし，東経にある都市と西経にある都市の経度差を求めるときは，2 つの経度を足すことがポイントだよ。

「経度差がわかれば，210（度）÷ 15（度）＝ 14（時間）で，**14 時間**の時差があることがわかります。ニューヨークは本初子午線をはさんで東京より西にありますから，ニューヨークの時刻は東京よりも 14 時間遅いはずです。よって，ニューヨークは **12 月 31 日の午後 8 時**です。」

これまた正解。すばらしい。では，第 4 問。これが最後だよ。アメリカ合衆国のサンフランシスコを現地時間の 2 月 1 日午後 11 時に出発した飛行機が 11 時間かけて，東京に到着（とうちゃく）したとする。飛行機が東京に到着したときの，東京の時刻は何月何日何時かな？ 時差だけでなく，飛行機での移動時間も考えなくてはいけないよ。ちなみにサンフランシスコは，西経 120 度の経線上の時刻を標準時としているよ。サンフランシスコの位置は，31 ページの地図で確認してね。

「うわぁ～。すごく複雑（ふくざつ）な問題ですね…。」

と思うかもしれないけれど，実はそこまで難しくないよ。まず，サンフランシスコが２月１日午後 11 時のとき，東京が何月何日何時なのかを計算する。その時刻に飛行機での移動時間の 11 時間を加えれば求めることができるよ。

「なるほど。そうやって計算すればいいわけですか。」

では，まず今までに学習したことをいかして，サンフランシスコが２月１日午後 11 時のときの東京の時刻を計算してみよう。

「はい。東経の都市と西経の都市の時差を求める場合ですね。本初子午線を基準に考えます。東京とサンフランシスコの経度差は，
135（度）＋ 120（度）＝ **255（度）**です。よって，
255（度）÷ 15（度）＝ 17（時間）で，**17 時間**の時差があることがわかります。東京は本初子午線をはさんでサンフランシスコより東にありますから，東京の時刻はサンフランシスコよりも 17 時間早いはずです。よって，東京は **2 月 2 日の午後 4 時**です。」

ここまで合っているよ。それに 11 時間を加えてみよう。つまり，11 時間時計を進めればいいわけだね。

「答えは **2 月 3 日の午前 3 時**ですね。」

そのとおり。

Point　時差の計算方法

- **経度15度**で**1時間の時差**が生まれる。
- 時差の計算方法

①2つの地点の**経度差**を求める。(2つの都市がともに東経にあるとき，あるいはともに西経にあるとき，経度差は経度が大きいほうから小さいほうを引く。東経にある都市と西経にある都市の経度差は，2つの経度を足す。)

②**経度差÷15(度)**で**時差**を求める。

③どちらの地点が東にあるか，あるいは西にあるかによって，時間が早いか，遅いかを判断し，時刻を計算する。

☑CHECK 1

つまずき度❗❗❗❗

➡ 解答は別冊 p.22

次の文の(　　)にあてはまる語句か数字を答えなさい。

(1) 陸地は，最大の(　①　)大陸，(　②　)大陸，(　③　)大陸，南アメリカ大陸，(　④　)大陸，(　⑤　)大陸の六大陸と，多くの島々からなる。(※②～⑤の解答は順不同とします。)

(2) 海洋は，最大の(　①　)洋，(　②　)洋，(　③　)洋の三大洋と，日本海や地中海などの付属する小さな海からなる。
(※②③の解答は順不同とします。)

(3) 世界は大きく6つの州に分けることができる。ユーラシア大陸は，(　①　)州と(　②　)州に分けられる。オーストラリア大陸とその周辺は，(　③　)州である。ほかにアフリカ州，北アメリカ州，南アメリカ州がある。(※①②の解答は順不同とします。)

(4) 日本の時刻の基準となっているのは，東経(　　　)度の経線(標準時子午線)上の時刻である。

(5) 経度(　　　)度で1時間の時差が生まれる。

環境と暮らし

普段はあまり意識しないかもしれないけど，私たちの暮らしと自然環境は深く結びついているよ。

「わかります。私たちの祖母の家は寒い地域にあるから窓が二重になっています。」

「最近，夏になると小型の扇風機を持ち歩いている人が増えた気がします。」

そうそう，そうやってそれぞれの環境でみんな工夫して生活している。世界には，日本よりもずっと寒い国もあればもっと暑い国もある。ここでは「暑い」「寒い」という気候の違い（ちがい）が生まれる理由からしっかり説明していくよ。

2-1 世界のさまざまな気候と暮らし

世界にはどのような気候帯があるのか？

人々の暮らしは，自然環境と深く結びついているよ。ここでは，自然環境と人々の暮らしの関係について，見ていこう。自然環境の中で人々の暮らしにもっとも影響を与えるのは気候だろう。下の地図を見てごらん。世界の気候は大きく５つの気候帯に分けることができるんだ。

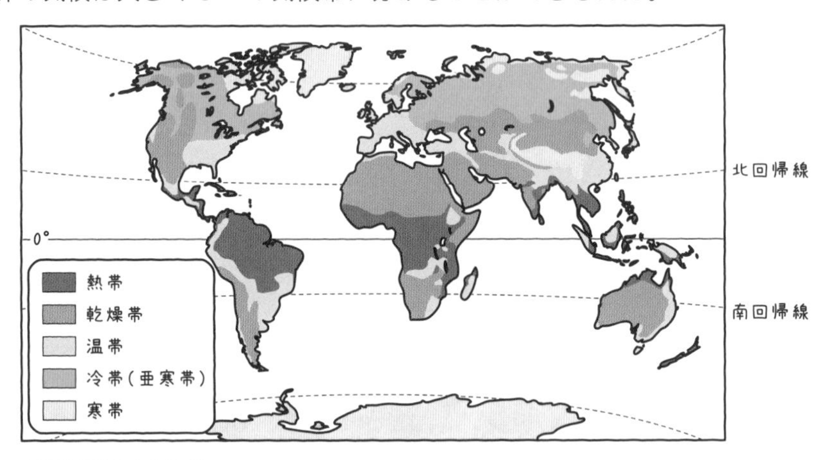

▲世界の５つの気候帯

基本的には，気温を基準にして，**熱帯**，**温帯**，**冷帯（亜寒帯）**，**寒帯**に分けることができるよ。さらに特に降水量が少ない地域を**乾燥帯**とする。これが一般的な世界の気候区分なので，しっかり覚えておこうね。

「あれ？ 冷帯（亜寒帯）は北半球にだけ分布していますね。なぜでしょうか？」

冷帯は主に北緯 40 〜 60 度の地域に分布しているけれど，南緯 40 〜 60 度の範囲には陸地があまりなく，島があるだけなんだ。

これが大きな要因になっているよ。島は，海洋の影響を強く受ける。そのため，島は大陸よりも熱しやすく冷えにくくて，降水量が多くなり，寒さが厳しい冷帯の気候にあてはまらないんだ。

- 必勝暗記法 2 - 気候帯の覚え方

(熱帯)(乾燥帯) 熱 か？　(温帯)(冷帯) お れ？　(亜寒帯)(寒帯) あ かんわ。

ちなみに「あかんわ」は関西弁です。

Point 世界の気候帯

- 気候帯…低緯度地域から高緯度地域に向かって，**熱帯**，**乾燥帯**，**温帯**，**冷帯（亜寒帯）**，**寒帯**が分布。

気候の違いが生まれる理由は？

「そもそも，なぜ場所によって気候の違いが生まれるのでしょうか？」

これは地域によって，**太陽から受け取る熱量**が違っていることがもっとも強く影響しているんだ。次の図を見てごらん。

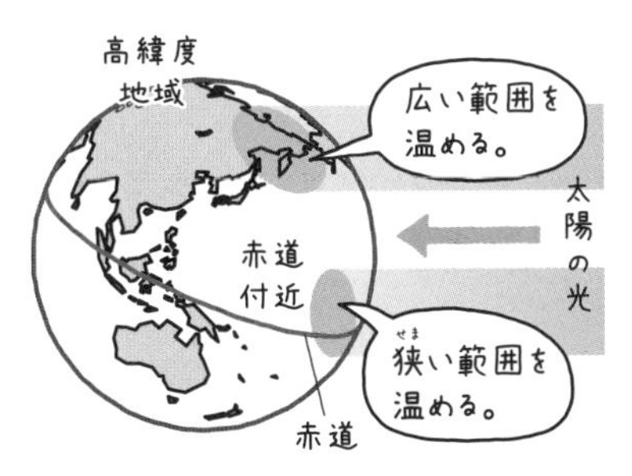

▲緯度による気温の違い

太陽の光が地球に当たっているね。赤道付近と高緯度地域で何が違うかわかるかな？

「高緯度地域は，赤道付近に比べて，同じ熱量でより広い範囲を温めていることがわかります。そのため，赤道付近の気温は高く，高緯度地域の気温は低くなるわけですね。」

うん。そうだね。

Point　気候の違いが生まれる理由

- 地域によって，**太陽から受け取る熱量**が違っていることが気候に最も影響している。→高緯度地域は赤道付近に比べて，同じ熱量でより広い範囲を温めている。→**赤道付近は高温**，**高緯度地域は低温**となる。

熱帯はどのような暮らしなのか？

太陽から受け取る熱量の違いは，降水量にも影響する。赤道付近は気温が高く，海水などの水蒸気を含んだ空気が上昇して，多くの雨が降るよ。

「なるほど。それで赤道付近は降水量が多くなるわけですね。」

そういうこと。赤道周辺に広がる１年中気温が高い気候を**熱帯**というよ。熱帯にはどのような自然が広がり，どのような作物がつくられ，どのような暮らしが営まれているのかな？ くわしく見ていこう。熱帯の地域には，**熱帯雨林（熱帯林）**が広がっている。次のページの写真を見てごらん。

「まさにジャングルです。」

▲熱帯雨林

このような熱帯雨林が見られる地域は，1年中雨が多い**熱帯雨林気候**となっている。さて，写真のような自然が広がる地域では，どんな暮らしが営まれていると思う？

「う～ん。この自然環境では，農業を行うのは難しいかもしれません。大きい木がありすぎて，畑をつくるのが大変でしょう。」

農業では，森林などを焼いて畑をつくり，焼いたあとの灰を肥料として農作物をつくる**焼畑農業**で，イモ類などを栽培しているよ。しかし，開発などが原因で，近年，**熱帯雨林の減少**が地球規模で環境問題となっているんだ。

「しかし，あまりにも木が多くて，自由に使える土地が少ないので，家畜を飼育することも難しいでしょうね…。」

そのとおりだね。そこで，狩猟や採集を行いながら暮らしている人たちもいるよ。

住居では，次の写真のような**高床の住居**が多く見られるよ。

◀高床の住居

床を高くすることで通気性がよくなり，湿気を防ぐことができる。さらには，ジャングルにすむ猛獣から身を守ることもできるんだ。

そして，熱帯雨林気候が広がる地域の外側には，降水量が多い時期（雨季）と降水量が少ない時期（乾季）に分かれる気候の地域がある。この気候を**サバナ気候**というよ。サバナ気候も熱帯の気候のひとつだ。

「つまり，雨が多い季節と雨が少ない季節があるわけですね。」

そうだね。サバナ気候の地域には，丈の高い草が生えるサバナという草原が広がっている。

◀サバナ気候の地域の風景

樹木はまばらで，乾燥する時期があっても平気な樹木が生えているんだ。

サバナ気候の地域は，猛獣が多いことで知られている。

人々は降水量が少ない乾季に森林や草原を燃やし，降水量が多い雨季に農作物をつくる焼畑農業などを中心に生活しているんだ。

Point 熱帯の暮らし

- **熱帯**…赤道周辺に広がり，1年中気温が高い。
  ①**熱帯雨林気候**…**熱帯雨林**が広がる。1年中雨が多い。**焼畑農業**が行われる。熱帯雨林の減少が問題。**高床の住居**が多く見られる。
  ②**サバナ気候**…サバナが広がる。雨季と乾季に分かれる。焼畑農業などを行って生活している。

乾燥帯はどのような暮らしなのか？

赤道から少し離(はな)れると気候はどうなるかな？ 熱帯で多くの雨を降らせた空気は乾燥して，北緯20～30度，または南緯20～30度あたりに降(お)りてくる。地図帳で確認(かくにん)してみよう。

「ということは，緯度が20～30度のあたりは乾燥した気候になるわけですね。」

そうだよ。そのあたりには，降水量が少ない気候の**乾燥帯**が広がっているんだ。

暑いうえに空気が乾燥していて，**砂漠(さばく)**が広がっている地域がある。そこでは厳しい自然環境でも活躍(かつやく)できる動物が生活に利用されているよ。

この写真の動物を何というかな？

◀砂漠が広がる地域の風景

「ラクダです。」

そうだね。砂漠が広がる地域の中には，昼間の気温が50度を超え，夜は氷点下まで気温が下がるところもあるんだ。

「えっ～。それはかなり厳しい自然環境ですね。」

このような気候で農業ができるだろうか？

「う～ん，できないと思います。」

そうだね。砂漠の中でも水が得られる**オアシス**で，乾燥に強いナツメヤシや小麦などが栽培されてはいるけれど，**遊牧**などを行って生活している人々もいるよ。遊牧とは，水や草などを求めて定期的に移動しながら，ヤギやラクダなどの家畜を飼育する牧畜のことだ。

「基本的に水や草に恵まれていないので，ひとつの場所に住み続けることができず，移動しながら生活するしかないというわけですね。」

さて，ここまで見てきたように降水量がほとんどなく，大部分に砂漠が広がる気候を**砂漠気候**という。乾燥帯には，もうひとつ**ステップ気候**という気候があるよ。ステップ気候の地域は，降水量が少しあり，丈の短いステップという草原が広がっている。

次の写真を見てごらん。

◀モンゴルで見られる住居

「なんだかテントみたいですね。」

うん。これは乾燥帯のモンゴルで遊牧生活を送っている人たちの住居だ。**ゲル**というよ。ゲルは組み立て式で移動しやすくなっているんだ。移動するときに一度ゲルを解体(かいたい)して，部材をいくつかに分けたうえで運ぶんだ。

右の写真を見てごらん。イランで撮られたイスラム教徒の女性の服装(ふくそう)だよ。髪(かみ)や肌(はだ)を覆(おお)う服を着ているね。二人も見たことがあるのではないかな？

写真：アフロ

▲イスラム教徒の女性の服装

「テレビで見たことがあります。でも，なぜこのような服装をしているのですか？」

それはイスラム教徒が守るべきことが記されている**「コーラン（クルアーン）」**の中に，「女性はその肌や髪を家族など以外に見せてはいけない。」とあるからなんだ。しかし，実は砂漠気候の地域で過ごすのに適した服装ともいえるね。

「えっ!? 本当ですか？ ちょっと暑そうですが…。」

砂漠気候の地域は日差しが強く，砂嵐が起こることもあるので，それらから身を守る意味で優れているともいわれているんだ。

「なるほど～。」

もうひとつ，砂漠気候の住居を紹介するよ。次の写真の住居は**日干しれんが**でできているんだ。

HiRo/PIXTA(ピクスタ)

◀日干しれんがの住居

日干しれんがは土をこねて形をつくり，それを強い日差しで乾かしてつくるんだ。土は温まりにくく冷えにくいため，夏は暑さを，冬は寒さをやわらげ，湿気も抑えることができる。ほかにも，乾燥帯で日干しれんがの住居が多いことには理由があるんだけど，どんな理由だと思う？

「砂漠気候は雨がほとんど降らないので，土でも家が崩れる心配がないからでしょう。」

「砂漠気候の地域には，木があまりないので，住居の材料に木を使えないからではないでしょうか。」

どちらもそのとおり。かわりに石があるとよいかもしれないけど，石がない場合は土からつくるのがもっともよい方法なんだ。

Point　乾燥帯の暮らし

- **乾燥帯**…降水量が少ない。→降水量がほとんどなく，砂漠が広がる**砂漠気候**と，降水量が少しあり，丈の短い草原が広がる**ステップ気候**。
- 乾燥帯の暮らしの特色
  ①**遊牧**…水や草などを求めて定期的に移動しながら，ヤギやラクダなどの家畜を飼育する。
  ②**ゲル**…モンゴルの遊牧民の住居。移動しやすい組み立て式。
  ③**日干しれんが**の住居…土からできている。砂漠気候の地域などで見られる。

温帯はどのような暮らしなのか？

「ところで，地図帳を見ると，沖縄島（おきなわじま）などが含まれる南西諸島（なんせいしょとう）は北緯20～30度あたりにありますよね？ しかし，南西諸島は乾燥帯の気候ではありません。これはなぜでしょうか？」

いいところに気づいたね！ これは海の恵みによるところが大きいんだ。南西諸島は小さな島が多く，すぐ近くに海があり，海水などの水蒸気を含んだ空気が豊富（ほうふ）にうまれ，十分雨が降る。だから，乾燥帯ではないんだ。

さて，日本も位置する中緯度地域には，温和な気候の**温帯**が広がっているよ。温帯は四季がはっきりしていて，夏と冬で気温差が大きいのが特徴（とくちょう）だ。赤道周辺の暑さが厳しい地域や，北極（ほっきょく）や南極に近い寒さが厳しい地域の気候と違って過ごしやすいといえるね。

「先生。なぜ，温帯は四季がはっきりしているのでしょうか？」

地球の中心を通り，北極点と南極点を結ぶ線を地軸（ちじく）というんだけど，地球はこの地軸を中心に回転している（自転）。この地軸が約23.4度傾（かたむ）いているため，季節の違いが生まれるわけなんだ。さらに地球は自転しながら，太陽の周りを１年かけて回っているよ。

「確か公転というのですよね？」

　よく知っているね。次の図中にある夏至とは昼がもっとも長い日，冬至とは昼がもっとも短い日だよ。

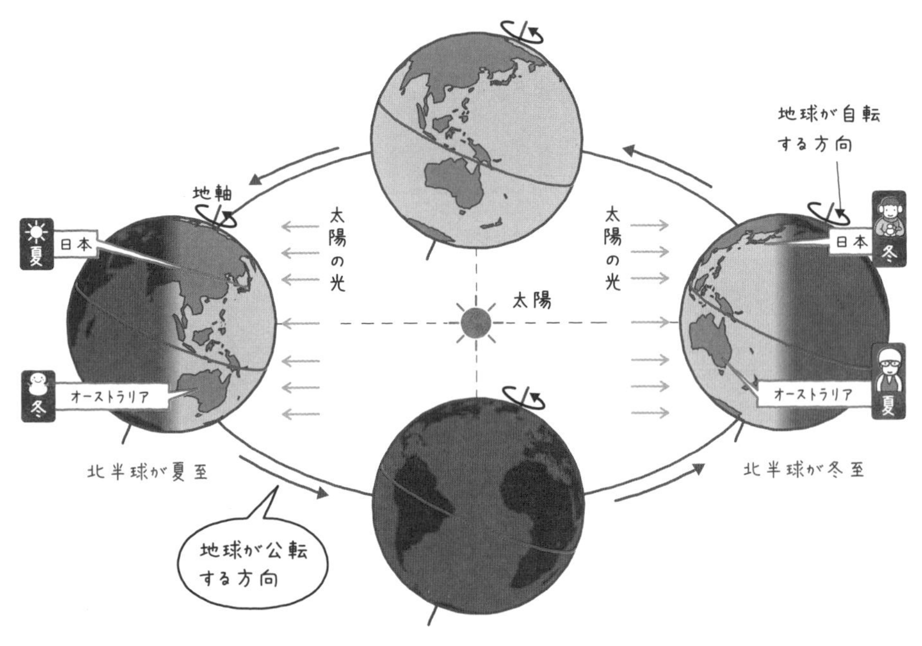

▲地球の公転と季節の違いが生まれるしくみ

「なるほど。地軸が傾いているため，北半球が夏至のとき，北半球にある日本は南半球にあるオーストラリアより太陽の光の量を多く受けています。北半球は当然夏ですし，南半球は冬ですね。」

「北半球が冬至のときはその逆になっていますね。南半球にあるオーストラリアは，北半球にある日本よりも太陽の光の量を多く受けていますね。当然北半球は冬ですし，南半球は夏ですね。」

そのとおり。北半球と南半球では**季節が逆**になるんだ。

「赤道付近はずっと太陽の光の量を多く受けていますね。常(つね)に夏，まさに常夏(とこなつ)って感じですね。」

「北極や南極の周辺は太陽の光がほぼ当たらない時期もあることがわかります。これでは１年中寒さが厳しいはずですね。」

では，四季がはっきりしている地域の気候はどうなるかな？ 夏は気温が上がるよね。このとき，陸地と海洋では，どちらのほうが温まると思う？いっぽう，冬は気温が下がるけれど，このとき，陸地と海洋では，どちらのほうが冷えると思う？

「土や岩，砂(すな)などの陸地より海洋のほうが温まりにくく，冷えにくいはずです。」

「夏に海に行ったときのことを考えればわかりやすいです。砂浜(すなはま)はビーチサンダルをはいていないと熱くて歩けないほどですが，海に入ると海水はぬるく感じます。」

そうだね。二人が言ってくれたとおり，陸地よりも海洋のほうが温まりにくく，冷えにくいんだ。

「だから，夏は陸地のほうが海洋よりも温まり，冬は陸地のほうが海洋よりも冷えるのですね。」

そのとおり。そして，このことから，**季節風（モンスーン）**が吹(ふ)くんだ。

「季節風って，何ですか？」

季節風は，季節によって決まった方向に吹く風のこと。一般に，冬は大陸から海洋に向かって吹き，夏は海洋から大陸に向かって吹くよ。

「なぜ，その方向に吹くのでしょうか？」

　夏は，土や岩で表面が構成されている大陸のほうが，水でできた海洋よりも熱くなる。大陸では空気が暖められて上昇（じょうしょう）するため，海洋より空気が薄（うす）くなるんだ。そうすると，空気が薄くなったところを埋（う）めるように，海洋から大陸に空気が流れる。つまり風が吹くわけだ。

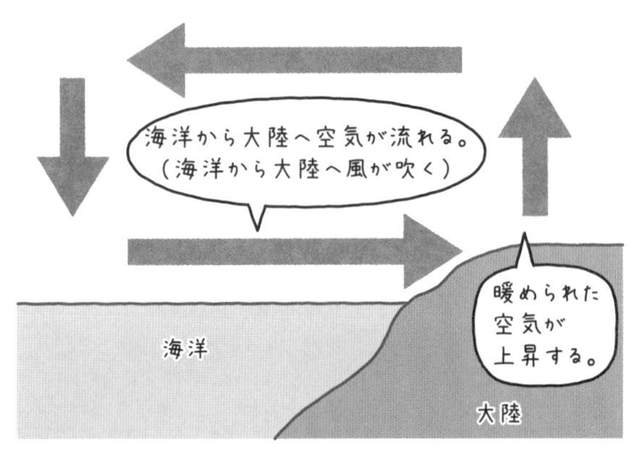

▲夏の空気の動き

「ということは，冬は逆の動きが生まれ，風の向きが反対になるわけですね。」

　そういうこと。土や岩は水よりも冷えやすいため，冬は海のほうが大陸よりも温度が高くなる。海では暖められた空気が上昇し，大陸より空気が薄くなる。その空気が薄くなったところを埋めるように，大陸から海に風が吹くんだ。

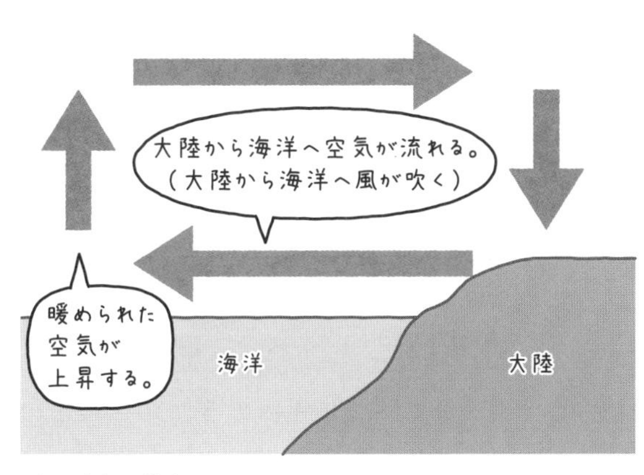

▲冬の空気の動き

「どちらの場合も『温度が高い→空気が上昇して薄まる→そこに風が吹き込む』という流れができるわけですね。」

そうだね。季節風は，日本や中国などの東アジアのほか，東南アジアや南アジアの気候に大きな影響を与える。これらの地域は**モンスーンアジア**とも呼ばれるよ。

特に，海洋から湿(しめ)った空気を大陸に運んでくる夏の季節風は多くの雨をもたらすよ。そのため，季節風の影響を強く受ける地域は，夏に高温多湿となる。温帯の中でも，季節風（モンスーン）の影響で降水量が多く，夏は高温多湿となる気候を**温暖湿潤(しつじゅん)気候**というんだ。日本もここに属するよ。温暖湿潤気候の地域に住む人たちの暮らしには，どんな特徴があると思う？

「農業がさかんだと思います。」

そのとおり。夏に高温多湿な気候は，稲(いね)の栽培に適(てき)しているんだ。土が肥(こ)えていることも好条件(じょうけん)で，東アジアや東南アジアなどには水田が多く見られるよ。54ページの写真は，稲作(いなさく)のようすだよ。田植(たう)えのあとだね。

ぱりろく／PIXTA（ピクスタ）

▲稲作のようす

さて，ここでもう１度40ページの世界の５つの気候帯の地図を見てみよう。温帯の地域に注目してみよう。何か気づくことはあるかな？

「日本の中でも北海道は冷帯（亜寒帯）に属しているようです。」

「あれ？ ヨーロッパはほとんどの地域が温帯に属するのですね。ヨーロッパの大部分は北海道よりも高緯度にあるのに…。それにもかかわらず，北海道より温暖な気候となっているわけですか。」

いいところに気がついたね。次の２つの雨温図を見てみよう。

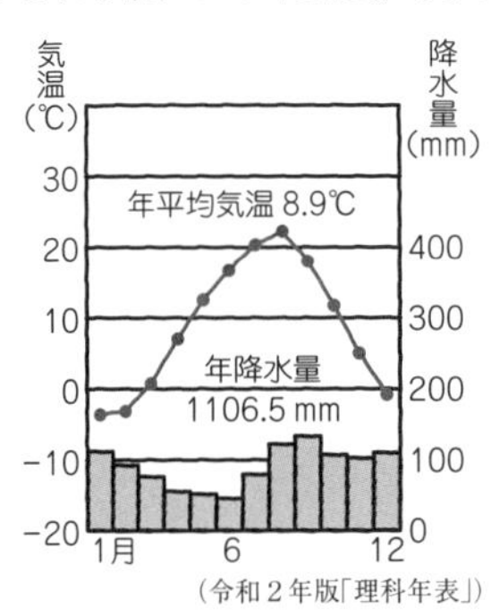

▲札幌市の雨温図

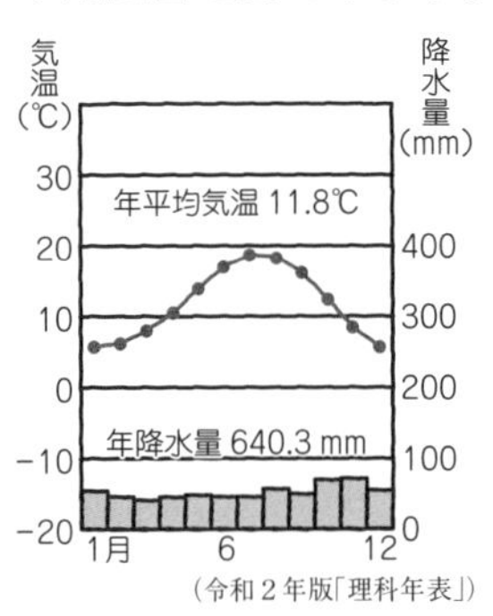

▲ロンドンの雨温図

左は北海道の札幌市の雨温図，右はイギリスの首都ロンドンの雨温図。どちらの都市も地図帳で位置を確認してね。札幌市の緯度は北緯約43度，ロンドンの緯度は北緯約51度。ロンドンは，日本の北端の択捉島よりも高緯度にあるよ。

「夏の平均(へいきん)気温は札幌市のほうが高いですが，冬の平均気温はロンドンのほうが高いようです。年平均気温もロンドンのほうが高いですね。」

「確かにそうですね。札幌市の冬の平均気温は 0 度を下回っていますが，ロンドンの冬の平均気温は 0 度以下になっていません。ロンドンは札幌よりも高緯度にあるのに，暖かいのはなぜでしょうか？」

56 ページの地図を見てみよう。**北大西洋海流(きたたいせいようかいりゅう)**っていう，北半球の大西洋の中緯度あたりからヨーロッパ北西部に向かって流れる**暖流**があるんだ。この北大西洋海流の上を偏西風(へんせいふう)が吹き，暖流で暖(あたた)められた空気をヨーロッパに運ぶため，温暖(おんだん)な気候になるんだよ。

「**偏西風**と季節風って別のものなのですか？」

そうだよ。季節風は夏と冬とで反対の方向から吹く風，偏西風は 1 年中西から吹く風だね。覚えておこう。偏西風の速さは高度によって異(こと)なるんだ。例(たと)えば，高度 10000 m の上空では，時速 300 km 以上になることもあるそうだよ。

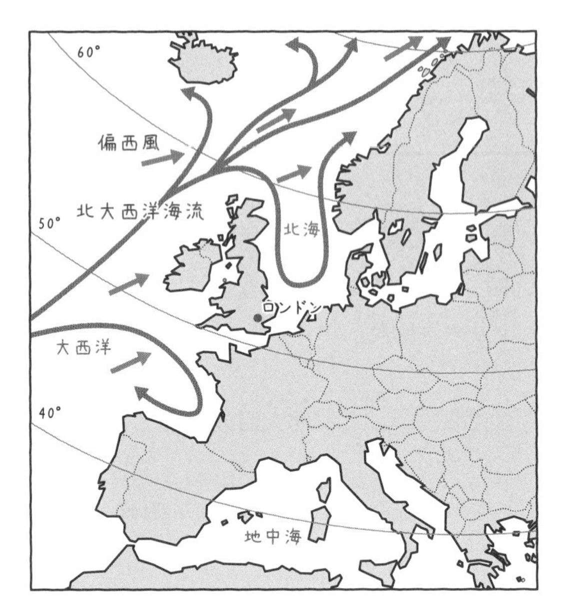

▲北大西洋海流と偏西風

「偏西風をもっとも体感しているのは，国際線の飛行機のパイロットかもしれませんね。飛行機が西から東へ向かって飛べば偏西風は追い風になりますし，東から西へ向かって飛べば偏西風は向かい風となります。」

そのとおり。実際に，成田（千葉県）とニューヨーク（アメリカ合衆国）の間を飛行機で往復する場合，成田からニューヨークまでの所要時間のほうがニューヨークから成田までの所要時間よりも短いし，必要な燃料も少なくてすむんだ。ちなみに所要時間は季節によっても異なってくるよ。

「偏西風は飛行機の運航にも影響するわけですね。」

さて，ここまで見てきたような，偏西風と近くを流れる暖流の影響を強く受ける気候を**西岸海洋性気候**というよ。西岸海洋性気候は，ヨーロッパ北西部などの大陸西岸に広がっている。54ページで雨温図を取り上げたロンドンも西岸海洋性気候に属するよ。ところで，ロンドンの雨温図を見ると，降水量はどの季節に多いかな？

「う～ん。特別，降水量が多い月はないように思います。」

そうだね。偏西風の影響で湿った空気が１年中やってくるので，降水量は安定していて，大きな変化はない。また，年間の気温の差が小さいことも特徴だよ。

さて，同じ温帯でも今度はヨーロッパの**アルプス山脈**より南の地域，ちょうど地中海沿岸（ちちゅうかいえんがん）の気候に注目してみよう。これは，ギリシャの首都アテネの雨温図だ。地図帳で位置を確認してみよう。

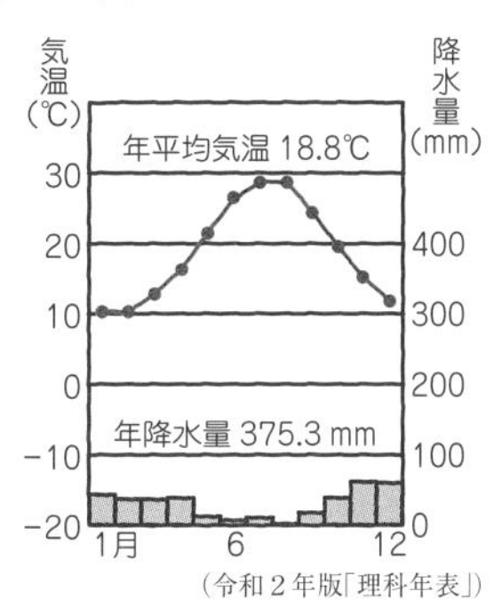

▲アテネの雨温図

何か気づくことはないかな？

「夏の降水量がとても少ないですね。**夏は乾燥する**わけですか。これはなぜでしょう？」

そう。夏，地中海沿岸などには，熱帯で多くの雨を降らせた空気が乾燥して降りてくるからなんだ。

「なるほど。先ほどの乾燥帯のところと同じですね。」

いっぽう，冬は乾燥した空気が降りてくる地域が南にずれるため，地中海沿岸は，西岸海洋性気候と同じように偏西風の影響を受けて，雨が降る。こうして夏は乾燥して気温が高くなり，冬は比較的(ひかくてき)温暖でやや雨が多い気候となるんだ。これを**地中海性気候**というよ。地中海性気候は，地中海沿岸のほか，北アメリカ大陸西岸などで見られるよ。

「夏の乾燥というのが目立ちますね。」

そう。農業でも夏の間は乾燥に強いオリーブやぶどうなどを栽培する。家も夏の強い日差しを防ぐため，熱が伝わりにくい石造りにし，さらに石灰を塗って壁(かべ)を白くしているものが多い。

Point　温帯の暮らし

- **温帯**…中緯度地域に広がる。**四季**がはっきり。夏と冬の気温差大。
- 季節の違いが生まれるわけ…地球が**地軸が傾いた**まま，太陽の周りを回っているから。場所によって太陽の光の量を多く受けたり，少なく受けたりする。→北半球と南半球では**季節が逆**になる。
- **温暖湿潤気候**…**季節風（モンスーン）**の影響で降水量が多く，夏は高温多湿。大陸東岸に広がる。稲作などの農業がさかん。
- **西岸海洋性気候**…ヨーロッパ北西部は，**偏西風**と暖流の**北大西洋海流**の影響を受け，温暖。降水量は安定，年間の気温の差が小さい。
- **地中海性気候**…地中海周辺は，夏に乾燥して気温が高くなり，冬は比較的温暖でやや雨が多い。→夏は乾燥に強いぶどうやオレンジ，オリーブなどを栽培し，雨が降る冬は小麦などを栽培する。

冷帯（亜寒帯）はどのような暮らしなのか？

さて，40ページでも話したけど，**冷帯（亜寒帯）**は主に北緯40～60度あたりに広がっている。冷帯は冬の寒さが厳しく，夏と冬の気温差が大きいことが特徴だ。日本の北海道も冷帯に属しているね。冷帯の地域では，次の写真のような**針葉樹林（タイガ）**が見られるよ。

◀針葉樹林（タイガ）

針葉樹林とは寒さに強いもみ，まつなど針状の葉をもつ木のことだ。

「冷帯の地域では，広葉樹林が育たないのですか？」

うん。でも，夏には気温が上がるため，農業を行うことはでき，じゃがいもなどが栽培されているよ。植物の栽培に適さない地域では，酪農や放牧が行われている地域もあるね。

続いて，次の写真を見てみよう。これは冷帯（亜寒帯）に属するシベリアのとある街で見られる住居だ。どんな特徴があるかな？

写真：アフロ

◀シベリアで見られる住居

「家の下に柱のようなものがあり，**高床**になっていますね。これにはどんな理由があるのでしょうか…。」

いいところに気がついたね。やはり気候が大きく影響しているよ。例えば，ロシア連邦のヤクーツクはシベリアにある都市だが，冬の平均気温が－40℃ぐらいなのに対し，夏は気温が30℃前後まで上がることがあるんだ。

「えっ～!! 夏と冬でそんなに気温差があるのですね。」

そうなんだ。シベリアの土は永久凍土といって長期間凍っているのだけど，気温が上がる夏の間だけ表面の氷がとける。もし，このような場所に何も工夫をしないで家を建てるとどうなると思う？

「夏に表面の氷がとけたとき，建物が傾いて倒れてしまうかもしれません。とても危ないです。」

そうだね。冬に家の中で暖房を使うときも同じような問題が起こるんだ。そこで，床を高くして，家を支える柱（杭）を地中深くまでしっかり打ち込むようにしている。こうすることで，建物の熱が地面に伝わりにくくもなるんだよ。

「なるほど。よくわかりました。」

二人ともよくグラフや写真を読み取れているね。北極や南極に近い高緯度地域では，1日中太陽が沈まない時期がある。この現象を**白夜**というよ。いっぽう，夜が長く，昼間でも暗い日が続く時期もある。この現象を**極夜**というんだ。

Point　冷帯（亜寒帯）の暮らし

- **冷帯（亜寒帯）**…北緯40～60度あたりに広がる。冬の寒さが厳しく，夏と冬の気温差が大きい。**針葉樹林（タイガ）**が広がる。じゃがいもなどが栽培されている。**高床の住居**などが見られる。

寒帯はどのような暮らしなのか?

次に，さらに高緯度の地域に広がる**寒帯**について，見ていこう。寒帯は1年中気温が低いのが特徴で, 北極や南極の周辺に広がっている。寒帯には, 1年中氷や雪に覆われる**氷雪気候**と，夏にだけ地表の氷がとけて，こけ類などが生える**ツンドラ気候**があるよ。

寒帯の地域に住む人々は，どんな暮らしを送っているのかな？ 次の雨温図を見てみよう。これは寒帯のツンドラ気候に属するアメリカ合衆国アラスカ州のバローの雨温図だ。バローの位置も地図帳で確認してね。

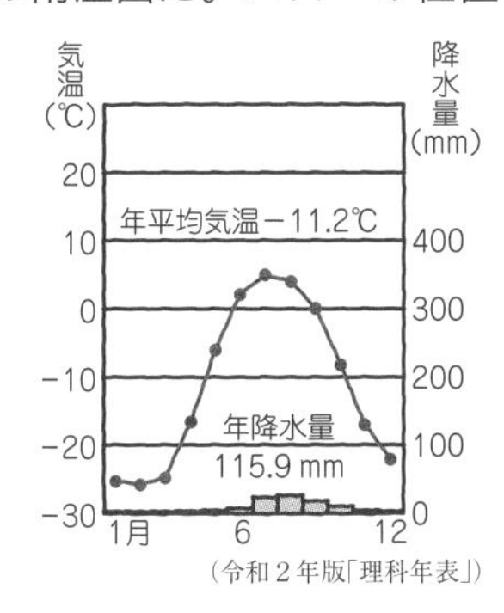

(令和2年版「理科年表」)

◀**バローの雨温図**

「夏以外は平均気温が0℃を下回っていますね。まさに雪と氷に覆われた世界というわけですか…。」

そのとおり。このような自然環境で農業は可能だろうか？

「無理だと思います。」

そうだね。そこで，寒帯に住む人たちは狩猟をして，あざらしやカリブーなどの生肉を食べてきたんだ。

「えっ!? 焼かないでそのまま食べるのですか？」

そう。野菜などを食べなくても，生肉を食べればビタミンやたんぱく質をたくさんとることができるんだ。あざらしやカリブーの毛皮は，寒さを防ぐし防水にもなるので，衣服としても利用される。

住居にも特徴があるよ。カナダ北部の北極圏には，先住民の**イヌイット**が住んでいる。イヌイットの人たちは，狩りをするときに次のイラストのような**イグルー**という住居を一時的に利用してきたんだ。イグルーは，雪や氷を固めてつくった住居だよ。

◀イグルー

「先生。2-1の学習では，人間が自然環境に挑んで力強く生き抜いていることがわかりました。人間は自然をいかし，また克服しながら，さまざまな知恵を使って，生活しているのですね。」

「どんなに厳しい自然環境のもとでも，知恵をいかして生活している人がいるのですね。」

Point　寒帯の暮らし

- **寒帯**…北極や南極周辺に広がる。1年中気温が低い。1年中氷や雪に覆われる**氷雪気候**と，夏にだけ地表の氷がとけて，こけ類などが生える**ツンドラ気候**。農業はできない。生肉を食べる人たちも。
- 暮らしの特徴…先住民の**イヌイット**は**イグルー**という住居を利用。

標高の高い地域に住む人々の暮らし

最後に，標高の高い土地に住む人々の暮らしを見てみよう。南アメリカ大陸西部には，険(けわ)しい山脈が南北に連なっているんだ。**環(かん)太平洋造山帯(ぞうざんたい)**に属する山脈だけど，何かわかる？ わからなかったら，183 ページの地図を確認してみよう。

「**アンデス山脈**です。」

そうだね。世界でもっとも長い山脈で，5000 ～ 6000 m 級の山々がそびえている。アンデス山脈はどこの国にまたがっているかな？ 183 ページの地図で確認してくれるかな。

「コロンビア，エクアドル，ペルー，ボリビア，チリ，アルゼンチンなどにまたがっているようですね。」

うん。なかには，首都がアンデス山脈の中にある国がいくつかある。コロンビアのボゴタ，エクアドルのキト，ボリビアのラパスなどだね。地図を見るとこれらの国々はいずれも比較的(ひかくてき)赤道から近いところにあるよね。では，なぜ険しいアンデス山脈の中に首都があるのだろうか？ 次の図はコロンビアの首都ボゴタの気温だよ。これを参考に考えてみて。

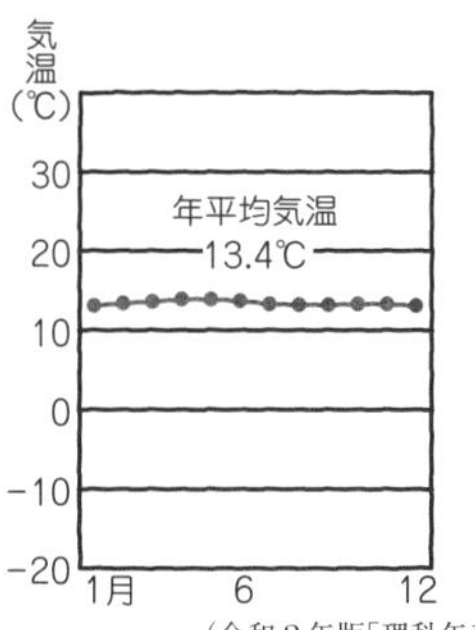

（令和２年版「理科年表」） ◀**ボゴタの気温**

「コロンビアは赤道が通る国で，ボゴタも赤道の近くにありますよね。

それなのに，ボゴタの気温は年間を通して 13 ～ 14℃ぐらいで，比較的過(す)ごしやすい気候のようです。」

「わかりました。ボゴタはアンデス山脈にあって標高が高いため，赤道近くでも過ごしやすい気候となっているわけですね。過ごしやすい気候だから，首都となった部分もあると思います。」

すばらしい。そのとおり。一般的(いっぱん)に標高が 100 m 高くなると，気温は約 0.6℃下がるといわれているよ。ボゴタは標高約 2600 m に位置している。もし，ボゴタが標高 0 m だったとしたら，気温はいったい何度ぐらいになるかな？

「2600 m は 100 m の 26 倍ですよね。標高が 100 m 高くなると気温は約 0.6℃下がるわけですから，26 × 0.6(℃) = 15.6(℃)高いはずです。」

「もし，ボゴタが標高 0 m ならその分気温が高くなりますから，年間を通して 28 ～ 30℃ぐらいになるはずです。これは暑いですね。」

そうだね。標高が高いとだいぶ気温が違(ちが)うことがわかるね。ちなみにペルー南部の都市クスコはかつてインカ帝国(ていこく)の首都として栄えたんだけど，このクスコもアンデス山脈の中にあるんだ。クスコは標高約 3400 m の位置にあり，クスコの北西には，空中都市として知られる**マチュピチュ遺跡(いせき)**があるよ。インカ帝国はマチュピチュ遺跡に見られるように，高度な建築技術(けんちくぎじゅつ)をもっていたけど，16 世紀にスペインによって滅(ほろ)ぼされた。

▲マチュピチュ遺跡

さて，アンデス山脈では，はるか昔からたくさんの先住民（**インディオ**）などが暮らしてきたんだよ。

「先生。アンデス山脈では，標高によってかなり気温が違いますよね。やはり人々の暮らしも標高によって異(こと)なってくるのでしょうか。」

いいところに目をつけたね。アンデス山脈で暮らす人々は，その自然環境にうまく合わせて生活している。まず，アンデス山脈のふもとでは，赤道付近だとかなり暑いので，熱帯の気候に適した**コーヒー**や**バナナ**などが栽培されているよ。

また，標高が 2000 〜 3000 m ぐらいの地域では，**とうもろこし**などの栽培がさかんなんだ。では，標高がさらに高い 3000 〜 4000 m ぐらいの地域では，どんな農作物が栽培されているだろうか？

「とうもろこしよりも涼(すず)しい場所でつくられているということですよね…。**じゃがいも**ですか？」

正解。じゃがいもなどが栽培されているんだ。収穫(しゅうかく)したじゃがいもは，高地の昼と夜の気温差が大きい気候を利用して，保存食(ほぞんしょく)などにすることもある。ちなみにじゃがいもはペルー原産ともいわれているよ。

「とうもろこしやじゃがいもなどは涼しい気候でよく育つのですね。日本でも北海道(ほっかいどう)で栽培がさかんですよね。」

「先生。アンデス山脈は標高 5000 〜 6000 m 級の山々がそびえるのですよね。4000 m よりもさらに標高が高い地域で暮らす人々はどんな生活をしているのでしょうか？」

標高が 4000 m 以上の地域では，なかなか植物が育たない。そこで**リャマ**や**アルパカ**などの放牧をして暮らしているんだ。

▲リャマとアルパカ

「わっ～。リャマもアルパカもかわいいですね。」

そうだね。また，アンデス山脈で暮らす人々は，**ポンチョ**と呼ばれる服を着ているよ。

「ポンチョは暖かそうですね。」

▲ポンチョ

そうだね。ポンチョは寒さをしのぐだけでなく，高地では昼と夜の気温差が大きいので，脱ぎ着がしやすいようになっているのも特徴だよ。

さて，先ほど少しとりあげたペルーだけど，実は日本とのつながりがかなり深い国なんだ。

「そうすると日系人も多いのでしょうか。」

そのとおり。「**7** 南アメリカ州」のところで学ぶが，南アメリカ州で，ブラジルの次に日系人が多いのがペルーなんだ。1990年には，ペルーで初めての日系人大統領が誕生しているよ。

Point　標高が高い地域に住む人々の暮らし

- 標高に合わせた暮らし…アンデス山脈に住む人々は，ふもとで**コーヒー**や**バナナ**，2000～3000 mぐらいで**とうもろこし**，3000～4000 mぐらいで**じゃがいも**などを栽培。4000 m以上では，**リャマ**や**アルパカ**の放牧。人々は脱ぎ着がしやすい**ポンチョ**を着用。

世界の宗教

まずは宗教分布に注目してほしい。それぞれの宗教の違いを説明しよう。

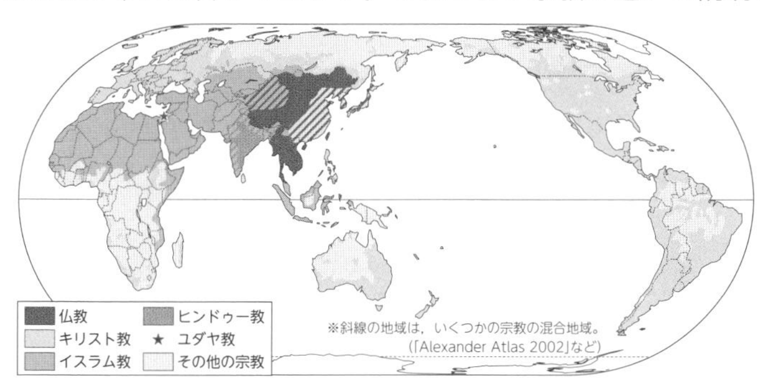

▲世界の主な宗教の分布

まず，一神教を紹介(しょうかい)しよう。代表的な一神教として，**ユダヤ教**(パレスチナで成立，信者数約1500万人)，**キリスト教**（紀元前後にパレスチナで成立，信者数約25億人)，**イスラム教**（7世紀にアラビア半島で成立，信者数約19億人）が挙げられる。

「キリスト教もイスラム教も世界中に分布していますね。」

そうだね。ユダヤ教は基本的にユダヤ人の国であるイスラエルに信者が多い。キリスト教はどこに分布している？

「ヨーロッパ，南北アメリカ，オセアニアなどです。」

そうだね。イスラム教は，どこに分布している？

「西アジアや中央アジア，東南アジア，そしてアフリカ北部ですね。」

次に，先ほどユダヤ教の信者は基本的にはユダヤ人だと述べたけど，**ヒンドゥー教**(信者数約 11 億人)の信者も基本的にインド人だよ。ヒンドゥー教はたくさんの神を信仰する多神教だ。

「日本の神社もいろいろな神をまつっていますが，多神教ですか？」

そうだね。神社は**神道**(しんとう)という宗教の施設だ。また中国の一部で信仰されている道教も多神教だ。さて，インドといえば**仏教**(紀元前 5 世紀ごろ成立，信者数約 5 億人）が誕生した地としても有名だよ。仏教を始めた人は誰かな？

「えっと，お釈迦(しゃか)様ですか？」

そうなんだけど，それは，いわばあだ名で，本名は**ゴータマ・シッダールタ**という。中国，タイ，日本など東アジアや東南アジアに分布しているね。特に**タイ**は国民の 8 割が仏教を信仰する有名な仏教国だ。**キリスト教**，**イスラム教**，**仏教**は特定の民族，地域との結びつきがないので，**三大宗教**と呼ばれている。

「先生，イスラム教徒の人は豚肉を食べないと聞いたことがあります。」

そうだね。各宗教でいろいろな約束事があるよ。イスラム教では 1 日 5 回聖地メッカに祈りを捧げるし，お酒や豚肉の飲食は禁止が原則だよ。ちなみにヒンドゥー教では牛を食べてはいけない。

Point　世界の宗教

- **三大宗教=キリスト教，イスラム教，仏教。**
- 信者数の多い宗教…キリスト教>イスラム教>ヒンドゥー教。
- 豚肉食の禁止→イスラム教。
- 牛肉食の禁止→ヒンドゥー教。

CHECK 2

つまずき度 ！！！！

➡ 解答は別冊 p.22

次の文の（　　）にあてはまる語句を答えなさい。

(1) 赤道周辺に広がる1年中気温が高い気候帯を（　　）帯という。

(2) 緯度が20～30度あたりの地域や内陸部には降水量が少ない（ ① ）帯が広がっている。降水量がほとんどなく，（ ② ）が広がる（ ② ）気候と，降水量が少しあり，丈の短い草原が広がる（ ③ ）気候がある。

(3) 温帯の気候のうち，ヨーロッパ北西部などの大陸西岸に広く分布しているのは（　　）気候である。ヨーロッパ北西部は，（　　）風と（　　）流の北大西洋海流の影響を受け温暖で，降水量は安定している。

(4) 北緯40～60度あたりには（　　）帯が広がっている。（　　）の寒さが厳しく，夏と冬の気温差が大きいのが特徴である。寒さに強いもみ，まつなどの針葉樹林（　　）が見られる。夏に永久凍土の表面の氷がとけても建物が傾かないように，（　　）の住居が見られる。

(5) 北極や南極周辺には，1年中気温が低い（　　）帯が広がっている。1年中氷や雪に覆われる（　　）気候と，夏にだけ地表の氷がとけて，こけ類などが生える（　　）気候がある。

(6) 南アメリカ大陸西部には，南北に険しい（　　）山脈が連なっている。ここでは標高に合わせた農作物が栽培されていて，ふもとで（　　）やバナナ，2000～3000 mぐらいの地域で（　　），3000～4000 mぐらいの地域で（　　）などが栽培されている。4000 m以上の地域では，（　　）やアルパカの放牧が行われている。人々は，脱ぎ着がしやすい（　　）を着用している。

3 章

アジア州

アジア州について学ぼう。経済力も急速に伸び，成長している地域だといってよいだろう。

「特に伸びているのは中国ではないでしょうか。」

そうだね。いろいろな場面で，アメリカ合衆国と競い合う国になった。

「先生，この章をしっかり学べば中国がなぜ発展したのかわかるでしょうか。」

うん。わかるはずだ。米中対立の中で，日本はどうすべきかも考えてほしい。

3-1 アジア州

アジア州はどのような地域に分けられるか？

ここからは，世界を州別に見ていくよ。まずは，**アジア州**。アジア州は，さらに細かく，次の地図のように分けることができるよ。

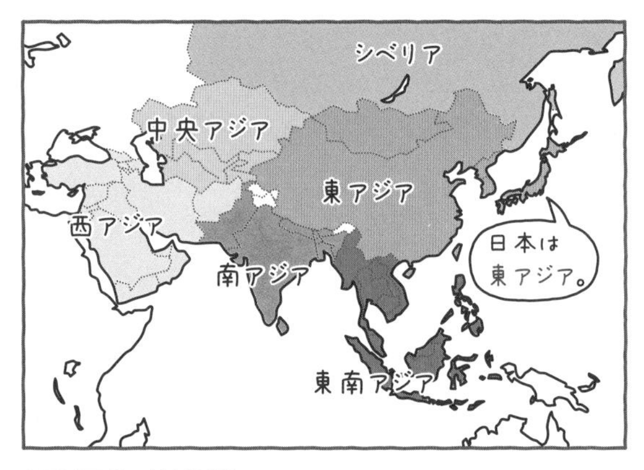

▲アジア州の地域区分

では，アジア州にはどんな国々があり，どんな地形が広がっているかな？右の地図を見てみよう。国名が入っていない国も地図帳などで確認(かくにん)しよう。

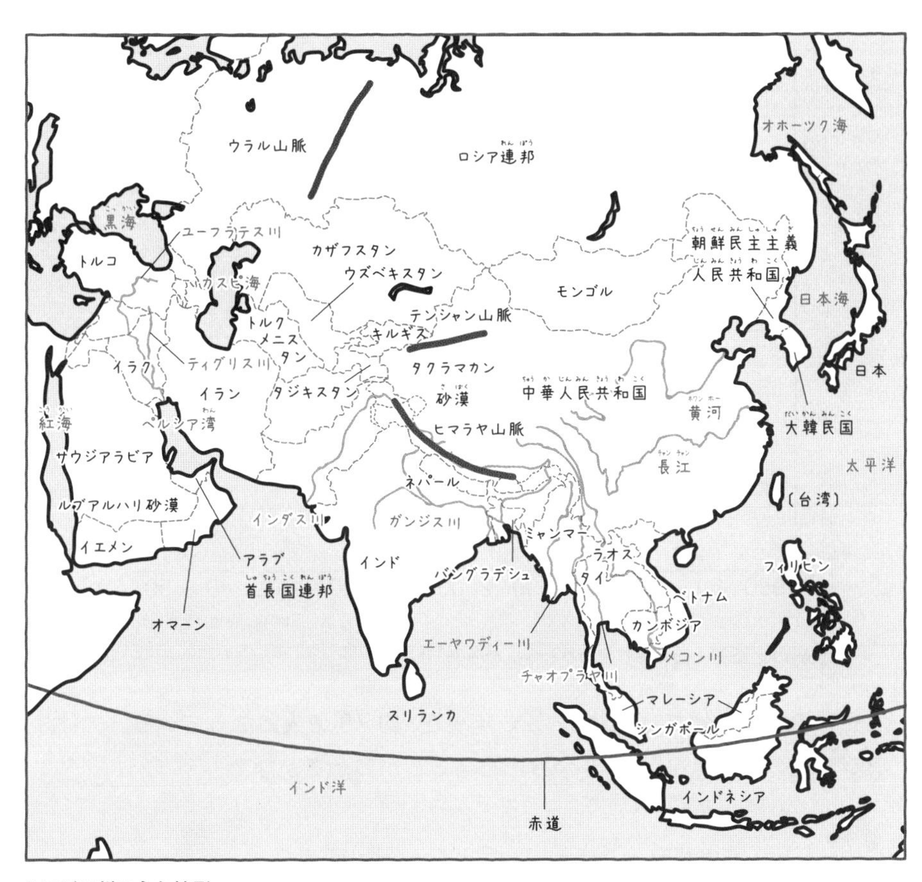

▲アジア州の主な地形

「アジア州はかなり広いですね。」

そうだね。アジア州の面積は約 3100 万 km^2 で，世界の陸地のうち，約24%を占めるんだ。

では，人口はどうかな。74 ページのグラフを見てみよう。世界の地域別の人口の移り変わりと今後の予測だ。

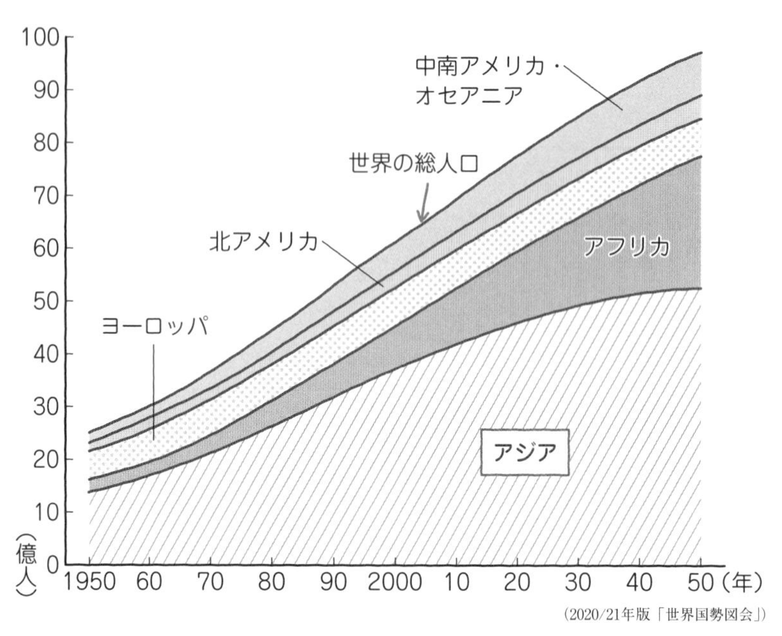

(2020/21年版「世界国勢図会」)

▲世界の地域別人口の移り変わりと今後の予測

世界の人口は増加し続け，2020年現在，約78億人となっている。では，アジア州の人口は？ グラフからどんなことがわかるかな？

「アジア州がもっとも高い割合となっていますね。」

そう。なんと，世界の人口の約60％をアジア州が占めているんだ。アジア州にはたくさんの人が住んでいることがわかるね。

「先生。上のグラフを見ると，今後も世界の人口は増え続けますが，ヨーロッパ州の人口はあまり変わっていないようですね。」

そうなんだ。ヨーロッパ州は，実は世界の中でも高齢者の割合が高い地域で，もっとも高齢化が進んでいるといえる。これに対して，アジア州やアフリカ州は人口が急激に増えているんだよ（**人口爆発**）。

「先生，なぜアジア州やアフリカ州では人口爆発が起こるのですか？」

各国各団体の援助により，予防接種や衛生状態の改善が進み，特に乳幼児の死亡率が低下したからというのもあるね。

ただ，人口が増えすぎると，資源が大量に消費されて無くなってしまったり，自然環境が破壊されたり，食料が不足したり経済発展で得た利益が人々にいきわたらなかったりするなどの問題が起きやすい。

しかし，アジア州は今のところ，「多くの人口を養える地域」として，発展し続けているよ。

「『2-1 世界のさまざまな気候と暮らし』で，アジア州には稲の栽培に適した地域が多いことを学習しました。このこともアジア州の発展によい影響を与えていると思います。」

いいところに気がついたね。

Point　アジア州の地域区分と特色

- アジア州の地域区分…**東アジア**，**東南アジア**，**南アジア**，**西アジア**，**中央アジア**など。
- アジア州は人口が最も多く，**世界の人口の約60%を占めている。**

東アジアの特徴とは？①～中国の発展とその理由～

さて，ここからはアジア州を地域別に見ていこう。まずは，東アジアから。東アジアには，日本や中華人民共和国（中国），大韓民国（韓国）などの国があるよ。73ページの地図や地図帳などで確認しておこう。先ほど，アジア州は発展を続けているという話をしたけれど，これについて次のグラフを見てみよう。

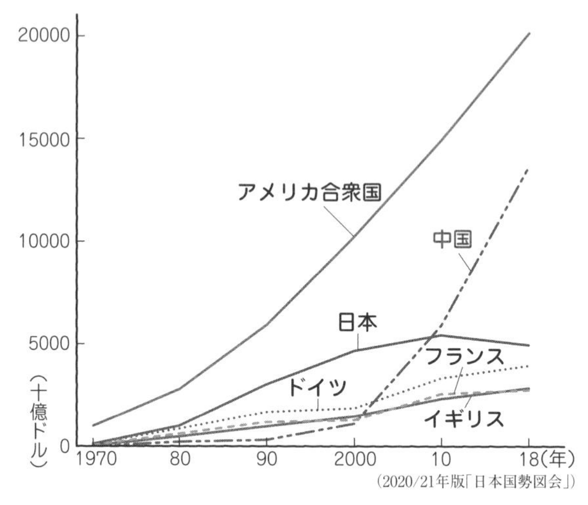

▲主な国の GDP（国内総生産）の移り変わり

「先生。GDP（国内総生産）って何ですか？」

GDP は Gross Domestic Product の略で，その国で 1 年間に生産された製品やサービスの価値の総額から，原材料などの額を引いたものだ。GDP から，その国の経済活動の規模がわかるよ。グラフを見て何か気づくことはあるかな？

「日本は世界第 3 位ですね。中国のグラフの伸びはすごいですね。急速に経済発展していることがわかります。」

「なぜこんなに発展したのですか？」

まず，**人口が多く**世界一なんだ。人口が多いということは労働者や商品を買う人もたくさんいるということ。増えすぎた人口を抑えるために，1979 年以来，**一人っ子政策**をとっていたくらいなんだ。

「一人っ子政策とはどんなものですか？」

1組の夫婦に子どもは1人までとされ，2人目以降の子どもができたときは罰金が課せられたんだ。しかし，これにより，高齢化が進んでしまい，農村部などで若い働き手が足りなくなるなどの問題が生じたので，2015年に廃止されたんだよ。

次に**広大な国土**を持つことだね。中国の面積はロシア連邦，カナダ，アメリカ合衆国についで世界第4位で，日本の約25倍もあるんだ。

「国土が広ければ，資源もたくさんありそうですね。」

まさにそのとおり。中国は石炭の産出量，シェールガスの埋蔵量は世界一。さらに**レアメタル（希少金属）**の産出量も世界有数。レアメタルとはニッケルやコバルトなど生産量が少ない金属で，最新の電気機器に使われているよ。

さらに，比較的過ごしやすい気候でもあるよ。次の雨温図を見てごらん。

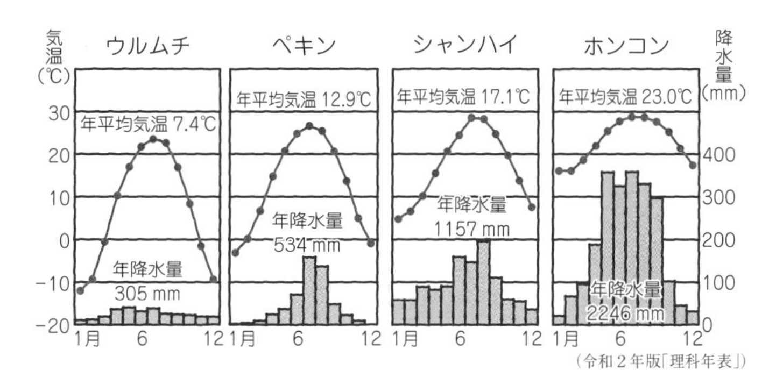

▲中国の主な都市と地域の雨温図

◀中国の主な都市と地域の位置

まず，ウルムチと中国の首都のペキンの雨温図を見てみよう。何か共通点はないかな？

「ウルムチとペキンは夏と冬の気温差が大きいですね。また，シャンハイやホンコンと比べると降水量が少ないことがわかります。」

そうだね。ウルムチはかなり内陸部にあるから，夏と冬の気温差が大きくなるんだ。ペキンは，日本の北海道と同じく，冬の寒さが厳しい冷帯（亜寒帯）に属するよ。では，ウルムチとペキンの雨温図で違うところはどこかな？

「全体的にウルムチのほうがペキンより気温が低いようですね。」

そのとおりだね。では，シャンハイとホンコンの雨温図を見て，何か気づくことはないかな？

「シャンハイはおだやかな気候のようですね。」

シャンハイは**温暖湿潤気候**に属するよ。日本の大部分も温暖湿潤気候に属しているよね。温暖湿潤気候は温和な気候で，年間降水量が多く，主に大陸東岸に広がっている。中国南部や東南アジア，南アジアは**季節風（モ**

ンスーン) の影響を強く受けることも思い出そう。季節風は夏に海洋から大陸に向かって，冬に大陸から海洋に向かって吹くよ。

「先生。ホンコンは１年を通じて気温が高めで，雨の少ない時期と多い時期がはっきりしているようです。」

ホンコンは，日本の沖縄県と同じ亜熱帯に属しているね。熱帯に近い気候だ。

このように中国では，内陸部のウルムチは冬の寒さが少し厳しいようだけど，沿岸部などは過ごしやすい気候といえるね。

「過ごしやすい気候ならば，農業がさかんになるのも当然ですね。」

そういうこと。じゃあ，中国のどこでどんな農業がさかんなのかな。次の地図を見てみよう。

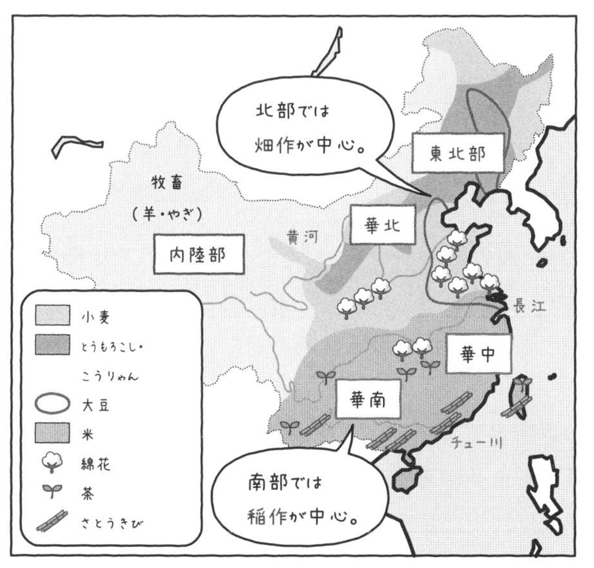

◀**中国の各地域でさかんな農業**

中国を大きく東北部・華北，華中・華南，内陸部の３つに分けると，それぞれの地域ではどんな農業がさかんといえるかな？

「東北部・華北では小麦やとうもろこし・こうりゃん，大豆の栽培，華中・華南では米や綿花（めんか），茶やさとうきびの栽培がさかんで，内陸部では牧畜（ぼくちく）がさかんなようです。」

そうだね。東北部や華北などの北部は気温が低く，降水量（こうすいりょう）が少ないため，小麦などを栽培する**畑作**が中心だ。いっぽう，華中や華南などの南部は気温が高く，降水量が多いため，**稲作**（いなさく）が中心。これは覚えておこう。

続いて，次のグラフを見てみよう。

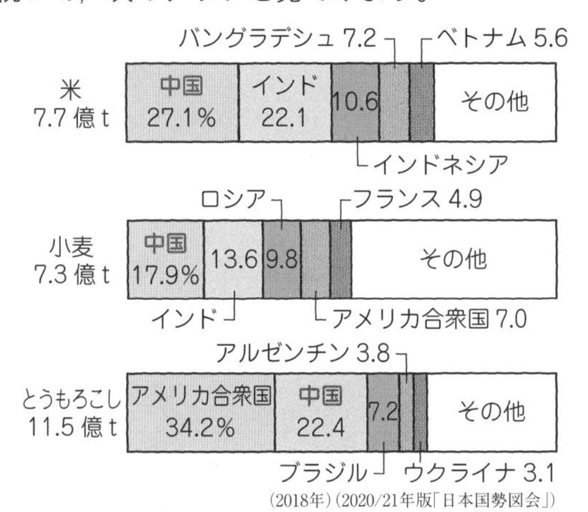

◀**米，小麦，とうもろこしの生産量の割合**

米，小麦，とうもろこしの生産量の割合を示しているよ。米と小麦の生産量世界一は中国だ。中国の南部や東南アジア，南アジアでは稲作がとてもさかんだよ。中には，**二期作**が行われているところもあるよ。二期作とは，同じ耕地で1年に2回同じ農作物を栽培することだ。

「中国の南部や東南アジア，南アジアは夏の気温が高いですし，季節風の影響で降水量も多いですよね。まさに稲作に適した気候なわけですね。」

「改めてグラフを見ると，米の生産量ではアジアの国々，小麦の生産量ではアジアやヨーロッパの国々，とうもろこしの生産量ではアメリカ合衆国や南アメリカの国々が上位にいます。」

そうだね。とうもろこしの原産地は，一説によるとメキシコあたりといわれているよ。

「中国は米と小麦の生産量が世界一で，とうもろこしの生産量も世界第２位なのですね。」

農業がさかんで食料が十分にあることも，中国が発展した理由のひとつといえるだろうね。

さて中国の工業の発展にも注目しよう。まず，下のグラフを見てみよう。主な国の自動車の生産台数の移り変わりを示しているよ。

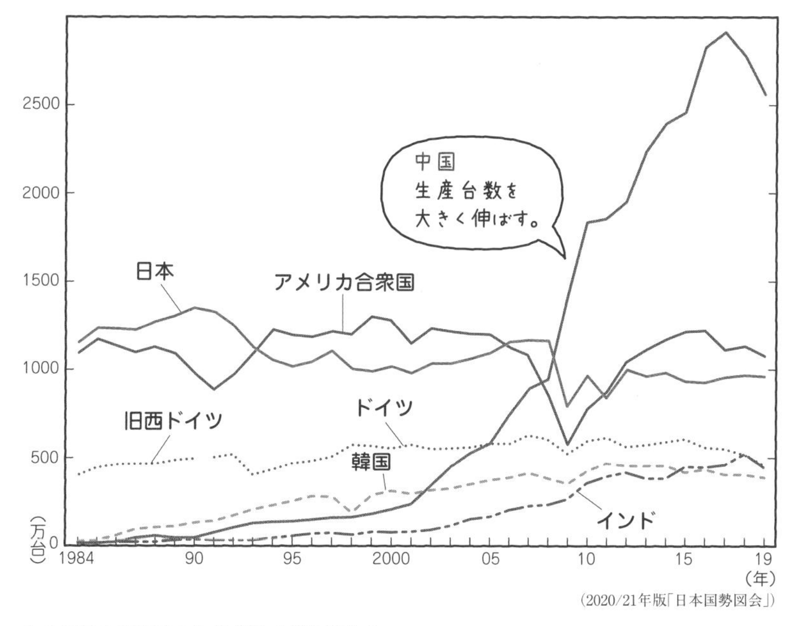

(2020/21年版「日本国勢図会」)

▲主な国の自動車の生産台数の移り変わり

「中国は自動車の生産台数を大きく伸ばし，2009 年からは世界一となっていますね。」

そうだね。82 ページのグラフも見てみて。粗鋼(そこう)とはまだ加工されていない鋼鉄のことだ。

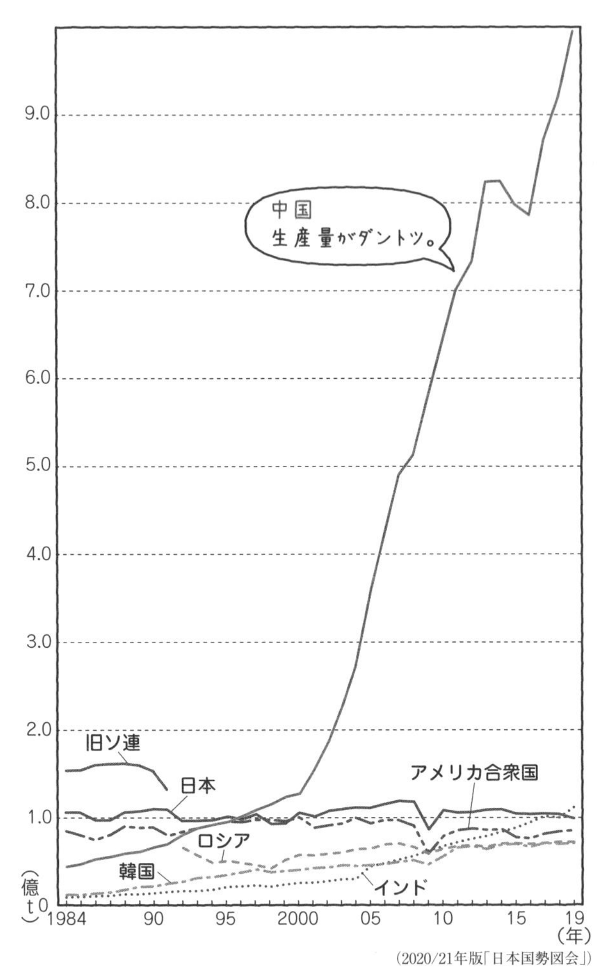

▲主な国の粗鋼の生産量の移り変わり

「中国の粗鋼生産量は2000年あたりから急激に伸び，今やダントツで世界一です。」

うん。中国は工業の面で急速に発展し，世界各国へ大量の工業製品を輸出して，**「世界の工場」**と呼ばれている。輸出額と輸入額とを合わせた貿易総額でも2013年にはアメリカ合衆国を抜いて，世界一となったんだ。

「先生，なぜ中国の工業はこんなに発展したのでしょうか？」

今まで述べてきた，人口の多さ，国土の広さ，資源の豊富さ，温和な気候などに加えて，**経済特区**を認める政策がうまくいったからだね。

「経済特区って何ですか？」

外国企業を税金などの面で優遇し，外国企業の進出を積極的に進めるためにもうけられた地域のことだよ。これにより外国企業から資本が投入され，技術を吸収することが出来たんだ。次の図を見てごらん。何がわかるかな？

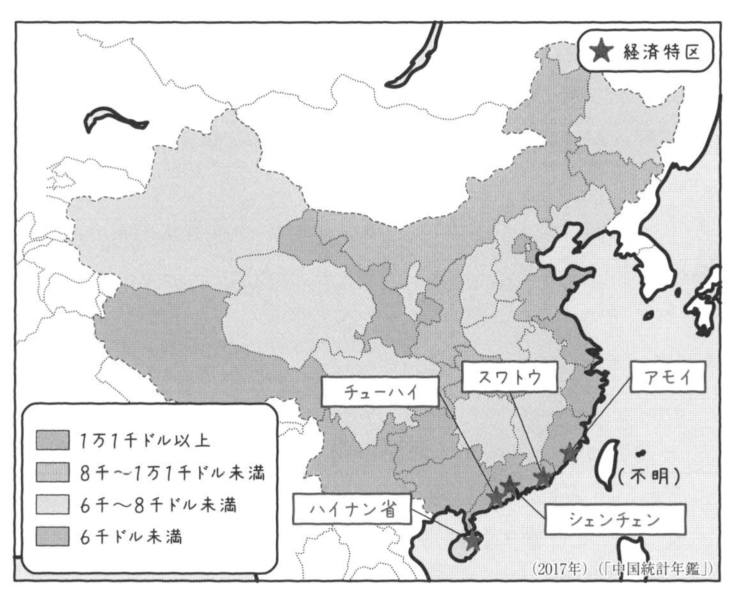

▲中国の地域別の1人当たりGDPと経済特区

「経済特区がある地域，そして沿岸部のGDPが高いようです。経済特区周辺では外国企業の進出により経済活動がさかんなことがよくわかります。一方で内陸部の1人当たりのGDPは低いですね。」

そう。沿岸部と内陸部との間に大きな**経済格差**がある。これは中国が抱える問題のひとつなんだ。

ほかにも問題はあるんだ。外国企業が中国に進出する理由のひとつに人件費が安いことがあった。人件費が安ければ，製品をつくるのにかかる費用を抑えることができるからね。ところが，近年，中国では人件費が高くなってきたんだ。

「なるほど。そうなってくると，外国企業は中国より人件費が安い国に移りますよね。」

そうなんだ。現在，中国の経済成長には不安が出てきているよ。大気汚染などの環境問題も深刻なんだ。また，中国には人口の9割以上を占める**漢族（漢民族）**のほかに，50を超える少数民族が暮らしている。チベット族やウイグル族などの少数民族の中には，漢族に対して不満を抱いている人たちもいるんだ。今後，中国政府がどのような動きをするか，世界が注目している。

ところで2021年現在の中国のトップ，**習近平国家主席**は，2013年に，**一帯一路**構想を打ち出した。

「先生，それは何ですか？」

中国が投資することで陸路・海路の物流網を整備し，巨大な経済圏を打ち立てようという構想が一帯一路だよ。完成すればアジア，アフリカ，ヨーロッパのおよそ100か国に関係し，沿線国だけで世界人口の6割，GDPは3割を占める経済圏が誕生する。

「先生，物流が促進されて，世界の経済が発展するなんていいことばっかりですね！」

実は，懸念もあるといわれているよ。例えば，中国が貸してくれたお金を使って，港などインフラ（港・道路・通信設備など産業や生活の基盤となる施設）をつくった後，もし，その国が借金を返せない場合，中国がそのインフラを管理することになる。こうして，その地域での中国の影響力が高まる可能性もあるんだ。中国が今後どうなっていくか，目が離せないね。

さて，話は変わって，次の写真は世界的に有名な**万里の長城**だ。

▲万里の長城

万里の長城は，北方の遊牧民族が侵入してくるのを防ぐために，秦の始皇帝が築いた城壁で，現在のものは 14 世紀の明の時代につくられた。世界最大の城壁で，総延長は約 20000 km にもなる。衛星写真でもはっきりと確認することができるよ。

「20000 km というと，日本列島よりもはるかに長いわけですか。」

すごいよね。万里の長城こそ，中国の人たちの根気強さや技術の高さを示していると思うよ。

Point　東アジアの特徴①～中国の発展とその理由～

- 中国が世界一のもの…**米**や**小麦**の生産量，**石炭**の産出量，**人口**，**自動車**の生産台数，**粗鋼**の生産量，**貿易総額**など。**レアメタル（希少金属）**の産出量も世界有数。
- 中国は人口が世界一。→増えすぎた人口を抑えるために**一人っ子政策**をとる。→高齢化などの問題から，廃止。
- 中国が発展した理由…①国土が広いこと，②豊富な資源をいかしたこと，③過ごしやすい気候の地域が多いこと，④農作物の生産がさかんで食料が十分にあることなど。
- 中国の農業…北部で**畑作**，南部で**稲作**，内陸部で**牧畜**がさかん。
- 中国の工業…**経済特区**の設置で大きく発展し，**「世界の工場」**に。
- 中国の民族…大部分が**漢族（漢民族）**。50を超える少数民族。
- 中国の問題点…**経済格差**や人件費の高騰，大気汚染などの環境問題。

東アジアの特徴とは？②～朝鮮半島～

続いて，朝鮮半島を見てみよう。朝鮮半島には，**大韓民国（韓国）**と**朝鮮民主主義人民共和国（北朝鮮）**があるよ。ここからは韓国，北朝鮮と呼ぶことにするね。朝鮮半島は，対馬海峡をはさんで日本と向かい合っているよ。

「朝鮮半島は，日本にとってユーラシア大陸への窓口のような位置にありますね。」

うん。朝鮮半島は古くから日本とつながりが深い地域なんだ。さて，右の写真やイラスト，文字を見てみよう。

韓国の伝統料理の**キムチ**，女性の民族衣装の**チマ・チョゴリ**，そして独自の文字の**ハングル**だ。

▲キムチ

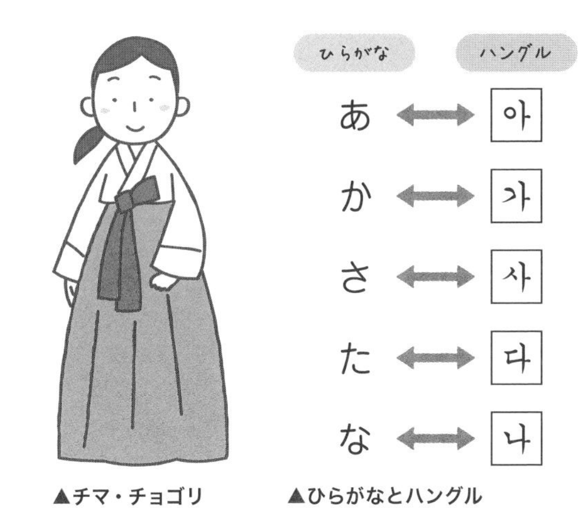

▲チマ・チョゴリ　▲ひらがなとハングル

「キムチはよく食べるしチマ・チョゴリとハングルは，日本でも放送されている韓国のドラマの中で見たことがあります。」

そうか。韓国ドラマについてだけど，韓国は国の方針として文化事業の発展を目指している。映画やアニメ，ゲームなどの分野ごとに専門学校や専門機関を設けて，人材の育成に力を入れているんだ。日本でも韓国の映画やドラマは人気があるよね。

しかし，1950 年代ぐらいまでは，韓国の工業はあまり発展していなかった。輸出品も食料品や鉱産資源が中心だった。なぜだと思う？

「やはり 1950 ~ 1953 年の間に行われた**朝鮮戦争**の影響が大きかったのでしょうか。」

そうだね。朝鮮戦争ではたくさんの人の命が失われた。1960 年代に入ると，韓国の工業化が進んだんだ。同じように工業が発展した台湾，ホンコン，シンガポールと合わせて**アジア NIES（新興工業経済地域）**と呼ばれるよ。現在の韓国の輸出品は，**機械類**や**自動車**，**船舶**などが中心となっている。特に自動車はアメリカ合衆国やヨーロッパ，アジアの国々などへ大量に輸出され，近年輸出額を大きく伸ばしたよ。世界規模の電気機器メーカーもあるんだ。

「先生。韓国が発展していることはよくわかりました。では，北朝鮮はどうでしょう？」

残念なことに，核兵器の開発などには熱心だが，北朝鮮の工業や経済の発展は停滞(ていたい)している。これは，金(キム)一族による独裁政権(どくさいせいけん)が続いていることが原因(げんいん)ともいわれている。また，**日本との国交はない**んだ。

Point　東アジアの特徴②～朝鮮半島～

- **大韓民国（韓国）**…**キムチ**や**チマ・チョゴリ**，**ハングル**などの伝統文化。工業が発展し，**アジアNIES（新興工業経済地域）**の一員。機械類や自動車，船舶などが輸出の中心に。
- **朝鮮民主主義人民共和国（北朝鮮）**…工業や経済の発展が停滞。核兵器の開発などを行い，世界の中で孤立している。

東南アジアの特徴とは？

続いて，東南アジアの国々を見ていこう。東南アジアの国々は，つながりが強いのが特徴だ。例(たと)えば，**ASEAN(アセアン)（東南アジア諸国(しょこく)連合）**を結成して，政治や経済，安全保障(ほしょう)などの面で協力しあっているよ。ちなみに2021年現在のASEAN加盟国(かめいこく)は，シンガポール，タイ，フィリピン，マレーシア，インドネシア，ブルネイ，ベトナム，ラオス，カンボジア，ミャンマーだ。

「全部で**10か国**ですね。」

そうだね。各国の位置は，73ページの地図や地図帳などで確認しておこう。ASEANの国々は，アジアの大国である中国とインドの間に位置していることがわかるね。

「あれ!? 地図帳を見ると，東ティモールも東南アジアの国ですよね。東ティモールはASEANに加盟していないのですか？」

お～。よく気がついたね。東ティモールは2002年にインドネシアから独立した国で，まだASEANに加盟できていないんだ。東南アジアの中ではめずらしいのだけど，フィリピンと同じように**キリスト教徒**が多い国だ。フィリピンは国民の約93%がキリスト教徒で，東ティモールは国民の約99%がキリスト教徒だよ。

「先生。なぜフィリピンや東ティモールではキリスト教徒が多いのでしょうか？」

うん。フィリピンは16世紀後半から，約300年にわたって，スペインの植民地だった。また，東ティモールは16世紀前半から，400年以上にわたってポルトガルの植民地だった。この植民地時代にキリスト教の熱心な布教活動が行われたからなんだ。

「なるほど。植民地時代の影響が強いわけですか。」

そういうことだね。

東南アジアには**仏教**を信仰(しんこう)している人がたくさんいるよ。特に，タイは国民の約83%が仏教徒だ。次の写真は，カンボジアにある**アンコール・ワット**という寺院(じいん)で，世界遺産(いさん)に登録されているんだ。とても有名な遺跡(いせき)で，世界から多くの人が訪(おとず)れているよ。

sannkou/PIXTA(ピクスタ)

◀アンコール・ワット

いっぽう，インドネシアはイスラム教徒の数が世界でもっとも多い国なんだよ。また，国全体の人口も中国，インド，アメリカ合衆国についで世界第４位，アジアでは第３位であることを覚えておこう。

続いて，東南アジアの気候について見ていこう。インドネシアはアジア州で唯一赤道が通る国だ。

「ということは，インドネシアは北半球と南半球にまたがる国なわけですね。」

そのとおり。ほかにも，シンガポールは国土のすぐ南を赤道が通っている。タイは，シンガポールよりやや北にあるね。さて，これらのことから東南アジアにはどんな気候の地域が多いと思う？

「やはり赤道に近いですから，１年を通して気温が高い気候だと思います。」

そのとおり。つまり，熱帯だね。東南アジアの多くの地域は，熱帯に属している。雨温図を見てみよう。

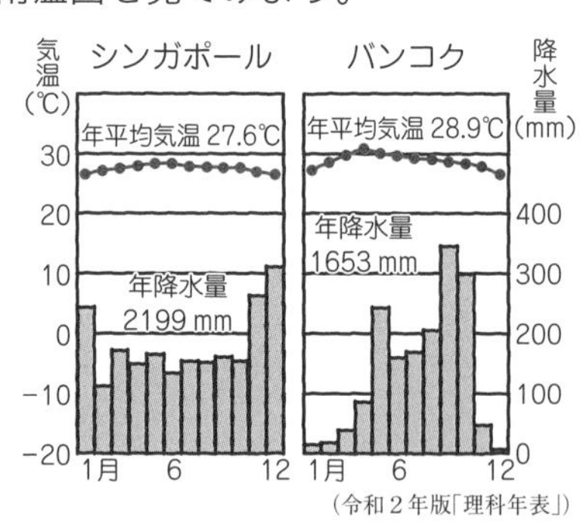

◀**シンガポールとバンコクの雨温図**

シンガポールとタイの首都のバンコクの雨温図だ。どんなことがわかるかな？

「どちらの都市も１年を通して気温が高いですね。四季がはっきりとはしていないようです。」

そうだね。では，降水量はどうだろう？

「シンガポールは1年中降水量が多いようです。バンコクは，シンガポールと比べると，降水量が多い時期と少ない時期に分かれるようです。」

そうだね。シンガポールは熱帯の中でも，1年中降水量の多い**熱帯雨林気候**に属している。下の写真のようにマーライオンの噴水(ふんすい)が涼(すず)しげでよく似合うよね。いっぽう，バンコクは熱帯の中でも，雨季と乾季がはっきりしている**サバナ気候**に属しているんだ。

◀マーライオンと高層ビル

「ところで，熱帯雨林気候の地域には，**熱帯雨林**が広がっているのですよね？ 国土の広い範囲(はんい)がジャングルということでしょうか。」

そうだよ。ただし，シンガポールは，熱帯雨林気候に属しているけれど，都市開発が進んでいるため，実は森林はあまり見られないんだ。ちなみにシンガポールは，東京(とうきょう)23区と同じくらいの面積の小さな国なんだよ。

「へぇ～。それは知りませんでした。」

面積は小さいものの，シンガポールは工業がとても発展していて，ASEANのリーダー格となっている。先ほど，シンガポールはアジアNIESの一員でもあると説明したよね。

「ほかには韓国，台湾，ホンコンがアジアNIESでしたよね。」

「韓国，台湾，ホンコンは東アジアですから，シンガポールは東南アジアで唯一のアジアNIESということになりますね。」

そうだね。シンガポールは工業だけでなく，商業や金融業もさかんで，国民１人あたりのGDP（国内総生産）は日本を上回っているよ。

「東南アジアの中で，ほかに工業が発展している国はどこですか？」

マレーシアやタイだね。マレーシアやタイは人件費が安いから，日本やアメリカ合衆国の企業がさかんに進出しているんだ。そのため，工業が発展してきている。タイは，かつて米や野菜，天然ゴムなどの輸出が中心だったんだけど，近年は**機械類**や**自動車**の輸出がさかんになっているよ。

「やはり人件費が安いことは大きな魅力なのですね。」

そうだね。同じ理由で，1990年代からベトナムへの日本企業の進出が進んだ。ほかにも，インドネシアから日本への機械類の輸出が増えているんだ。

「インドネシアにも日本企業が進出しているということですか？」

そういうこと。

「ところで，農業はどうでしょうか？ 東南アジアは気温が高くて，降水量が豊富なので農業はさかんだと思います。」

そう。東南アジアの農業は**稲作**が中心だよ。**メコン川**や**チャオプラヤ川**などの大河が流れているからね。メコン川はチベット高原を源とし，いくつかの国を流れて，ベトナムから南シナ海に注いでいる。ミャンマーとラオスの国境，ラオスとタイの国境などに利用されていることも覚えておいてね。73ページの地図などで確認してみよう。

「稲作には大量の水が欠かせないですよね。」

そのとおり。**チャオプラヤ川**や**メコン川**の恵みにより，タイやベトナムで特に稲作がさかんなんだ。1年に3回米をつくる三期作が行われているところもあるよ。タイとベトナムはどちらも米の輸出量が世界有数なんだ。

「二期作は聞いたことがありますが，三期作はすごいですね。」

二期作は日本でも見られるよね。少し話がそれるけど，フィリピンは日本と同じ環太平洋造山帯に属し，高くて険しい山々がある。そのため，山の斜面を切り開いてつくった棚田が見られるよ。これは日本と同じだよね。

「なんとかして食料を確保するために，日本の人もフィリピンの人も同じアイデアを思いつくなんておもしろいです。」

さて，フィリピンでは，植民地時代に開かれた**プランテーション（大農園）**などでの農業が中心なんだ。**バナナ**や**パイナップル**などが栽培され，日本へもたくさん輸出されている。日本が輸入しているバナナの約80%はフィリピンからのものだよ。ちなみにフィリピンの首都はマニラだね。

「スーパーマーケットで売っているバナナを見ると，フィリピン産と書かれていました。」

また，ベトナムからは魚介類（**えび**など），タイからは肉類や魚介類などを多く輸入している。ちなみに日本はマレーシアから液化天然ガス，インドネシアから石炭や液化天然ガスなどの資源を多く輸入していることも覚えておこう。

「日本は東南アジアの国々から食料や資源をたくさん輸入していることがよくわかりました。東南アジアは日本とつながりが深い地域なのですね。」

そうだね。ほかにも，タイやマレーシア，インドネシアなどのプランテーションでは，天然ゴムやアブラやし，コーヒーなどが栽培されていることも押(お)さえておいてね。

Point　東南アジアの特徴

- **ASEAN（東南アジア諸国連合）**…東南アジアの10か国が政治や経済，安全保障などの面で協力しあう。
- 気候…**熱帯**の地域が多い。→**熱帯雨林気候**と**サバナ気候**が広がる。
- **タイ**…**仏教徒**が多い。機械類や自動車の輸出がさかんに。**稲作**がさかんで，**米**の輸出量が世界有数。
- カンボジア…**アンコール・ワット**（世界遺産）が有名。
- **フィリピン**…**キリスト教徒**が多い。棚田が見られる。**プランテーション**で**バナナ**や**パイナップル**を栽培。日本へ多く輸出。
- **インドネシア**…**イスラム教徒**が多い。赤道が通る国。日本は**石炭**や**液化天然ガス**などの資源を多く輸入している。
- **マレーシア**…日本は液化天然ガスなどを輸入。プランテーションで**天然ゴム**などを栽培。
- **ベトナム**…**稲作**がさかんで，**米**の輸出量が世界有数。**えび**などの魚介類を日本へ輸出。
- **シンガポール**…工業が発展。**アジアNIES**の一員。金融業も発達。

南アジアの特徴とは？～発展するインド～

続いて，南アジアに移ろう。南アジアには，インドやバングラデシュ，スリランカやネパールなどの国があるよ。中でも，**インド**は特に重要なので，しっかり押さえておこう。

インドには数多くの遺跡が残っている。二人は**タージ＝マハル**って知っているかな？ 世界遺産に登録されているよ。

yoshihiro/PIXTA(ピクスタ)

◀タージ＝マハル

インドといえば，**仏教**が生まれた国でもあるね。

また，インドには，キリスト教徒もいるよ。しかし，国民の約80%は**ヒンドゥー教**を信仰しているんだ。ヒンドゥー教徒は，牛を神聖なものとして扱い，牛肉を食べない。また，インドを流れるガンジス川は，ヒンドゥー教徒にとって「聖なる川」で，沐浴する習慣があるんだ。

「なぜ，ガンジス川は『聖なる川』とされているのですか？」

もちろん宗教的な意味があるよ。そのひとつに，ガンジス川がヒマラヤ山脈から流れてくることが関係しているんだ。

「ヒマラヤ山脈なら知っています。世界一高い山の**エベレスト山（チョモランマ）**がありますよね。」

そのとおり。ヒマラヤ山脈はインドやネパール，中国などの国境にそびえるとても険しい山脈だね。このヒマラヤ山脈には，ヒンドゥー教の神が住んでいるとされている。そのため，ヒマラヤ山脈から流れてくるガンジス川が「聖なる川」とされているんだね。実際に，ガンジス川はインドに大きな恵みをもたらしている。

さて，96ページの雨温図はインドの都市ムンバイ（ボンベイ）のものだよ。どんな特徴があるかな？

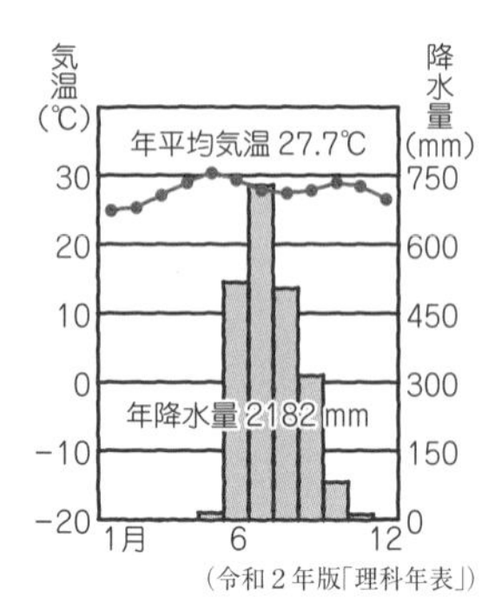

◀ムンバイの雨温図

「1 年中気温が高いですね。**熱帯**に属するようです。」

そうだね。そこで，インドの女性は右の絵のような涼しげな民族衣装を身につけている。これは**サリー**と呼ばれ，1 枚の長い布（ぬの）で出来ている。インドやネパール，スリランカなどで見られるものだよ。

「また，雨温図によると，夏に降水量がとても多いようです。」

▲サリー

そう。夏に降水量が多いのは，やはり**季節風（モンスーン）**の影響だね。ガンジス川は夏に流量が多く，流域のヒンドスタン平原には水田が広がっている。

どのくらい夏に流量が多いかというと，下流域のバングラデシュでは毎年夏に川が氾濫（はんらん）するなどして，水害が発生するほどなんだ。そこで，バングラデシュでは，水量に合わせて茎（くき）が伸びる浮稲（うきいね）が栽培されているよ。

また，ガンジス川下流のデルタ（三角州（さんかくす））では，**ジュート（黄麻（こうま））**の栽培もさかんなんだ。ジュートはせんい工業の原料となる農作物だよ。

「なるほど。食料だけでなく，普段（ふだん）着る服もガンジス川の恵みによるところが大きいわけですね。」

そういうこと。インドの農業といえば，**デカン高原**での**綿花**の栽培も忘れてはいけないね。デカン高原は肥えた土壌が広がり，農業に適しているんだ。

「インドには自然の恵みがたくさんありますね。」

うん。だから，2020 年現在，インドの人口は 13.8 億人で，中国についで世界第 2 位。また，経済分野での発展も著しく，世界の経済にも大きな影響を与えるようになっている。工業も急成長していて，特に**情報通信技術産業（ICT 産業）**が発達しているんだ。インド南部の都市**ベンガルール**には，アメリカ合衆国やヨーロッパのソフトウェア企業がたくさん進出した。ベンガルールはインドの ICT 産業の中心となっているよ。

「なぜ，インドで ICT 産業がさかんになったのでしょうか？」

その理由のひとつに，インドはかつてイギリスの植民地だったから，その影響で英語を話せる人が多いことがある。また，数学の教育水準の高さもある。人件費が安いことも大きいけど，ほかにも理由はあるよ。何だと思う？ ヒントは時差だよ。インドとアメリカ合衆国の時差を考えてみてね。

「インドとアメリカ合衆国の時差は，だいたい半日ぐらいで，ちょうど昼と夜が逆なのではないでしょうか？」

すばらしい。そのとおり。例えば，アメリカ合衆国のサンフランシスコ近郊には，ICT 産業がさかんなシリコンバレーがある。サンフランシスコが 4 月 1 日午後 7 時のとき, インドのベンガルールは 4 月 2 日午前 8 時半。そこで，シリコンバレーで働く人たちが，1 日の終わりにベンガルールで働く人たちに仕事をお願いすることで，効率よく仕事を進めることができるんだ。

「なるほど。ベンガルールで働く人たちとシリコンバレーで働く人たちが協力することで，24時間体制で仕事を進めることができるわけですね。」

そういうことだね。

Point 南アジアの特色～発展するインド～

- インドの宗教…**ヒンドゥー教徒**が多い。→牛肉は食べない。**ガンジス川**は「聖なる川」。民族衣装の**サリー**。
- インドの農業…**稲作**がさかん。デカン高原で**綿花**の栽培。
- インドは人口が**約14億人**で，世界第2位。
- ベンガルールで**情報通信技術産業（ICT産業）**が発達。

西アジアの特徴とは？

続いて，西アジアの国々について見ていこう。西アジアには，サウジアラビアやアラブ首長国連邦，イランやイラクなどの国がある。下の雨温図を見てみよう。これはサウジアラビアの首都リヤドの雨温図だよ。

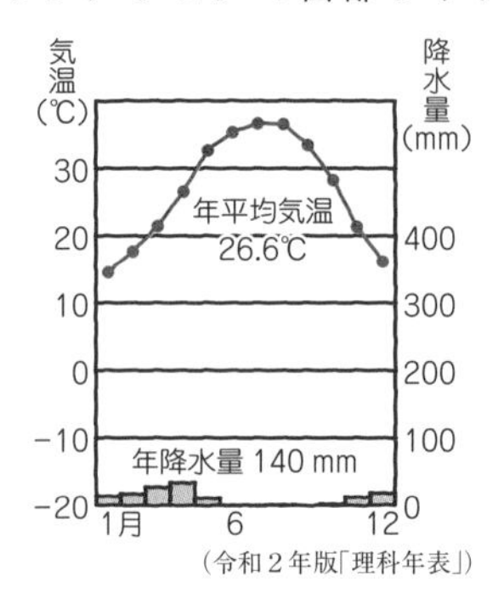

▲リヤドの雨温図

「降水量がほとんどありませんね。」

そうだね。西アジアの大部分は**乾燥帯**に属している。**砂漠**に覆われている地域も多いんだ。宗教では，**イスラム教徒**が多いのが特徴だね。

また，**ペルシア（ペルシャ）湾岸**は，世界最大の**原油**産出地となっているよ。産油国は**石油輸出国機構（OPEC）**という組織をつくり，原油価格の設定を通じて世界に大きな影響を与えている。

さて，原油による収入をいかして，さらに発展しようという国もある。例えば，サウジアラビアに注目してみよう。サウジアラビアは国土の開発に力を入れたんだ。

「確か，サウジアラビアは，日本の原油輸入先第１位でしたよね。」

そのとおり。国民の大部分がイスラム教徒で，乾燥帯に属し，国土のほとんどが砂漠の国だよ。砂漠で農業は可能だろうか？

「できないでしょうね。」

確かにそうだね。そこで，サウジアラビアは降水量が少ない気候の中でも，農業が出来るように工夫をこらした。原油や石油製品を外国に輸出することで得た豊富な資金をいかして，近代的なかんがい技術を用いた農業に取り組んだんだ。次の写真を見てごらん。

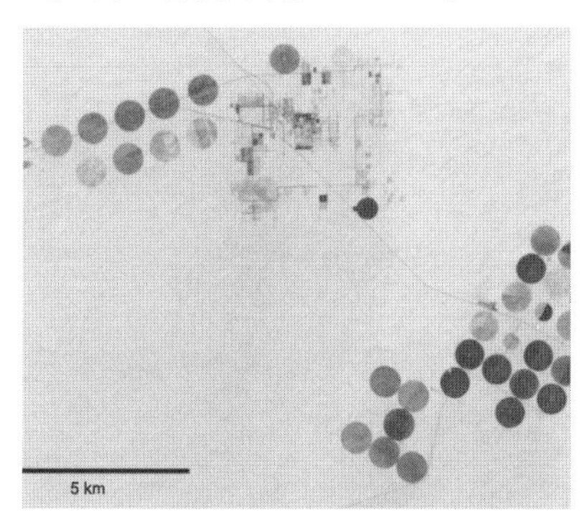

◀サウジアラビアで見られる農場

「えっ。これが農場ですか？ 丸い形をしていますね。」

うん。砂漠の中に丸い農場が広がっている。中心には地下水をくみ上げて水をまくポンプがあるよ。同じような農場は，西アジアのほかの国でも見られるんだ。

「砂漠をなんとか農地に変えていこうとする取り組みですね。まさに自然環境への挑戦といえるでしょう。」

これにより，サウジアラビアは一時的だけど，小麦を自給出来るほどになった。しかし，地下水が枯れることが問題となって，写真のような農場はかなり減ったんだ。

ほかの西アジアの国でも開発が進んでいるよ。例えば，アラブ首長国連邦がそのひとつだよ。

「アラブ首長国連邦は，サウジアラビアにつぐ日本の原油輸入先ですよね。」

そう。アラブ首長国連邦はペルシア湾に面し，多くの日本企業が進出している。その中でも，ドバイには世界一高いビルのブルジュ・ハリファがあり，沖合には，一大リゾート地として人工島のパーム・アイランドの整備が進んでいるよ。

「これからは観光業に力を入れていこうとしているのでしょうか。」

そういうことだね。

「原油の輸出に頼るばかりではなく，それ以外の産業にも力を入れて国を発展させようとする情熱を感じます。」

Point　西アジアの特徴

- 自然と宗教…大部分が**乾燥帯**で**砂漠**。**イスラム教徒**が多い。
- **ペルシア（ペルシャ）湾岸**は，世界最大の**原油**産出地。
- サウジアラビアやアラブ首長国連邦は，原油の輸出で得た資金をいかして，新たな産業を発展させることを目指している。

中央アジアの特徴とは？

最後に中央アジアについて触れておこう。カザフスタン，ウズベキスタン，トルクメニスタン，キルギス，タジキスタンの5か国を中央アジアと呼ぶ。この地域はもともとソビエト連邦の一部だったんだ。

「しかし，1991年にソビエト連邦は解体しました。」

そうだね。そこでこれらの国は独立をはたした。中央アジアは標高が高い土地で，**レアメタル（希少金属）**など地下資源が豊富だ。ところで，最近中央アジアの国々は，中国との関係を深めている。なぜかな？

「先生，さっきの一帯一路構想と関係がありますか？」

そのとおり。これらの国はまさにシルクロードがあったところだ。中国の一帯一路構想のもと，シルクロードがよみがえろうとしているともいえるだろう。

Point　中央アジアの特徴

- かつてソビエト連邦に属していた国々。
- **レアメタル（希少金属）**が豊富。

☑CHECK 3

つまずき度 !!!!

➡ 解答は別冊 p.22

次の文の(　　)にあてはまる語句を答えなさい。

(1) 中国の人口は世界一だが，増えすぎた人口を抑えるために，政府は(　　)をとっていた。

(2) 東アジアの沿岸部や東南アジア，南アジアは季節風(　　)の影響を強く受ける。季節風は(　　)に海洋から大陸に向かって，(　　)に大陸から海洋に向かって吹く。

(3) 中国は世界各国へ大量の工業製品を輸出し，「(　　)」とも呼ばれている。外国企業を税金などの面で優遇する(　　)を設けたことなどから，工業が大きく発展した。

(4) 東南アジアの10か国は，政治や経済，安全保障などの面で協力しあうために，(　　)を結成している。

(5) インドの産業では，南部の都市ベンガルールを中心として(　　)が発達している。

ヨーロッパ州

「いよいよヨーロッパです。イギリス，ドイツ，フランスなどといえば，世界史でも大活躍ですよね。」

そう。特に立派なのはいち早く近代国家というものを成立させた地域であるということだね。

「でも，二度の世界大戦で戦場になったことで，大きな被害を受けてしまいました。」

そうだ。経済力の上ではアメリカ合衆国はおろか日本にも抜かれてしまった。

「ヨーロッパは再び勢力を取り戻せたのですか？」

そのために何をしたのか。本章に答えはあるよ。

ヨーロッパ州

ヨーロッパ州の自然と農業の特徴は？

▲ヨーロッパ州の主な地形

続いて，ヨーロッパ州について学習するよ。ヨーロッパ州の主な地形については，上の地図で確認しておこう。

ヨーロッパ州の気候や農業については，「2 環境と暮らし」のところで取り上げたね。ここで少し復習するよ。

右ページの地図を見てみよう。

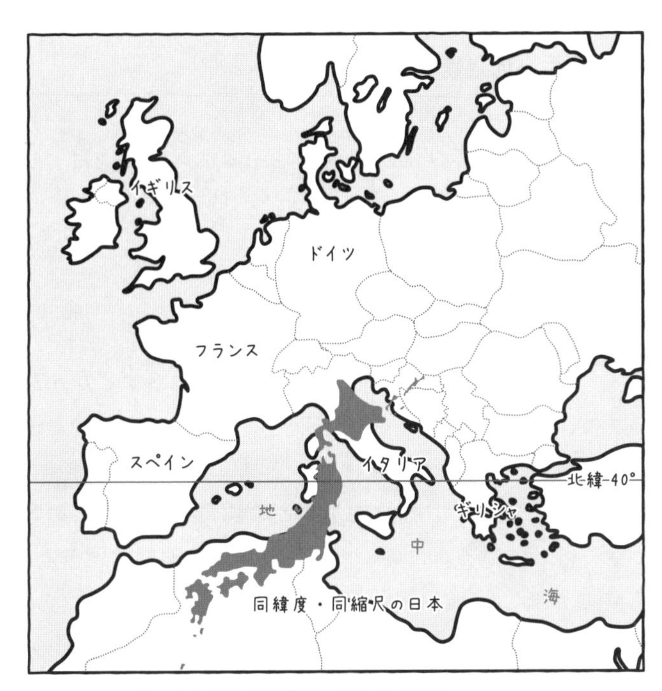

▲ヨーロッパ州の主な国々と同緯度・同縮尺の日本

ヨーロッパ州の地図の上に，同じ緯度(いど)・同じ縮尺(しゅくしゃく)の日本を置いてみたよ。ヨーロッパ州の主な国々とその位置についてもこの地図で確認しておこう。

「イギリスやドイツ，フランスなどは日本より高緯度にあるのですね。」

「しかし，ヨーロッパ北西部は，**偏西風**(へんせいふう)と暖流(だんりゅう)の**北大西洋海流**(きたたいせいよう)の影響(えいきょう)を受けるため，温暖な気候なのです。確(たし)か**西岸海洋性気候**(せいがんかいようせい)といいましたよね。」

そのとおり。いっぽう，上の地図でスペインやイタリア，ギリシャなどの地中海沿岸(ちちゅうかいえんがん)は，夏に乾燥(かんそう)して気温が高くなり，冬は比較的(ひかくてき)温暖でやや雨が降(ふ)る気候だよ。この気候を何といったかな？

「はい。**地中海性気候**です。」

そのとおり。では，西岸海洋性気候と地中海性気候の境目として，ひとつの目安になるのはどこだろう？

「**アルプス山脈**です。」

正解。主に西岸海洋性気候の地域では，小麦の栽培がさかんなんだ。しかし，同じ土地で小麦ばかりをつくっていると土地の栄養分が落ちてしまうので（連作障害），小麦以外の農作物も順番に栽培する**輪作**を行っているよ。また，輪作だけでなく，豚や肉牛などの飼育を小麦などの穀物の栽培と組み合わせて行っている。このような農業を**混合農業**というよ。

ほかにも標高が高い地域や高緯度の地域など，冷涼な気候の土地では，牧畜や酪農が行われている。地中海性気候に属する地中海沿岸の地域では，夏は乾燥に強い**ぶどう**や**オレンジ**，**オリーブ**などの果樹を栽培し，やや雨が降る冬に**小麦**などを栽培しているんだ。これを**地中海式農業**というよ。

Point　ヨーロッパ州の自然と農業の特徴

- **西岸海洋性気候**…ヨーロッパ北西部は，**偏西風**と暖流の**北大西洋海流**の影響を受け，温暖。→**小麦**などの穀物の栽培と豚や肉牛の飼育を組み合わせた**混合農業**がさかん。
- **地中海性気候**…地中海沿岸は，夏に乾燥して気温が高くなり，冬は比較的温暖でやや雨が多い。→夏は乾燥に強い**ぶどう**や**オレンジ**などを栽培し，やや雨が多い冬は**小麦**などを栽培する**地中海式農業**。

ヨーロッパ州にはどのような民族が住んでいるのか？

さて，改めてヨーロッパ州の位置を確認しておこう。ヨーロッパ州はユーラシア大陸の西部にある。全部で45ほどの国があるけど，日本より面積が大きい国は数か国だよ。ヨーロッパ州の各国は面積は小さいものの，独自の言語や文化をもっているんだ。

ヨーロッパ州で使われている主な言語は大きく３つに分けることができる。次の地図を見てみよう。

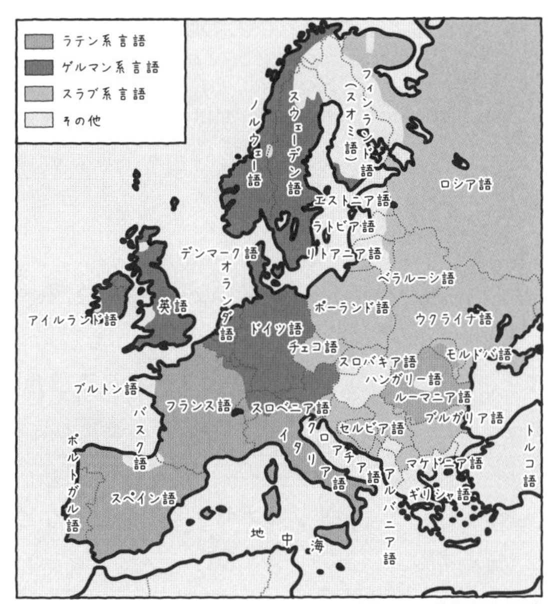

（「ディルケ世界地図」ほか）

▲ヨーロッパ州の各国で使われている主な言語

ラテン系言語，**ゲルマン系言語**，**スラブ系言語**の３つがあることがわかるよね。それぞれヨーロッパ州のどのあたりで使われているかな？

「北西部ではゲルマン系言語が使われているようですね。」

「南部の地中海沿岸の国々では，ラテン系言語が使われているようです。いっぽう，東部ではスラブ系言語が使われているみたいですね。」

そうだね。使用している言語によって，ヨーロッパ州の民族も**ラテン系民族**，**ゲルマン系民族**，**スラブ系民族**の３つに大きく分けることができるんだ。また，ヨーロッパ州では主に**キリスト教**が信仰されているんだけど，宗派は民族によって異なる。ラテン系民族の多くは，キリスト教の**カトリック**を信仰しているよ。107 ページの地図を見ると，ラテン系民族が多くを占める国には，どんな国があるかな？

「スペインやイタリア，フランスやポルトガルなどですね。」

そう。いっぽう，ゲルマン系民族の多くは，キリスト教の**プロテスタント**を信仰している。ゲルマン系民族が多くを占める国には，どんな国がある？

「ドイツやイギリス，オランダやスウェーデンなどですね。」

そうだね。また，スラブ系民族には，キリスト教の**正教会**の信者が多い。スラブ系民族が多くを占める国には，どんな国があるだろうか？

「ロシア連邦やウクライナ，ブルガリアやセルビアなどがスラブ系民族の多い国ですね。」

そう。ラテン系・ゲルマン系・スラブ系の 3 つの区分は，あくまで大まかな分け方だよ。107 ページの地図からもわかるように，そのほかに分けられている地域もあるよね。例えば，ギリシャなどはラテン系・ゲルマン系・スラブ系のどれにも区分されていないし，ここまで説明した言語・民族・宗教の区分が当てはまらない地域もある。これを頭に入れた上で，大まかに分けたラテン系民族，ゲルマン系民族，スラブ系民族のそれぞれが多数を占める国々について，それぞれの特徴を見ていこう。

Point　ヨーロッパ州に住む民族

- **ラテン系民族**…南部の国々に多い。**ラテン系言語**を話す。主に**カトリック**を信仰。
- **ゲルマン系民族**…北西部の国々に多い。**ゲルマン系言語**を話す。主に**プロテスタント**を信仰。
- **スラブ系民族**…東部の国々に多い。**スラブ系言語**を話す。主に**正教会**を信仰。

ラテン系民族が多数を占める国々の特徴とは？

まず，ラテン系民族が多数を占める国々について。ラテン系民族が多数をしめる国々の中には，日本とつながりが深い国がたくさんあるよ。例えば，日本に鉄砲(てっぽう)を伝えたのは**ポルトガル**の人たちだった。ポルトガルの首都は**リスボン**で，主に使われている言語はラテン系言語のポルトガル語だよ。

また，キリスト教を日本に伝えたフランシスコ＝ザビエルの出身国の**スペイン**で主に使われている言語は，ラテン系言語のスペイン語だね。しかし，スペイン国内には少数民族もいて，分離(ぶんり)独立運動があるんだ。

ところで，ヨーロッパ州最大の農業国といえばどこか，知っているかな？次の写真がヒントだよ。

「これ，知っていますよ。**フランス**の**エッフェル塔**(とう)です。ということは，ヨーロッパ州最大の農業国とはフランスですね。」

正解。フランスのシンボルともいえるエッフェル塔は，首都**パリ**にあるよ。パリは「芸術の都」とも呼ばれ，世界遺産に登録されている建物もたくさんあるんだ。話を戻そう。フランスはヨーロッパ州最大の農業国で，穀物の食料自給率は170%にものぼるよ。**小麦**の栽培がさかんで，輸出量は世界有数なんだ。ちなみに，第１位はロシア連邦で，アメリカ合衆国，カナダ，オーストラリアが続いているよ。また，ぶどうからつくられる**ワイン**もフランスの特産品のひとつだね。

さて，ラテン系民族の多くは，キリスト教のどんな宗派を信仰していたかな？

「カトリックです。」

そのとおり。キリスト教のカトリックの総本山は，次の写真の建物がある国だよ。

▲サン・ピエトロ大聖堂

「うわぁ～。美しいだけでなく，何かとても重みを感じる建物ですね。芸術品といえると思います。」

この建物はサン・ピエトロ大聖堂というんだ。**イタリア**の首都**ローマ**市内に位置する**バチカン市国**にある建物だよ。バチカン市国は面積が世界でもっとも小さい国で，人口も世界でもっとも少ない国なんだ。

「えっ!? 国の中に別の国があるのですか？」

そう。キリスト教のカトリックの信者は世界に約12億人いて，その総本山がバチカン市国なんだ。面積は世界最小だけど，世界中からカトリック教徒が訪れるよ。

「しかし，12億人とはすごい数ですね…。」

多いよね。

さて，イタリアには**アルプス山脈**が連なっている。104ページの地図で確認してみよう。

「アルプス山脈はイタリアの北部に連なり，フランスやスイス，オーストリアなどとの国境と重なっているようです。」

そうだね。アルプス山脈では，涼しい気候をいかして乳牛などを飼育し，チーズやバターなどの乳製品をつくる酪農がさかんなんだ。

Point　ラテン系民族が多数を占める国々の特徴

- **ポルトガル**…日本に鉄砲を伝える。
- **スペイン**…フランシスコ＝ザビエルが日本に**キリスト教**を伝える。
- **フランス**…**ヨーロッパ州最大の農業国**。**小麦**の輸出量は世界有数。
- **イタリア**…首都ローマ。ローマ市内にカトリックの総本山の**バチカン市国**。

ゲルマン系民族が多数を占める国々の特徴とは？

続いてはゲルマン系民族が多数を占める国々について学習していこう。

「先生。ヨーロッパ州の国々では工業は発達しているんでしたっけ？」

もちろん発達しているよ。

「ヨーロッパ州は温暖な気候の地域が広いですし，農業もさかんで食料が豊富です。労働力があって土地もありますから，あとは資源さえあれば工業は発達するでしょう。」

そのとおり。資源にも恵まれているよ。石炭などの鉱産資源に恵まれた**イギリス**は，世界で初めて**産業革命**が起こった国だね。産業革命により，機械を使った製品の大量生産ができるようになった。これはとても大きな社会の変化で，産業革命はヨーロッパ州の各国に広がっていったんだ。

「つまり，ヨーロッパ州は世界でもいち早く工業が発達した地域というわけですね。」

そう。そんなヨーロッパ州の国々の中でも，**最大の工業国**となっているのが**ドイツ**だよ。ちなみにアルプス山脈から流れ出し，北海に注ぐ**ライン川**の一部はフランスとドイツの国境となっているよ。

「川を挟んで一方はヨーロッパ州最大の農業国，もう一方はヨーロッパ州最大の工業国なのですね。なんだかおもしろいです。」

「それだけではありません。フランスはラテン系民族が多数をしめる国で，ドイツはゲルマン系民族が多数を占める国です。」

そうだね。**石炭**が産出するドイツのルール地方では，ライン川の水運によってフランスのロレーヌ地方で産出する鉄鉱石も運ばれてきて，**ルール工業地域**が発達した。ちなみにドイツの輸出品は機械類や自動車が中心で，医薬品や精密機械も多くなっているよ。

「ベンツやポルシェなどの高級自動車は日本でも有名ですよね。」

うん。日本でもたくさんの自動車がつくられているけど，日本がもっとも多くの自動車を輸入している国はドイツだよ。さて，ドイツは冷戦中に西ドイツと東ドイツに分裂していた。その後，1990 年に東西ドイツが統一されたんだ。首都は**ベルリン**だね。

さて，ゲルマン系民族が多数を占める国といえば，写真の国も有名だよ。何という国だろう？

takaf470/PIXTA(ピクスタ)

「**風車**がありますね。」

そうだね。写真は**オランダ**の風景なんだ。風車はかつて干拓に利用され，現在もオランダにはたくさんの風車が残っている。干拓された土地を**ポルダー**と呼ぶよ。オランダの農業では酪農がさかんなんだ。また，西部の都市ロッテルダムの近くには，EU 共通の貿易港である**ユーロポート**がある。ユーロポートは「ヨーロッパの玄関」とも呼ばれているよ。

続いて，114 ページの写真を見てごらん。これもゲルマン系民族が多数を占める国だよ。さて，どこかわかる？

Capella/PIXTA（ピクスタ）

「これは川ですか…？ それにしても深い谷ですね。どうしてこのような地形ができたのでしょうか。」

「リアス海岸のように山地が沈むなどしてできたとか…。」

これは**フィヨルド**という地形で，氷河によって侵食された谷に海水が入り込み，奥深い湾となっている。ヨーロッパ州では，スカンディナビア半島にある**ノルウェー**などでフィヨルドが見られるよ。また，ノルウェーなどの中でも北極に近い高緯度の地域では，夏に太陽が沈まなかったり，沈んでも水平線近くにあることで薄明るい夜が続く時期がある。この現象を**白夜**というんだ。

「ずっと明るいなんてゆっくり寝られないですね（笑）。」

そうかもしれないね。でも，慣れれば問題ないと思うよ。

また，ノルウェーは漁業がさかんな国で，日本へも多くの魚介類を輸出している。特にさけ・ますなどが多いんだ。

さて，ヨーロッパ州北部のスウェーデンとフィンランドはノルウェーと国境を接している。スウェーデンはゲルマン系民族が多数を占める国だけど，**フィンランド**はラテン系民族・ゲルマン系民族・スラブ系民族のどれにも分けられていないね。107ページの地図で確認しよう。

「確かにそうですね。エストニア，ラトビア，リトアニアもその他と

なっています。」

エストニア，ラトビア，リトアニアをまとめてバルト三国というよ。

さて，次は，フィンランドの首都**ヘルシンキ**の雨温図だよ。どんなことがわかるかな？

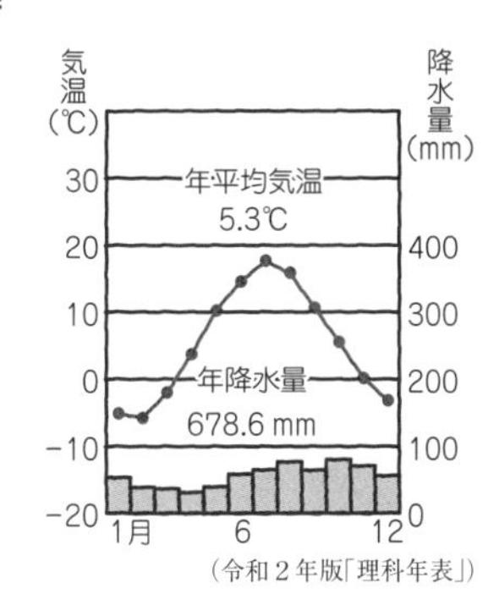

◀**ヘルシンキの雨温図**

「やはり高緯度にありますから，冬の寒さが厳(きび)しいようですね。」

そうだね。寒さをしのごうと，フィンランドの人たちはサウナに入るのが大好きなんだ。一説によると，フィンランドにはサウナが 200 万個(こ)以上あるといわれているよ。

Point　ゲルマン系民族が多数を占める国々の特徴

- **イギリス**…世界で初めて**産業革命**が起こった。
- **ドイツ**…**ヨーロッパ州最大の工業国**。**ルール工業地域**が発達。
- **オランダ**…干拓地は**ポルダー**。EU 共通の貿易港**ユーロポート**。
- **ノルウェー**…氷河によって侵食された**フィヨルド**。**白夜**が見られる。

スラブ系民族が多数を占める国々の特徴とは？

続いて，スラブ系民族が多数を占める国々について。代表的な国といえばやはり**ロシア連邦**だろうね。面積は約 1710 万㎢で，世界最大。ちなみに日本の面積は約 38 万㎢だけど，ロシア連邦の面積は日本の面積の何倍かな？

「1710 ÷ 38 ＝**日本の約 45 倍**です。驚きの広さですね。」

そう。国土がとても広いため，各地での暮らしはさまざまだよ。ロシア連邦の国土はヨーロッパ州とアジア州にまたがり，ウラル山脈の東側，アジア州の北部にあたる地域は**シベリア**と呼ばれる。シベリアの広範囲は，日本の北海道と同じ冷帯（亜寒帯）の気候に属しているよ。次の雨温図はシベリア南部の都市イルクーツクのものだよ。どんなことがわかるかな？

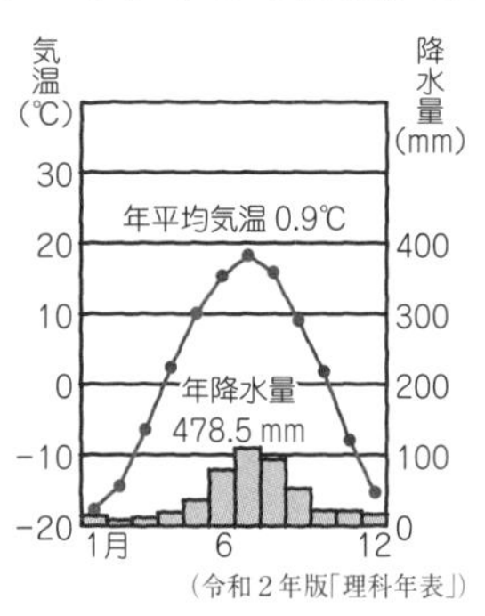

▲イルクーツクの雨温図

「北海道と同じ冷帯ですが，平均気温はかなり低いようですね。」

「冬の平均気温は－10℃を下回っていますね。かなり寒そうです。
でも，夏は平均気温が 10 ～ 20℃で過ごしやすいようですね。」

そうだね。イルクーツクは内陸部にあるので，夏と冬，昼と夜の気温差が特に大きい気候なんだ。シベリアに住む人々の暮らしの工夫については，「**2** 環境と暮らし」で学習したよね。

国土が東西に広いロシア連邦だけど，南東の端にあり，日本海に面する都市ウラジオストクと西部にある首都の**モスクワ**は，**シベリア鉄道**で結ばれているよ。

「先生。これだけ国土が広ければきっと資源も豊富でしょうね。」

もちろん。原油や天然ガス，石炭などの鉱産資源に恵まれ，原油の産出量，天然ガスの産出量・埋蔵量はどれも世界有数なんだ。日本もロシア連邦からたくさん鉱産資源を輸入しているよ。そんなロシア連邦だけど，1991年に大きな転機があった。

「いったいどんな転機ですか？」

ロシア連邦はもともとソビエト連邦という社会主義体制の国だったんだけど，経済がゆきづまり，1991年にロシア連邦を含む15の国に分裂して，ソビエト連邦は解体された。そして，社会主義体制から資本主義体制へ移っていったんだけど，このとき経済はかなり混乱した。下はロシア連邦とウクライナのGDP（国内総生産）の移り変わりを示したグラフだよ。ウクライナもかつてソビエト連邦の一員だったんだ。

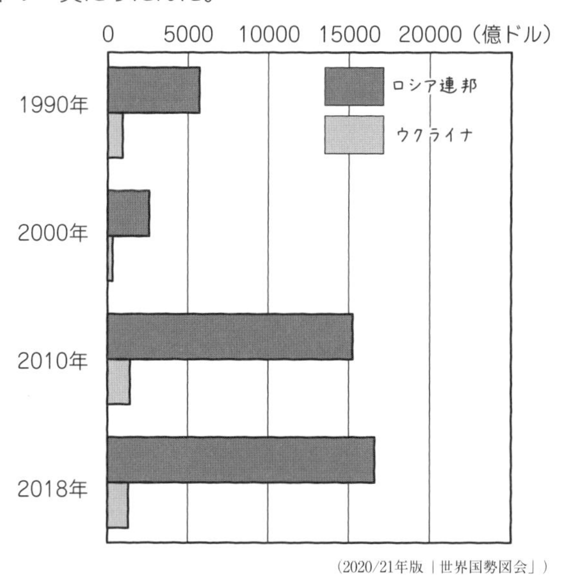

（2020/21年版「世界国勢図会」）

▲**ロシア連邦とウクライナのGDPの移り変わり**

「どちらの国も1990年から2000年にかけてGDPが大きく減少してしまっていますね。」

「これはピンチでしたね。」

うん。しかし，その後立ち直って成長しているんだ。特にロシア連邦は大きくGDPを伸ばしているね。ロシア連邦は，同じく経済発展が著しいブラジル，インド，中国，南アフリカ共和国と合わせて**BRICS**と呼ばれるよ。

「確かに，ロシア連邦のGDPは1990年と比べて，2017年はだいたい3倍近くになっていますね。」

しかし，世界でシェールガスやシェールオイルの開発が進んだことで，ロシア連邦の原油や天然ガスは価格競争に敗れ，大きな打撃を受けたんだ。

「ロシア連邦はまたピンチを迎えているのですか？」

そういえるかもしれない。しかし，シェールガスやシェールオイルの埋蔵量自体は多いので，その採掘技術が確立できれば大丈夫だろうね。

ちなみに，かつて深刻な事故が起こったことで知られるチェルノブイリ原子力発電所は，ウクライナ北部にあるよ。

Point スラブ系民族が多数を占める国々の特徴

- **ロシア連邦**…**面積は世界最大**。シベリアの大部分は冷帯（亜寒帯）の気候。**原油**や**天然ガス**，**石炭**などの資源に恵まれる。→経済発展が著しく，BRICSのひとつ。

ヨーロッパ州のそのほかの国々の特徴とは？

さて，ここで**スイス**について話しておこう。スイスといえばアルプス山脈が連なり，雄大(ゆうだい)な自然に恵まれていて，多くの観光客が訪(おとず)れる国だね。

さて，下は在日スイス大使館のホームページにあるマークだよ。

Schweizerische Eidgenossenschaft
Confédération suisse
Confederazione Svizzera
Confederaziun svizra

▲在日スイス大使館のホームページにあるマーク

「これは４つの言語で書かれているのでしょうか。」

ケンタさんはなかなかするどいね。そのとおり。上から順にドイツ語，フランス語，イタリア語，ロマンシュ語でどれも「スイス連邦」という意味だよ。ロマンシュ語はイタリア語に近い言語といえるかもね。ドイツ，フランス，イタリアはどれもスイスと国境を接する国だよね。

「スイスでは，４つの言語が使用されているわけですね。ということは，文化も使用する言語によってそれぞれ違(ちが)うわけですよね。」

つまり，４つの文化圏(けん)があるわけだ。スイスは，複数(ふくすう)の異なる文化圏が共に存在(そんざい)する多文化・多民族国家といえるね。

「なぜ，このような多文化・多民族国家になったのでしょうか？」

それはスイスの位置にヒントがある。107ページの地図を見てごらん。スイスはちょうどゲルマン系民族とラテン系民族の境界になっているよね。

「もしかして，歴史の中であるときはゲルマン系民族の勢力下となったり，また別のときはラテン系民族の勢力下となったりを繰り返すうちに，さまざまな文化が存在するようになったのでしょうか。」

ざっくり言えば，そういうことだね。スイスは多くの戦乱を経験した。いっぽうで，スイスは世界最古の**永世中立国**でもあるんだ。

「永世中立国って何ですか？」

「自分から戦争に参加したり，戦争を始めたりしない国」ということだよ。そのため，他国と軍事協定を結ぶこともない。

「ということは，まったく戦争にかかわらないというわけですね。」

それは違うよ。他国がスイスを侵略してきた場合は，国土を防衛するための戦争を行うんだ。

第二次世界大戦中には，自国の領空を侵犯する連合国軍やドイツ軍の戦闘機を，どちらも迎撃した。

「自国を侵略する国とは徹底的に戦うという意思が伝わります。このような対応をとっているからこそ，永世中立国でいられるわけですね。」

「先生。ほかにも多くの民族や文化が共存する国はありますか？」

あるよ。例えば，**ギリシャ**。ギリシャはバルカン半島の一部と周辺の多くの島々からなる国で，国土の約80％を山地・丘陵地が占めている。気候は夏に乾燥して気温が高くなり，冬は比較的温暖でやや雨が多い気候だよ。このような気候を何といったかな？

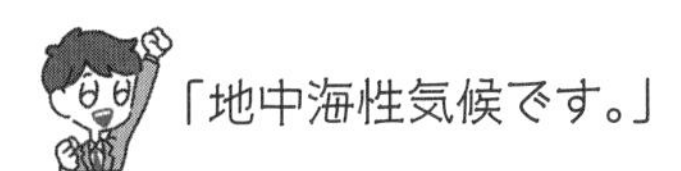

「地中海性気候です。」

正解。ギリシャの農業ではオリーブの栽培がさかんなんだ。

「ラテン系民族が多数を占めるスペインやポルトガル，イタリアなどの暮らしの特徴と似ていますね。」

確かに。しかし，宗教ではキリスト教の正教会の信者が多いよ。

「なるほど。それはスラブ系民族の特徴ですね。ラテン系民族とスラブ系民族の両方から影響を受けているのかもしれません。」

そう。ほかにもルーマニアはラテン系民族が多数を占める国だけど，文化はスラブ系民族の特徴が色濃くなっているんだ。

Point　ヨーロッパ州のそのほかの国々の特徴

- **スイス**…多文化・多民族国家。**永世中立国**。
- **ギリシャ**…**地中海性気候**。**オリーブ**の栽培。**正教会**の信者が多い。

EU（ヨーロッパ連合）とは？

さて，このような伝統と歴史ある国々の集まりであるヨーロッパ州の歴史は，国どうしの戦争の歴史でもあるんだ。

第一次世界大戦や第二次世界大戦はヨーロッパ州が主戦場になり，ヨーロッパは焦土になった。第一次世界大戦では約 3500 万人，第二次世界大戦では約 5000 万人の犠牲者が出ている。ヨーロッパ州の各国の国力はすっかり衰えたんだ。

「これではヨーロッパ州が世界に与える影響力も落ちてしまいますね。」

そうだね。いっぽう，もとはヨーロッパの国々の植民地だったアメリカ合衆国，そしてソビエト連邦も超大国となり，ヨーロッパ州の国々は政治力が低下したんだ。

「ヨーロッパ州の国々が発展するためには，もう２度と戦争が起こらないようにしなくてはいけませんね。」

そう。さらに，ヨーロッパの国々には，面積や人口の規模が小さいというハンディキャップがあった。そのために，「戦争をしないでひとつのまとまったヨーロッパをつくろう」という考え方が広まったんだ。特にこれまで激しく対立し，戦争の大きな要因となったドイツとフランスが手を結ぶことが重要だった。そこで，両国で産出する重要な資源である石炭と鉄鉱石を共同で管理して，争いを避けるようなしくみをつくろうとした。

そして，1952 年，旧西ドイツ，フランス，イタリア，オランダ，ベルギー，ルクセンブルクの６か国が手を結んで，ヨーロッパ石炭鉄鋼共同体（欧州石炭鉄鋼共同体，ECSC）が発足したんだ。その後，1958 年に原子力の共同開発などを目指したヨーロッパ原子力共同体（EURATOM），同年にヨーロッパをひとつの市場にしようと**ヨーロッパ経済共同体（EEC）**が発足する。EEC は，1967 年に**EC（ヨーロッパ共同体）**に発展した。EC は加盟国を増やしていき，1993 年には経済的な結びつきに加えて，政治的な結びつきも強めようと，ついに**EU（ヨーロッパ連合，欧州連合）**の設立に至ったんだよ。

「先生。『ヨーロッパをひとつの市場にしよう』とはどういうことですか？」

労働力や観光客などの人，商品やサービスなどのもの，お金（資本）の移動を自由にしようということだよ。つまり，EU 加盟国の間では，人・もの・お金などが国境を越えて自由に移動出来るわけだね。

「ということは，EU 加盟国の間では国境を越えるときにパスポートは必要ないのですか？」

多くの国では必要ないよ。そのため，国境を越えて他国へ仕事に行ったり，買い物に行ったりするのが普通になっている地域もあるね。

「ドイツに住む人がフランスに出かけてワインを買い，またドイツに戻ってくることが気軽に出来るわけですね。」

そう。ドイツで仕事をするフランス人なども今やめずらしくはないんだ。人々の移動を支える交通網の整備も進んでいる。ロンドン・パリを約 2 時間 20 分で結ぶ**ユーロスター**などの高速鉄道網もあるよ。ヨーロッパ州は大きく変わったんだ。

また，EU 加盟国の間では**国際分業**により，ひとつの製品を協力してつくっている。国際分業とは，さまざまな国が自国の得意な分野で製品をつくり，それを輸出して，ほかの製品は外国から輸入することだよ。次のイラストを見てごらん。

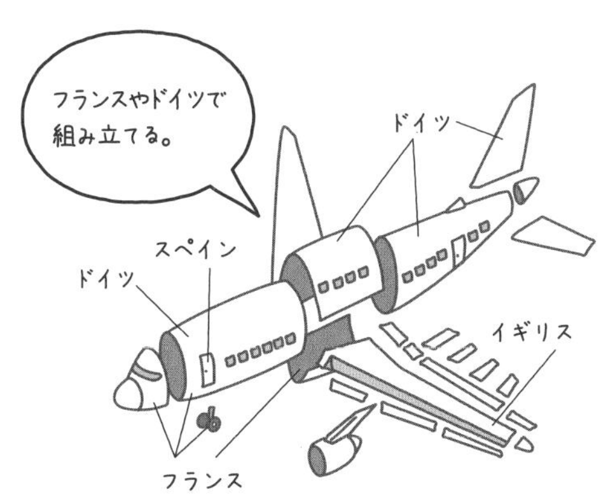

▲航空機生産の国際分業の例

「航空機生産の一例ですね。すごい!! 各部品をフランスやドイツ，イギリスなど，さまざまな国でつくっているわけですか。まさに国際分業ですね。」

そのとおり。航空機は最終的にフランスやドイツで組み立てられているよ。

「ひとつの国だけでは難しい航空機の生産が，EU 加盟国が協力することで可能になったわけですね。」

そういうこと。さらに 2002 年には，共通通貨の**ユーロ**が一般に流通するようになった。

「それまで各国が使用していた通貨はどうなったのですか？」

ドイツのマルクやフランスのフランなど，それまで使用されていた通貨は使用しないことになったんだ。EU 加盟国でユーロを導入している国であれば，どこの国でもユーロを使用することができるため，ほかの国で買い物をするときや，ほかの国と商品を取り引きするときなどに両替の手間がはぶけて便利になった。ただし，EU に加盟していてもユーロを導入していない国もあるので注意してね。

「ヨーロッパ州の国々は経済的な結びつきがかなり強くなったようです。政治的な結びつきはどうでしょうか。」

2009 年には**リスボン条約**が発効し，EU 大統領や EU 外相などを置くことになったよ。安全保障や外交などの面で統一は進んだといえるね。ところで，リスボンはどこの首都だったか覚えているかな？

「ポルトガルです。」

正解（せいかい）。初めは 6 か国が手を結ぶことで始まったヨーロッパ州の統合だけど，その後加盟国は拡大（かくだい）を続けた。2013 年にはクロアチアが新たに加盟し，2021 年現在，**27 か国**が EU に加盟しているよ。次の地図を見てみよう。

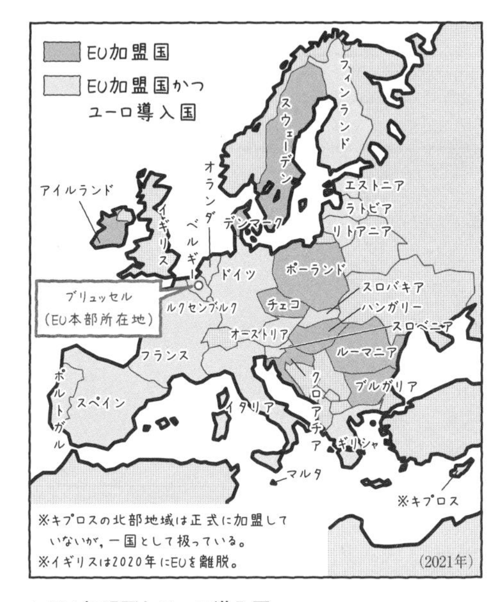

▲ **EU 加盟国とユーロ導入国**

「ヨーロッパ州の多くの国が EU に加盟していることがわかりますね。」

EU 加盟国の拡大が進んだ結果，現在 EU はどれぐらいの経済規模となっているのだろうね？ 126 ページの表を見てみよう。参考として，ASEAN（アセアン）（東南アジア諸国（しょこく）連合）や NAFTA（ナフタ）（北米自由貿易協定。現在の USMCA，アメリカ・メキシコ・カナダ協定），日本も入れて比（くら）べてみたよ。どんなことがわかるかな？

	面積（万km²）	人口（百万人）	GDP（億ドル）	貿易総額（億ドル）
ASEAN	449	654	29715	28527
EU	437	512	187758	117410
NAFTA	2178	490	235162	60829
日本	38	127	49713	7483

※EUはイギリスを含む28か国。

（2018年）（2020/21年版「世界国勢図会」）

▲主な地域機構の面積・人口・GDP・貿易総額

「EUはアメリカ合衆国・メキシコ・カナダで構成されたNAFTAより人口が多く，経済力を示すGDPでもNAFTAと大きな差はありません。貿易総額はもっとも多いですね。EUには先進工業国が多いですから，さまざまな製品を輸出することができるのでしょう。」

「EUの人口はASEANよりも少ないのですね。ASEANには人口が世界で4番目に多いインドネシアなどが加盟していますよね。」

ちなみにASEANは10か国で構成されているのに対して，EUは28か国（現在は27か国）で構成されている。しかしながら，EUは面積がASEANよりも狭く，一国あたりの人口もあまり多くないんだ。サクラさんが言ってくれたようにヨーロッパ州には先進国が多いいっぽうで，もっとも少子高齢化が進んでいる州といってよいだろうね。

「そこで，ヨーロッパ州の国々はEUという組織を結成して，アメリカ合衆国などにひけをとらない経済力をつけ，世界に影響力をもつようになったわけですね。経済的・政治的な結びつきを強めることがどれだけ大事なことかよくわかりました。」

それはよかった。EU加盟国の間では，自由な貿易のために関税（輸入品にかかる税金）が撤廃されていることも押さえておこう。

「先生。EUが結成されたことで，生活が便利になったり，貿易がさかんになったり，たくさんいいことが出てきたのはよくわかりました。いっぽうで，問題になっていることはないのでしょうか？」

いいところに気がついたね。次の地図を見て。

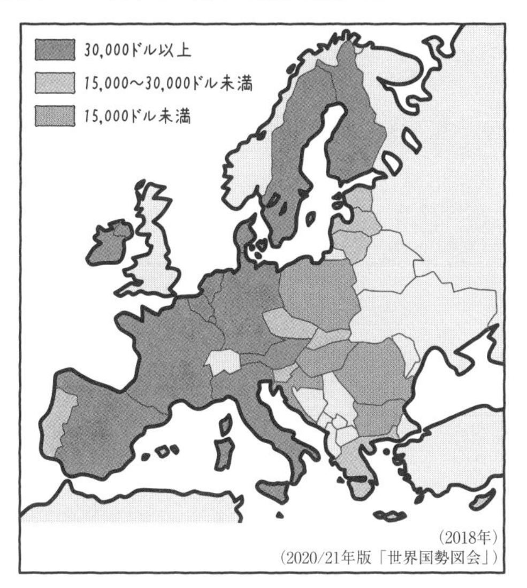

（2018年）
（2020/21年版「世界国勢図会」）

▲ **EU加盟国の1人当たりのGDP**

これはEU加盟国の1人当たりのGDPを示したものだよ。ざっくりいえば，GDPが高いほどその国は豊かで，GDPが低いほど貧しいといえる。

「EUに加盟している国の間で，大きな経済格差があることがわかりますね。西ヨーロッパの国々は1人当たりのGDPが高く，東ヨーロッパの国々は1人当たりのGDPが低いようです。」

そのとおり。このような状況ではどんなことが起こると思う？

実は，EU加盟国の中では，ポーランドやルーマニアなどから，ドイツをはじめ，フランスやスペイン，イタリアなどへ多くの労働力が移動しているんだ。これはなぜだと思う？

「わかりました。経済的に貧しい国々の人たちが，経済的に豊かな国々へ仕事を求めて移動しているわけですね。経済的に豊かな国々のほうが仕事がたくさんあって，賃金もよいでしょうから…。」

すばらしい。そのとおり。

「そうすると，経済的に豊かなドイツやフランスなどの国々は，多くの外国人労働者を受け入れているわけですね。」

そういうことだね。ちなみにそれらの国々には，EU 内だけでなく，北アフリカの国々やトルコなどからも多くの外国人労働者がやってきているよ。

「いろんな国の人が働いているわけですね。」

もっとも，企業からしてみれば，安い賃金で働いてくれる労働者が増えることはよいことだよね。ドイツやフランスでは，EU 内の賃金の安い国へ工場を移す動きも見られるほどなんだ。

「しかし，安い賃金で働いてくれる外国人労働者が増えすぎると，その国の労働者が仕事を失ってしまうことにならないでしょうか？」

そのとおり。外国人労働者が増えすぎるとその国の人たちが働きたくても働けなくなったり，異なる文化の人たちが入ってくることで衝突が生まれたりして，さまざまな問題が起こってしまうんだ。これらのことが大きな要因となって，イギリスは 2016 年に国民投票を行い，EU から離脱することを決めたんだよ。

「なるほど。EU のように人・もの・お金などの移動を自由にすることで，いいこともあれば，悪いこともあるわけですね。経済的に豊かな国にとって，困ったことも起こることがよくわかりました。」

そうだね。EU のような政策(せいさく)を進めることで，加盟国間で利益がぶつかることもあるわけだ。この問題をどう克服(こくふく)していくかに EU の未来がかかっているといえるだろうね。

さて，話は変わって，共通通貨のユーロ紙幣(しへい)のデザインに注目してみよう。下が５ユーロと 10 ユーロの紙幣だよ。何か気づくことはないかな？

写真：アフロ

▲5ユーロ紙幣のデザイン

写真：アフロ

▲10 ユーロ紙幣のデザイン

「どちらもいっぽうの面には『門』，もういっぽうの面には『橋』やヨーロッパ州の地図がえがかれていますね。」

うん。「門」以外には窓(まど)がえがかれているものもあるんだ。それぞれの紙幣にえがかれている「門や窓」と「橋」は，ヨーロッパの歴史上で，各時代の建築(けんちく)様式を代表する架空(かくう)の建造物だよ。また，窓や門，橋はどれも人と人をつなぐものだから，ユーロ紙幣のデザインは，EU 加盟国が開かれた関係でお互(たが)いに交流を深めることを表しているわけだね。

今度はユーロ硬貨(こうか)のデザインを見てみよう。下の写真がユーロ硬貨だよ。いっぽうの面はどの国も同じデザインだけど，もういっぽうの面は国によってデザインが異なるんだ。これにはどんな意味があると思う？

写真：アフロ

▲マルタの１ユーロ硬貨のデザイン

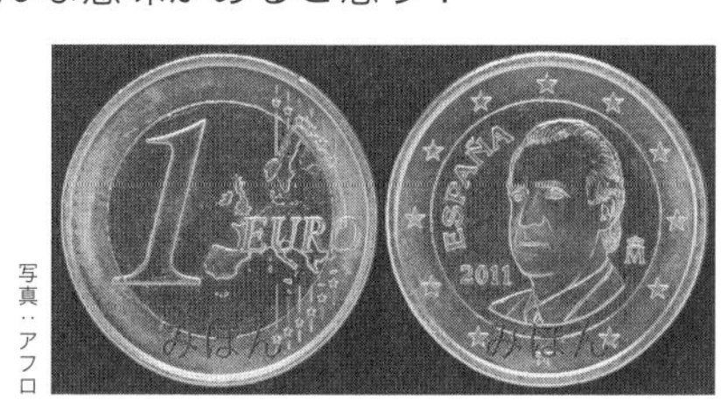

写真：アフロ

▲スペインの１ユーロ硬貨のデザイン

「各国が自国の歴史や文化を表現(ひょうげん)して，それぞれの個性(こせい)を出しているのだと思います。」

そういうこと。ただひとつにまとまるだけでなく，各国の独自の文化も大切にしていこうとするEUの姿勢(しせい)がよく表れていると思うよ。

「EUの今後の動きから目が離(はな)せませんね。EUがこれからも発展するとなれば，ますます国と国が深く結びつく動きが世界に広まるでしょう。しかし，2020年1月にイギリスがEUから離脱したように，まとまりが崩(くず)れていくならば，EUの未来は明るくないでしょうし，世界にもその流れが広がってしまうかもしれません。」

Point EU(ヨーロッパ連合)

- **ヨーロッパ経済共同体(EEC)→EC(ヨーロッパ共同体)**
  →1993年，政治的な結び付きも強めるため**EU(ヨーロッパ連合，欧州連合)**結成。
- EUの政策…**人・もの・お金などの移動を自由に。→国際分業**による航空機の生産。共通通貨**ユーロ**の導入。**関税の撤廃**で貿易がさかんに。
- EUは大国に対抗できる経済力をつけ，世界に影響力をもつ。
- 課題…加盟国間の**経済格差**。→豊かな国に外国人労働者や移民が集中する。

☑CHECK 4

つまずき度 !!!!!

➡ 解答は別冊 p.22

次の文の(　　)にあてはまる語句を答えなさい。

(1) ヨーロッパ州の北西部は，(　　)と暖流の北大西洋海流の影響を受けて温暖な気候である。この気候を(　　)気候という。

(2) ヨーロッパ州の南部は，夏に乾燥して気温が高くなり，冬は比較的温暖でやや雨が多い気候である。この気候を(　　)気候という。

(3) スカンディナビア半島にあるノルウェーなどでは，(　　)という地形が見られる。これは氷河によって侵食された谷に海水が入り込んだ奥深い湾である。

(4) 2002年には，EU加盟国の間で，共通通貨(　　)が一般に流通するようになった。

(5) EU加盟国の間では，自由な貿易のために(　　)(輸入品にかかる税金)が撤廃されている。

アフリカ州

アフリカが人類発祥の地であることは知っているかな？

「そうなんですね！」

しかし，アフリカのほとんどの国がヨーロッパ諸国の植民地になって，支配された。

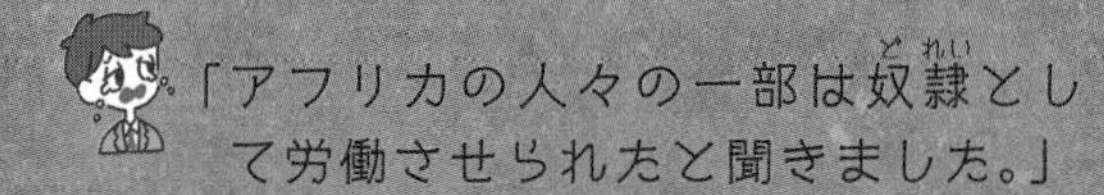

「アフリカの人々の一部は奴隷（どれい）として労働させられたと聞きました。」

現在はどうなっているのだろうか。本章を学習すればその答えは出るよ。

アフリカ州

アフリカ州の自然環境の特徴とは？

続いて，アフリカ州について見ていこう。下の地図を見てごらん。さて，何か気づくことはないかな？

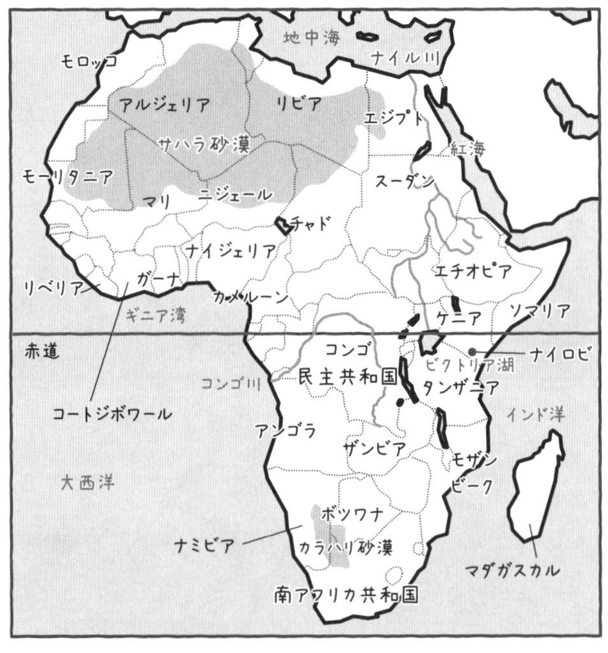

▲アフリカ州の主な地形

「**サハラ砂漠**(さばく)はとても広いのですね。」

「アフリカ大陸の中央部を赤道(せきどう)が通っていますね。赤道付近の気候は，1年中気温が高く，年間の温度差もあまりありませんでしたよね。」

そうだね。さて，下の雨温図を見てみよう。これはケニアの首都であるナイロビの雨温図だよ。ちなみにナイロビは，アフリカ州の中でも人口が多い都市で，赤道から南にわずか 150 km のところにあるんだ。

また，ケニアはインド洋に面していて，**茶**の生産量は世界第 3 位（2019年)。少し前置きが長くなってしまったけど，下の雨温図を見て，何か気づくことはない？

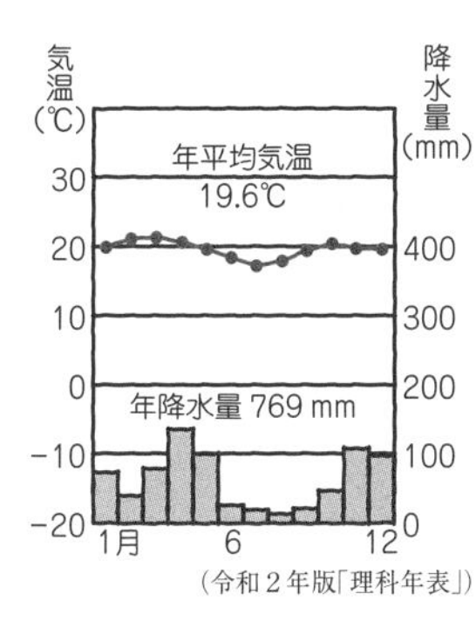

▲ナイロビの雨温図

「気温は 1 年を通じて 20 度前後のようです。ある程度雨は降（ふ）りますが，多いわけではありません。かなり過（す）ごしやすい気候のようですね。あれ !? でも，前ページの地図にあるようにナイロビは赤道から近いところにありますよね。それなのになぜ，これほど過ごしやすい気候なのでしょうか。」

お～。いいところに気がついたね。その理由は，ナイロビが標高約 1700 m の高さにある都市だからなんだ。

「なるほど。標高が高くなるほど気温は低くなりますよね。緯度（いど）だけでなく，その場所の標高も含（ふく）めて気候をとらえることが重要ですね。」

そのとおり。ナイロビの近くには，アフリカ大陸でもっとも高い**キリマンジャロ山**がある。正確（せいかく）にはケニアの隣国（りんごく）のタンザニアにあり，標高は

5895 m で，頂上付近には雪や氷が見られるよ。ナイロビは温帯に属しているんだけど，ナイロビ郊外は標高が下がり豊かな大草原が広がるサバナ気候で, 野生動物がたくさんすんでいて, 熱帯に属している。ケニアの中でもさらに標高が低いインド洋沿いの地域は，熱帯雨林気候に属しているんだ。

「ナイロビの近くでは，ほぼすべての気候帯を経験することができますね（笑）。」

さすがに寒帯の気候は経験できないけどね…。ケニアではバラの栽培がさかんで，ヨーロッパなどへたくさん輸出されている。バラの栽培に適した気候が広がっていることがその大きな要因だね。

さて，アフリカ州全体の気候に目を移そう。赤道周辺に熱帯の熱帯雨林気候とサバナ気候が広がり，南北に行くにつれて乾燥帯，温帯が広がっている。アフリカ州の北部は大部分が乾燥帯に属しているんだ。ここには世界最大の砂漠があるんだけど，何だったかな？

「先ほど見つけました。**サハラ砂漠**です。」

そう。サハラ砂漠が広がるアルジェリアやリビアでは，原油がさかんに産出され，重要な輸出品になっている。サハラ砂漠の南縁の**サヘル**では，**砂漠化**が深刻になっているんだ。

「うわっ。なんとか砂漠化を食い止めたいですね。」

そうだよね。国際連合などが中心となって砂漠化の食い止めに取り組んでいるよ。乾燥帯に属する地域では，羊などの遊牧が行われている。いっぽう，アフリカ大陸の北東部には，世界一長い**ナイル川**が南北に流れているんだ。ナイル川の長さは，日本一長い信濃川の約 18 倍もあるんだよ。

「えっ～!? 世界は広いですね。」

びっくりだよね。このナイル川の恵みによって，古代には流域でエジプト文明が栄えたんだ。ピラミッドが有名だよね。北部のモロッコやチュニジアなどの沿岸部は地中海性気候に属し，夏は高温となって乾燥し，冬はやや降水量があり温暖なんだ。そのため，ヨーロッパ州のイタリアなどと同じく**地中海式農業**が行われ，オリーブなどが栽培されている。地中海式農業については，ヨーロッパ州のところで学習したよね。

「モロッコやチュニジアは地中海のすぐそばにあり，イタリアやスペインと距離的に近いですから，当然暮らしも似てくるでしょう。」

そのとおり。さて，話は変わって，アフリカ州の南部では**金**や**銅**，**ダイヤモンド**などの鉱産資源が豊富に産出する。金は南アフリカ共和国，ダイヤモンドはボツワナやコンゴ民主共和国，銅はコンゴ民主共和国やザンビアなどで産出されるよ。また，アフリカ州では中国同様**レアメタル（希少金属）**の産出も多いね。

アフリカ州の国々は，ここで挙げたような豊富な資源を輸出することで，経済を成り立たせているんだ。

Point　アフリカ州の自然環境の特徴

- **赤道**は**アフリカ大陸の中央部**を通り，ギニア湾を横切る。
- 気候…赤道周辺に**熱帯**。南北に行くにつれて，**乾燥帯→温帯**。
- **サハラ砂漠**は世界最大。**ナイル川**は世界一長い川。
- 鉱産資源…**金**は**南アフリカ共和国**，**ダイヤモンド**はボツワナやコンゴ民主共和国，**銅**はザンビアやコンゴ民主共和国などで産出。**レアメタル（希少金属）**の産出もさかん。

ヨーロッパの国々による植民地支配の影響とは？

「先生。アフリカ州は，金や銅，ダイヤモンドなどが豊富に産出し，レアメタル（希少金属）にも恵まれていました。原油も産出しましたよね。これだけ資源が豊富ならば，アフリカ州の国々はきっとお金には困らないことでしょう。」

これが残念なことにそうでもないんだ。下のグラフを見てみよう。アフリカ州で１人当たりのGDP（国内総生産）が多い国と日本の１人当たりのGDPを示しているよ。GDPを見れば，その国の経済活動の規模がわかるよね。日本の１人当たりのGDPとアフリカ州の国々の１人当たりのGDPを比べてみるとどうだろう？ どんなことがわかるかな？

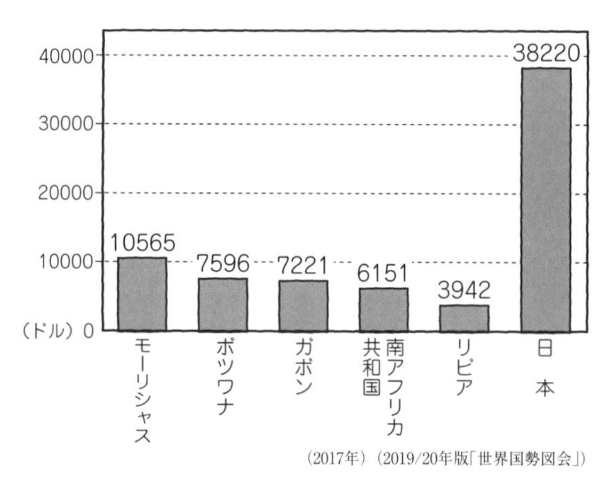

▲アフリカで1人当たりのGDPが多い国と日本の1人当たりのGDP

「なんと…。１人当たりのGDPがもっとも高いモーリシャスでも，日本の３分の１以下となっていますね。ここに挙がっていないアフリカ州の国は，もっと１人当たりのGDPが低いわけですよね。」

「ということは，アフリカ州では経済の発展が遅れている貧しい国がほとんどなのだと思います。先生。これはなぜでしょうか？」

これにはアフリカ州の国々が，長い間ヨーロッパの国々の植民地だったことが関係しているよ。下の地図を見てごらん。

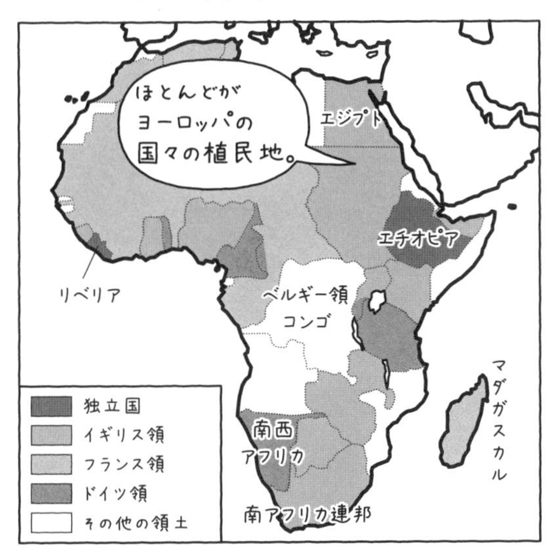

▲1904 年当時のアフリカ州の植民地支配

「これは驚きました。ほとんどがヨーロッパの国々の植民地だったのですね。」

そうなんだ。ヨーロッパの国々による植民地支配が長く続いたことは，さまざまな影響を及ぼした。

例えば，宗教と言語がそうだね。アフリカ州の北部はアラビア語を話す人が多く，宗教ではイスラム教の信者が多いのが特徴なんだ。いっぽう，アフリカ州の中部から南部にかけては，キリスト教の信者が多く，言語は，英語やフランス語，ポルトガル語などさまざまで，植民地時代にその国を支配していた国の宗教や言語の影響が強くなっているよ。

「先生。北部と中部・南部でこのような違いがうまれたのはなぜでしょうか？」

歴史を振り返ってみよう。７～８世紀ごろ，アラビア方面からイスラム勢力がやってきて，アフリカ州の北部を支配下に置いた。16世紀以降に奴隷貿易が始まり，ヨーロッパの人々が進出し，19世紀にはほとんどの地域がヨーロッパの国々の植民地となった。ヨーロッパにはキリスト教を信仰する国が多いよね。以上のことから，どのように考えられるかな？

「つまり，かつてイスラム勢力の支配下にあったアフリカ州の北部は，ヨーロッパの国々から侵略を受けても，イスラム教への信仰とアラビア語の使用を保ったのでしょう。イスラム勢力の支配下になかったアフリカ州の中部から南部にかけては，侵略してきたヨーロッパの国々の宗教や言語の影響を強く受けたということでしょうか？」

そのとおり。

「北部ではイスラム教への信仰がよほどあつかったのですね。」

確かにそういえるかもしれないね。

Point　ヨーロッパの国々による植民地支配の影響

- アフリカ州の国々は長い間ヨーロッパの国々の**植民地**だった。
  →宗教や言語に残っている。経済発展の遅れにもつながっている。

機械的に引かれた境界線はどのような影響を与えたのか？

植民地支配がアフリカの発展を遅らせていることについて見ていこう。ここでもう一度134ページの地図を見てごらん。アフリカ州の国々の国境線に注目してみよう。特徴があるんじゃないかな？

「直線的な国境線が多い気がします。エジプトとリビアの国境線や，エジプトとスーダンの国境線は明らかにまっすぐですね。なぜ，アフリカ州には直線的な国境線が多いんでしたっけ？」

ヨーロッパの国々がアフリカ州の国々を植民地支配したとき，民族や文化のまとまりを無視して，緯線や経線などに沿って境界線を引いたからだよ。その後，第二次世界大戦後にはかつて植民地支配を行った国からの独立が進んだ。特に 17 か国が独立した 1960 年は，**「アフリカの年」**と呼ばれているよ。しかし，独立するときに，植民地時代に引かれた境界線の多くがそのまま国境線となってしまったんだ。

「同じ民族が住み，同じ文化を共有している地域でひとつの国となっているわけではないのですね。」

そうなんだ。その結果，アフリカ州の国々では，ひとつの国の中で民族も違えば文化も違う人たちがいっしょに暮らしているため，しばしば民族紛争などが起こってしまっているんだ。民族紛争が絶えないようでは，国は発展しないよね。

民族紛争に苦しむ国のひとつに**ソマリア**があるね。ソマリアはアフリカ大陸の東部にある国で，最近まで正式な政府がない状態が続いていた。国際連合による平和維持活動（PKO）で，停戦の監視などが行われたんだ。

「悲しいことですが，犯罪なども多くなりそうです。」

そうだね。犯罪の取り締まりなどは難しい状況なんだ。2008 年ごろ，ソマリア沖などで海賊による被害が多発した。そこで，付近を航行する船の安全を守るため，2009 年から日本の海上自衛隊などが派遣されているよ。

Point 機械的に引かれた国境線の影響

- ヨーロッパの国々は，アフリカ州の民族や文化のまとまりを無視して，**緯線や経線に沿うなどして直線的な境界線を引いた。**
→民族間などで**紛争**が絶えない。→アフリカ州の国々の発展をさまたげている。

アフリカ州の工業・貿易の現状とは？

植民地支配の影響はまだまだあるんだ。次のグラフを見て。

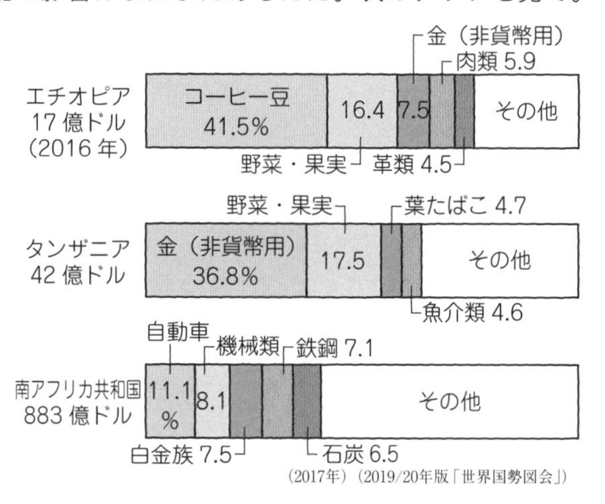

▲アフリカ州の主な国の輸出品の内訳

先ほどアフリカ州の国々の１人当たりのGDPの話をしたけど，アフリカ州の中でも１人当たりのGDPがかなり低いエチオピアとタンザニア，そして，１人当たりのGDPが比較的(ひかくてき)高い南アフリカ共和国の輸出品の内訳(うちわけ)を示(しめ)しているよ。１人当たりのGDPが低い国と高い国で何か違いが見てとれないかな？

「先生，わかりました。１人当たりのGDPがかなり低いエチオピアやタンザニアは，農作物や鉱産資源の輸出に頼(たよ)るところが大きいよ

うです。いっぽう，１人当たりのGDPが比較的高い南アフリカ共和国は，自動車や機械類などの工業製品が輸出品の上位に入っていますね。」

うん。では，農作物や鉱産資源の輸出ばかりに頼っていると，どんなことで困る（こま）と思う？

「鉱産資源はすべてとりつくしてしまうと，もう輸出できませんよね。」

そのとおり。

「農作物はいつもたくさんとれるわけではないですから，不作のときにあまり輸出できないと一気に経済が苦しくなりますね。」

そうだね。それに植民地時代ほどではないにしても，一般（いっぱん）的には，農作物や鉱産資源は工業製品に比べて，値段が安い傾向（けいこう）にあるよ。

「安く買われるのでは，経済的な発展は難しいですね。」

そうだね。また，農作物の栽培や鉱産資源の生産には多くの労働力が必要なので，子どもまでもが労働を強いられ，子どもが学校に行けなくなるという問題も起こっているんだ。

Point　アフリカ州の工業・貿易

- 工業化が遅れ，**農作物や鉱産資源の輸出に頼る**国が多い。
  →アフリカ州の国々の発展の遅れにつながっている。
- 発展途上国は先進国に安い値段で鉱産資源などの原料を輸出。

モノカルチャー経済とは何か？

さて, 次の円グラフを見てみよう。**カカオ**の生産量の割合を示しているよ。カカオはチョコレートの原料だね。カカオの生産量が世界一の国はどこかな？

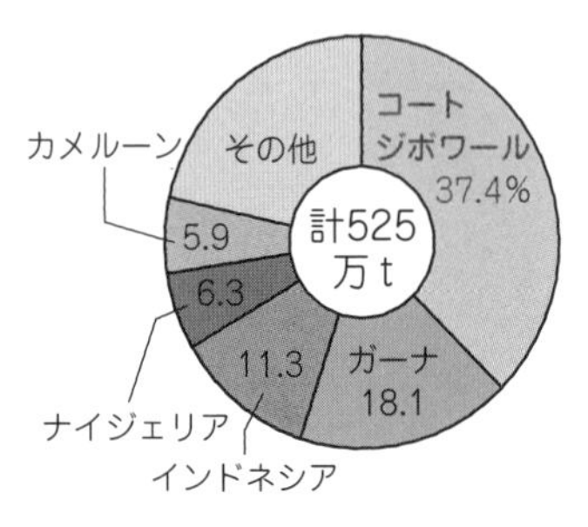

(2018年)(2020/21年版「世界国勢図会」)

◀**カカオの生産量の割合**

「**コートジボワール**です。」

そうだね。ほかにもアフリカ州では, ガーナやナイジェリア, カメルーンが上位に入っている。これらの国の位置を134ページの地図で確認(かくにん)してみよう。何か気づくことはないかな？

「コートジボワールとガーナ, ナイジェリアとカメルーンはそれぞれ隣(とな)りあっていますね。また, すべての国が**ギニア湾**に面しています。」

そうだね。ほかに気づくことはない？

「どの国も赤道のすぐ近くですね。」

うん。気候はもちろん熱帯だよ。なぜ, ギニア湾沿岸でカカオの栽培がさかんなのだろうね？ 当然, この地域の気候がカカオの栽培に適していることが大きな理由ではあるけど, ほかにも理由はあるよ。かつてこの地域を植民地支配していたヨーロッパの国々は, プランテーションでカカオを大量に栽培させたんだ。カカオはチョコレートの原料だから，ヨーロッパの国々にとってとても貴重なものだった。この影響で，現在もギニア湾沿岸でカカオの栽培がさかんなんだ。

「ほかの農作物はあまり栽培されなかったのでしょうか？」

そうなんだ。右のグラフを見てみよう。コートジボワールの輸出品の内訳だよ。どうなっているかな？

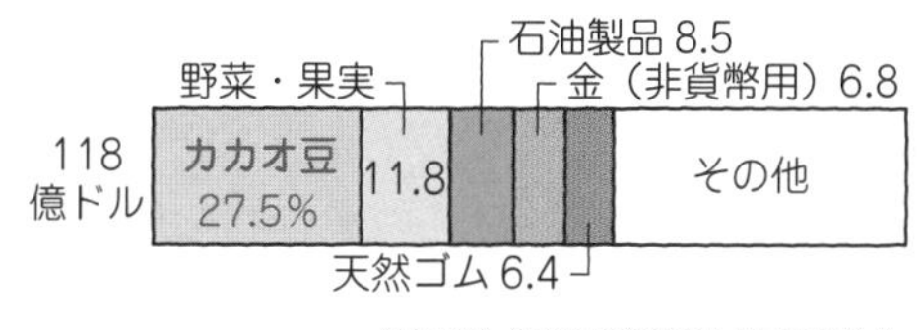

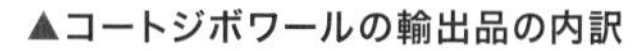
▲コートジボワールの輸出品の内訳

「お～。カカオの輸出がもっとも高い割合を占めていますね。」

「経済がカカオの輸出に頼っている状態なわけですよね。」

そう。つまり，植民地時代から大きく変わっていないんだ。先ほども少し話したけど，このようにカカオの輸出に頼る経済状態では，どんな問題があると思う？ ヒントは下のグラフだよ。

▲1kg あたりのカカオの価格の移り変わり

「このグラフはカカオの価格の移り変わりを示したものですね。価格の変動がかなり大きいことがわかります。1978年前後はカカオの価格が高く，もうかったのかもしれません。いっぽう，1990～2000年ごろはカカオの価格が安く，経営は苦しかったことでしょう。」

よく読み取れているね。悪天候などが続き，カカオ自体が不作の年もあるよ。このように特定の農作物の輸出にばかり頼っていると，農作物のできや価格の変動に大きな影響を受けるため，国の経済が安定しない。これは大きな問題だね。また，輸出用の農作物をつくるために農地を利用するので，国内向けの食料の生産が不十分となって，国内で食料が足りなくなる問題もある。

142ページのエチオピアやタンザニアの輸出品のグラフ，145ページのコートジボワールの輸出品のグラフに加えて，次のザンビアとボツワナの輸出品の内訳のグラフを見てみよう。

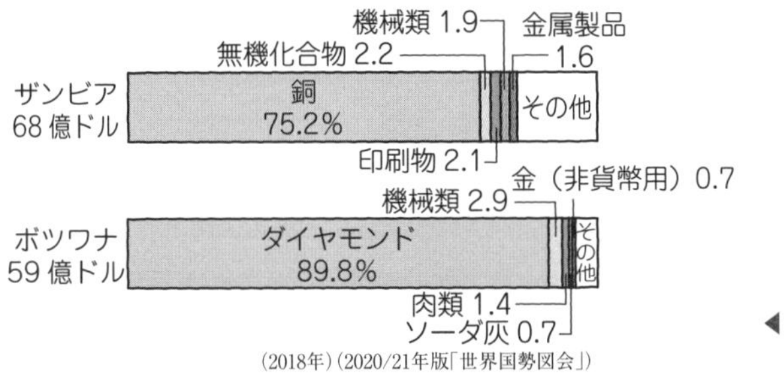

◀ザンビアとボツワナの輸出品の内訳

「ザンビアは銅，ボツワナはダイヤモンドが輸出の高い割合を占めていますね。やはりアフリカ州には，特定の農作物や鉱産資源の輸出に頼っている国が多いようですね。」

そのとおり。特定の農作物や鉱産資源の輸出に頼っている経済状態を**モノカルチャー経済**というよ。ここで見てきたことから，モノカルチャー経済の国は，なかなか発展しづらいことがわかったんじゃないかな。

「農作物だけでなく，鉱産資源の価格も上下するでしょうし。また，鉱産資源がとれなくなったときは大ピンチですよね。」

うん。そういうことだね。

Point　モノカルチャー経済

- **カカオ**…コートジボワールなど**ギニア湾**沿岸の国でさかんに栽培。
- アフリカ州には，特定の農作物や鉱産資源の輸出に頼る**モノカルチャー経済**の国が多い。→農作物のできや価格の変動などの影響を強く受けるため，経済が安定しない。→国がなかなか発展しない。

なぜ貧富の差が大きくなってしまうのか？

植民地支配の影響はまだあるよ。次のグラフを見てみよう。これは先ほど話に出たザンビアのGDP（国内総生産）の移り変わりを示している。どんなことがわかるかな？

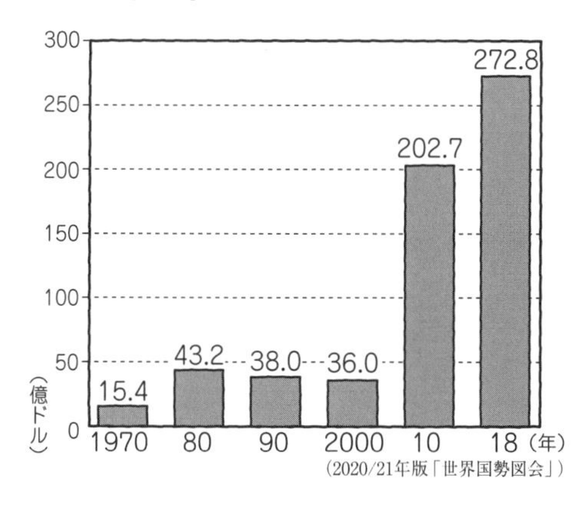

◀ザンビアの国内総生産の移り変わり

「お～。1980年に比べて，2018年のGDP（国内総生産）は6倍以上に増えていますね。これはすごいです。すばらしい経済成長だと思います。」

そうだね。しかし，ザンビアではいまだ国民の約６割が１日２ドル未満で暮らしていて，とても貧しい生活を送っているんだ。

「えっ!? GDP（国内総生産）が増えて，経済が発展しているはずなのに，貧しい暮らしを続けている人がそんなにもいるのですか。なんだか矛盾しているような気がします。なぜ，そのような事態になってしまっているのでしょうか？」

それは国の経済発展によって生まれた利益が，一部の人に集中してしまっているからだよ。一部の人たちだけが豊かな暮らしを送るいっぽうで，それ以外の多くの人は利益を得ることができず，貧しい暮らしを送っている。結果として，貧富の差が大きくなってしまっているわけだね。

「先生，なぜでしょう？」

さまざまな原因があるけど，やはり植民地支配の影響が大きいんだ。例えば，プランテーションでは植民地支配している国（宗主国）の人が農園主で，アフリカの人々は安い賃金で働かされてきたわけだ。植民地支配が無くなった現在でも，農園主が，旧宗主国の人，あるいは先進国の企業に変わっただけで，大部分の人が安い賃金で働かされるという構造に変化がないといわれているよ。

このように植民地支配はさまざまな害をもたらしたんだけど，これらを解決するためアフリカの国々は政治的・経済的な結びつきを強めようと**AU（アフリカ連合）**を結成したんだ。

南アフリカ共和国ではかつて，**アパルトヘイト**という人種隔離政策がとられ，白人が優遇される一方，有色人種（とくに黒人）はさまざまな面で差別された。制度が廃止となった今も，白人と有色人種の経済的，教育的格差が残っていて，是正するための取り組みが進められている。

Point 貧富の差が大きくなる原因

- 国の経済の発展によって生まれた利益が，一部の人に集中してしまっているため，**貧富の差が大きくなっている**。植民地支配の影響も。

アフリカ州における人口爆発とは何か？

続いて，次のグラフを見てみよう。これはザンビアの人口の移り変わりを示しているよ。

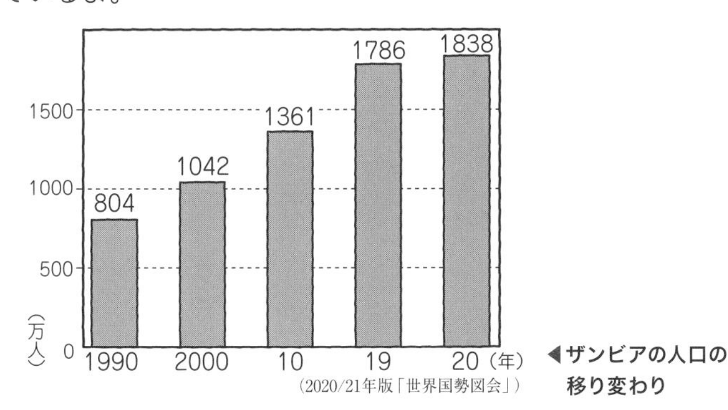

◀ザンビアの人口の移り変わり

「30年間で人口が2倍以上に増えていますね。」

そう。アジア同様，アフリカでも人口爆発は大きな問題なんだ。詳(くわ)しくはアジア州の74～75ページを読んでね。

Point 人口爆発

- **人口爆発**…アフリカ州の発展途上国などで見られる，**人口が急激に増加する現象**。

CHECK 5

つまずき度 !!!

➡ 解答は別冊 p.22

次の文の（　　）にあてはまる語句を答えなさい。

(1) アフリカ州で多く産出する（　　）（希少金属）はパソコンや携帯電話などの最新の電気機器に利用され，近年重要な資源として注目されている。

(2) チョコレートの原料となる（　　）は，コートジボワールやガーナなどの（　　）湾沿岸の地域で栽培がさかんである。

(3) 特定の農作物や鉱産資源の輸出に頼っている経済状態を（　　）経済という。

(4) アフリカ州の国々は，政治的・経済的な結びつきを強めようと，（　　）という組織を結成している。

(5) 南アフリカ共和国では，かつて白人だけが優遇され，黒人などの有色人種を激しく差別する（　　）という人種隔離政策がとられていた。

6章

北アメリカ州

「いよいよアメリカ合衆国の登場ですね。世界の覇権国家です。つまり世界一の力をもつ国です。」

そうだね。ここでしっかり学べば，アメリカ合衆国がなぜ覇権国家になったかがわかるだろう。ちなみにアメリカの語源はアメリゴ・ヴェスプッチというアメリカ州を探検した航海者の名前なんだよ。

「アメリカを発見したのはコロンブスじゃないんですか？」

確かにそうだが，コロンブスはアメリカをインドと間違えていて「インドを見つけた」と主張していたので彼の名はつかなかったそうだ。

北アメリカ州

北アメリカ州に属する国は？

さて，ここからは**北アメリカ州**について見ていこう。次の地図を見て。北アメリカ州の主な地形と国々を表しているよ。

◀北アメリカ州の主な地形と国々

北アメリカ州は**アメリカ合衆国**や**カナダ**，**メキシコ**などの北アメリカ大陸の国々と，キューバなどのカリブ海の国々で構成されているんだ。キューバでは，砂糖をつくる製糖業がさかんなんだよ。

「ところで先生，北アメリカ大陸と南アメリカ大陸の境目ってどこですか？」

パナマ地峡を境に北アメリカ大陸と南アメリカ大陸に分けられるよ。地図帳などでも確認してみよう。

Point 北アメリカ州に属する国

- **アメリカ合衆国**や**カナダ**，**メキシコ**などの北アメリカ大陸の国々と，キューバなどのカリブ海の国々から成り立っている。

アメリカ合衆国はどのような面で世界をリードしているのか？

ところで，アメリカ合衆国といえばどんなイメージがあるかな？

「**ハンバーガー**に**ジーンズ**，**野球**や**ハリウッド映画**とかですかね。」

なるほど。ケンタさんが言ってくれたようなアメリカ合衆国の文化は，今や世界中に広まり，大きな影響を与えている。ハンバーガーなどのファストフードのチェーン店は世界中にあるよね。また，ハリウッド映画も世界で大人気だよ。

「私の中でアメリカ合衆国は，経済力や軍事力などの面で世界一というイメージが強いです。」

いいことを言ってくれたね。まず，軍事力について見てみよう。154ページのグラフを見て。世界の国防支出総額の割合（国別）を示しているよ。

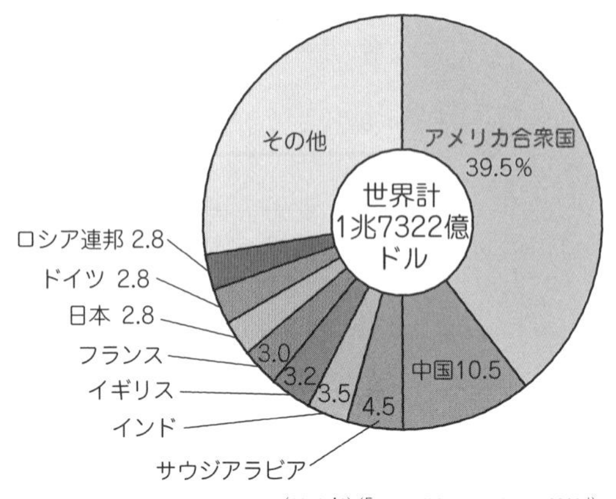

(2019年)(「The Military Balance 2020」)

◀**世界の国防支出総額の割合（国別）**

「アメリカ合衆国の国防支出総額は，中国，サウジアラビア，インド，イギリス，フランス，日本，ドイツ，ロシア連邦を合計した額より多くなっていますね。」

そういうことだね。アメリカ合衆国の圧倒的な軍事力がよくわかるね。もちろん国防費にたくさんお金をかけたかどうかだけで，軍事力の強さが決まるわけではないけど…。

続いて, 経済力について見てみよう。次のグラフを見てごらん。**GDP（国内総生産）**が多い国を示しているよ。GDPとは，その国で1年間に生産された製品やサービスの価値の総額から，原材料などの額を引いたもので，経済活動の規模がわかるんだったね。

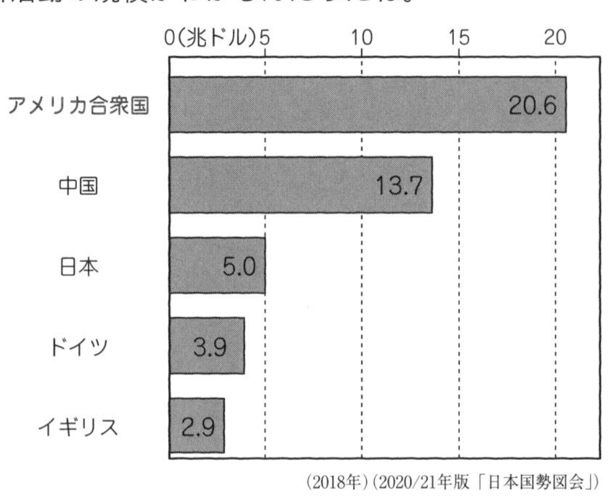

(2018年)(2020/21年版「日本国勢図会」)

◀**GDP（国内総生産）が多い国**

「経済力でもアメリカ合衆国が圧倒的なことがわかりますね。ほかの国を大きく引き離しています。」

「アメリカ合衆国に次いで中国が多くなっていますね。」

そうだね。続いて，次のグラフを見てみよう。主な国の工業付加価値額（工業による利益の額）の移り変わりを示しているよ。

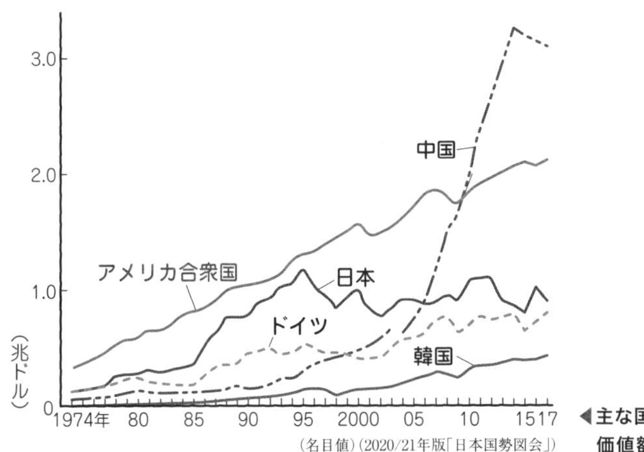

（名目値）（2020/21年版「日本国勢図会」）

◀**主な国の工業付加価値額の移り変わり**

「近年，中国に抜かれたのですね。それでも，世界第２位です。」

「アメリカ合衆国は世界有数の工業国といえるでしょう。」

そのとおり。また，アメリカ合衆国は金融業でも世界をリードしていて，北東部の都市**ニューヨーク**のウォール街にある**ニューヨーク証券取引所**は，ロンドン証券取引所，東京証券取引所と並んで世界三大（株式）市場のひとつに数えられているんだ。

「ニューヨーク証券取引所は，ニュースで見たことがあります。」

ちなみにニューヨークはアメリカ合衆国最大の都市で，国際連合の本部や自由の女神像があることで有名だよ。

次に，下のグラフを見てみよう。主な国の穀物生産量を示しているよ。

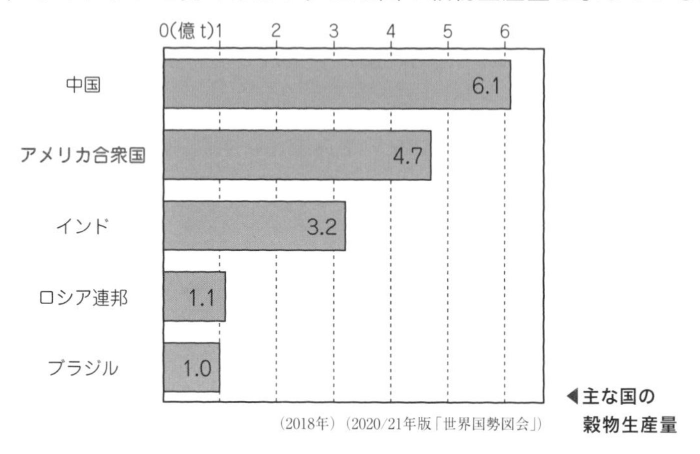

◀主な国の穀物生産量

「アメリカ合衆国は中国に次いで世界第２位ですね。世界有数の農業がさかんな国であることがわかります。」

そうだね。続いて，下のグラフも見てみよう。小麦，とうもろこし，大豆の輸出量の割合を示している。何か気づくことはない？

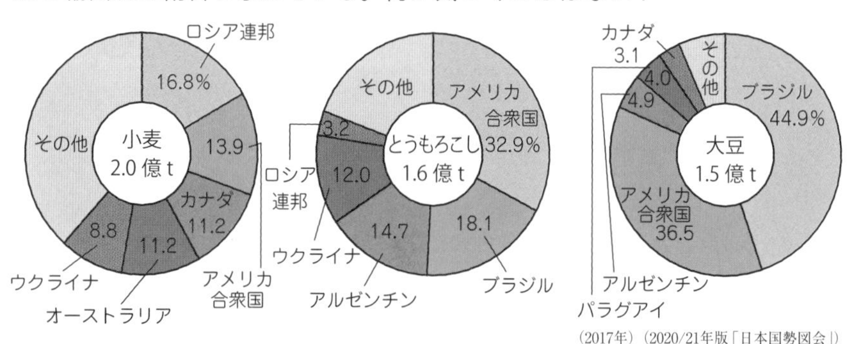

▲小麦，とうもろこし，大豆の輸出量の割合

「アメリカ合衆国はとうもろこしの輸出量が世界一，小麦と大豆の輸出量はどちらも世界第２位ですね。」

「あれ？ 穀物生産量が上位の中国やインドが見当たりません。」

するどい指摘だね。中国やインドは穀物の生産量が多いんだけど，人口も多いため国内の消費量が多く，輸出はあまりさかんではないんだ。いっぽう，アメリカ合衆国は多くの農作物を輸出している。このことから，アメリカ合衆国は**「世界の食料庫」**とも呼ばれている。日本もアメリカ合衆国から食料をたくさん輸入しているよ。これについては，「11-1日本と世界③貿易」を参照してね。

「アメリカ合衆国が食料を多く輸出していることはわかりましたが，逆に輸入している食料はないのでしょうか？」

野菜やくだもの，ワインやビールなどを輸入しているよ。

さて，次の表を見てごらん。一次エネルギー，つまり，石油や天然ガスなど自然界に存在するエネルギーの消費量の多い国を示しているよ。

順位	国名	供給量（万t）
1位	中国	306343
2位	アメリカ合衆国	215523
3位	インド	88194
4位	ロシア連邦	73216
5位	日本	43203

（石油換算）（2017年）（2020/21年版「日本国勢図会」）

◀一次エネルギー消費量の多い国

「アメリカ合衆国は中国に次いで世界第２位ですね。」

そうだね。人口と照らし合わせて考えてみよう。中国とインドは約14億人なのに対し，アメリカ合衆国の人口は約３億人だね。

「なるほど。つまり，１人当たりの一次エネルギー消費量で見ると，

アメリカ合衆国がダントツなわけですね。なぜでしょう？」

その理由は，アメリカ合衆国が**自動車社会**であることや**大量生産・大量消費**という彼らのライフスタイルにあるだろう。**コンビニエンスストア**，ハンバーガーなどの**ファストフード店**，通信販売や**インターネット・ショッピング**など，すべてアメリカ合衆国で生まれたものだ。

「なるほど。ガンガンつくって，ガンガン使っていれば，エネルギー消費量は増えますね。アメリカ合衆国が，あらゆる面で世界有数の豊(ゆた)かな国であることもわかった気がします。」

Point 世界をリードするアメリカ合衆国

- **ハンバーガー**や**ジーンズ**，**野球**や**ハリウッド映画**などのアメリカ文化は世界中に広まる。
- **軍事費**や**GDP（国内総生産）**は世界一。工業付加価値額は世界有数。**ニューヨーク証券取引所**は，世界三大市場のひとつ。**「世界の食料庫」**と呼ばれるほど，農作物の輸出がさかん。**エネルギー消費**も多い。
- 軍事力や経済力，農業や工業，金融面などでも**世界をリード**。

アメリカ合衆国はなぜ発展したのか？

「先生。アメリカ合衆国は，なぜここまで発展したのでしょうか？」

その理由は，「3-1 アジア州」のところで解説(かいせつ)した中国が発展した理由と多くの点で共通しているよ。

「やはり超大国(ちょうたいこく)になるには何かしら理由があるわけですね。」

そういうこと。中国が発展した理由はいくつかあったね。①国土が広いこと，②過ごしやすい気候の地域が多いこと，③農業がさかんで食料が十分にあること，④豊富な資源をいかしたことなどだった。これらは超大国になるための条件といえるかもしれないね。アメリカ合衆国にはこれらの条件がそろっていたんだ。詳しく見ていこう。ただし，中国とは少し異なる，アメリカ合衆国独自の発展の理由もあるよ。

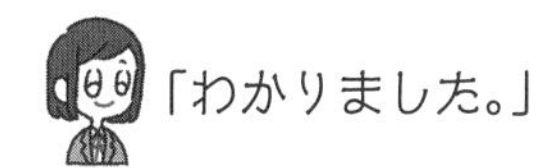
「わかりました。」

まずは①**国土の広さ**。アメリカ合衆国の国土面積は約 983 万 km^2 で，ロシア連邦，カナダに次いで世界第 3 位で，第 4 位の中国より広いんだ。ちなみに日本の国土面積は約 38 万 km^2 だよ。

「ということは，日本の約 26 倍もの面積があるわけですね。」

国土がとても広いことがわかるよね。

「国土が広く気候もおだやかであれば農業がさかんになるでしょう。また，国土が広いほど資源がある可能性も高いですよね。当然人もたくさん住めるでしょうから，国は発展します。国土の広さという点では，アメリカ合衆国は十分ですね。」

そうだね。ここでもう一度 152 ページの地図を見て。アメリカ合衆国の主な地形を押さえておこう。ポイントとなる **6 つのライン**があるので，西から東へ見ていこう。まず，西側に南北に伸びる山脈があるよね。何山脈かな？

「**ロッキー山脈**です。」

正解。ロッキー山脈は高く険しい山脈で，**環太平洋造山帯**に属している。ロッキー山脈の東には何が広がっているかな？

「**グレートプレーンズ**に**プレーリー**，**中央平原**が広がっています。」

グレートプレーンズは高原状の大平原で，プレーリーはプレーリー土と呼ばれる肥えた黒土が分布する大草原だね。

「アメリカ合衆国には，平地が多いのですね。山地が多い日本とは異なります。」

「グレートプレーンズや中央平原はどうやってできたのでしょうか？」

グレートプレーンズは，ロッキー山脈から流れ出る川によって形成された。いっぽう，中央平原は**ミシシッピ川**によって形成された。グレートプレーンズ，プレーリー，中央平原，ミシシッピ川の位置関係はしっかり押さえておこう。ちなみにミシシッピ川は北アメリカ大陸最長の河川で，水上輸送も発達しているよ。

また，アメリカ合衆国とカナダとの国境には，**五大湖**があるよ。

「五大湖ということは，５つの湖があるのですか？」

そういうこと。西から東へ順にスペリオル湖，ミシガン湖，ヒューロン湖，エリー湖，オンタリオ湖だね。

さて，中央平原の東には何があるかな？

「**アパラチア山脈**です。」

そうだね。ロッキー山脈，グレートプレーンズ，プレーリー，中央平原，ミシシッピ川，アパラチア山脈の６つのラインをしっかり頭に入れておこう。

-必勝暗記法3- アメリカの6つのライン

ロッキー山脈
ロッキー
グレートプレーンズ　プレーリー　中央平原
グレート，プレー中。
ミシシッピ川　アパラチア山脈
見て！ あっ！

続いて，②**気候**について。ここでは，北アメリカ大陸の気候をまとめて見てみよう。北アメリカ大陸には，寒帯から熱帯までさまざまな気候が広がっている。カナダの広範囲(こうはんい)とアメリカ合衆国の北部は冷帯（亜(あ)寒帯），北極圏(ほっきょくけん)は寒帯に属しているよ。いっぽう，南部は熱帯に属する。カリブ海の島々も熱帯に属し，リゾート地として高い人気があり，観光業(かんこうぎょう)がさかんなんだ。カリブ海では，主に8月から10月にかけて**ハリケーン**が発生することがある。ハリケーンは台風と同じく暴風雨を伴(ともな)う熱帯低気圧(ていきあつ)で，メキシコ湾(わん)岸(がん)などで大きな被害(ひがい)を出すことがあるんだ。次の写真を見てみよう。

◀ハリケーン

「うわぁ～。形がはっきり見えていますね。これはかなり勢力(せいりょく)の強いハリケーンのようです。」

「ハリケーンは台風と同じようなものなのですね。」

そう。どちらも熱帯低気圧が大きく発達したものだよ。このような発達した熱帯低気圧は，太平洋北西部や南シナ海などでは**台風**と呼ばれ，カリブ海やメキシコ湾などではハリケーン，アラビア海やベンガル湾などでは**サイクロン**と呼ばれている。

さて，アメリカ合衆国各地の気候はどうなっているだろうか。西部には乾燥帯（かんそうたい）が広がっているけど，東部や南部など，温帯に属する地域も広いんだ。温帯は人間にとってとても過ごしやすい気候といえるだろうね。

「アメリカ合衆国が発展した理由がまたひとつそろいましたね。」

そういうこと。温帯の例として，アメリカ合衆国西部の太平洋沿岸（えんがん）の都市サンフランシスコの雨温図を見てみよう。どんなことがわかるかな？

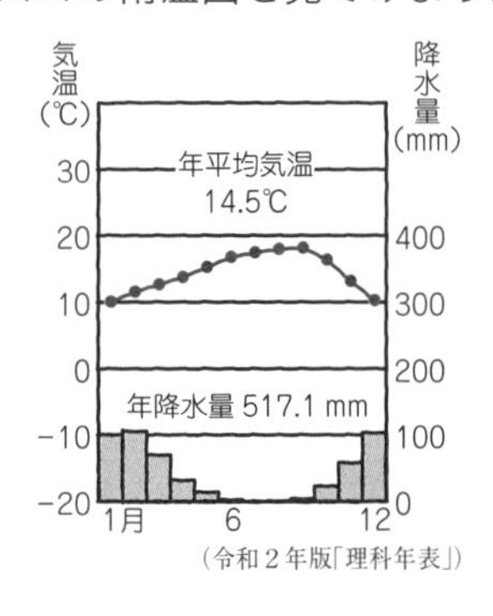

◀サンフランシスコの雨温図

「冬は比較的（ひかくてき）温暖（おんだん）で，降水量（こうすいりょう）がやや多くなっています。それに対して，夏は乾燥して雨が少ないようですね。」

「わかりました。これは**地中海性気候**（ちちゅうかいせい）の特徴（とくちょう）だと思います。」

正解。アメリカ合衆国の太平洋沿（ぞ）いには，温帯の地中海性気候が広がっている。

続いて，③**農作物の生産や食料の豊富さ**について見ていこう。ここまで解説してきたように，アメリカ合衆国は広大な国土をもち，過ごしやすい気候の地域も広いから，農業がさかんになった。そのため，先ほども話したようにアメリカ合衆国は世界有数の農作物の輸出国となっていて，「世界の食料庫」と呼ばれているよ。もっとくわしく見ていこう。下の地図を見てごらん。アメリカ合衆国でさかんな農業を表しているよ。特に西経（せいけい）100度の経線がポイント。注目しよう。

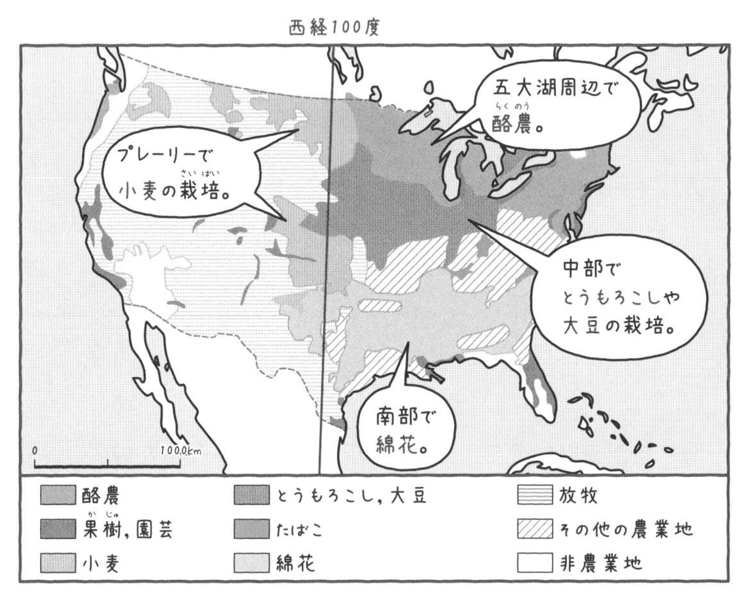

▲アメリカ合衆国でさかんな農業

「だいたい西経100度の経線を境にして，それより西側では放牧，東側では畑作がさかんなようです。」

いいところに気がついたね。グレートプレーンズからロッキー山脈にかけての地域では，放牧（牧畜（ぼくちく））がさかんなことがわかるね。肉牛や羊（ひつじ）が放牧されているよ。このあたりは乾燥帯に属し，畑作にはあまり向いていない。しかし，降水量が少なくてもなんとかして水を確保（かくほ）することで，畑作を行いたいと人々は考えたんだ。次のページの写真を見てみよう。

trikehawks/PIXTA(ピクスタ)

「大きな円形の畑がいくつも広がっていますね。すごいながめです。」

これはグレートプレーンズが広がるカンザス州西部で見られる畑だね。このあたりは年間降水量がだいたい 500 mm ぐらいで，雨があまり多くないんだ。

「降水量が少ないのに，写真の畑ではどうやって水を得(え)ているのでしょうか？」

疑問(ぎもん)に思うよね。実は地下水をくみ上げて農業用水に利用しているんだ。このあたりはロッキー山脈の雪どけ水が地下水となっている。次の写真を見て。たくさんのスプリンクラーがついたかんがい設備(せつび)が，地下からくみ上げた水を自動的にまいているね。

写真：アフロ

◀スプリンクラーによるかんがい

このようなかんがい農法を**センターピボット方式**というよ。この大規模なかんがい農法によって，乾燥帯の地域でも畑作を行うことができるわけだ。

「人々の畑作にかける強い気持ちが伝わってきますね。」

前ページの写真でわかるように，スプリンクラーがついた装置が円をえがきながら回転して水をまくので，畑も円形になっているわけだね。

「同じような円形の畑が，西アジアのサウジアラビアでも見られましたよね？」

うん。アメリカ合衆国のやり方を取り入れたんだ。さて，163ページの「アメリカ合衆国でさかんな農業」の地図をもう一度見てみよう。

「北部の五大湖周辺では，**酪農**がさかんみたいです。」

そう。乳牛は寒冷な地域での飼育に適しているんだ。ほかに何か気づくことはあるかな？

「酪農がさかんな地域の南には，**とうもろこし**や**大豆**の栽培がさかんな地域が広がっていますね。」

そうだね。この地域はコーンベルト（とうもろこし地帯）と呼ばれているよ。

「**小麦**の栽培がさかんな地域は，大きく２つに分かれるようです。」

そう。プレーリーの北部では**春小麦**，中部では**冬小麦**が栽培されているんだ。春小麦は春に種をまいて，夏から秋にかけて収穫する。冬小麦は秋に種をまいて，次の年の初夏に収穫する。

さて，次のページの３つの写真を見てみよう。どれもアメリカ合衆国で行われている農業の写真だよ。何か共通することはないかな？

Sumiko/PIXTA(ピクスタ)

▲コーンベルト

topic_0x/PIXTA(ピクスタ)

▲小麦畑

aindigo/PIXTA(ピクスタ)

▲放牧の様子

「どの写真を見ても，とにかく広いですね。」

「見渡す限り畑や放牧地が続いています。」

すごいよね。アメリカ合衆国では少ない人手で，大型機械を使って，大量に農作物を生産する**企業的な農業**が行われている。人件費をおさえられるから，農作物の値段も当然安くできるんだ。

「値段が安いから，世界中で売れるわけですね。」

そのとおり。アメリカ合衆国は小麦やとうもろこしなどの穀物を世界中に輸出しているよね。アメリカ合衆国でつくられた穀物の取引を行っている大企業が，**穀物メジャー**だ。穀物メジャーは穀物の取引だけでなく，種や農薬の開発なども行っていて，世界の穀物価格に大きな影響を与えているんだ。また，最近は**遺伝子組み換え作物**の栽培も増えているよ。

それでは，163ページの地図に戻ろう。アメリカ合衆国の南東部では，何の栽培がさかんかな？

「南東部では**綿花**の栽培がさかんなようです。」

そう。綿花の栽培がさかんな地域はコットンベルトと呼ばれているんだ。ここで右ページの地図を見てみよう。アメリカ合衆国の各州で，どんな民族が多いのかを表しているよ。

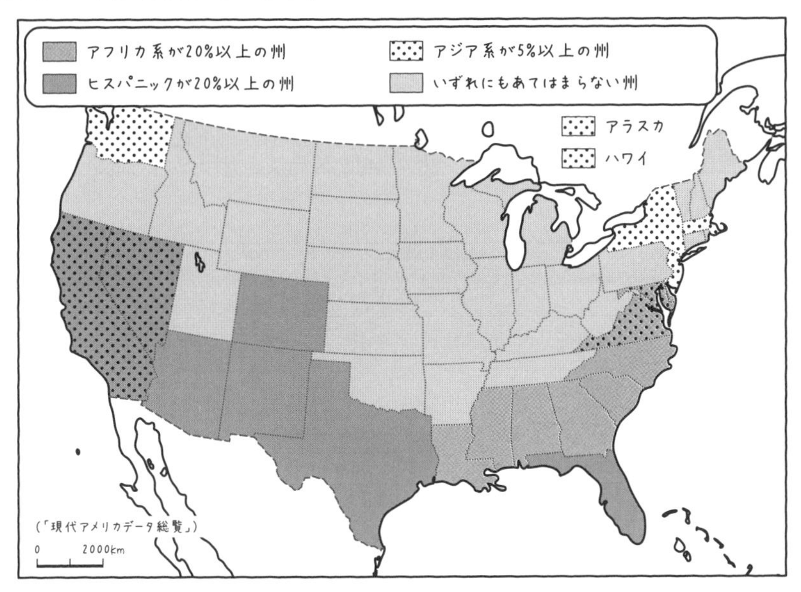

▲アメリカ合衆国の各州で多い民族

コットンベルトに注目してみよう。南東部のコットンベルトと呼ばれる地域には，どんな民族が多く住んでいるかな？

「コットンベルトには，アフリカ系の人々がたくさん住んでいるようですね。」

そうだね。では，なぜコットンベルトには，アフリカ系の人々がたくさん住んでいるんだろうね？

「先生。彼らの祖先はアフリカ大陸から奴隷として連れてこられた人たちなのではないでしょうか？」

すばらしい。そのとおり。綿花の収穫はとても大変な作業なんだ。現在は機械化が進んでいるけど，昔は手作業だった。そこで，奴隷として連れてこられたアフリカ系の人々が綿花の栽培に従事させられた。その影響で現在も南東部では綿花の栽培がさかんで，アフリカ系の人々がたくさん住んでいるんだ。

ここまで見てきたように，アメリカ合衆国の各地では，地域の気候や土壌に適した農作物が栽培されている。これを**適地適作**というよ。

続いて，④**豊富な資源とそれをいかした工業**について見ていこう。アメリカ合衆国は資源も豊富なんだ。下の地図を見て。どんな資源がとれることがわかるかな？

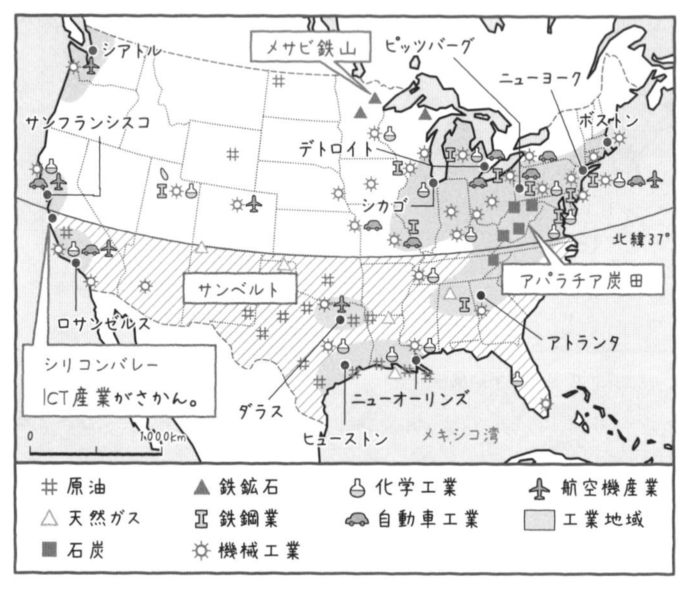

▲アメリカ合衆国の鉱産資源と主な工業

「五大湖の近くには**メサビ鉄山**があって，**鉄鉱石**が産出しますね。アパラチア山脈のあたりには**アパラチア炭田**があって，**石炭**が産出します。**メキシコ湾岸**では，**原油**が産出するようです。アメリカ合衆国は鉱産資源も豊富なことがわかります。」

うん。五大湖周辺では近くで鉱産資源がとれることをいかして，19 世紀後半から 20 世紀にかけて，デトロイトで**自動車工業**，ピッツバーグで**鉄鋼業**が発展したんだ。

「なるほど。近くで鉄鉱石や石炭が豊富に産出しますものね。」

そういうことだね。それとともに，ミシシッピ川の水運をいかして，製品を大消費地まで運ぶことができたんだ。また，アメリカ合衆国は世界に先がけて流れ作業による大量生産方式で自動車を生産し，かつて自動車の生産台数は世界一だった。しかし，近年は伸び悩んでいるんだ。

「それはなぜでしょうか？」

自動車工業や鉄鋼業では，日本や中国などのアジアの国々がめざましい発展をとげたからだよ。

さて，1970 年代以降，アメリカ合衆国の工業の中心地は北緯 37 度以南の地域に移った。

「左ページの地図で**サンベルト**とある地域ですね。」

そのとおり。サンベルトは気候が温暖で，広い工業用地を確保でき，豊富な資源があった。それだけでなく，比較的賃金が安い，豊富な労働力があったんだ。

また，同じ地図で，サンフランシスコの近郊に注目してみよう。

「**シリコンバレー**という辺りですか？」

そう。シリコンバレーには IC（集積回路）工場や情報通信技術産業（ICT 産業）の企業，大学や研究機関が集中しているんだ。特にソフトウェアの開発がさかんで，世界をリードしているよ。また，ダラスでは**航空機産業**，ロサンゼルスでは**航空機産業**や**宇宙産業**が発達している。ちなみにジェット旅客機の生産では，アメリカ合衆国とフランスが世界一を争っているよ。

「アメリカ合衆国とフランスが旅客機開発の分野で，世界をリードしているわけですね。」

そういうこと。さて，サンベルトで発達している ICT 産業や航空機産業，宇宙産業などの共通点といえば何だろう？

「どれも高度な技術が必要なものばかりですね。いわゆる**先端技術（ハイテク）産業**といわれるものだと思います。」

「ということは，アメリカ合衆国の工業の中心は，一般的な工業から先端技術産業に移ったということですね。」

いいことを言ってくれたね。そのとおり。

アメリカ合衆国の工業は，先端技術産業で世界をリードすることでその地位を確かなものにしているといえるね。さて，鉱産資源といえば，近年注目を集めているのが**シェールガス**や**シェールオイル**なんだ。

「シェールガスとシェールオイルって何ですか？」

シェールガスは天然ガスの一種で，シェールオイルは原油の一種だよ。このシェールガスやシェールオイルは，地下深くのかたい岩盤にとじこめられているので，採掘するには高い技術が必要なんだけど，この技術においてアメリカ合衆国は世界をリードしている。

「豊富な資源という条件についても，アメリカ合衆国は十分すぎるぐらいに満たしていますね。しばらくは発展が続きそうです。」

最後に中国の場合とは異なる，アメリカ合衆国が発展した独自の理由について見ていこう。キーワードは**「多文化主義」**だよ。

「どういう意味でしょうか？」

「多文化主義」という言葉のとらえ方は国によって少し違うところがある。アメリカ合衆国にはさまざまな民族が住み，独自の文化性を保ちつつ，それぞれの文化を尊重し，共存・共栄を目指しているんだ。「多民族主義」とという言葉が使われることもあるよ。

「アメリカ合衆国は，**『人種のサラダボウル』**と呼ばれるって聞いたことがあります。」

おお，すごい。そのとおり。次の写真を見てみよう。ハワイの踊りのようすだよ。ハワイにも，独自の伝統が残っているんだ。

◀ハワイの踊り

「あっ。フラダンスですね。」

よく知っているね。もともとは自然に感謝して神に捧(ささ)げる神聖(しんせい)な踊(おど)りで，それが現在まで受け継(つ)がれているわけだ。ハワイの島々は火山活動によってできた。現在も火山の噴火(ふんか)が起こっている島があるよ。

また，アメリカ合衆国にはアフリカ系の人々が多く住んでいるんだ。

「祖先は，アフリカ大陸から奴隷として連れてこられた人たちが多いのですよね。」

そう。1863年，当時の**リンカン（リンカーン）大統領**が奴隷解放宣言(せんげん)を出し，南北戦争後に奴隷制(せい)は正式に廃止(はいし)された。リンカンは「人民の，人民による，人民のための政治」という演説(えんぜつ)で有名だよね。最近では，アフリカ系アメリカ人の大統領も誕生している。元大統領の**バラク・オバマ氏**だね。アメリカ合衆国の政治は民主党と共和党の二大政党制だけど，オバマ氏は民主党だった。

「アメリカ合衆国に奴隷として連れてこられたアフリカ系の血をひく大統領が誕生したわけですか。まさに『多民族主義』ですね。」

そういえるかもしれないね。誰でも努力すれば成功できること，さまざまな民族がお互いの文化を尊重しながら，共存していることがアメリカ合衆国の発展を支えているといえるね。アメリカ人の半数以上は，両親か，おじいさん・おばあさんが他国で生まれた人たちなんだ。そのいっぽうで，自分たちがアメリカ人であることを強く意識しているよ。

「つまり，愛国心が強いということでしょうか？」

そのとおりだね。でも，そんな中でも異なる民族の間で差別や対立などの問題が起こっている。多民族国家の悩みどころだね。

「現在でもアメリカ合衆国には多くの移民がやってくるのですか？」

うん。現在でも多くの移民がやってきているよ。やはり，アメリカ合衆国は豊かな国で，仕事もあるからね。

2021 年現在，アメリカ合衆国の人口は約 3 億 3145 万人で，近年も増加を続けている。特に増加しているのが**ヒスパニック**と呼ばれる人たちだね。ヒスパニックとは，メキシコや中央アメリカ，カリブ海諸国からの移民とその子孫で，多くは仕事を求めてアメリカ合衆国に移り住んだんだ。

「ヒスパニックの割合はどれぐらいなのでしょうか？」

ヒスパニックは今やアメリカ合衆国の人口の約 18%を占め，ヨーロッパ系（白人）に次いで多くなっているよ。アフリカ系（黒人）よりも多いわけだね。特に南部の州でヒスパニックの割合が高くなっていて，南部に進出する企業が増えている。企業は安い労働力がほしいわけだし，ヒスパニックの人たちは仕事がほしいわけだから，両者の希望がうまく合うよね。

「なるほど。企業にとってもヒスパニックの人たちにとっても願ったりかなったりなのですね。」

ところが，最近は問題も発生してきているんだ。

「どんな問題ですか？」

ヒスパニックの人々が低賃金で働くため，もともと住んでいた人たちの雇用が奪われるという問題だよ。

「なるほど。確かに企業としては，給料が高い人よりも，安くても働いてくれる人を雇いたいんですよね。」

さて，ここまではアメリカ合衆国が発展した理由について，見てきたね。次のページからは，北アメリカ州の別の国について，見ていこう。アメリカ合衆国の最大の輸入相手国は中国だけど，最大の輸出相手国はどこだろう？

「もしかしてカナダですか？」

正解です。続いては，カナダについて詳しく学習するよ。北アメリカ州の国々のつながりについても，見ていこう。

Point アメリカ合衆国が発展した理由

- **広大な国土**…**面積世界第3位**。日本の約26倍。→西から東へ**ロッキー山脈**，**グレートプレーンズ**，**プレーリー**，**中央平原**，**ミシシッピ川**，**アパラチア山脈**。
- **過ごしやすい気候**…西部に乾燥帯が広がるが，太平洋沿いの**地中海性気候**など，**温帯**に属する地域も広い。
- **さかんな農業**…西経100度の経線を境に西側で**牧畜**，東側で**畑作**。**企業的な農業**で大量に農作物をつくれる。各地の気候や土壌に適した農作物をつくる**適地適作**。→**小麦**や**とうもろこし**，**綿花**の栽培や**酪農**。
- **豊富な資源と工業**…**石炭**や**鉄鉱石**，**原油**など資源が豊富。**シェールガス**や**シェールオイル**などの開発。→**サンベルト**が工業の中心地で，**先端技術産業**が発達。**シリコンバレー**で**ICT産業**が発達。
- **多文化主義（多民族主義）**…さまざまな民族が住み，独自の文化性を保ちつつ，それぞれの文化を尊重し，共存・共栄を目指す。メキシコなどからの移民とその子孫の**ヒスパニック**が近年増加。

カナダはどのような国なのか？

下はかつてのカナダの国旗だよ。何か気づくことはあるかな？

◀かつてのカナダの国旗

「左上にあるのはイギリスの国旗のユニオンジャックですよね？」

そのとおり。これはカナダがかつてイギリスの植民地だったことを示しているんだ。国旗の中にユニオンジャックが含まれているという点では，現在のオーストラリアの国旗もそうだね。

「はい，覚えていますよ。」

▲オーストラリアの国旗

カナダとオーストラリアにはほかにも共通点があるよ。

「どんな共通点ですか？」

その話をする前に，現在のカナダ国旗を確認してみよう。

◀現在のカナダの国旗

「あれっ!? ユニオンジャックがなくなっていますね。」

いいところに気がついたね。なぜなくなったかというと，主にケベック州に住む人たちなどから，ユニオンジャックをカナダの国旗から取り除いてほしいと要求があったからなんだ。

「いったいどういうことでしょうか？」

カナダの中でもケベック州にはフランスからの移民が多く住んでいて，言語もフランス語を話す人が多くいる。

つまり，オーストラリアと違い「カナダはイギリスからの移民ばかりではないんだ!!」という主張なわけだね。

カナダは多民族国家なんだ。オーストラリアも同じく多民族国家だよ。

両国とも国籍を取得して，その国の国民となるのは比較的難しいことではないんだ。最近はどちらの国も中国からの移民がかなり増えている。実際，カナダには先住民を含め，200 以上の民族が暮らしていて，テレビやラジオはさまざまな言語で放送されているよ。

「そんなにも多くの民族がひとつの国で暮らしているのですね。」

また，カナダもオーストラリアも，さまざまな民族の子どもたちが同じ学校で学び，お互いの文化を受け入れる姿勢を養うことを教育方針とするなど，どんな民族であっても平等に社会に参加することが出来るような政策をとっている。つまり，**多文化社会（多文化共生社会）**を目指しているんだ。カナダとオーストラリアが目指す多文化社会を「文化的モザイク」と呼ぶこともあるよ。

「先生。アメリカ合衆国のところで出てきた『人種のサラダボウル』と『文化的モザイク』には何か違いがありますか？」

両者とも個性を保ったまま共存するという意味でほぼ同じものと考えてよいだろうね。「人種のサラダボウル」とは，さまざまな野菜がその個性を保ったままひとつの皿の中にあるように，さまざまな民族がその文化の独自性を保ったままひとつの国の中で共存しているようすのことだ。「文化的モザイク」も大きく違わないよ。教会などにあるステンドグラスを思い浮かべてみて。さまざまな色のガラスが使われていて，それぞれの色が保たれたままひとつのものとして存在しているよね。

「なるほど。確かに『人種のサラダボウル』と大きく変わらないように思えます。」

そうだよね。かつて，アメリカ合衆国では「人種のるつぼ」が理想とされていたんだ。るつぼは，高熱でものを溶かしたり，焼き上げげたりするための容器のことだね。つまり，「人種のるつぼ」は，さまざまな民族や文化がひとつの国の中で溶け合い，新たな文化をつくっているようすなんだ。しかし，現在「人種のるつぼ」は理想とされていないよ。

さて，もう一度 175 ページの現在のカナダの国旗を見てみよう。真ん中にある葉っぱが何かわかるかな？ ヒント。パンケーキやホットケーキを食べるときには，何かかけるんじゃないかな…？

「えっ。もしかして，メープルシロップに関係があるのですか？ いつもホットケーキにたくさんかけています。」

そのとおり。カナダの国旗の葉っぱは，サトウカエデという木の葉っぱを表しているよ。メープルシロップは，このサトウカエデの樹液(じゅえき)を煮詰(につ)めたものなんだよ。カナダには，サトウカエデの木がたくさんあるよ。

「いいなぁ～。ということは，メープルシロップがとり放題ですね。」

うん。サトウカエデに限らず，カナダは森林の広がる国なんだ。カナダの国土面積は世界第 2 位で，その約 3 分の 1 を森林が占めている。森林の総面積は約 3.5 億ヘクタールで，世界の森林の約 9%にもなるよ。

「先生。世界地図でカナダの位置を確認しましたが，かなり北に位置しています。カナダはきっとかなり寒いですよね？」

そのとおり。カナダの広い範囲は冷帯（亜寒帯）に属し，冬の寒さが厳(きび)しいのが特徴だね。178 ページの雨温図を見てみよう。カナダの首都オタワのすぐ東にある都市モントリオールの雨温図だよ。

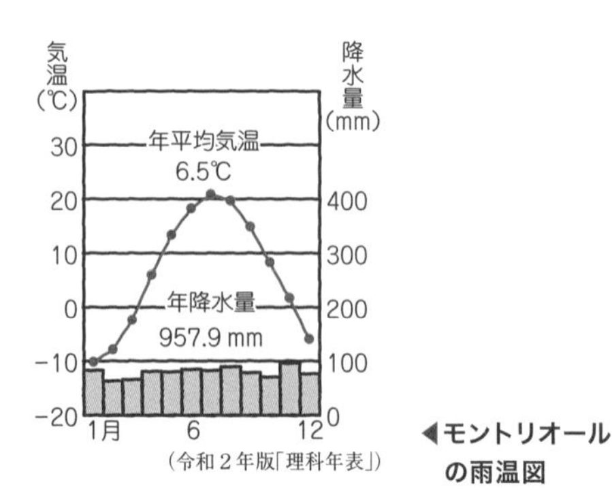

◀**モントリオールの雨温図**

「確かに冬の気温が０度を大きく下回っていますね。」

そのため，カナダには寒い気候でも育つ針葉樹林(しんようじゅりん)が広がっている。これを**タイガ**というよ。森林はカナダの重要な資源となっていて，日本もカナダからたくさんの木材を輸入しているんだ。ちなみにカナダは**ウラン**の生産量が世界有数だよ。

「ウランは原子力発電に利用されていますよね。」

うん。カナダにとって，日本も重要な貿易相手国だけど，何といってもアメリカ合衆国との貿易がさかんだ。輸出額では７割以上，輸入額では半分以上をアメリカ合衆国が占めている（2019年）。人口もアメリカ合衆国との国境に近い南部に集中しているよ。

カナダと同じようにアメリカ合衆国と国境を接(せっ)する**メキシコ**も，アメリカ合衆国とのつながりが深い国だね。

「やはりアメリカ合衆国がもつ影響力というのはすごいですね。」

そうだね。アメリカ合衆国，カナダ，メキシコの３か国は**NAFTA**(ナフタ)**（北米自由貿易協定）**を結ぶなど，つながりを深めてきた。2020年にNAFTAにかわる新協定として**USMCA（アメリカ・メキシコ・カナダ協定）**が発効し，３か国は貿易や投資の自由化を進め，経済の自由化を目指して取り組んでいる。アメリカ合衆国の企業の中には，メキシコに工場を移して，現地の安い労働力を使って製品をつくっている企業もあるよ。メキシコの輸出品は機械類や自動車，原油などが多くなっているね。

「USMCAは，北アメリカ州の３つの国が手を組んで，より成長していこうとしているわけですね。」

Point　カナダの特徴

- かつて**イギリス**の植民地。さまざまな民族が暮らす**多民族国家**。
- **多文化社会**を目指す。→さまざまな民族がその文化の独自性を保ったままひとつの国の中で共存する**「文化的モザイク」**。
- **冷帯（亜寒帯）**に属し，冬の寒さが厳しい。
- **針葉樹林（タイガ）**が広がり，日本にも木材を多く輸出。
- アメリカ合衆国が最大の貿易相手国。日本との貿易もさかん。
- アメリカ合衆国，メキシコと**USMCA（アメリカ・メキシコ・カナダ協定）**を結ぶ。

CHECK 6

つまずき度 !!!!!

➡ 解答は別冊 p.22

次の文の（　　）にあてはまる語句を答えなさい。

(1) アメリカ合衆国では少ない人手で，大型機械を使って，大量に生産する（　　）的な農業が行われている。

(2) アメリカ合衆国の各地では，地域の気候や土壌に適した農作物が栽培されている。これを（　　）という。

(3) 1970年代以降，アメリカ合衆国の工業の中心地は北緯37度以南の（　　）に移った。

(4) サンフランシスコ近郊の（　　）には，IC（集積回路）工場やICT産業の企業，大学や研究機関が集中している。

(5) アメリカ合衆国で近年人口が増えている，メキシコや中央アメリカ，カリブ海諸国からの移民とその子孫を（　　）という。

6章

南アメリカ州

突然だが，アマゾンって聞くと何を思い浮かべる？

「有名な通販サイトですよね。」

そうきたか。あの通販サイトも世界最大級のアマゾン川のように大きな事業を目指したいという思いから名づけられたらしい。

「名前どおり本当に世界最大の通販サイトになったんですね。」

ここで説明するのは，本物のアマゾン川のほうだよ。

7-1 南アメリカ州

ブラジルはどのような国か？

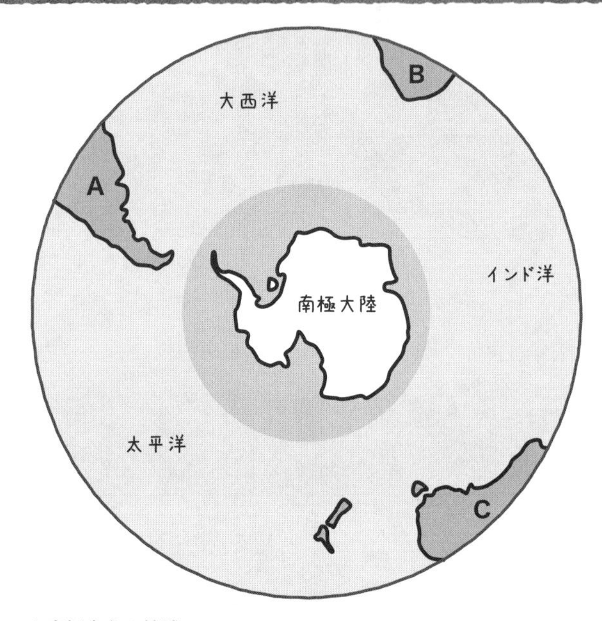

▲南極中心の地球

上の図を見てごらん。中心に南極大陸があるよね。では，この図を参考にして，南極大陸にもっとも近い大陸はどこか，わかるかな？

「えっ～と。明らかに**A**の大陸がもっとも近いですよね。あれ？ **A**は南アメリカ大陸ではないですか？」

正解。南極大陸にもっとも近いのは南アメリカ大陸なんだ。ちなみに**B**はアフリカ大陸，**C**はオーストラリア大陸だよ。では，続いて南アメリカ州の地図を確認しておこう。次ページの地図を見てみよう。

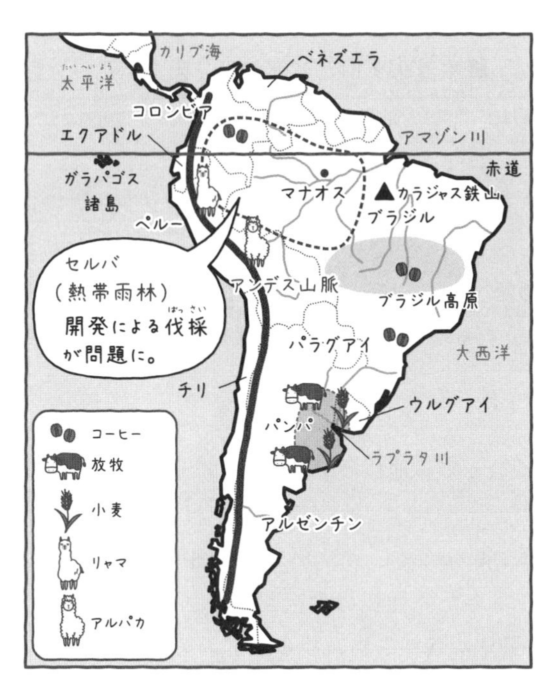

◀南アメリカ州の主な地形と国々，さかんな農業

「ブラジルやアルゼンチン，ペルーやコロンビアなどの国があります。」

まず，ブラジルに注目しよう。ブラジルには**流域面積世界一**の**アマゾン川**が流れているんだ。地図を見ると，ちょうど赤道のあたりをアマゾン川が流れていることがわかるよね。このあたりはどんな気候だろうか？ 地図中に示したブラジルの都市，マナオスの雨温図を見てみよう。どんな特徴があるかな？

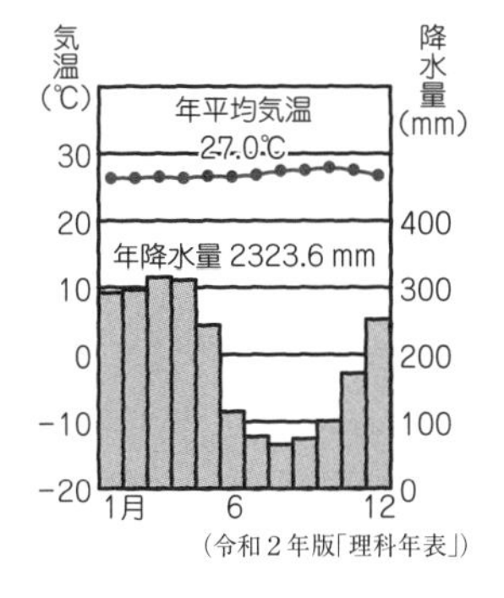

◀マナオスの雨温図

7章

「1 年中高温ですね。降水量も多いことがわかります。これは**熱帯**の気候だと思います。」

そのとおり。熱帯雨林気候に属している。また，アマゾン川流域には**熱帯雨林（熱帯林）**が広がっていて，**セルバ**と呼ばれているよ。なんとブラジルの熱帯雨林は日本の国土面積の約 15 倍もある。しかし，近年では農地や牧場，道路などを建設するために熱帯雨林が伐採され，環境問題となっているんだ。

「先生，森林がなくなったら地球の酸素がなくなるでしょう？」

そのとおり。それだけではなくて，アマゾンで焼畑農業などをしながら自給自足に近い生活をしてきた先住民の生活が脅かされている。しかし，最近は政府も人工衛星で違法な伐採を監視するなど手を打っている。また，植林活動では NGO（非政府組織）も活躍している。

さて，ブラジルをはじめ，南アメリカ州の国々はかつて植民地支配されていた。その影響が現在も見られるよ。次ページの地図を見て。南アメリカ州の国々で使われている主な言語だよ。

◀南アメリカ州の国々で使われている主な言語

「なんと。ブラジルではポルトガル語，そのほかの多くの国々ではスペイン語が使われているのですね。」

「つまり，ブラジルはかつてポルトガルの植民地で，そのほかの多くの国々はスペインの植民地だったわけですね。」

そのとおり。宗教(しゅうきょう)もスペインやポルトガル同様，多くの国々でキリスト教のカトリックの信者が多くなっている。影響は農業にも見られるよ。ブラジルを植民地支配したポルトガルは，**プランテーション**という大きな農場をつくって，**さとうきび**を栽培(さいばい)したんだ。プランテーションでは，アフリカ大陸から連れてこられた奴隷(どれい)が作業にあたった。このさとうきびの栽培により，ポルトガルは大きな利益(りえき)をあげたんだ。現在もブラジルではさとうきびの栽培がさかんで，生産量は世界一なんだよ。さとうきびなどからつくられる砂糖(さとう)の生産量と輸出量もブラジルが世界一。また，さとうきびは食料として用いられるだけではないよ。

「先生。いったい何に用いられるのですか？」

さとうきびは，自動車などの燃料となる**バイオ燃料（バイオエタノール）**の原料としても用いられているよ。バイオ燃料は植物などを原料につくられる燃料で，ほかにも**とうもろこし**などからつくられている。ブラジルでは，バイオ燃料を利用して走る自動車が普及しているんだ。

「へぇ～。自動車の燃料になるなんてすごいですね。」

すごいよね。バイオ燃料は環境に優しいともいわれているよ。なぜなら，原料となる植物は生長するときに光合成により，二酸化炭素を吸収する。したがって，燃やしても，一度吸収した二酸化炭素をまた出すだけで二酸化炭素を増やすわけではなく地球温暖化を進行させないと考えられている。

しかし，問題もあるよ。とうもろこしやさとうきびは貴重な食料だよね。世界には食料が足りなくて困っている人たちもいるのに，その人たちに貴重な食料がいきわたることなく，消費されてしまっている側面もあるんだ。

「なるほど。良い面ばかりではないのですね。さとうきびのほかにも，ブラジルで栽培がさかんな農作物はありますか？　あまり特定の農作物に頼りすぎるとよくないですよね…。**モノカルチャー経済**といいました。」

お～!! すばらしい。「5-1 アフリカ州」などで学習したことがよく頭に入っているね。それは心配いらないよ。ブラジルでは，さとうきびのほかにも，さまざまな農作物が栽培されているからね。右のグラフを見てごらん。

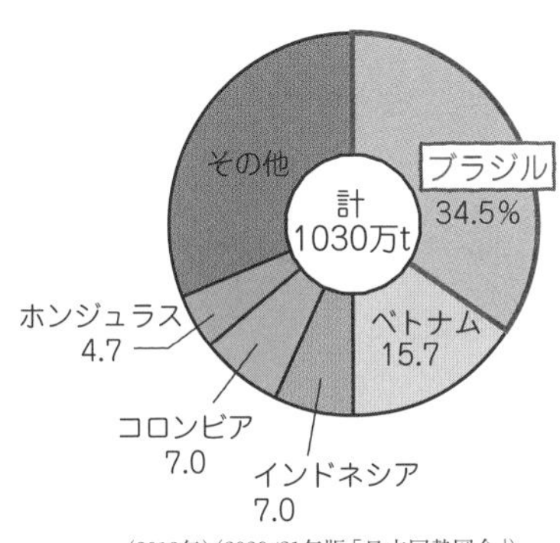

(2018年)(2020/21年版「日本国勢図会」)

◀**コーヒーの生産量の割合**

「ブラジルは**コーヒー**の生産量も世界一なのですね。」

そうなんだ。コーヒーもさとうきびと同じように，植民地時代にプランテーションで栽培されたことが始まりだった。かつて，ブラジルの農業はコーヒーの栽培ばかりになってしまった時期もあったよ。

「まさにモノカルチャー経済だったわけですか。」

そう。当時のブラジルの経済はコーヒーの輸出(ゆしゅつ)に依存(いぞん)していたといえるね。しかし，近年は農業の多角化が進み，さとうきびやコーヒーのほかにも，**大豆**やオレンジ，綿花(めんか)や小麦，とうもろこしなどが栽培されている。大豆は生産量・輸出量とも世界有数だよ。

また，鉱産資源(こうさんしげん)では**鉄鉱石**の産出がさかんで，日本にも多く輸出されている。北東部の**カラジャス鉄山**では，露天掘(ろてんぼ)りで鉄鉱石を産出し，世界有数の埋蔵量(まいぞうりょう)を誇(ほこ)っているよ。

さて，ブラジルには**日系人(にっけいじん)**と呼ばれる人たちがたくさん住んでいる。日系人は，日本から外国に移住した人とその子孫の人たちだよ。

「なぜ，ブラジルに日系人が多いのでしょうか？」

20世紀に入ってから，たくさんの日本人が農業労働者としてブラジルなどに移住したからなんだ。ブラジルに移住した日系人は現地のコーヒー農園などで働いた。現在もその子孫の日系人がたくさんブラジルに住んでいるわけだね。

「あれ？ 確か，今はブラジルから日本に働きに来ている日系人の人たちも多いのではないですか？」

日本に在留する外国人の中で，中国，ベトナム，韓国，フィリピンに次いで第５位（2020年末）だね。日本からブラジルに移住した人たちの子孫が日本へ働きにやってきているわけだね。主に**自動車工場**などで働いているよ。

「日本にいるブラジルの人たちは，バリバリ働くことができる年齢の人が多いわけですね。」

いいところに目をつけたね。日本に住むブラジルの人たちは，いわゆる生産年齢（15～64歳）の人が多い。これに対して日本に住む中国の人たちや韓国の人たちの中には，戦時中に日本に来た人とその子孫が多くいるんだ。

「ということは，日本に住む中国の人たちや韓国の人たちの中には，65歳以上の高齢者もかなりいるのではないでしょうか。」

そのとおり。さて，ブラジルといえば，次の写真のようすを思い浮かべる人が多いんじゃないかな。これは何のようすか，知っているかな？

写真：アフロ

「青森のねぶた祭をさらに派手にしたような感じですね。」

これは毎年２月ごろに行われる**リオのカーニバル**（リオデジャネイロのカーニバル）だよ。お祭りだね。とてもきらびやかだよね。

「先生。薄着な人が多いようです。２月なのに寒くないのでしょうか？風邪をひきそうです。」

それは心配いらないよ。下はリオデジャネイロの雨温図だよ。よく見てみよう。

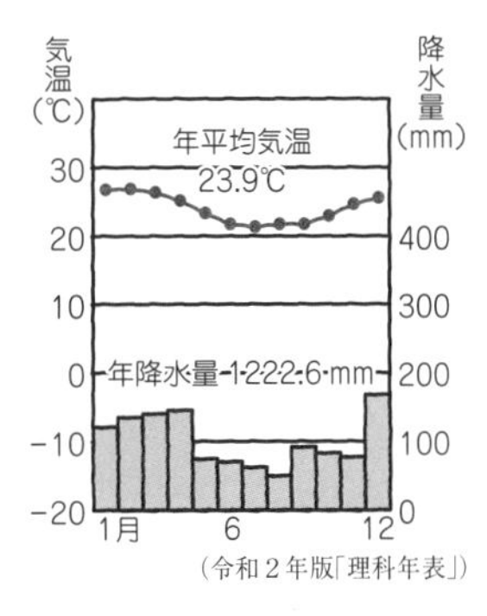

（令和２年版「理科年表」）

◀**リオデジャネイロの雨温図**

「なるほど。リオデジャネイロは南半球にありますから，日本と季節が逆で２月は夏なわけですね。まぁ，冬でもかなり温暖なようですが。」

そういうこと。これなら，薄着で踊っても平気だよね。ブラジル国内で，リオデジャネイロはサンパウロに次いで人口が多い都市だよ。

ちなみにブラジルでは2014年にサッカーのワールドカップが，2016年にはリオデジャネイロオリンピック（夏季オリンピック）が開催されている。このことからもわかるように，近年ブラジルは経済発展をとげていて，ロシア連邦，インド，中国，南アフリカ共和国とともに**BRICS**のひとつに数えられているんだ。

最後に工業について。ブラジルの工業は自動車工業や鉄鋼業(てっこうぎょう)，航空機産業などが発達して，昔(むかし)に比(くら)べて機械類の輸出なども増えてきているよ。

Point ブラジルの自然や産業の特徴

- 流域面積世界一の**アマゾン川**が流れる。流域は**赤道**が通り，**熱帯**。→**熱帯雨林（セルバ）**が広がるが，開発などで減少が問題に。
- 農業…**さとうきびやコーヒー**の生産量が世界一。**大豆**やオレンジなどの栽培もさかんで，多角化が進む。→さとうきびは**バイオ燃料**に。
- 鉱業…**カラジャス鉄山**などで**鉄鉱石**を産出。日本へも多く輸出。
- **日系人**が多い。→日本にもやってきて，**自動車工場**などで勤務(きんむ)。
- 近年経済発展をとげ，**BRICS**のひとつに数えられる。

アルゼンチンはどのような国か？

さて，ブラジルの南西には大きな国があるよね。どこだろう？

「**アルゼンチン**です。」

そうだね。アルゼンチンの気候は，ブラジルに比べてどうだと思う？

「赤道から離(はな)れますから，ブラジルよりも穏(おだ)やかな気候が広がっているのではないでしょうか。」

正解。アルゼンチンやウルグアイのラプラタ川流域には，**パンパ**と呼ばれる大草原地帯が広がっている。なんとアルゼンチンの国土面積の約 20%はパンパが占(し)めているよ。パンパは世界有数の農牧業がさかんな地域で，**肉牛**や**乳牛**の飼育(しいく)だけでなく，**小麦**や**とうもろこし**の栽培もさかんなんだ。適度(てきど)な降水量があって，牧草がよく育つんだね。アルゼンチンは世界有数の牛肉生産国だよ。右の写真を見てみよう。パンパでの放牧のようすだよ。

◀パンパでの放牧

「うわっ～。見渡（みわた）すかぎり，草原が広がっていますね。すごい。」

さて，ブラジルとアルゼンチンは何という海に面しているかな？

「はい。大西洋（たいせいよう）です。」

そのとおり。地図で確認してね。

ちなみにアルゼンチンの工業は，食品加工業や自動車工業などが発達しているよ。なお，アンデス山脈の高地に住む人々の暮らしについては，「2 環境と暮らし」を見てほしい。

Point　アルゼンチンの自然や産業の特徴

- パンパ…**肉牛**や**乳牛**の飼育，**小麦**や**とうもろこし**の栽培がさかん。
- 工業…食品加工業や自動車工業が発達。

☑CHECK 7

つまずき度 !!!!!

➡ 解答は別冊 p.22

次の文の（　　）にあてはまる語句を答えなさい。

（1） ブラジルには流域面積世界一の（　　）川が流れている。この川の流域には熱帯雨林が広がっていて，（　　）と呼ばれる。

（2） ブラジルで栽培がさかんなさとうきびは，近年，自動車などの燃料となる（　　）の原料としても用いられている。

（3） ブラジルは（　　）の生産量が世界一で，一時期この農作物の輸出に頼りきっていた時期もあった。

（4） ブラジルは近年経済発展をとげ，ロシア連邦（れんぽう）や中国などとともに（　　）のひとつに数えられている。

8章

オセアニア州

オーストラリアとニュージーランドの国旗がどんなものか思い出せるかな？

「国旗の左上にイギリスの国旗があるんでしたね。」

いや，ここで注目してほしいのは★のほうだよ。これは南十字星を表すんだ。

「南半球からしか見えないんでしたね。まさに我々の国は南半球にあるんだ，と主張しているのでしょうか？」

そのとおり。日本でも沖縄まで行けば，ほとんど地平線上にだけど，見えるには見えるらしい。

8-1 オセアニア州

オセアニア州は，オーストラリア大陸とニューギニア島，そして太平洋に浮かぶ多くの島々からなる地域のことだ。**オーストラリア**や**ニュージーランド**などの国があるよ。下の大まかな地図で確認しておこう。

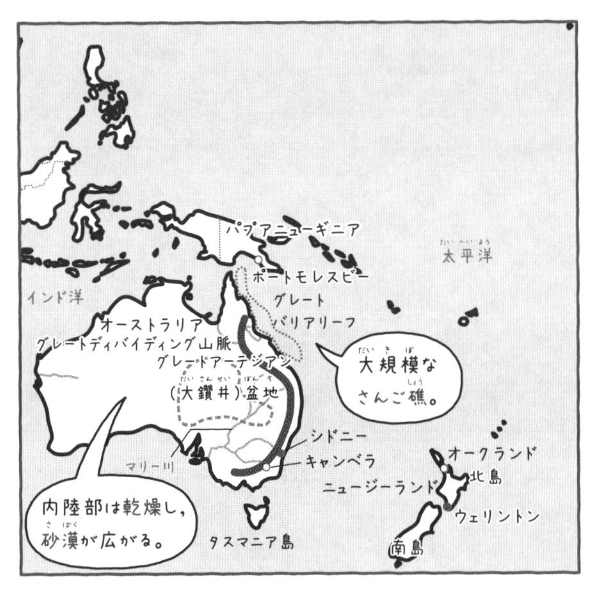

▲オセアニア州の主な地形と国々

オーストラリアの位置と気候は？

まず，オーストラリアについてくわしく見ていこう。日本の標準時子午線となっている東経 135 度の経線は，オーストラリアのど真ん中を通っている。ちなみに日本では，どこを通っていたっけ？

「はい。日本では東経 135 度の経線は，兵庫県の明石市を通っているようです。」

そうだね。つまり，日本からまっすぐ南に向かうとオーストラリアに着くわけだ。では，オーストラリアからさらに南に向かうと，最初にぶつかる大陸は何大陸かな？

「**南極大陸**です。」

正解。オーストラリア大陸には，独自の進化をとげた動物が生息しているよ。**カンガルー**や**コアラ**がそうだね。二人も見たことがあるのではないかな？ カンガルーやコアラはこの地域だけに生息しているんだ。

続いて，次の雨温図を見てみよう。シドニーは，オーストラリア南東部の沿岸にある都市だよ。左の地図で位置を確認してみよう。雨温図を見ると，どんなことがわかるかな？

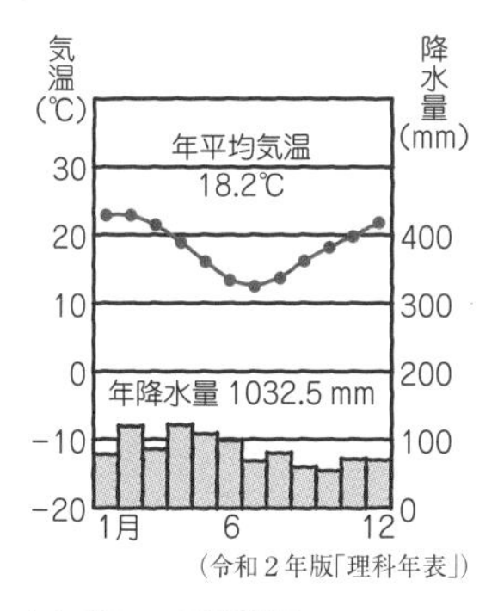

▲シドニーの雨温図

「気温はだいたい 12℃から 23℃ぐらいの間で変化しているようです。」

そうだね。比較的温暖な気候といえるね。

「６～８月の気温が低いですね。12 ～３月は気温が高いようです。」

うん。これはなぜだろう？「7-1 南アメリカ州」のところで，ブラジルのリオデジャネイロの気候について学習したことを思い出してみて。

「わかりました!! オーストラリアは南半球にある国ですから，6～8月が冬になるわけですね。日本と季節が逆になっています。」

そのとおり。クリスマスは冬のイメージがあると思うけど，オーストラリアでは夏にクリスマスを迎えるんだ。

「夏にサンタクロースの服を着なくちゃならないなんて，とても暑いでしょうね。」

確かにそうかもしれないね（笑）。

さて，次の写真を見てみよう。これはオーストラリアの中央部にある**ウルル（エアーズロック）**と呼ばれる，大きな1枚岩だよ。

w.aoki/PIXTA（ピクスタ）

▲ウルル（エアーズロック）

このウルルがある地域は，どんな気候だと思う？

「写真を見ると，周りには草原がまばらに広がっているようです。草が無いところは砂漠のようにも見えます。」

うん。ケンタさんが言ってくれたとおりだね。オーストラリアの内陸部は，砂漠や草原が広がる乾燥帯の気候なんだ。ウルルもその地域にあるよ。

Point　オーストラリアの位置と気候

- **東経135度の経線**（日本の標準時子午線）は，オーストラリアのど真ん中を通る。→オーストラリアは**日本の真南**にある。
- 南東部や南西部の沿岸地域は，**温暖な気候**。
- 内陸部は**乾燥した気候**。ウルル（エアーズロック）もこの地域に。
- オーストラリアは南半球にあるので，日本と**季節が逆**。

オーストラリアにはどのような歴史があるのか？

オーストラリアには，先住民の**アボリジニ**が暮らしていて，独自の文化を築いてきたんだ。ウルルはアボリジニにとっての聖地で，信仰の対象となっているよ。しかし，18世紀後半にイギリスの植民地となってからイギリス人の移住が進み，彼らを中心とした国づくりが始まった。

「アボリジニの人たちはどうなったのですか？」

イギリス人の移住者と衝突し，迫害されることになったんだ。オーストラリアでは，1970年代までヨーロッパ系以外（アジア系など）の移住を制限する移民政策をとっていた。白人だけのオーストラリアをつくろうとしたこの政策は，**白豪主義政策**と呼ばれるよ。

「なんだか南アフリカ共和国のところで出てきた，アパルトヘイトと似ていますね。」

そうだね。

続いて，下の地図を見てほしい。何か気づくことはないかな？

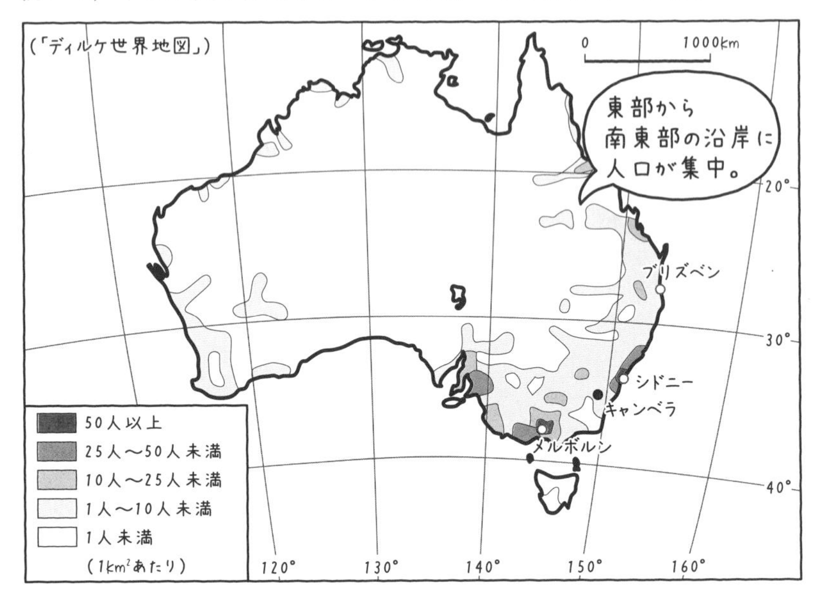

▲オーストラリアの人口密度と主な都市

「オーストラリアの人々の多くは，東部から南東部にかけての沿岸地域に住んでいることがわかりますね。」

「シドニーやメルボルン，ブリズベンやキャンベラなどの都市も同じ地域にあることがわかります。」

そうだね。ちなみに**キャンベラ**はオーストラリアの首都だよ。では，オーストラリアでは東部から南東部にかけての沿岸地域に人口が集中しているのはなぜだと思う？ もちろんこの地域が温帯に属して（ぞく）いて過（す）ごしやすいことも大きな理由なんだけど，ほかにも理由があるよ。ヒント。オーストラリアは，移住してきたイギリス人によって開拓された国だったよね？

「う～ん。きっと最初にオーストラリアに移り住んだ人たちが，沿岸地域の港に適（てき）した場所を開拓の拠点（きょてん）とした影響（えいきょう）もあるのではないでしょうか。」

まさにそのとおり。当時の開拓の拠点がその後発展し，現在の主要都市となっているんだ。さて，オーストラリアでは，1970 年代に白豪主義政策を廃止したあと，アジアなどからの移民を受け入れるようになった。現在はさまざまな民族がともに暮らし，お互いの文化を尊重する社会を築こうとしているよ。これを**多文化社会（多文化共生社会）**というんだ。

Point オーストラリアの歴史

- オーストラリアの先住民は**アボリジニ**。18 世紀以降，イギリス人の移住が進み，迫害される。
- 1970 年代までは，ヨーロッパ系以外の移民を制限する**白豪主義政策**がとられていた。現在は廃止。
- さまざまな民族がともに暮らし，お互いの文化を尊重する**多文化社会**を築こうとしている。

オーストラリアでさかんな産業は？

オーストラリアの産業もチェックしておこう。オーストラリアは鉱産資源の豊富な国だよ。次の地図を見てみよう。

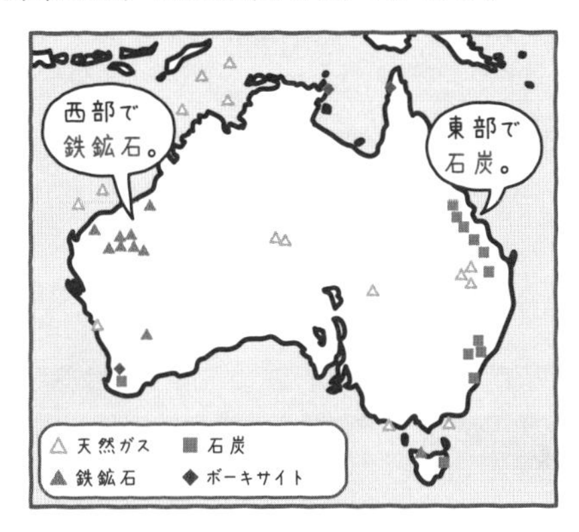

◀オーストラリアの主な鉱産資源

石油はあまり産出しないけど，東部のグレートディバイディング山脈あたりでは**石炭**が，西部では**鉄鉱石**が豊富に産出するんだ。

「北部では，**ボーキサイト**が産出するのですね。」

そう。ボーキサイトはアルミニウムの原料になるんだ。石炭や鉄鉱石の多くは，地表を直接削る**露天掘り**によって採掘している。坑道を掘って採掘する方法よりも費用が安くすむんだよ。次の写真は，露天掘りの鉱山だね。

写真：アフロ
◀露天掘りの鉱山

続いて，農業。オーストラリアでは**小麦**の栽培がさかんで，日本にもたくさん輸出されている。畜産もさかんで，乾燥に強い**羊**が多く飼育され，羊毛の生産量は世界有数だよ。また，北東部では**肉牛**が飼育されている。広大な牧場がいくつもあって，中には東京都の面積よりも広い牧場もあるんだよ。

「すごいですね。いったいどうやって牛を管理しているのでしょうか？」

牛のようすを見て回るために飛行機を使っているんだ。

「日本の農業とはスケールが違いますね。」

Point　オーストラリアでさかんな産業

- 鉱産資源が豊富。**東部**で**石炭**，**西部**で**鉄鉱石**。北部でボーキサイト。**露天掘り**の鉄山や鉱山が多い。
- 農業…**小麦**の栽培がさかん。**羊**や**肉牛**の飼育もさかん。

オーストラリアはどのような貿易をしているのか？

次は，オーストラリアの貿易を見ていこう。日本はオーストラリアから石炭や液化（えきか）天然ガス，鉄鉱石，肉類，小麦などを輸入しているよ。次のグラフを見ればわかるように，日本の**石炭**と**鉄鉱石**の輸入先の第１位はどちらも**オーストラリア**だね。

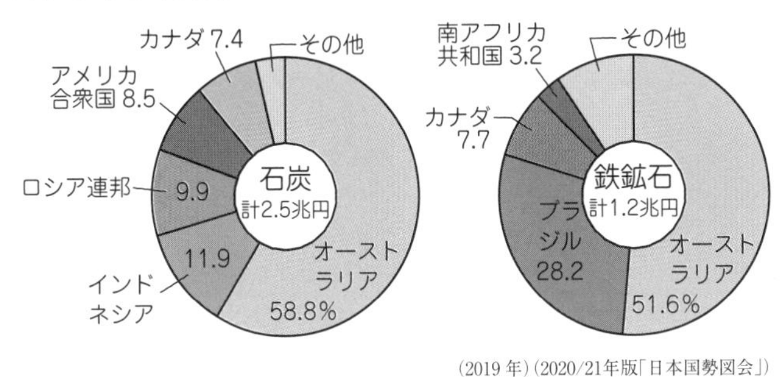

(2019 年)(2020/21年版「日本国勢図会」)

▲日本の石炭と鉄鉱石の輸入先

「オーストラリアと日本の貿易では，オーストラリアにとって貿易黒字となっているのでしょうか？」

そのとおり。続いて，次のグラフを見てみよう。オーストラリアの貿易相手国の変化だよ。何か気づくことはないかな？

8章

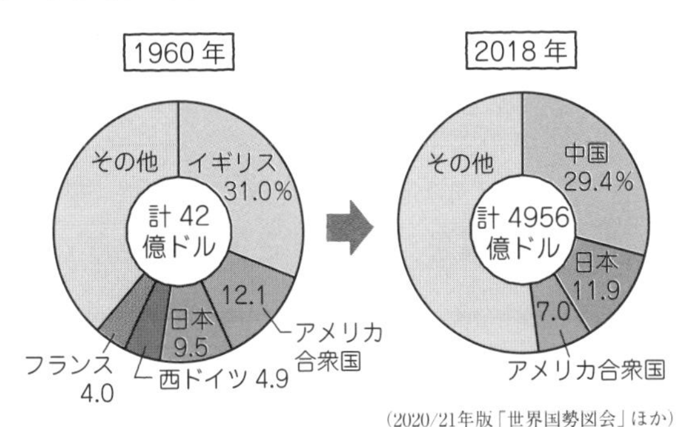

(2020/21年版「世界国勢図会」ほか)

▲オーストラリアの貿易相手国の変化

「かつてはオーストラリアを植民地としていた**イギリス**が最大の貿易相手国だったのですね。」

「しかし，現在はその割合(わりあい)が減(へ)り，中国(ちゅうごく)や日本などのアジアの国々の割合が高くなっていることがわかります。アメリカ合衆国(がっしゅうこく)の割合も高いですね。」

日本がオーストラリアの最大の貿易相手国だった時期もあるんだよ。近年は中国との貿易額(がく)が伸(の)びている。オーストラリアでアジアの国々との貿易額が増(ふ)えたのはなぜだと思う？

「やはり距離的(きょりてき)に近いことが大きいのではないでしょうか。あとはアジアの国々が経済力(けいざいりょく)をつけたことも影響していると思います。」

「中国は急速に工業が発達しましたから，オーストラリアの豊富な鉱産資源を必要としたのではないでしょうか。」

そういうことだね。日本はオーストラリアの貿易相手国の中で第２位だね。日本とのつながりが深いオーストラリアだけど，中国との結びつきが強まっていることも押(お)さえておいてね。中国からの移民も増えているよ。

Point　オーストラリアの貿易

- 日本へ**石炭**と**鉄鉱石**を輸出。→いずれも日本にとってオーストラリアが最大の輸入相手国。
- かつては**イギリス**が最大の貿易相手国だったが，現在は**中国**や**日本**などの**アジアの国々**が高い割合を占(し)めている。

ニュージーランドはどのような国か？

さて，オーストラリアの南東には，**ニュージーランド**という国があるよ。ニュージーランドもイギリスの植民地だった。どんな気候なのだろうか。

次の雨温図を見てみよう。

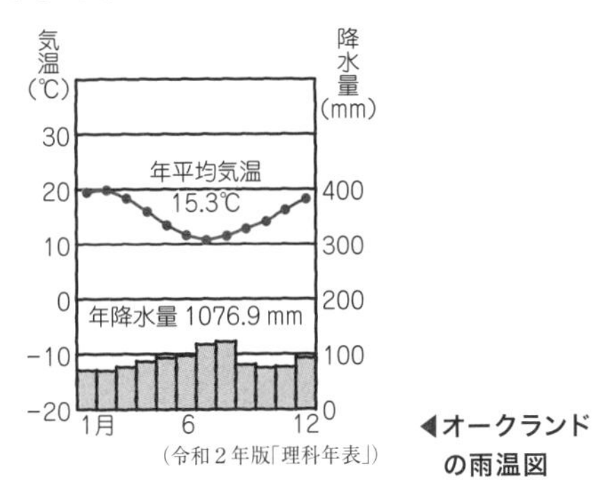

（令和２年版「理科年表」）

◀オークランドの雨温図

「オーストラリアのシドニーの雨温図と似ていますね。温帯の気候のようです。」

確かにそうだね。しかし，オーストラリアと違ってニュージーランドは**環太平洋造山帯**に属していて，火山が多く，地震も多い国なんだ。**羊**の飼育がさかんで人口よりも羊の数の方が多い。また，ワインとチーズの生産でも有名だよ。

「先生，何か忘れていませんか？」

ケンタさん，何のこと？

「ラグビーニュージーランド代表の『オールブラックス』ですよ。」

なるほど !! オールブラックスは, 世界有数の強豪チームだよね。ラグビーは，ニュージーランドの国技だよ。日本でいうところの相撲だね。そして，オールブラックスの試合前の儀式を「ハカ」というが，あれはニュージーランドの先住民である**マオリ**の儀式がもとになっているよ。

◀ラグビー ニュージーランド代表の「ハカ」

Point ニュージーランドの特徴

- **環太平洋造山帯**に属し，地震や火山が多い。温帯の気候。
- **羊**の飼育がさかんで，ワインとチーズの生産も有名。
- ラグビーが国技。オールブラックス。

CHECK 8

つまずき度 ！！！！！

➡ 解答は別冊 p.22

次の文の（　　）にあてはまる語句を答えなさい。

(1) オーストラリアの内陸部は，（　　）帯の気候となっている。
(2) オーストラリアの先住民は（　　）である。
(3) オーストラリアでは，1970年代までヨーロッパ系以外の移住を制限する移民政策をとっていた。これを（　　）政策という。
(4) オーストラリアは現在，さまざまな民族がともに暮らし，お互いの文化を尊重する（　　）社会を築こうとしている。
(5) オーストラリアは鉱産資源が豊富で，東部で（　　），西部で（　　）が豊富に産出する。多くは（　　）掘りによって採掘されている。

9章

日本と世界① 人口

「日本の人口は減り始めたらしいですね。」

そう，2010年ごろから減少し始めた。日本は，先進国が多く加盟するOECD諸国の中でもっとも少子高齢化が進んでおり，世界のどの国も経験したことのない速度で日本の少子高齢化は進行している。

「世界初ってことですね！」

ある意味そうだね。だが，地球規模で見ればどうだろう。世界の人口は増え続ける一方で約78億人だ（2020年）。国連の予想だと今世紀後半には100億人を超えるという。食料の問題なども懸念されている。

日本と世界①　人口

日本と世界の人口にはどのような特徴があるのだろうか？

次の折れ線グラフを見てみよう。日本の人口はどう変化しているかな？

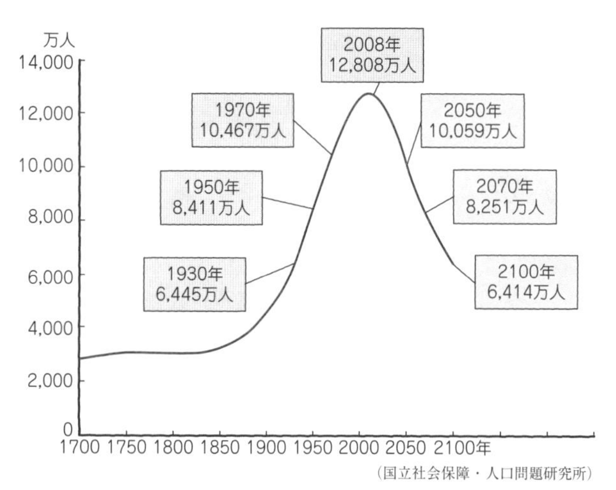

▲日本の総人口の推移

「2008年をピークに**減り続けています。**」

そうだね。現在，日本の人口は**約1億2600万人**（2020年10月1日現在）で，2100年には約6500万人になるといわれているよ。1930年の人口と同じぐらいだね。

「1930年は昭和5年です。昭和の初めごろの人口に戻っていくのですね。」

そういうことだ。さて，次に人口ピラミッドを見てみよう。横軸は人口，縦軸は年齢を表したものだよ。日本の人口の年齢別の構成はどのように変化しているかな？

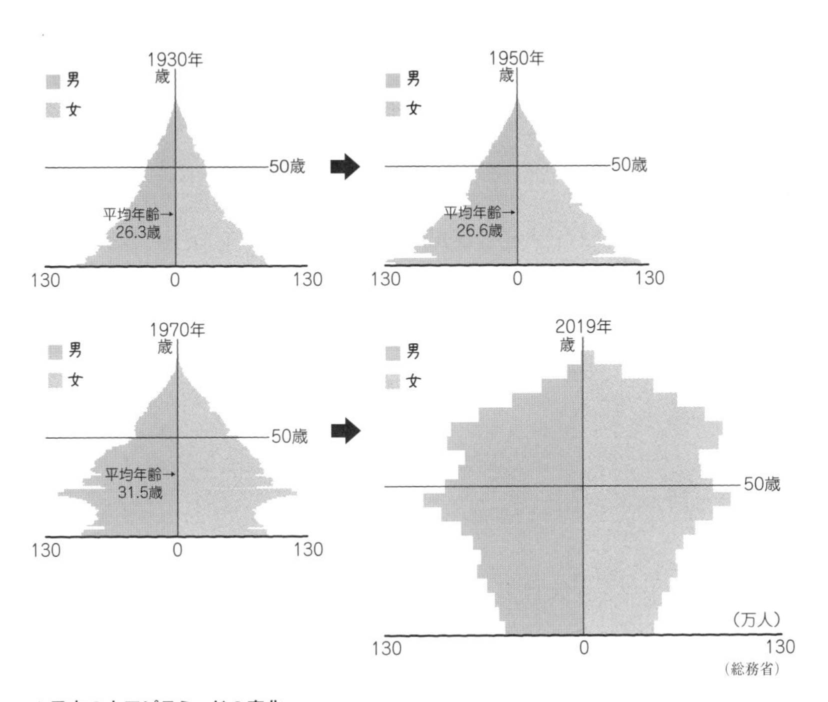

▲**日本の人口ピラミッドの変化**

1930 年や 1950 年は若い世代が多く高齢者が少ないよね。まるでピラミッドのような形をしているよ。

このような形の人口ピラミッドを「富士山型」と呼ぶんだ。さて，「富士山型」の人口ピラミッドは，次第にどのように変化してきているかな？

「はい。1970 年の人口ピラミッドでは 30 歳代前後の人口の割合がもっとも高くなっています。2019 年では 50 歳代前後や高齢者の人口の割合が高くなり，子どもの人数が減っているようです。」

そのとおり。子どもの年齢層と高齢者の年齢層の人口の差が小さい人口ピラミッドを「つりがね型」，子どもの世代が減り高齢者の人口が多く，上から下に細くなっている人口ピラミッドを「つぼ型」というよ。

一般に人口ピラミッドは，**富士山型→つりがね型→つぼ型**と変化するよ。日本の人口ピラミッドも，富士山型から，つぼ型に変わってきているのがわかるね。

「先生，なぜでしょうか？」

うん。発展途上国では子どもがたくさん生まれるので出生率が高いけれど，医療が未発達で死亡率も高いんだ。だから**「富士山型」**になる。

しかし，国が発展してくると出生率も死亡率もともに下がり**「つりがね型」**になるよ。そして，**少子高齢化**が進むと人口ピラミッドは高齢者の数が多い**「つぼ型」**になるんだ。

日本は，65 歳以上の人口である**老年人口**が 28％以上を占め（2020 年），世界最高の超高齢社会なんだ。

「今後は健常者と同じように，高齢者や障害のある人たちが自由で安全に生活できるように社会のいろいろな障壁を取り除いていかなければならないですね。つまり，**バリアフリー**化を進めなければいけませんね。」

そうだね。続いて次の東京都の人口推移のグラフを見てごらん。

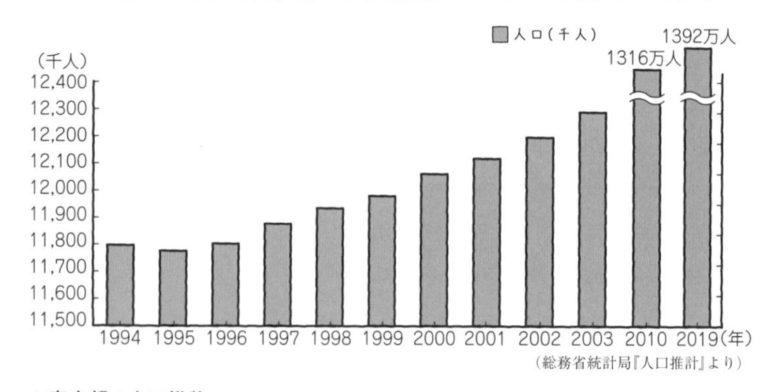

▲**東京都の人口推移**

「日本の人口は減っているのに，東京都の人口は増え続けています。」

うん。東京への一極集中と呼ばれる現象が続いているんだ。ただし，1980 年代半ばから 1990 年代前半にかけて都心部（千代田区・港区・中央区）の人口は急激に減少した。これを，**ドーナツ化現象**というよ。

「都心の人口が減るというのは，確かに真ん中が空洞のドーナツのイメージです。」

そうだね。これはいわゆるバブル経済の中，土地の値段が上がって住みにくくなり，郊外にもうけられた**ニュータウン**などに住む人が増えたことなども原因なんだ。

「先生，ニュータウンというのは何でしょうか？」

大都市郊外の新興住宅都市のことだよ。東京都多摩市などにある多摩ニュータウン，大阪府吹田市・豊中市の千里ニュータウンなどが有名だね。しかし，2000 年以降は，バブル経済も終わり，土地の値段も下がったので，都心部の人口は再び増加に転じたんだ。これを**都心回帰**というよ。

「先生，これは東京だけの現象ですか？」

いや。東京が特に目立つけれど，大阪市周辺や名古屋市周辺などの大都市部では多かれ少なかれ起きている。大阪を中心に，神戸や京都など，人やものの移動で強いつながりをもつ地域を**大阪（京阪神）大都市圏**，名古屋を中心に人やものの移動で強いつながりをもつ地域を**名古屋大都市圏**，東京を中心に横浜市，川崎市，千葉市など人やものの移動で強いつながりをもつ地域を**東京大都市圏**という。これら都市部に人口が集中し，**過密**の問題が起きているんだ。まとめて**三大都市圏**だ。詳しくは「19関東地方」の 392 ページを見てね。

「先生，人口が減っているのに都市部に人口が集中すると，人口が減りすぎる地域（ちいき）もでてきますよね。」

うん。それを**過疎（かそ）（化）**というよ。過疎が進むと，経済活動が衰（おとろ）えて，商店などがなくなっていく。そして，バス・鉄道なども利用者が減って赤字となり，廃止（はいし）されていくんだ。過疎地域の中には，65歳以上の高齢者が過半数（かはんすう）を占める限界（げんかい）集落と呼ばれる地域もあるよ。過疎の問題については**22** 中国・四国地方の461ページも見てね。

☑CHECK 9

つまずき度 !!!!!

➡ 解答は別冊 p.22

次の文の（　　）にあてはまる語句を答えなさい。

(1) 日本は出生率が低下し，高齢者の割合が高くなった結果，（　　）化が進み，人口ピラミッドはつぼ型となっている。

(2) 都市部では人口が集中しすぎる（　　），農村部では人口が急激に減って（　　）が問題となっている。

日本と世界②
日本のエネルギー

「最近，電気自動車が急速に普及しています。二酸化炭素を出さないので，地球温暖化をくいとめるのにつながりますね。」

しかし，電気自動車の電気をつくる時点では二酸化炭素を出していることを忘れてはいけないよ。

「となると，やはり燃料電池自動車が一番よいのでしょうか。」

ところが燃料電池自動車も，燃料である水素をつくるときや水素を圧縮するときにかなり二酸化炭素を出すといわれる。

「先生，結局は発電するときに太陽光，風力・地熱などを利用するのがもっともよいですね。」

10-1 日本と世界② 日本のエネルギー

日本はエネルギー源をどれくらい輸入に頼っているのだろうか？

残念ながら日本では，原油はほとんどとれず，99.7%をサウジアラビア，アラブ首長国連邦（れんぽう）などからの輸入に頼っている（2019年）。また，天然ガスは97.7%（オーストラリア，マレーシアなどから），石炭は99.6%（オーストラリア，インドネシアなどから）を輸入に頼っているんだ（2019年）。

「先生，エネルギーって何ですか？」

産業・運輸・消費生活などに必要な熱や動力の源（みなもと）のことだよ。原油から石油をつくりストーブの燃料（ねんりょう）にしたり，同じく原油からガソリンをつくり，自動車を動かしたりしているね。

日本の電力はどんな問題を抱えているのだろうか？

ここでは重要なエネルギーである電力について説明するよ。次の記号を見てほしい。発電所の地図記号だが，何を表しているかわかるかな？

「何だろうな？ 歯車ですかね？」

さすがだね。長く伸（の）びた部分は電気回路を，その他の部分は歯車を表すよ。なぜなら，発電の多くは、タービンの歯車を回すことで電力を得るからだ。

石油や石炭，天然ガス（LNG）を燃（も）やして水を沸（わ）かし，その蒸気（じょうき）の力で歯車を回すのが火力発電，ウランやプルトニウムを燃料に使って核分裂（かくぶんれつ）により起こる熱を利用して水を沸かし，その蒸気の力で歯車を回すのが原子力発電，高いところから水が落ちる力を利用して歯車を回すのが水力発電だよ。下のグラフを見てみよう。2018年度において，発電量が多い順に言ってみよう。

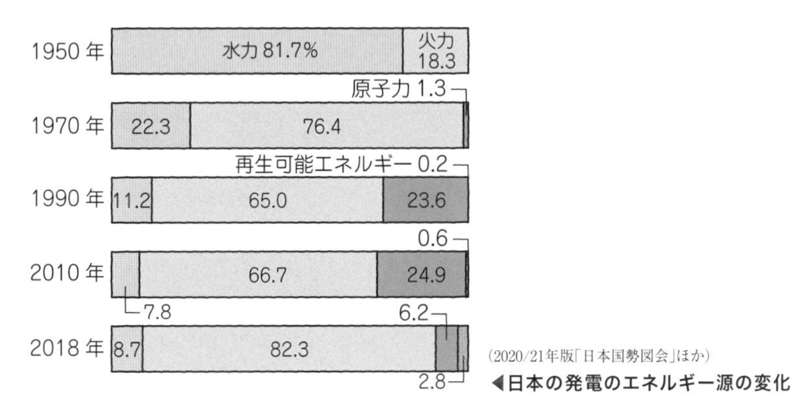

(2020/21年版「日本国勢図会」ほか)

◀日本の発電のエネルギー源の変化

「火力発電の割合がもっとも高いですね。２番目に多いのが水力発電だとわかります。」

「1950年には火力発電の割合は20%程度でしたが，1970年には70%を超えています。1990年には，原子力発電が全体の４分の１近くを占めるようになり，火力発電は全体の65%を占めています。」

原子力発電所は，冷却用の海水を得やすい海岸沿いで人口の多い都市から離れた土地につくられる。原子力発電には，発電する際に二酸化炭素などの地球温暖化の原因となる温室効果ガスの排出量が少ない特徴もあるよ。

「これに対して火力発電は化石燃料を燃やすのですから，二酸化炭素の排出量は多いのですか？」

そのとおり。火力発電所は大都市周辺の海沿いにあるよ。

石油，天然ガス，石炭はほとんど輸入に頼っているから，臨海部のほうが船から直接発電所に燃料を運べて都合がいいんだ。また，電力は送電している間に減ってしまうけれど，大都市周辺のほうがいわゆる送電ロスも少なくて済むよ。

水力発電は，温室効果ガスは出ないけれど，水力発電用のダムは山間部につくられるから，その建設には，自然破壊，多大な支出が財政を悪化させるなどの問題点があるよ。

「原子力発電の割合は2010年から2018年の間に急に減っています。なぜでしょうか？」

うん。それは2011年の**東日本大震災**の地震とそれに伴う津波で**東京電力福島第一原子力発電所**で事故がおき，放射性物質が放出されてしまった。その影響で，地震・津波対策が十分かどうかなどを確かめるために，多くの原子力発電所の運転が停止されたからなんだ。

ちなみに，運転中の原子炉の数は多い順に，アメリカ合衆国96基，フランス58基，中国47基，日本33基，ロシア連邦33基，韓国24基，インド22基，カナダ19基，ウクライナとイギリス15基，ドイツ6基（2020年現在）で，日本は世界で第4位だよ。

「フランスの第2位が目立ちますね。」

そうだね。フランスでは原子力発電の割合が70%以上を占め（2018年），主要国の中ではもっとも割合が高いんだ。しかし，フランスのように地震が少ない国では原子力発電も危険が少ないかもしれないけど，日本のような地震国ではどうだろう？

「危険があると思います。」

そうだね。また，福井県敦賀市の高速増殖炉もんじゅも事故を起こしたんだ。そのため，原子力発電の安全性に疑問がもたれ，今後の日本は**再生可能エネルギー**を使用した発電の割合を増やすべきだとの意見が強まっているんだよ。

「日本に限らず，世界のエネルギーも再生可能エネルギー中心になってほしいですね。」

そうだね。再生可能エネルギーの長所は環境破壊をほとんど伴わないことにあるよ。

「なぜですか？」

自然の力を利用して発電するから，環境への影響が少なくてすむんだ。それに化石燃料やウランはやがてなくなるけれど，再生可能エネルギーはなくならない。繰り返し利用できる再生可能エネルギーの例として，**風力**，**太陽光**，**地熱**などが挙げられるよ。

「風力発電は，風車で風の力を受けて歯車を回し，発電するのですね。」

そうだね。また，地熱発電は，地下にたまった高温の水蒸気の力で歯車を回すよ。

太陽光発電は，太陽の光を使った発電だ。しかし，現在の技術では，エネルギーの力が弱く，単位当たりの費用が高い欠点がある。再生可能エネルギーの割合を増やす際の問題点として，安定した供給が難しいことなどが挙げられるよ。しかし，213ページのグラフからもわかるように，こういった再生可能エネルギーの割合は少しずつ増大しているね。

「しかし，まだ約３％ですね。もっと増やしたいです。」

☑CHECK 10

つまずき度 !!!!

➡ 解答は別冊 p.22

次の文の（　　）にあてはまる語句を答えなさい。

(1) （　　）発電…二酸化炭素を多く排出する。

(2) （　　）発電…ダム建設時に自然破壊を引き起こす。多大な支出が必要。

(3) （　　）発電…放射能もれなどの事故による危険がある。

(4) 近年では，自然環境に与える影響が小さく，繰り返し利用できる（　　）エネルギーの利用が推進（すいしん）されている。

11章

日本と世界③　貿易

資源が少ない日本にとって，自由な貿易はまさに命綱だ。

「資源・原料を輸入し，製品にして売るというのが日本の生きる道ですね。」

最近，製品の輸入が増えてはきているが，基本的にはそのとおりだね。世界の人たちも自由貿易を守ろうとしている。だって，自由な貿易が行われなかったからこそ第二次世界大戦は起きたんだ。

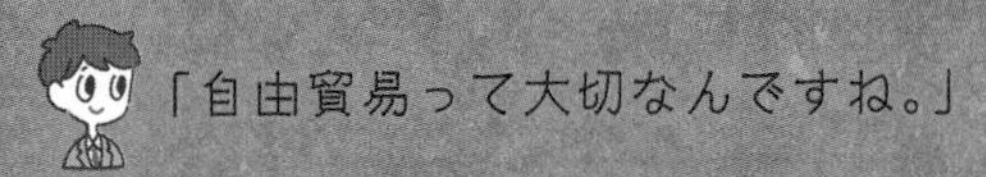
「自由貿易って大切なんですね。」

そう。また何を輸出入しているかにも注目だよ。

日本と世界③ 貿易

GATT，WTOとは何か？

通信の速度を今までより上げる光ファイバーケーブル網が整備され，**インターネット**の利便性が高まった。日本におけるインターネットの普及率は，1997年には9.2%，それが2019年には89.8%と増加しているよ。世界中のコンピュータを結ぶネットワークであるインターネットのよい点は何だろう？

「気軽にさまざまな情報を調べられることです。」

「ショッピングなどもできます。直接，お店に行かなくてもよいのです。」

そうだね。また，携帯電話の通信網の整備も進み，日本のほとんどの地域で通話可能になっている。さらに，交通網も整備されているね。

「通信網による情報の流れ，交通網による人・物の流れは人体でいえば血液ですね。」

そう。通信網，交通網は，血管網にあたるものだね。通信網，交通網は世界中で整備され，世界がひとつになる**グローバル化**が進んでいるんだ。

「通信網，交通網が未整備な国・地域は，いわば血管に血液が流れない身体のようなもので，発展できませんね。」

そうだね。それが格差を生む原因ともなっている。そのいっぽうで，世界の貿易は発展してきた。さまざまな国が貿易を行ってつながりを深めることは，世界平和につながるかもしれないんだ。

「どういうことですか？」

第二次世界大戦が起きた理由のひとつにヒントがあるよ。世界恐慌が起こって，世界各地に多くの植民地をもつイギリスやフランスは，ブロック経済という恐慌対策を行った。これは自国と植民地の間の結びつきを強め，日本やドイツ，イタリアなどの他国の製品を締め出そうとする政策だった。結果的に各国が対立を深める要因のひとつになったんだ。

「そんなかたちで対立を深めることもあったわけですね。」

そうなんだ。第二次世界大戦後は，「世界の繁栄には，貿易の発展が欠かせない」という考えが広がった。そこで，**GATT**という貿易に関する国際協定が結ばれた。GATT は General Agreement on Tariffs and Trade の略で，日本語では「関税および貿易に関する一般協定」というよ。GATT は自由貿易を促進することなどを目的とした国際協定で，1947 年に 23 か国で調印され，1948 年に発効したんだ。

「自由貿易ってどんな貿易なのですか？」

輸入品の輸入量や種類を制限したり，輸入品に高い関税をかけたりしない貿易のことだよ。関税とは，輸出入品にかけられる税のことだね。1986 年，南アメリカのウルグアイに世界の 124 か国の代表者が集まり，自由貿易の拡大を目指して「ウルグアイラウンド」と呼ばれる交渉が始まった。1993 年にようやく交渉がまとまり，自由貿易を拡大するための組織をつくることになった。そしてGATT は発展的に解消し，1995 年に**世界貿易機関（WTO）**が設立されたんだ。WTO は，World Trade Organization の略だよ。WTO の本部は，スイスのジュネーブに置かれた。貿易の自由化だけでなく，金融などのサービスや，特許権などの知的所有権などにも広げ，国際的なルールを強化し，紛争が起こったときの処理のスピード化も進んでいるよ。

「GATT は『一般協定』でしたが，WTO は『機関』なのですね。」

いいところに気がついたね。「協定」は「合意」だけど,「機関」は「組織」という意味だから強化されたことがわかるよね。

「現在，どれくらいの国が加盟しているのですか？」

2021 年 7 月現在，加盟している国と地域は 164 にもなる。日本は設立時から加盟しているよ。

Point　GATT, WTO

- **GATT（関税および貿易に関する一般協定）**→自由貿易の促進が目的。
- 自由貿易の拡大を目指して，**「ウルグアイ・ラウンド」**という交渉が行われた。
- **WTO（世界貿易機関）**が発足→**貿易の自由化**の対象を，ものだけでなく，サービスや知的所有権などにも広げる。紛争処理のスピード化。

日本はどのような貿易を行ってきたのか？

日本は貿易によって得た利益で，国の経済を維持している貿易立国といわれるんだ。なぜ，貿易立国といわれるのだろうか？

「日本は石油などの資源に恵まれていません。ですから，外国から石油などの資源を輸入する必要があります。」

そうだね。しかし，ものを輸入するだけだと日本は外国にお金を払ってばかりで，どんどん貧乏になってしまう。そこで，資源を輸入するだけでなく，日本から外国へ何かを輸出してお金を手に入れなくてはいけない。つまり，外国にものを売るわけだね。日本は資源に恵まれていないから，資源を輸出することはできないよね。輸入した資源などを原料や燃料として，工業製品をつくり，価値を高めたうえで，外国に輸出する必要がある。これを**加工貿易**というよ。価値を高めないことには，利益が生まれないからね。

「なるほど。資源に恵まれていないから，資源を輸入する必要がある。だから，それを加工して製品をつくり輸出することで，経済を成り立たせているわけですね。貿易立国といわれるようになった理由がわかります。」

そうだね。2019 年の日本の貿易額は約 1 兆 4264 億ドルで，世界の中でも中国，アメリカ合衆国，ドイツに次いで第 4 位の規模となっているよ。では，日本の貿易はどのように変化してきたのだろうか？ 輸入品と輸出品の変化のグラフから，読み取っていこう。

次の**A～D**のグラフは，1935年，1960年，1975年，2019年のいずれかの日本の輸出入品の割合を示しているよ。どのグラフが何年のものか，読み取っていこう。

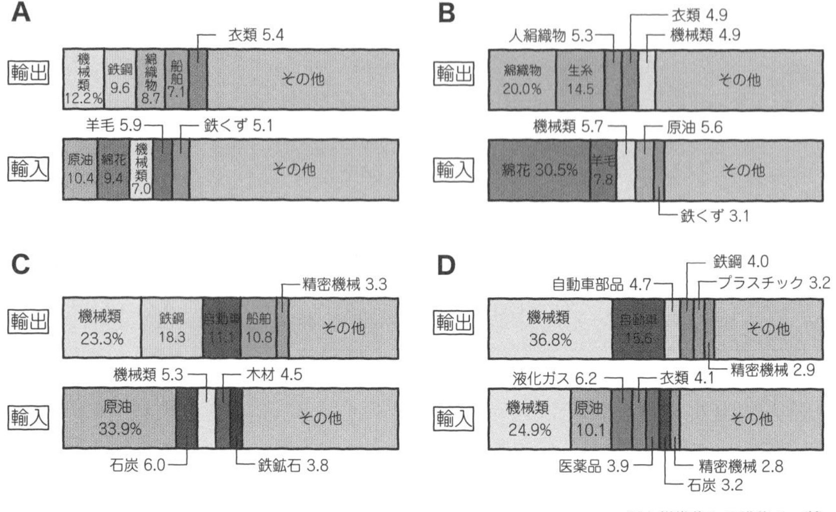

※人絹織物とは織物の一種。
(2020/21年版「日本国勢図会」など)

15-1 「日本の工業」でも説明するけど，第二次世界大戦前の日本は，**せんい工業**を中心とする**軽工業**に支えられていたよ。

「ということは，戦前である1935年のグラフは**B**ですね。」

そう。しかし，その後中国やほかのアジアの国々などでせんい工業が発展し，日本のせんい工業は少しずつ衰えていった。中国やほかのアジアの国々は日本よりも人件費などが安く，安い製品をつくることができたからだね。日本では，せんい工業などの軽工業にかわって，**重化学工業**が発展した。だからせんい工業の原料や製品が少し減った**A**が1960年のグラフだね。その後鉄鋼業や造船業などでつくられる**重厚長大型**と呼ばれる工業製品の生産がさかんになったんだ。

「重厚長大ですか。重くて厚く，長くて大きい。つまり，とにかく重くて大きな工業製品ですね。そこから『船舶』が輸出されている **C** が 1975 年とわかります。」

そうだね。しかし，重厚長大型の工業製品をつくる鉄鋼業や造船業も，中国や韓国に押されるようになったんだ。

「なぜでしょうか？」

せんい工業と同じように，中国や韓国のほうが日本よりも人件費などが安く，安い価格の製品をつくることができたので，どうしても日本の製品は価格の面で中国や韓国の製品に対抗することが難しかったんだ。日本の工業の中心は，重厚長大型の工業製品から，自動車や精密機械，機械類などの**組み立て加工型**の工業製品の生産へと変わっていった。組み立て加工型の工業は，部品となるものを外国から安く買って，それをもとに高度な製品をつくるとイメージしてみて。

「ということは，**D** が 2019 年のグラフですね。しかし，先生。そのイメージだと，原料や燃料となる資源を輸入して，工業製品をつくり輸出する加工貿易のかたちとは少し違うようですね。」

いいところに気がついたね。長らく日本の貿易の特色だった加工貿易のかたちから，近年変わってきているんだ。資源の輸入も変わらず多いけど，機械類の輸入が大きく増えた。集積回路（IC）などの部品を外国から輸入して，他国にはマネのできない高度な技術を用いて，**ハイブリッドカー**，**産業用ロボット**などの工業製品をつくり輸出するのが近年の日本の貿易の特色だよ。機械類の輸入が増えたと言ったけど，実は海外にある日本の企業の工場でつくられたものの輸入も多いんだよ。つまり，海外にある日本の企業の工場で現地生産された機械類などの製品が，日本向けに輸出されているわけだね。

「機械類の輸入の増加は，日本の企業が海外に工場を移して生産している影響もあるわけですね。しかし，国内の生産力が衰える**産業の空洞化**につながっている一面もあるのではないですか？」

そのとおり。

ちなみに2019年の輸入品で第4位の衣類だけど，その中の約56%が中国からの輸入なんだ。次いで第2位はベトナムで約15%，第3位はバングラデシュで4%，第4位はカンボジアで約4%だよ。

「衣類はアジアの国々からの輸入が多いのですね。」

さて，続いては日本の輸出額と輸入額の変化を示している，次のグラフを見てみよう。輸出額と輸入額，どちらが多くなっているかな？

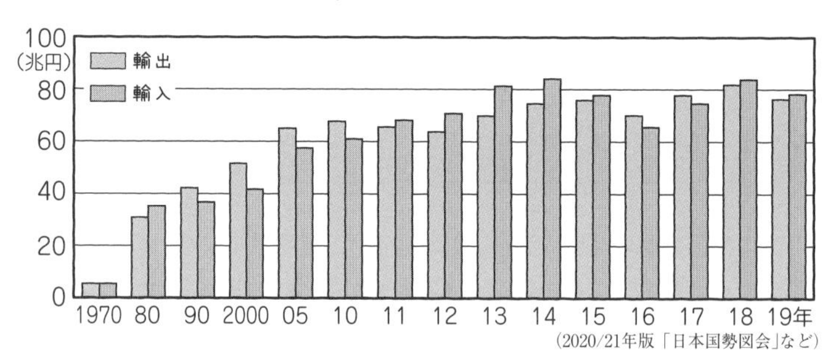

▲日本の輸出額と輸入額の変化

「1990～2010年までは，輸出額が輸入額を上回って，貿易黒字でした。しかし，2011年からは輸入額が輸出額を上回って，赤字になりました。2016年, 2017年は再び貿易黒字となりましたが, 2018年からはまた赤字になっています。」

うん，そうだね。では，なぜ2011年に，輸入額が輸出額を上回って赤字になってしまったのだろうか？

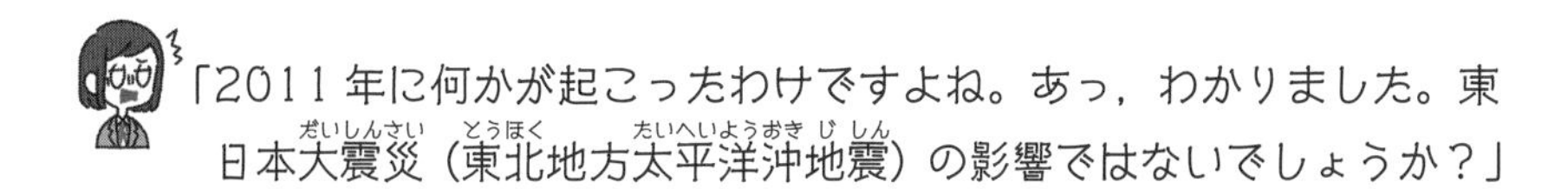

「2011年に何かが起こったわけですよね。あっ，わかりました。東日本大震災（東北地方太平洋沖地震）の影響ではないでしょうか？」

そのとおり。東日本大震災では原子力発電所の事故が起こり，日本の原子力発電は停止された。それにより不足した電力をまかなうために，火力発電への依存度が増し，燃料となる天然ガスの輸入が大きく増えたんだ。これが輸入額の増加につながったわけだね。

Point　日本の貿易の変遷

- 原料や燃料を輸入して工業製品をつくり，外国に輸出する**加工貿易**が日本の貿易の特色だったが，近年加工貿易のかたちが崩れる。
- 第二次世界大戦前→**せんい工業**などの**軽工業**が中心。貿易はせんい工業の原料を輸入し，せんい工業の製品を輸出する。
- 第二次世界大戦後→**重化学工業**が発展し，**重厚長大型**と呼ばれる製品の生産がさかんになった。貿易は，輸出で**機械類**や**鉄鋼**，**船舶**などの割合が高くなる。
- 近年→**組み立て加工型**の製品の生産が中心。貿易は，輸出で**機械類**や**自動車**，**精密機械**などの割合が高くなる。輸入は**機械類**のほか，**原油**などの資源の割合も高い。

日本の主な貿易相手国はどこか？

さて，ここからは日本がどんな国々と貿易をしているか，見ていこう。226ページの地図は，日本の主な貿易相手国（地域）と貿易額を表しているよ。貿易額が多い国や地域を，上から順に4つ挙げてみよう。

※数字は輸出入総額で，単位は千億円　※輸出入総額が1兆円以上の国のみ（2019年）　（2020/21年版「日本国勢図会」）

▲日本の主な貿易相手国（地域）と貿易額

「はい。貿易額がもっとも多いのは**中国**で33兆1000億円です。次いで，第2位が**アメリカ合衆国**で23兆9000億円，第3位が韓国で8兆3000億円，第4位が台湾で7兆6000億円です。」

そうだね。何か共通点はないかな？

「第2位のアメリカ合衆国を除いては，ほかはすべてアジアの国と地域ですね。」

いいところに気がついたね。では，次ページの表を見てみよう。これは1990年と2019年における日本と主な国・地域の貿易額の変化を示したものだよ。表の中のASEANは東南アジア諸国連合の略称で，東南アジアの国々が結成している組織，アジアNIESは韓国・台湾・ホンコン・シンガポール。NIESは新興工業経済地域の略称だよ。EUはヨーロッパ連合ともいい，ヨーロッパの国々が結成している組織だね。表を見て，何か気づくことはない？

「1990年と2019年でアメリカ合衆国との貿易額は大きく変わっ

ていません。EUとの貿易額は少し増えたといえるでしょうか。それよりも中国やアジアNIES，ASEANとの貿易額が大幅(おおはば)に増えていますね。左ページの地図を見てもわかるように，現在はアジアの国々や地域との貿易が中心となっているようです。」

そのとおり。日本はアジアの国々や地域との貿易がさかんなことを頭に入れておいてね。

輸出

相手国・地域	1990年		2019年		伸び率(2019/1990)
	額(百億円)	割合(%)	額(百億円)	割合(%)	
中国	88	2.1	1468	19.1	16.7倍
アジアNIES	819	19.7	1560	20.3	1.9倍
ASEAN	475	11.5	1158	15.1	2.4倍
アメリカ合衆国	1306	31.5	1525	19.8	1.2倍
EU	773	18.7	896	11.6	1.2倍
その他	685	16.5	1086	14.1	1.6倍
世界計	4146	—	7693	—	1.9倍

輸入

相手国・地域	1990年		2019年		伸び率(2019/1990)
	額(百億円)	割合(%)	額(百億円)	割合(%)	
中国	173	5.1	1845	23.5	10.7倍
アジアNIES	375	11.1	723	9.2	1.9倍
ASEAN	421	12.4	1176	15.0	2.8倍
アメリカ合衆国	759	22.4	864	11.0	1.1倍
EU	507	15.0	972	12.4	1.9倍
その他	1151	34.0	2280	28.9	2.0倍
世界計	3386	—	7860	—	2.3倍

(2020/21年版「日本国勢図会」など)

▲1990年と2019年における日本と主な国・地域の貿易額の変化

Point 日本の主な貿易相手国

- 日本の最大の貿易相手国は**中国**，次いで**アメリカ合衆国**。**アジア**の国々や地域との貿易が中心となっている。

CHECK 11

つまずき度 !!!

➡ 解答は別冊 p.22

次の文の（　　）にあてはまる語句を答えなさい。

(1) 輸入した資源などを原料や燃料として，工業製品をつくり，価値を高めたうえで，外国に輸出する貿易を（　　）貿易という。長年，このかたちが日本の貿易の特色だったが，近年は（　　）の輸入が増え，そのかたちは崩れつつある。

(2) 日本の企業が海外に工場を移して生産するようになり，国内の生産力が衰える現象を産業の（　　）という。

12章

日本の姿

日本は狭(せま)い国だと思っているかもしれないけど，その大きさは，実は世界の190余りの国の中で61位だよ。

「結構，大きいんですね。上位3分の1に入るんだぁ。」

そう。面積は38万km²。猫の鳴き声「み(3)や(8)〜！」で覚えてね。

「排他的(はいたてき)経済水域の大きさはどうなんですか？」

これは，世界でも6位です。

「すごいですね。四方を海に囲まれた日本ですが，海の恵みをかなり受けている国なんですね。」

そう。さまざまな面で海の影響は大きいよ。

日本の領土

国の領域とは？

さて，ここで国とは何かについて学習しよう。二人は国の**領域**とは，どこからどこまでかわかるかな？ 国の領域は，その国に属する土地，空，海からなり，国家の主権がおよぶ範囲だよ。そして，その国に属する土地を**領土**，一般に領土の沿岸から 12 海里内のその国に属する海を**領海**，領土と領海の上空を**領空**というんだ。

「なるほど～。つまり，国の領域は領土と領海，そして領空からなるわけですね。領土ってことばは聞いたことがありましたけど，領海と領空も国の領域なわけですか。」

そういうこと。領域内の資源，例えば石油やダイヤモンド，魚や貝などはその国のものだし，領土に住んでいる人はその国のルール（法律）などを守らなくてはいけない。

領域とは，いい方をかえれば「自分の家」といえるかもしれないね。他人が自分の家に入ってくるのを断ることができるように，国の領域内では，他国の飛行機や船が入ってくるのを拒むことができるんだ。下の図は国の領域のイメージ図だよ。

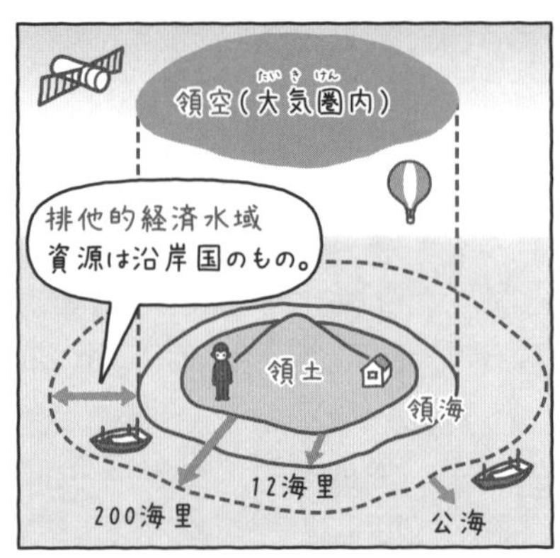

◀国の領域のイメージ図

「先生。領海は沿岸から**12 海里**とありますが，1 海里ってどれくらいの距離なのですか？」

1 海里は約 1852 m で，12 海里は約 22 km だね。

「沿岸から 200 海里以内で領海を除く水域は**排他的経済水域**なのですね。排他的経済水域ってどんなものなのですか？」

まず，200 海里は約 370 km だよ。排他的経済水域は領域ではなく，主権はおよばないんだけど，領域内と同じように石油や魚介類などの資源は沿岸国のものとなる。そのため，排他的経済水域では，ほかの国の船は自由に航行できるけど，自由に漁をすることはできないんだ。図中の公海は，どこの国にも属さない海だよ。

「公海はすべての国の船が自由に航行できて，自由に漁もできるわけですね。」

そういうことだね。

Point　領土・領海・領空，排他的経済水域

- 国の**領域**は**領土・領海・領空**からなる。
- **領土**→その国に属する土地。
  領海→一般に領土の沿岸から 12 海里以内の海。
  領空→領土と領海の上空。
- **排他的経済水域**→沿岸から **200 海里**以内で領海を除く水域。
  水域内の鉱産資源や水産資源は沿岸国が権利を持つ。

日本の領土はどこまでか？

では，日本の領土を見てみよう。次の地図は，日本の東西南北の端と周りの国々を表している。日本の領土には，どんな特徴があるかな？

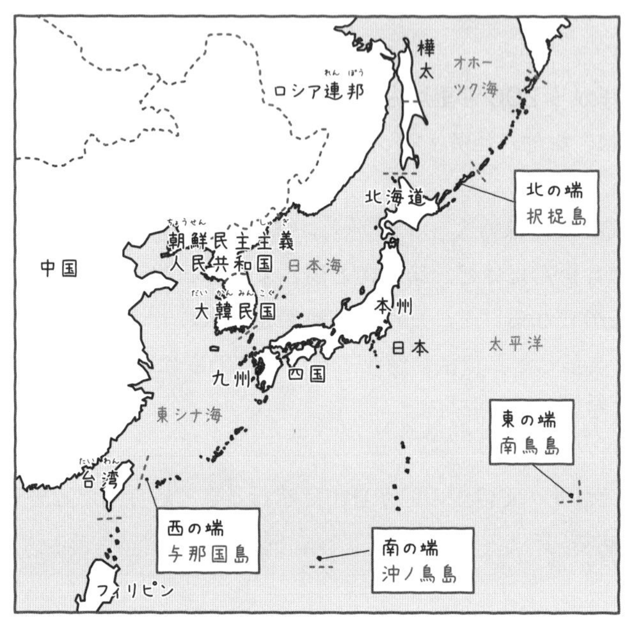

▲日本の東西南北の端と周辺の国々

「日本は周りを海に囲まれ，陸地でほかの国と接していませんね。」

そうだね。日本のように周りを海に囲まれた国を**島国（海洋国）**というんだったね。地図を見て，日本の周りの海を北から時計回りに言ってみよう。

「**オホーツク海**，**太平洋**，**東シナ海**，**日本海**ですね。」

そうだね。地図を見て，何か気がつくことはないかな？

「島国だから当然かもしれませんが，日本の国土は島で構成されていますね。」

確かに。日本には４つの大きな島があることがわかるよね。北から順に言ってみて。

「**北海道**，**本州**，**四国**，**九州**の４つですね。」

そう。日本はこれらの４つの大きな島と周辺の小さな島々からなり，南北に細長い列島であることがわかるよね。では，日本にはいくつ島があるか，知っているかな？　なんと 6800 ほどもあるんだ。

「うわぁ～!!　ものすごい数ですね。」

驚きだよね。日本はまさに島国なんだ。世界にはもっと多くの島からなる国があり，インドネシアは１万 4000 以上もの島を持っているよ。ただし，島の数え方はさまざまで，資料によって数が異なることもあるんだ。

また，太平洋の沖には，日本海溝などの大きな**海溝**があるよ。海溝とは，細長くて深い溝状の海底地形のことだね。

さて，領土の話に戻ろう。日本固有の領土であるにもかかわらず，他国が自国の領土であると主張しているところがあるよ。

「ニュースなどで見たことがあります。」

次ページの表を見て。これは，日本の島の大きさをランキング形式で示したものだよ。何か気づくことはある？

順位	島名	面積(km²)	所属
1位	本州	227,940	—
2位	北海道	77,984	—
3位	九州	36,782	—
4位	四国	18,297	—
5位	択捉島(えとろふ)	3,167	北海道(北方領土(ほっぽうりょうど))
6位	国後島(くなしり)	1,489	北海道(北方領土)
7位	沖縄島(おきなわ)	1,209	沖縄県
8位	佐渡島(さど)	855	新潟県(にいがた)
9位	奄美大島(あまみおお)	712	鹿児島県(かごしま)
10位	対馬(つしま)	696	長崎県(ながさき)

(2020年)(2021/22年版「日本国勢図会」)

◀日本の島の大きさランキング

「日本でもっとも大きな島は本州，次いで第２位が北海道，第３位が九州，第４位が四国ですね。」

そう。４つの大きな島の面積を比(くら)べてみると，おおよそ，本州の３分の１が北海道，北海道の２分の１が九州，九州の２分の１が四国となっているね。では，面積第５位の島はどこかな？

「えっ～と…。**択捉島**(えとろふ)ですね。あれ？ てっきり沖縄島(おきなわ)かと思っていました。」

「第６位は国後島(くなしり)ですね。第５位と第６位はどちらも北海道（北方領土(ほっぽうりょうど)）とあります。」

北海道の北東に位置する，**択捉島**，**国後島**，**色丹島**(しこたん)，**歯舞群島**(はぼまいぐんとう)をまとめて**北方領土**と呼(よ)ぶよ。右の地図で位置を確認(かくにん)しておこう。

中でも択捉島は，日本の北の端だね。しかし，現在，日本人は自由に北方領土へ行くことができないんだ。

「えっ～!? それはなぜですか？ 北方領土は，日本の領土なのですよね？」

そうだよ。しかし，ロシア連邦が北方領土は自国の領土であると主張し，ロシア連邦の人たちが暮らしていて，ロシア連邦による開発が進められている。このような状態を不法占拠というんだ。

北方領土と同じように，日本の領土であるにもかかわらず，他国が不法占拠している場所として，島根県の**竹島**があるよ。竹島は**韓国**が自国の領土だと主張し，現在，見張り台や灯台，兵舎などをつくって，警備員を置いているんだ。

◀竹島の位置

日本としては，国際司法裁判所に判断をしてもらうことを韓国に提案しているけど，韓国はこれを拒否している。

また，東シナ海にある**尖閣諸島**も，沖縄県に属する日本の領土だよ。しかし，1970 年代から**中国**が領有権を主張するようになったんだ。次の地図を見てみよう。尖閣諸島は沖縄島から西に約 410 km 離れたところにある。尖閣諸島は，サンフランシスコ平和条約でも日本の領土とされているよ。

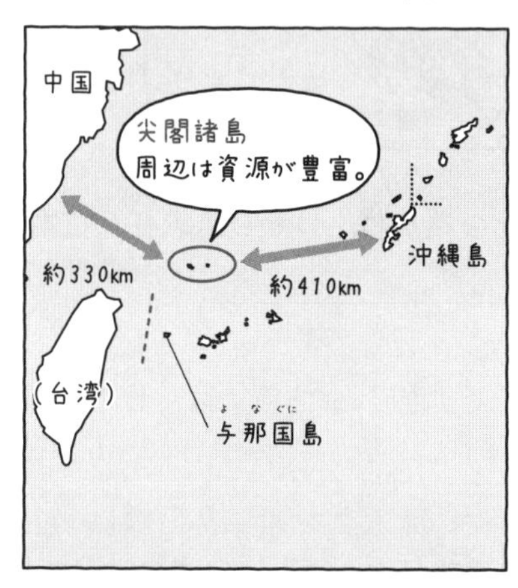

◀**尖閣諸島の位置**

「なぜ，中国は領有権を主張し始めたのですか？」

1969 年と 1970 年に国連の調査が行われ，尖閣諸島の周辺の海底に大量の原油や天然ガスがある可能性が出てきたからだよ。その原油の埋蔵量は，世界有数の原油の産出国であるイラクの原油の埋蔵量に匹敵するほどではないかと報告されたんだ。

「それはすごいですね !! 資源に恵まれていない日本にとって，とても大きな発見ではないですか。」

うん。でも，中国にとっても原油はとても重要な資源なんだ。近年，工業や経済の急速な発展に伴い，中国は世界有数の原油の輸入国になっている。中国にとっても，尖閣諸島周辺の原油は重要なわけだね。

「しかし，尖閣諸島が日本の領土であることは間違いないわけですよね？」

1970 年代になって，中国が突然領有権を主張し始めたこともあり，日本政府は国際法上の根拠はないとしているよ。

さて，続いては次の写真を見てごらん。これは島といえるかな？ この島は東京から南に約 1700 km 離れたところにあり，気候はなんと熱帯に属しているんだ。

国土交通省関東地方整備局

「これは，島かどうか微妙な気もします…。」

「確かに…。ほとんどが海面に沈んでいて，少しだけ陸が海上に見えていますね。ただ，海面に沈んでいる部分もかなり浅くて，はっきり海ともいえないような…。」

二人がそう思う気持ちもよくわかるよ。しかし，写真の場所が島でなくなってしまうと，日本にとって大きな損失になるんだ。この島は，日本の南の端にある**沖ノ鳥島**。東西約 4.5 km，南北約 1.7 km の広さで，満潮時には 2 つほどの岩が海面から 1 m ほどあらわれるだけになるんだ。写真は満潮時のようすだよ。

もし，沖ノ鳥島が水没すれば，日本は沖ノ鳥島の周りの領海と排他的経済水域も失うことになる。238 ページの地図を見てみよう。広い範囲の排他的経済水域を失うことがわかると思うよ。

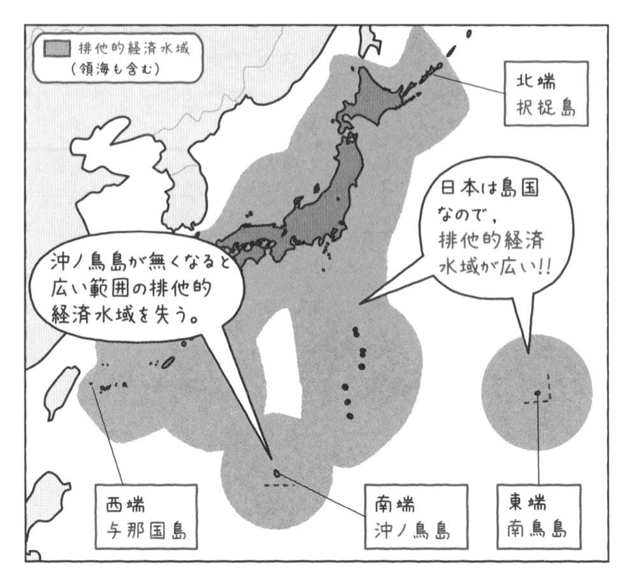

▲日本の排他的経済水域

「どれくらいの広さの排他的経済水域を失うのか，計算してみます。排他的経済水域は沿岸から200海里の範囲ですよね。とすると，半径が200海里の円の面積を求めればいいわけですから，200海里×200海里×3.14（円周率）を計算します。200海里は約370kmだから，370(km)×370(km)×3.14＝429866(km^2)となります。約43万km^2ですね。ただし，排他的経済水域に領海は含みませんが…。」

沖ノ鳥島が水没することで失う排他的経済水域は厳密（げんみつ）には円ではないけど，その面積は日本の国土面積以上だね。つまり，それほど広い範囲の水産資源や鉱産（こうさん）資源の権利を失うことになるわけだ。

「沖ノ鳥島を守ろうとするのはそのためなのですね。」

だから水没しないように護岸工事を行った。

「それだけお金をかけてでも，周りの広大な排他的経済水域を守りたいわけですね。」

そう。領土をめぐる問題では，領土だけでなく，その周りの領海や排他的経済水域もかかわってくることをしっかり覚えておいてね。

日本の北の端と南の端はわかったけど，東の端はどこだろう？ 東の端は東京都の**南鳥島**（みなみとりしま）だよ。

「名前に『南』がつくのに，日本の南の端ではなく，東の端なのですね。」

そうなんだ。日本の東の端は南鳥島で，南の端は沖ノ鳥島なので間違えないようにしよう。

最後に，日本の西の端は沖縄県の**与那国島**（よなぐにじま）だよ。与那国島には 2021 年現在，1700 人ほどの人が住んでいて，漁業や農業を営（いとな）んで暮らしているんだ。

続いて，日本の面積について見ていこう。日本の面積は世界の中で何位だったか覚えているかな？

「確か 60 位ぐらいだったような…。」

おっ。では，下の資料を見てみて。面積が大きい国のランキングだよ。

面積が大きい国ランキング

第 1 位　ロシア連邦　1710 万 km²　　第 2 位　カナダ　999 万 km²
第 3 位　アメリカ合衆国　983 万 km²　　第 4 位　中国　960 万 km²
第 5 位　ブラジル　852 万 km²　　第 6 位　オーストラリア　769 万 km²
第 7 位　インド　329 万 km²　　第 8 位　アルゼンチン　280 万 km²
第 9 位　カザフスタン　273 万 km²　　第 10 位　アルジェリア　238 万 km²
（参考）第 61 位　日本　38 万 km²

（2019 年）（2021/22 年版「日本国勢図会」）

日本の面積は世界の国々の中で第何位かな？

「第61位です。世界には190余(あま)りの国がありますよね。日本は，世界の国々の中で面積が大きいほうに入ります。」

そう。意外に思う人が多いかもしれないね。日本の面積は**約38万km²**。ちなみに地球から月までの距離が約38万kmだよ。たまたまだけどね…。

「まぁ，そもそも単位が違いますけど…（笑）。」

参考までに面積が小さい国のランキングも見てみよう。

面積が小さい国のランキング

第1位 バチカン市国 0.4 km²　第2位 モナコ 2 km²
第3位 ナウル 20 km²　第4位 ツバル 30 km²
第5位 サンマリノ 60 km²

（2019年）（2021/22年版「日本国勢図会」）

世界でもっとも面積が小さいバチカン市国は，イタリアの首都のローマ市内にあり，その面積は東京ディズニーランドよりも小さいんだったね。

さて，ここまで見てきたように日本は周りを海に囲まれた島国で，排他的経済水域がとても広いわけだね。右の表を見てみて。

順位	国名	排他的経済水域等の面積	国土面積(2019年)	漁業生産量(2018年)
1位	アメリカ合衆国	762万 km^2	983万 km^2(3位)	476万 t(6位)
2位	オーストラリア	701万 km^2	769万 km^2(6位)	19万 t
3位	インドネシア	541万 km^2	191万 km^2	726万 t(2位)
4位	ニュージーランド	483万 km^2	27万 km^2	41万 t
5位	カナダ	470万 km^2	999万 km^2(2位)	84万 t
6位	日本	447万 km^2	38万 km^2	321万 t(8位)

(2020/21年版「世界国勢図会」など)

▲排他的経済水域が広い主な国の国土面積と漁業生産量

「日本は国土面積のわりに排他的経済水域が広い国なのですね。」

そのとおり。日本は海の恵みを大いに受けている国であることがわかるよね。ちなみに日本列島は，北海道から沖縄まで，**約 3000 km** にわたって連なっている。東京から九州南部の鹿児島までの直線距離は約 1000 km だよ。

Point　日本の領土はどこまでか？

- 日本は**北海道**，**本州**，**四国**，**九州**の４つの大きな島と周辺の島々からなる**島国（海洋国）**。
- **北方領土**（北海道）…**択捉島**（日本の北の端），**国後島**，**色丹島**，**歯舞群島**。日本固有の領土だが，**ロシア連邦**が不法占拠。
- **竹島**（島根県）…日本固有の領土だが，**韓国**が不法占拠。
- **尖閣諸島**（沖縄県）…周辺に豊富な資源。**中国**が領有権を主張。
- **沖ノ鳥島**（東京都）…日本の南の端。周りの排他的経済水域を守るために護岸工事などを行う。
- **南鳥島**（東京都）…日本の東の端。
- **与那国島**（沖縄県）…日本の西の端。
- 日本の面積は**約38万km²**。**排他的経済水域**の面積は世界で第６位。
- 日本列島は**約3000km**にわたって連なっている。

12-2 日本の地域区分・都道府県

A:北海道地方

1.北海道…札幌市

B:東北地方

2.青森県…青森市
3.秋田県…秋田市
4.岩手県…盛岡市
5.山形県…山形市
6.宮城県…仙台市
7.福島県…福島市

C:関東地方

8.群馬県…前橋市
9.栃木県…宇都宮市
10.茨城県…水戸市
11.埼玉県…さいたま市
12.千葉県…千葉市
13.東京都…東京
14.神奈川県…横浜市

D:中部地方

15.新潟県…新潟市
16.長野県…長野市
17.山梨県…甲府市
18.富山県…富山市
19.岐阜県…岐阜市
20.愛知県…名古屋市
21.静岡県…静岡市
22.石川県…金沢市
23.福井県…福井市

E:近畿地方

24.滋賀県…大津市
25.三重県…津市
26.京都府…京都市
27.奈良県…奈良市
28.兵庫県…神戸市
29.大阪府…大阪市
30.和歌山県…和歌山市

F:中国・四国地方

31.鳥取県…鳥取市
32.岡山県…岡山市
33.島根県…松江市
34.広島県…広島市
35.山口県…山口市
36.香川県…高松市
37.徳島県…徳島市
38.愛媛県…松山市
39.高知県…高知市

G:九州地方

40.福岡県…福岡市
41.大分県…大分市
42.佐賀県…佐賀市
43.長崎県…長崎市
44.熊本県…熊本市
45.宮崎県…宮崎市
46.鹿児島県…鹿児島市
47.沖縄県…那覇市

▲都道府県・都道府県庁所在地と7地方区分

都道府県は，全部でいくつあるかな？ 上の図を見て答えてね。

「東京都，北海道，大阪府，京都府，その他43県です。**1都1道2府43県**ですから，47都道府県あります。先生，都道府県庁所在地（ちょうしょざいち）とは何ですか？」

都道府県庁が置かれている都市だ。都道府県庁だけでなく都道府県議会や裁判所もあり，その都道府県の政治的な中心都市といえるね。

さて，都道府県は７つの地方に分けることができるよ。前のページの図のＡ～Ｇを見て。

「なるほど。北海道＝**北海道地方**，青森県＋秋田県＋岩手県＋山形県＋宮城県＋福島県＝**東北地方**，群馬県＋栃木県＋茨城県＋埼玉県＋千葉県＋東京都＋神奈川県＝**関東地方**，そのほか，**中部地方**，**近畿地方**，**中国・四国地方**，**九州地方**に分けられるんですね。」

そうだね。そして，それぞれの地方に**地方中枢都市**と呼ばれる，人口が多くその地方の中心的な役割を果たす都市がある。例えば，北海道地方－札幌市，東北地方－仙台市，中国・四国地方－広島市，九州地方－福岡市だ。

「関東地方，中部地方，近畿地方には，地方中枢都市はないのですか？」

うん，それらはもはや「地方」とはいえないと考えられている。東京・大阪・名古屋を中心とする地域は，**三大都市圏**と呼ばれている（209ページ参照）。さらに細かく，中部地方の日本海側を**北陸**（新潟県＋富山県＋石川県＋福井県），太平洋側を**東海**（静岡県＋愛知県＋岐阜県南部），内陸部を**中央高地**（山梨県＋長野県＋岐阜県北部），また，中国・四国地方のうち，日本海側を**山陰**（鳥取県＋島根県＋山口県北部），瀬戸内海沿岸を**瀬戸内**（岡山県＋広島県＋山口県南部），太平洋側を**南四国**（徳島県＋高知県）というよ。また，中国地方を**山陰**（日本海側）と**山陽**（瀬戸内海側）に分ける場合もあるよ。

さて，これらの都道府県名と，都道府県庁所在地名，そして地方名と位置は絶対覚えてね。しかも漢字で書けるようにしておこう。ところで都道府県庁所在地のうち，色の違うところがあることに気づいたかな？

「道県の名前と道県庁所在地の名前が違うところでしょうか？」

そうなんだ。都道府県庁所在地名を覚えるときは，都道府県名と違うところだけ覚えればいいよ。

12-3 世界の中の日本の位置

日本は世界の中でどこにあるのか？

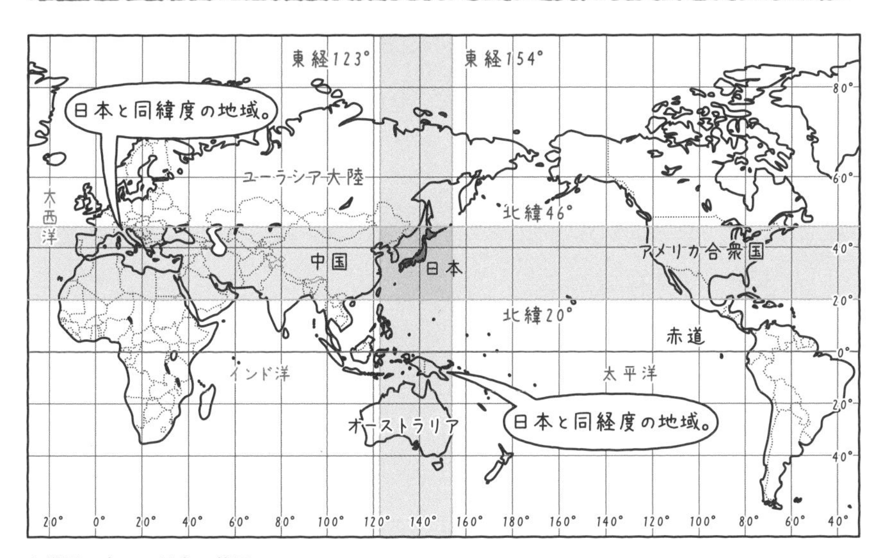

▲世界の中での日本の位置

では，世界の中で日本はどのあたりにあるのだろう？ 上の地図を見てみよう。日本の位置を説明できるかな？

「できますよ。日本は赤道（せきどう）より北の**北半球**にある国です。そして，ユーラシア大陸の東で，オーストラリア大陸の北，また太平洋の北西に位置しています。」

では，日本は世界の州の中でどの州に属しているかな？ 世界の国々は，アジア州，ヨーロッパ州，アフリカ州，北アメリカ州，南アメリカ州，オセアニア州の６つに分けることができたね。

「日本は**アジア州**です。」

正解。ヨーロッパの国々から見ると，日本はどの方角にある？

「東にすごく離れたところにありますね。」

そうなるよね。そのため，ヨーロッパの人々は日本のあたりを**極東**と呼ぶことがある。英語では，「Far East（極めて東）」というよ。日本の位置を緯度と経度で示すと，どうなるだろう？ 前ページの地図を見てみよう。

「はい。日本は北緯約 20 ～ 46 度，東経約 122 ～ 154 度のあたりにありますね。」

そのとおり。先ほど，日本の東西南北の端の島を学習したよね。覚えているかな？ 南の端の島，北の端の島，西の端の島，東の端の島の順に答えてみて。

「はい。順番に**沖ノ鳥島**，**択捉島**，**与那国島**，**南鳥島**です。」

正解。よく覚えているね。では，ここで日本の緯度・経度と東西南北の端の島を同時に覚えることができる必勝暗記法を紹介しよう。

- 必勝暗記法 4 - **日本の南北西東の端，日本の緯度・経度**

（沖ノ鳥島）（択捉島）（与那国島）（ 南 鳥 島 ）
おきえ よ みなみです！

（北緯20度）　（北緯46度）
20歳（はたち）になったらよろしく。

（東経123度）　（東経154度）
123と以後よろしく！

「おきえよ みなみ さんって女性の名前になっていますね（笑）。」

うん。ちょっと無理があるけど，少しでも覚えやすいように先生が考えた暗記法だよ。さて，下の写真を見てごらん。これは秋田県の大潟村にある経緯度交会点の標示塔なんだ。

show1218/PIXTA（ピクスタ）

▲**大潟村（秋田県）にある経緯度交会点の看板**

「大潟村は，北緯 40 度の緯線と東経 140 度の経線が交わるところにあるのですね。」

そうなんだ。写真の奥に見える看板の右下のところには，「ここ大潟村は，経度と緯度が10度単位で交わる日本で唯一の地点です。」と書いてある。北緯40度の緯線を見ると，大潟村と同じ緯度の世界の都市として，中国の首都の**ペキン**やイタリアの**ナポリ**，スペインの**マドリード**があるよ。ところで，秋田県は冬に雪が多く，寒いイメージがあると思うけど，同じ緯度にあるヨーロッパのナポリやマドリードは冬でも比較的温暖な気候だよ。なぜだかわかる？

「先生。『2 環境と暮らし』や『4-1 ヨーロッパ州』のところで学習しました。近くを流れる暖流の北大西洋海流と，その上を吹いてきて，暖かい空気を運んでくる偏西風の影響で，比較的温暖な気候となるんでしたよね。」

すばらしい。ここで北緯40度にある都市を押さえられる必勝暗記法を紹介しよう。マドリードから東に向かって順番だよ。

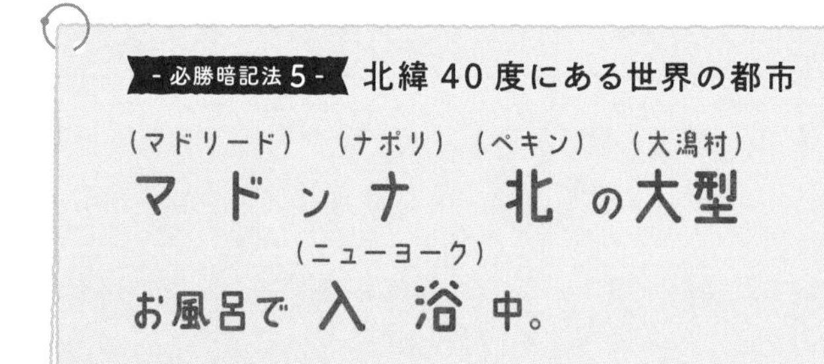

「大潟村と同じ北緯40度には，アメリカ合衆国の**ニューヨーク**もあるんですね。北緯40度の緯線上には，有名な都市がたくさんあります。」

「いっぽう，大潟村と同じ東経140度には，東京やオーストラリアのキングストンがありますね。」

うん。経線は世界各地の時刻を決める基準ともなっているよ。日本の時刻の基準となっているのは，**東経 135 度**の経線（標準時子午線）上の時刻だね。この東経 135 度の経線は，**兵庫県の明石市**を通っていたよね。とても重要なので，もう一度確認しよう。

さて，もしもの話だけど，日本から地球の中心を通って，どんどん穴を掘っていくとすると，地球上で日本の正反対に位置するところに出るはずだよね。この場所を**対せき点**というけど，日本の対せき点にはどんな国があると思う？ 次の地図を見てみよう。

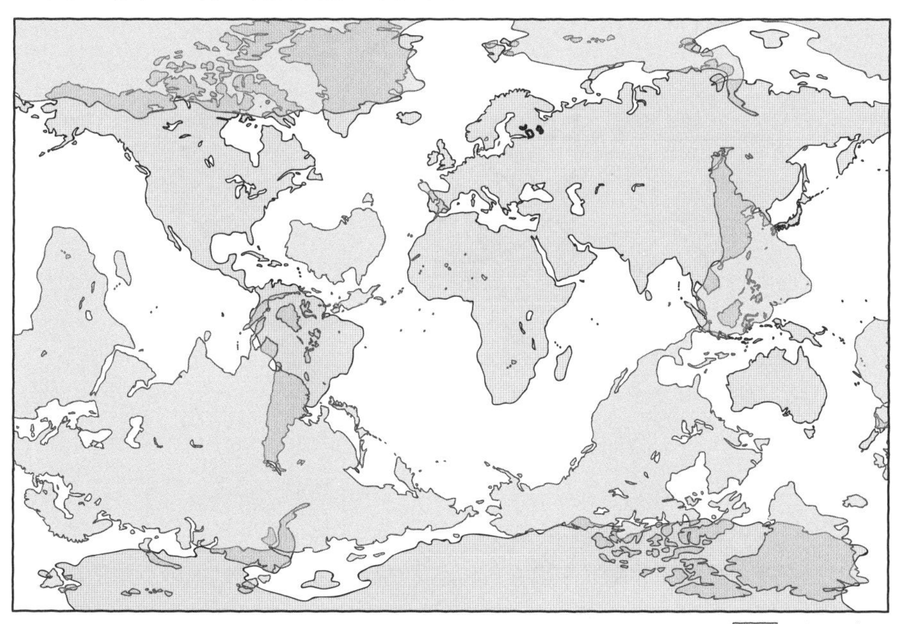

▲世界地図とその対せき点

=対せき点

「ピンク色の部分が，元の地図の対せき点を表しているわけですね。なんだか地球の裏側がすけて見えているみたいでおもしろいです !!」

これを見れば，日本の対せき点もすぐにわかるよね。

「ブラジルやアルゼンチンの沖合あたりのようですね。」

そのとおり。対せき点では，季節や昼夜が逆になるよ。

「僕(ぼく)たちが夏休みにブラジルへ旅行に行くと，ブラジルは冬なわけですね。」

そうなるね。それでは，秋田県の大潟村の対せき点の緯度・経度はどうなるだろうか。大潟村は北緯40度，東経140度だったね。まず，対せき点の緯度は何度かな？

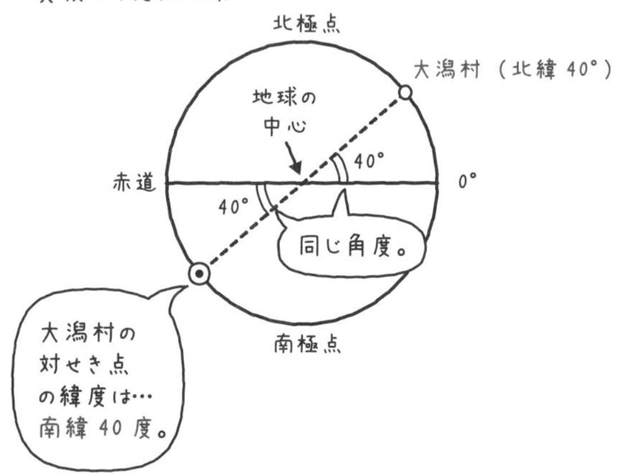

▲大潟村の対せき点の緯度

「大潟村からちょうど地球の反対側にある地点の緯度・経度を求めればいいわけですよね。まず，緯度は上の図のように考えて，角度はそのままで北緯と南緯を入れかえれば，ちょうど地球の反対側になります。よって，対せき点の緯度は**南緯40度**です。」

そのとおり。対せき点の緯度・経度を求めるとき，緯度は角度をそのままに北緯を南緯に，南緯を北緯に変えればOKだよ。では，経度はどうなるかな？

「大潟村は東経140度ですから，本初子午線から東に140度いったところにあります。ということは，180(度)－140(度)＝40(度)で，本初子午線より西に40度いったところがちょうど地球の反対側になるはずです。よって，大潟村の対せき点の経度は**西経40度**

だと思います。下の図のように考えました。」

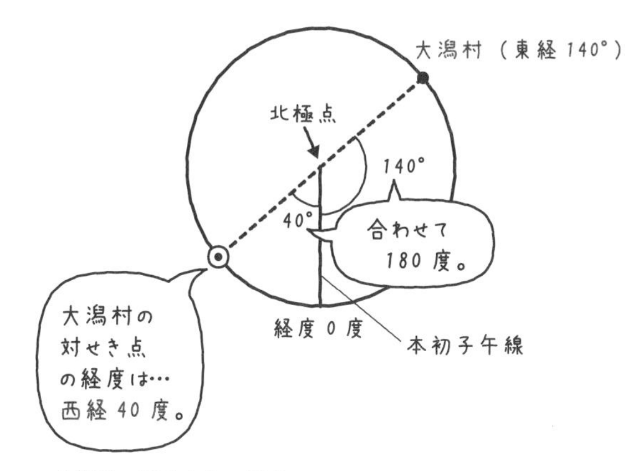

▲大潟村の対せき点の経度

正解。対せき点の緯度・経度を求めるとき，経度は東経を西経に，西経を東経に変えるんだ。角度は，180 度からもとの地点の角度を引いた角度になるよ。まさにケンタさんが言ってくれたとおりに求めればいいわけだね。

「大潟村の対せき点の緯度・経度は**南緯 40 度**，**西経 40 度**ということになりますね。」

そうなるね。ところで，ブラジルの**リオデジャネイロ**は，西経 45 度の経線を標準時子午線としている。これは日本の標準時子午線である，兵庫県明石市を通る東経 135 度の経線との経度差が 180 度で，ちょうど地球の反対側を通っていることがわかるよね。

さて，日本の周りにある国や地域についても，押(お)さえておこう。232 ページの地図をもう一度見てごらん。日本の周りにはどんな国や地域があるかな？

「はい。ロシア連邦，中国，北朝鮮，韓国，台湾(たいわん)，フィリピンなどがあります。」

そうだね。ちなみに中国は中華(ちゅうか)人民共和国，北朝鮮は朝鮮民主主義人民共和国，韓国は大韓民国が正式名称(めいしょう)だよ。合わせて覚えておこう。

Point　日本はどこにあるのか？

- 日本の位置…**北半球**にあり，**ユーラシア大陸の東**で，**太平洋の北西**。
- 日本の緯度・経度…**北緯約20～46度，東経約123～154度**。
- 日本の標準時子午線…**東経135度**の経線で，**兵庫県明石市**を通る。
- **対せき点**…地球上で正反対の位置。日本の対せき点は**ブラジルやアルゼンチンの沖合**あたり。
- **対せき点**の緯度・経度の求め方
  ①緯度は角度をそのままに北緯を南緯に，南緯を北緯に変える。
  ②経度は東経を西経に，西経を東経に変える。角度は180度からもとの地点の角度を引く。

12-4 日本の地形と気候

日本の地形の特徴とは？

ここからは日本の地形の特徴について，見ていこう。日本は平野や盆地などの平地が多いと思う？ それとも山地が多いと思う？ 実は日本の国土の約４分の３は，山地と丘陵地が占めているんだ。山脈や山地の中には，東北地方の奥羽山脈などのように，日本の各地域を日本海側と太平洋側に分けているものがあるよ。次の地図を見てみよう。日本の主な**山脈・山地**を表した地図だよ。

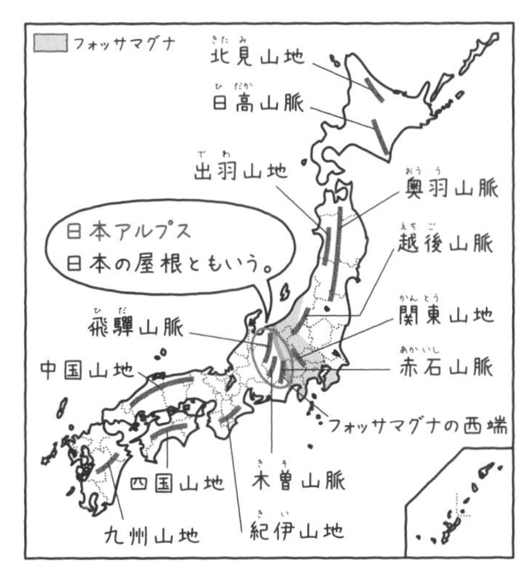

▲日本の主な山脈・山地

「本州の中央部には，**日本アルプス**の山々が連なっているのですね。」

そう。**飛驒山脈**，**木曽山脈**，**赤石山脈**をまとめて日本アルプス，または**日本の屋根**と呼び，標高3000 m 級の山々が連なっているんだ。

「日本アルプスのすぐ東の地域に，『**フォッサマグナ**』とありますね。フォッサマグナとは何ですか？」

フォッサマグナは大きな溝状の地形で，新潟県糸魚川市と静岡県静岡市を結ぶ線が西端となっている。このフォッサマグナを境に日本は**東日本**と**西日本**に分けられ，地形が大きく異なるんだ。また，日本は山地が広い範囲を占めるだけでなく，その中にはたくさんの火山があり，地震も多い国だね。

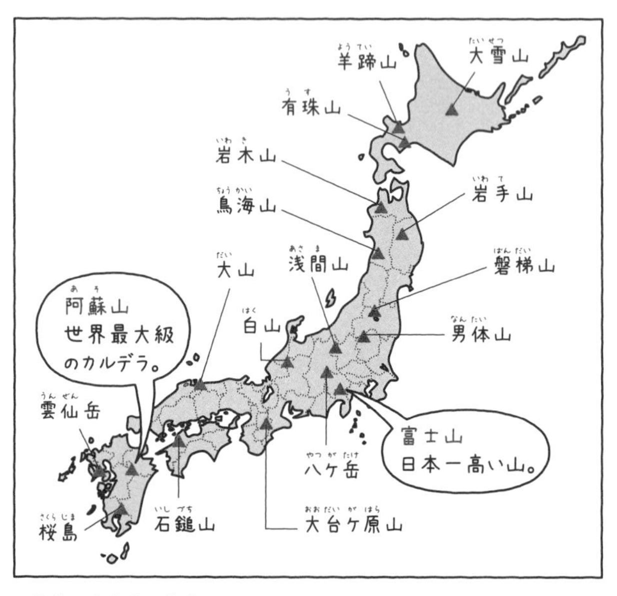

▲日本の主な山・火山

「先生。なぜ，日本は山がちな地形で，火山や地震が多いのでしょうか？」

次ページの地図を見てごらん。地球の表面は，ユーラシアプレートや太平洋プレートなどの一定方向に動くプレート（岩盤）に覆われている。矢印はプレートの動きを表しているよ。これを見れば，なぜ日本は山がちな地形で，火山や地震が多いのかがわかるんじゃないかな。

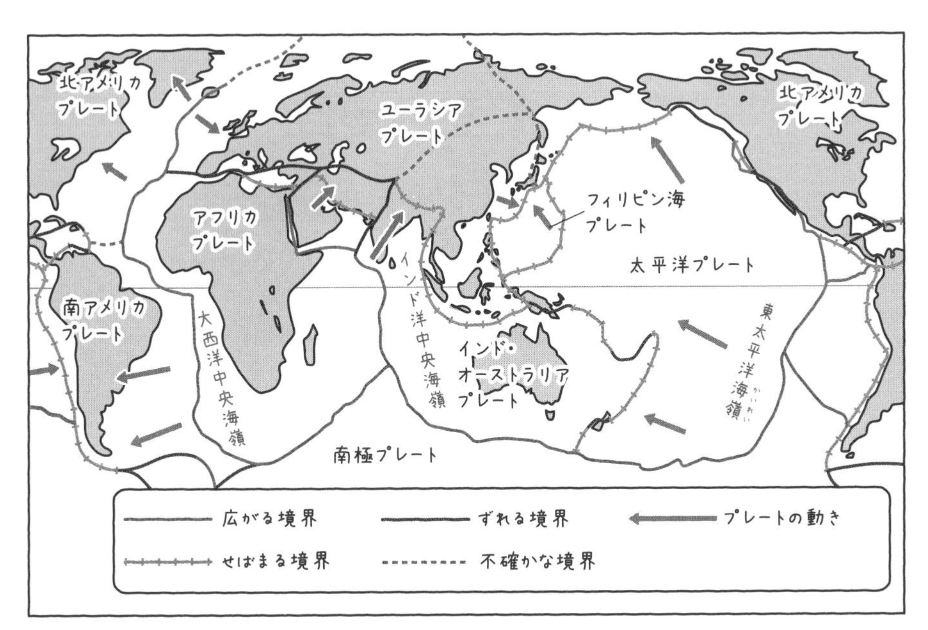

▲世界のプレートとその動き

「日本はちょうどプレートの境界付近にありますね。太平洋プレートやフィリピン海プレートがユーラシアプレートなどにぶつかって，大きな力がかかります。」

そうなんだ。プレートとプレートがぶつかると，大地にしわができるのはなんとなくイメージできるよね？ こうして日本列島に多くの山地・山脈ができたわけだね。

また，隣り合うプレートの動く方向が違えば，プレートどうしはぶつかったり，すれ違ったりする。これにより，プレートの境界では火山活動が激しくなったり地震が起こったりするよ。

「なるほど。プレートの動きによって，山地ができ，地震なども起こるわけですか。」

うん。プレートとプレートがぶつかり合って山地や山脈が発達した地域を**造山帯**（変動帯）というよ。世界には２つの造山帯がある。次の地図を見てごらん。日本は何という造山帯に位置しているかな？

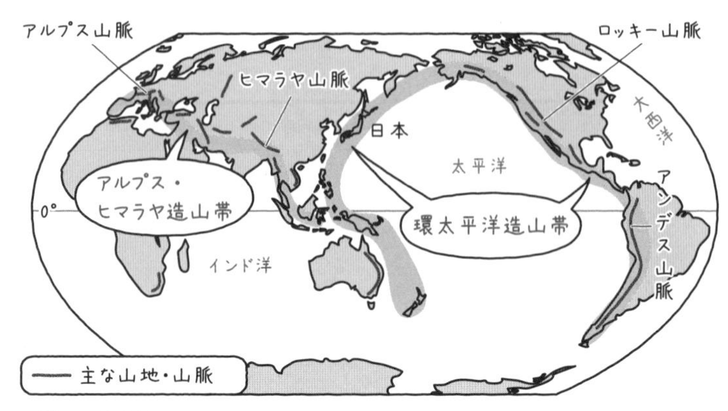

▲世界の造山帯

「環太平洋造山帯です。」

そうだね。世界には**環太平洋造山帯**と**アルプス・ヒマラヤ造山帯**があるんだ。続いて，下の地図を見てみよう。これは世界の主な火山の分布を表しているよ。前ページの「世界のプレートとその動き」の地図，上の「世界の造山帯」の地図，そして，下の地図を見比べてみて。何か気づくことはない？

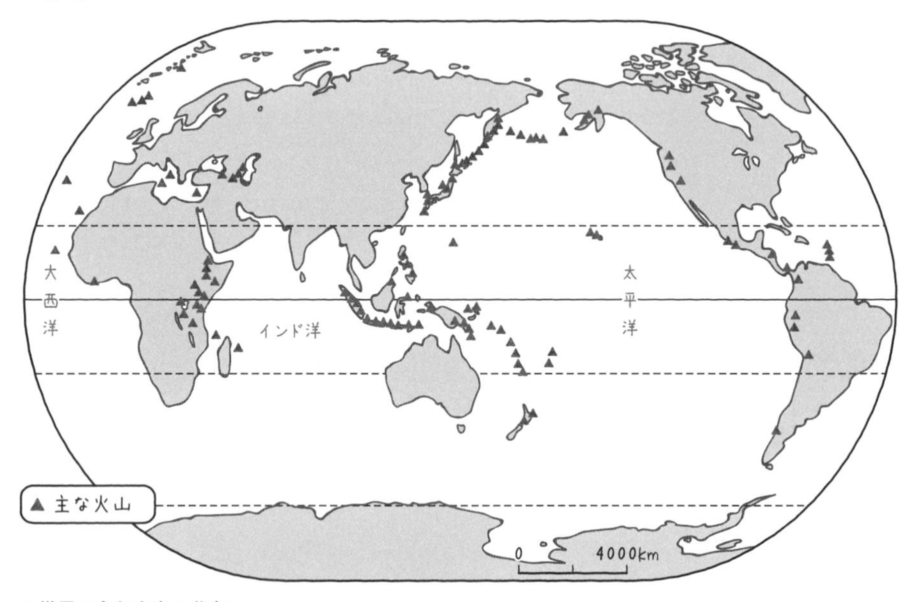

▲世界の主な火山の分布

「プレートの境界と造山帯があるところ，そして主な火山の位置はほぼ重なっていますね。」

そのとおり。プレートとプレートがぶつかりあうことによって山地や山脈ができたり，地震や火山活動が起こったりするわけだから，当然，プレートの境界と造山帯があるところ，そして火山が多いところは重なるよね。

実は，日本の国土面積は世界の約0.3％なのに，世界の火山の約７％は日本周辺にあり，世界で起きる地震の約１割が日本周辺で起きているといわれているんだ。

「日本は世界有数の火山大国，そして地震大国なのですね…。」

続いて，日本の**川**の特徴を見ていこう。次の図を見てごらん。世界の川と比べて，日本の川はどうかな？

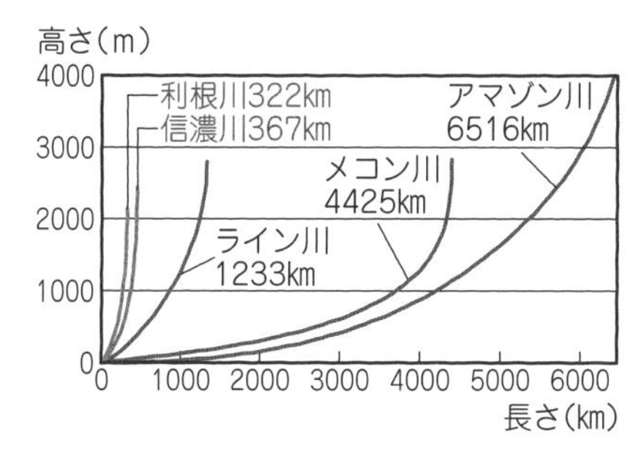

▲**日本の川と世界の川**

「川の長さが短いですね。標高の高いところから一気に流れ落ちていることがわかります。」

「つまり，日本の川は世界の川と比べて，長さが短く，流れが急だと思います。」

いいところに気がついたね。そのとおり。では，なぜ日本の川は長さが短く，流れが急なのだろうか？ 次ページの地図を見てみよう。これは日本の主な川を表したものだよ。253 ページの「日本の主な山脈・山地」の地図とも見比べながら，考えてみて。

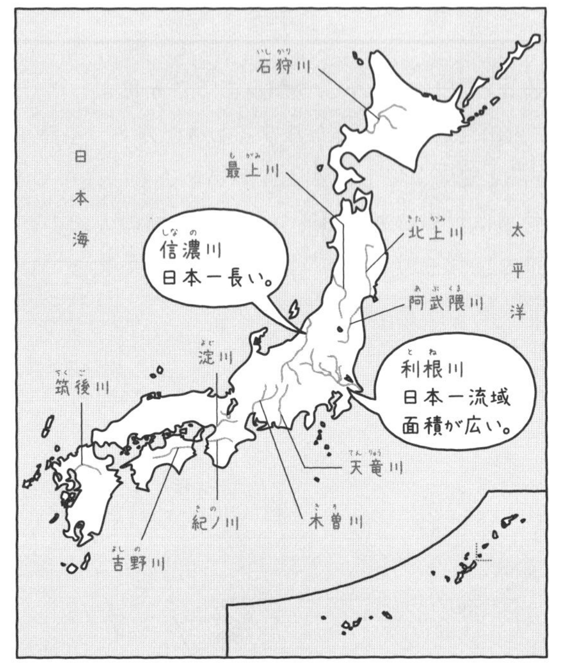

◀日本の主な川

「日本の川の多くは，国土の中央部の山脈や山地が連なる標高の高いところから流れ出していることがわかりますね。」

「なるほど。わかりました。日本の川は国土の背骨といえる中央部の標高の高いところから流れ出して，日本海や太平洋などに注いでいます。国土が南北に長い日本ですが，山地や山脈から海までの距離は短いため，日本の川は長さが短く，流れが急なわけですね。」

そういうこと。また，川には，**侵食**，**運搬**，**堆積**などの作用がある。侵食とは岩石などを削りとること，運搬とは削りとった岩石や土砂などを運ぶこと，堆積とは運搬しきれなかった土砂などが沈んで積もることをいうよ。日本の川は流れが急だから，この川の 3 つの作用は世界の川と比べてどうだと思う？

「流れが急なので，侵食作用と運搬作用が強いでしょうね。運搬する土砂の量も多いわけですから，下流では堆積作用も強いのではないでしょうか？」

そのとおり。次は**盆地**について，見ていこう。周りを山に囲まれた平地を盆地というんだ。次の地図は，日本の主な盆地を表しているよ。

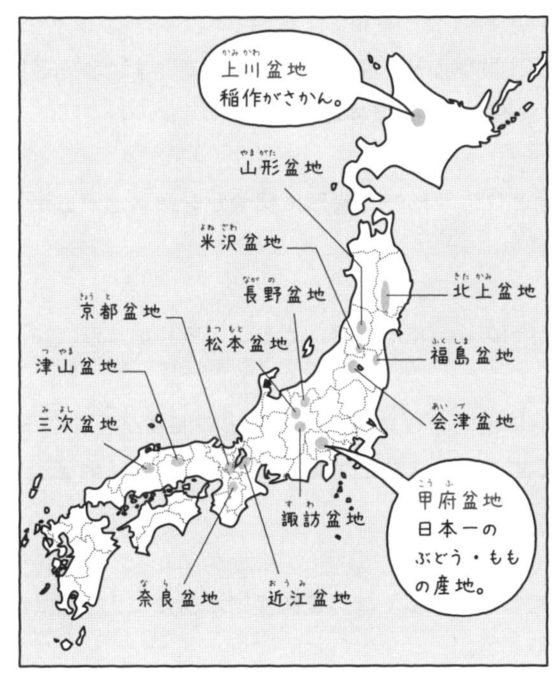

◀日本の主な盆地

盆地には地殻変動などによってできたものもあれば，川の侵食作用などによってできたものもある。盆地では，次のページの写真のような地形がよく見られるよ。

写真：アフロ

◀甲府盆地（山梨県）の扇状地

「これは…。川が山間部から，平地に流れ出しているところでしょうか？ 扇のような形をしていますね。」

うん。これは**扇状地**という地形で，扇形に緩やかな傾斜地が広がっているんだ。

「先生。扇状地はどのようにして形成されるのでしょうか？」

川が山間部から平地に出るときには，当然，川の流れが遅くなるよね。そうすると，川が運んできた土砂などが沈んで積もり，扇状地が形成されるわけだ。

「川の流れが遅くなるところでは，運搬作用が弱くなり，堆積作用が強くなるわけですね。」

そういうこと。川の流れがどれほど遅くなるかにもよるけど，比較的重いもの，つまり石ころや砂などが堆積することが多いので，扇状地は水はけがよい土地になっている。水はけがよいことをいかして，扇状地ではくだものの栽培などがさかんだよ。

さて，日本には火山が多いと話したけど，火山の活動によってできた**湖**がある。

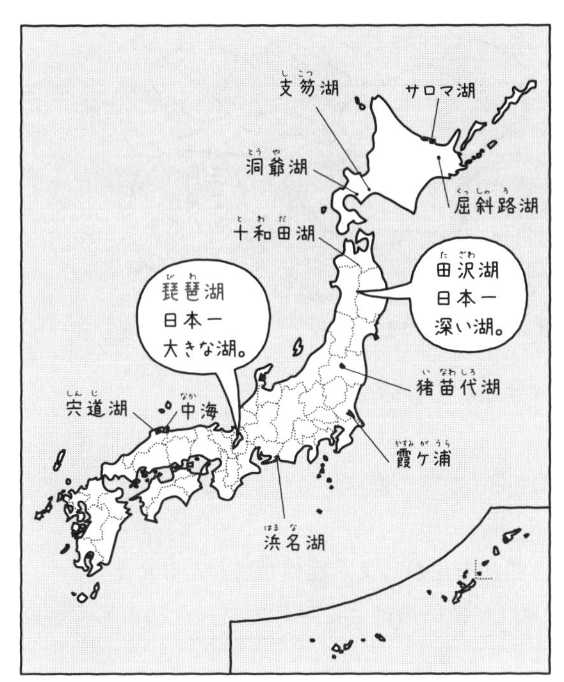

◀日本の主な湖

例えば，北海道の洞爺湖は，火山の噴火によってできたくぼ地のカルデラに水がたまってできた。このような湖をカルデラ湖というんだ。ほかにも，海岸に沿った潮の流れによってできた湖や，川などがせきとめられてできた湖がある。

話を戻そう。川は山間部から流れ出て，海に向かう。海の近くの下流域では，土地の傾斜も緩やかになるから，川の流れもさらに遅くなるよね。

「そうすると，さっきサクラが言ってくれたように，運搬作用が弱くなり，堆積作用が強くなるのですね。」

そのとおり。かなり小さい砂の粒や粘土類なども堆積するんだ。この川の堆積作用によって，河口には**低くて平らな平野**ができる。平野の中には，三角形に似た形をした**三角州**と呼ばれる地形があるよ。次ページの上の図で扇状地と三角州ができるところを確認しておこう。

▲扇状地と三角州ができるところ

さて，三角州は水はけがよくないんだ。

「ということは，逆に水もちがよいともいえますね。」

そう。水もちがよいことを生かして，稲作（いなさく）がさかんなんだ。

現在，日本の中で人口が多いのは主に平野部で，大都市も平野部に集中しているよ。

◀日本の主な平野

続いて，日本の海岸線を見ていこう。下は，日本の主な**湾**と**海峡・水道**を表した地図，次ページの上は日本の主な**半島**と**島**を表した地図だよ。湾は，海岸線が陸地の中まで深く入り込み，外海に対して開けている海面のことだ。海峡は，陸地がせまり，幅が狭くなった水路で，海域と海域をつないでいる。海峡と水道は同じ意味の言葉だね。

「先生。では，半島はどのようなものですか？ 文字どおり，半分島なのでしょうか？」

まず，島は周りを海に囲まれているよね。次ページの地図を見ればわかるように，半島は三方を海に囲まれている。そういう意味では，半分島といえるかもしれない。また，半島の先端や側部にあり，海に突き出した陸地を岬というよ。さて，2つの地図を見て，何か気になったことはないかな？

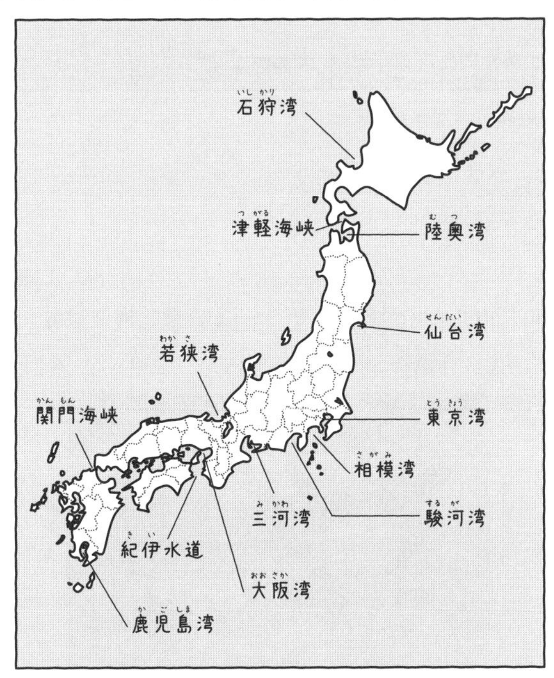

▲日本の主な湾と海峡・水道

▲日本の主な半島と島

「日本には湾や半島がたくさんあって，海岸線がでこぼこしていますね。」

いいところに気がついたね。中でも，海岸線が特に複雑に入り組んでいるところがあるよ。例えば，次の写真を見てみよう。

▲志摩半島の英虞湾（三重県）

これは三重県の**志摩半島の英虞湾**だよ。海岸線が複雑に入り組んでいて，多くの島が浮かんでいることがわかるよね。このように入り江と岬が入り組んだ複雑な形をした海岸線を**リアス海岸**というんだ。

「先生。リアス海岸はどのように形成されたのですか？」

262ページの「扇状地と三角州ができるところ」の図をもう一度見てごらん。川の上流部では，川の侵食作用によって何ができているかな？

「V字谷です。」

そうだね。次の図を見て。

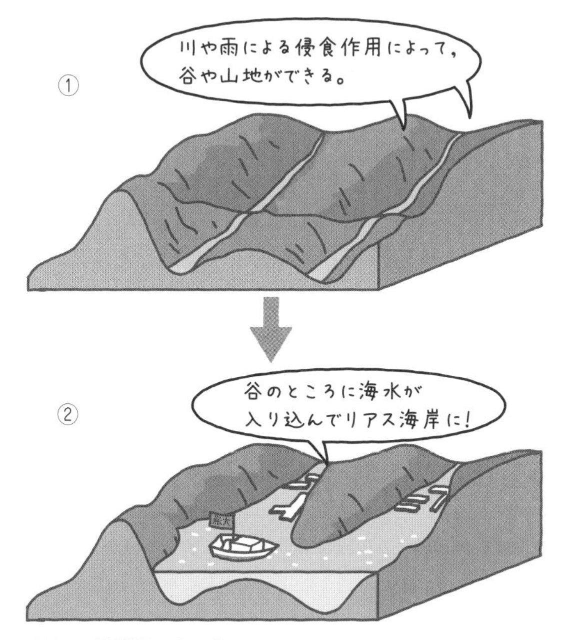

▲リアス海岸ができるまで

山地の谷となっていたところに海水が入り込んでリアス海岸ができるんだ。リアス海岸の湾内は波がおだやかで，養殖漁業がさかんなんだ。また，天然の良港がたくさんある。リアス海岸は，日本では志摩半島のほか，**若**

狭湾(さ)や**三陸海岸南部**(さんりく)，**宇和海沿岸**(うわ)などで見られるよ。

Point　日本の地形の特徴

- 日本の国土の**約4分の3は山地と丘陵地**。
- 日本は**環太平洋造山帯**にあり，火山や地震が多い国。
- 日本の川は世界の川と比べて，**長さが短く，流れが急**。
- **扇状地**…川が山間部から平地に出るところにできる，**扇形の緩やかな傾斜地**。盆地に多い。**くだものの栽培**などがさかん。
- **三角州**…川が海などに出るところにできる，**三角形に似た低くて平らな地形**。平野に多い。**稲作**がさかんで，大都市も多い。
- **リアス海岸**…入り江と岬が複雑に入り組んだ海岸。養殖業がさかんで，天然の良港が多い。**志摩半島**や**若狭湾**，**三陸海岸南部**など。

日本近海にはどんな海流が流れているのか？

ここからは日本周辺を流れる**海流**について，見ていこう。海流とは，ある一定の温度と塩分を保ち，ある程度以上の幅，速さ，厚みを持って，ほぼ一定の方向に流れる海水の運動のことだよ。日本周辺には，４つの海流が流れている。次の地図を見てごらん。親潮から反時計回りに言ってみて。

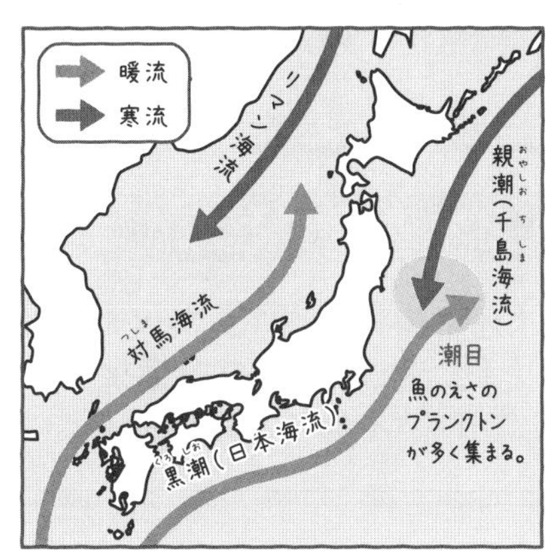

▲日本周辺の海流と潮目（潮境）

「**親潮**，**リマン海流**，**対馬海流**，**黒潮**の４つですね。親潮は**千島海流**，黒潮は**日本海流**とも呼ぶようです。なぜ，親潮・黒潮という名前がついたのでしょうか？」

海水温が低い寒流の親潮は，水が沈みながら流れている。そのため，海底の栄養分を巻き上げながら流れ，プランクトンが豊富なんだ。プランクトンは魚のえさとなるため，「魚を育てる親」という意味から，親潮と呼ばれている。一説では，親潮は黒潮の数百倍の栄養分を含むともいわれるよ。

「いっぽう，黒潮は暖流ですから，海水温が高いのでしょうか。ということは，沈みながら流れないのですか？」

そのとおり。黒潮は栄養分が少なく透明度(とうめいど)が高いために，海水が青みがかった黒い色をしている。このことから黒潮と呼ばれるようになったんだ。

また，暖流の黒潮（日本海流）と対馬海流は，年中高温の赤道付近から流れてくるから，周りの海水より温度が高くなっている。寒流の親潮（千島海流）とリマン海流は，年中低温の北極圏(ほっきょくけん)から流れてくるから，周りの海水より温度が低くなっている。このこともしっかり押さえておこう。

ただし，リマン海流は流量が少ないので，親潮（千島海流）ほどの影響力はないよ。

Point　日本近海の海流

- **暖流**…黒潮（日本海流）と対馬海流。
- **寒流**…親潮（千島海流）とリマン海流。
- **潮目（潮境）**…暖流と寒流が出合うところなどにできる。好漁場。

日本に吹く季節風とは？

さて，ここからは日本の気候について解説していこう。ここまで見てきた山地・山脈や海流などは気候に影響を与える。ほかにも日本の気候に大きな影響を与えているものがあるよ。それは**季節風**（モンスーン）だ。季節風については 2 「環境と暮らし」の 51 ページ以降も参照しておいてね。

日本には季節風が夏に太平洋のほうから，冬にユーラシア大陸のほうから吹く。次の地図を見てみよう。日本には，季節風が**夏に南東**から，**冬に北西**から吹いてくるよ。

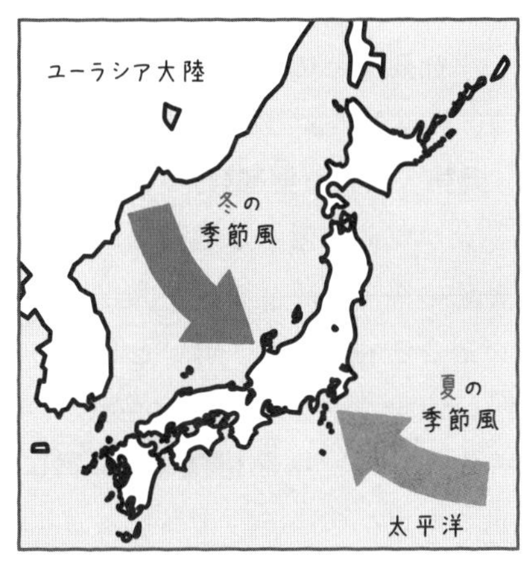

◀夏と冬の季節風の向き

- 必勝暗記法 6 - 日本に吹く季節風の向き

夏の**納豆**（南東），冬に**干せ**（北西）。

季節風の向きはとても重要なので，しっかり覚えておこう。

Point　日本に吹く季節風の向き

- **季節風（モンスーン）**…季節によって決まった方向に吹く風。
- **夏の季節風**…黒潮（日本海流）の上を通って，**南東**から吹く。
- **冬の季節風**…大陸から対馬海流の上を通って，**北西**から吹く。

日本の気候の特徴とは？

気候は山地・山脈や海流，季節風などの影響を受けるほか，緯度によっても異なってくるよ。日本の気候はどのような特徴があるのだろうか？ 世界の気候は，**熱帯**・**乾燥帯**・**温帯**・**冷帯（亜寒帯）**・**寒帯**の５つに分けることができるけど，日本は大部分が気候の温和な**温帯**に属している。日本列島は南北に細長く，南の端と北の端では緯度の差が大きいことはすでに学習したね。また，標高が高いところもあれば，低いところもある。これらのことから，日本の各地では気温の差が大きく，気候が少し異なっているよ。高緯度にある北海道は冬の寒さが厳しく，**冷帯（亜寒帯）**に属している。いっぽう，沖縄県などの南西諸島や東京都の小笠原諸島などは，低緯度にあるため，一年中温暖な**亜熱帯の気候**なんだ。南の端の沖ノ鳥島は，**熱帯**に属しているよ。

「つまり，日本では乾燥帯と寒帯以外の気候帯が見られるわけですね。」

そうなるね。日本は森林が多い国でもある。樹木が十分に生長するには，年平均気温が－5℃以上，年降水量が 1000 mm 以上必要といわれるよ。日本は一部の地域を除いて，ほとんどがこの条件を満たしている。なんと日本の国土の約３分の２を森林が占めているんだよ!!　ちなみに，森林の「森」には木が３つ，「林」には木が２つあるよね…。

「まさか，だから３分の２だと言うつもりでは…（笑）？」

そのとおり（笑）。日本の気候に話を戻そう。まずは，基本的なことから確認するよ。高緯度の地域，つまり北極に近いところの気温はどうなるかな？ また，低緯度の地域，つまり赤道に近いところの気温はどうなるかな？

「高緯度の地域では気温が低く，低緯度の地域では気温が高いです。ふつう，緯度が高ければ高いほど気温は低くなり，緯度が低ければ低いほど気温は高くなりますよね。」

そうだね。では，標高が高いところの気温はどうなるだろう？

「標高が高ければ高いほど気温は低くなると思います。」

「登山のとき，標高が高いところに行くほど，気温は低く，寒くなりますよね。」

そのとおり。次は，日本の降水量の特徴について見ていこう。冬の季節風はどちらから吹いてくるかな？

「北西です。」

そう。冬の北西の季節風は，日本海で暖流の対馬海流の上を通るときに，上昇した水蒸気を含み，湿った風となる。この湿った風が中国山地や飛騨山脈，越後山脈や出羽山地，奥羽山脈などの日本列島の中央部にある山脈・山地にぶつかる。そして，その手前の日本海側の地域に多くの雪や雨を降らせるんだ。

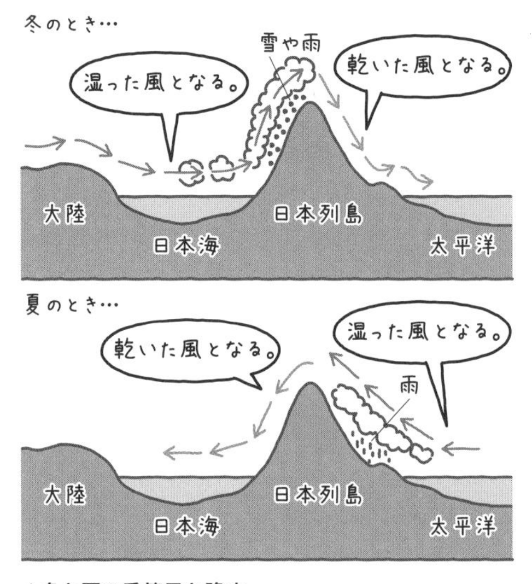

▲冬と夏の季節風と降水

各山脈・山地の位置は，253ページの地図で確認してね。

「なるほど。では，夏は次のようになると考えてよいのでしょうか？夏の南東の季節風は，太平洋で暖流の黒潮（日本海流）の上を通るときに，上昇した水蒸気を含み，湿った風となります。この湿った風が九州山地や四国山地，紀伊山地や赤石山脈，北上高地や奥羽山脈などにぶつかります。そして，その手前の太平洋側の地域に多くの雨を降らせるわけですね。」

そのとおり。よく理解できているね。

「まとめると，**冬は日本海側の地域で降水量が多く，夏は太平洋側の地域で降水量が多い**わけですね。」

そういうこと。

「先生。では，山に囲まれた地域の降水量はどうですか？」

山に囲まれた地域は，夏も冬も，雨や雪を降らせたあとの乾(かわ)いた空気が山を越(こ)えて吹いてくるから，降水量は一年を通じて少ないのが特徴だよ。

さて，ここまで見てきた日本の気候の特徴をまとめておこう。

【重要】日本の気候の特徴

①緯度が高ければ高いほど気温は低くなり，緯度が低ければ低いほど気温は高くなる。

②標高が高ければ高いほど気温は低くなり，標高が低ければ低いほど気温は高くなる。

③冬は日本海側の地域で降水量が多く，夏は太平洋側の地域で降水量が多い。

④山に囲まれた地域は，一年を通じて降水量が少ない。

日本各地の気候を見ていくときに，上の特徴は重要になってくるので，しっかり押さえておこう。

さて，日本の気候は 274 ページの地図のように 6 つに分けることができる。どのような気候があるかな？

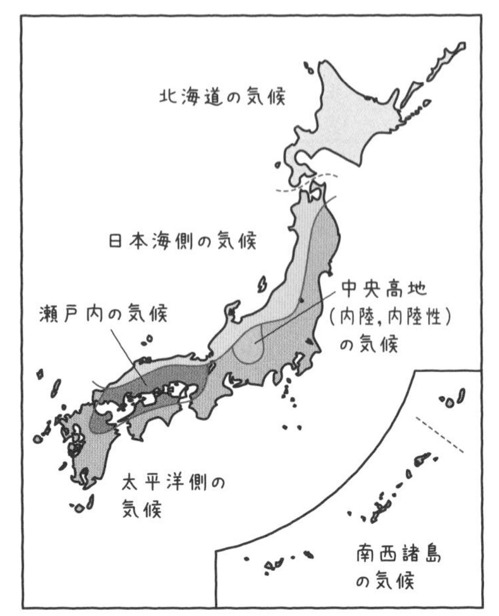

◀日本の6つの気候区分

「**北海道の気候，太平洋側の気候，中央高地（内陸，内陸性）の気候，瀬戸内の気候，日本海側の気候，南西諸島の気候**です。」

そうだね。では，ここで問題。次のページに6つの雨温図があるね。それぞれの雨温図は，地図の6つの気候区分のうち，どれにあてはまるか，わかるかな？ 棒グラフは降水量を，折れ線グラフは気温を示しているよ。

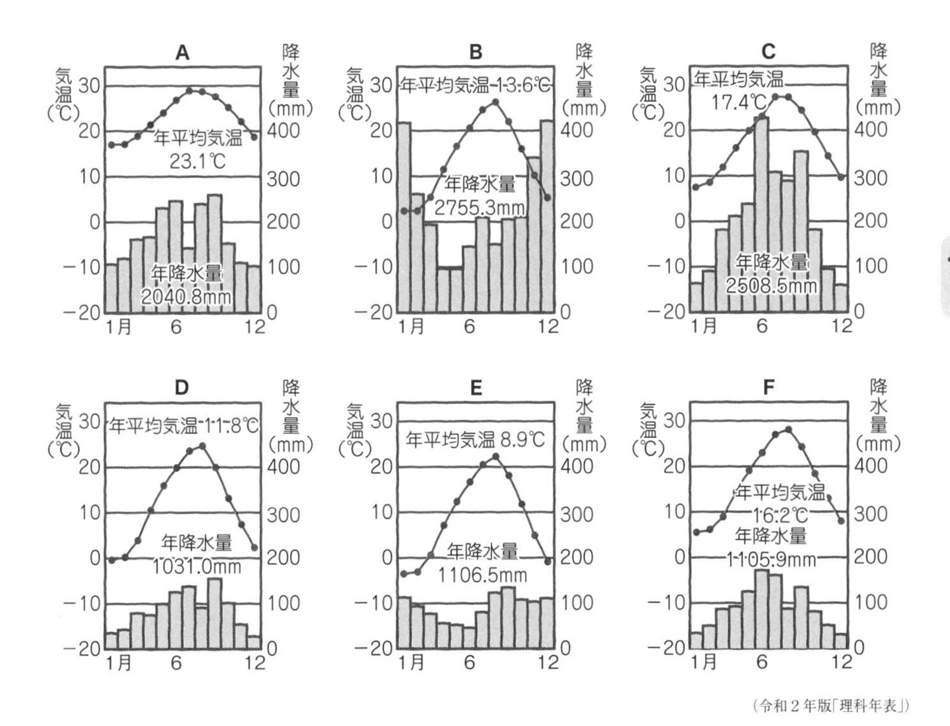

（令和２年版「理科年表」）

「先生。273ページの日本の気候の特徴③から考えると，**B**が日本海側の気候です。1月や12月など，冬の降水量がほかの雨温図に比べてとても多いですから。」

正解。**B**は日本海側の気候に属する，新潟県の上越市（高田）の雨温図だよ。日本海側の気候は，冬に北西の季節風の影響を受け，雪や雨が多いのが特徴なんだ。南西諸島の気候もわかりやすいよ。

「南西諸島の気候は，日本の気候の特徴①から考えるといいと思います。南西諸島は日本の中で緯度が低いほうにあるわけですから，年平均気温がもっとも高いものを選べばよいはずです。**A**が南西諸島の気候の雨温図だと思います。」

そのとおり。**A**は南西諸島の気候に属する，沖縄県の那覇市の雨温図だよ。

12章

南西諸島の気候は，一年中温暖で，雨が多いのが特徴なんだ。同じように日本の気候の特徴①から，北海道の気候の雨温図もどれかわかるよね？

「北海道は日本の中で緯度が高いほうにありますから，もっとも年平均気温が低いものを選べばいいはずです。年平均気温が 8.9℃の**E**の雨温図が北海道の気候です。」

そう。**E**は北海道の気候に属する，北海道の札幌(さっぽろ)市の雨温図だね。北海道の気候は冷帯（亜寒帯）で，冬の寒さが厳しいのが特徴だよ。はっきりした梅雨(つゆ)(ばいう)がないことも覚えておいてね。さて，残りの雨温図はどのように考えていこうか？

「日本の気候の特徴④から考えたいと思います。274 ページの地図で，山に囲まれているところは，中央高地（内陸，内陸性）の気候と瀬戸内の気候です。この 2 つの気候は，一年を通じて降水量が少ないはずなので，**D**か**F**のどちらかにあてはまると思います。」

「ということは，**C**が太平洋側の気候の雨温図ですね。」

うん。**C**は太平洋側の気候に属する，宮崎県の宮崎市の雨温図だよ。太平洋側の気候は，夏に南東の季節風の影響を受けて雨が多く，冬は乾燥(かんそう)することが特徴になっている。では，**D**と**F**の雨温図は，どちらが中央高地（内陸，内陸性）の気候で，どちらが瀬戸内の気候だろうか？

「日本の気候の特徴②から考えればよいのではないでしょうか？ 2 つの気候のうち，標高が高いのは中央高地（内陸，内陸性）の気候です。ということは，中央高地（内陸，内陸性）の気候のほうが年平均気温が低いはずです。よって，**D**が中央高地（内陸，内陸性）の気候の雨温図，**F**が瀬戸内の気候の雨温図だと思います。」

大正解。**D**は中央高地（内陸，内陸性）の気候に属する長野県の松本(まつもと)市の雨温図，**F**は瀬戸内の気候に属する岡山(おかやま)県の岡山市の雨温図だね。中央高地（内陸，内陸性）の気候は，一年を通じて雨が少なく，夏と冬，昼と夜の気温差が大きいことが特徴なんだ。瀬戸内の気候は，一年を通じて雨が少なく，冬でも比較的暖かいのが特徴だよ。

Point　日本の気候の特徴

- 日本の気候…大部分が**温帯**。北海道は**冷帯（亜寒帯）**。南西諸島や小笠原諸島は**亜熱帯の気候**。
- **北海道の気候**…冷帯（亜寒帯）で，冬の寒さが厳しい。
- **太平洋側の気候**…夏に南東の季節風の影響で多雨。冬は乾燥。
- **中央高地（内陸，内陸性）の気候**…一年を通じて降水量が少ない。夏と冬，昼と夜の気温差が大きい。
- **瀬戸内の気候**…一年を通じて降水量が少ない。冬でも比較的温暖。
- **日本海側の気候**…冬の北西の季節風の影響で雪や雨が多い。
- **南西諸島の気候**…一年中温暖で，雨が多い，

12-5 日本の自然災害と防災

日本にはどのような自然災害があるのだろうか？

日本は四季の変化に富み，自然が豊かだ。国土の約３分の２を覆う森林があり，稲作などがさかんなのは自然の恵みの雨があるからだ。しかし，この自然の恵みが災害となって我々に襲いかかってくる場合もある。どんな場合かな？

「**台風**などの影響で集中豪雨となり，河川のはんらん（**洪水**），山崩れ，**土石流**（土砂が激しく流れ落ちること）などを引き起こします。」

そうだね。台風は集中豪雨以外にも，強風や**高潮**（潮位が異常に高くなること）をもたらすんだ。また，雨が少ないときは**干害**（ひでり）が起きるね。気温が異常に低いときはどんな災害が発生するだろう？

「作物がうまく育たなくなる**冷害**などでしょうか？」

うん。これらを気象災害というよ。気候に関連しない災害を知っているかな？

「やはり**地震**ではないでしょうか？」

そうだね。日本は環太平洋造山帯に位置していて地震や火山活動がさかんだ。火山は温泉や地熱発電などの恵みをもたらすいっぽう，海底で地震が起きたときは**津波**（急に起こる大波）が発生することもあるね。噴火により**火砕流**（火山からの噴出物の流れ）などの自然災害を起こすよ。最近では，人間が行う開発により，自然災害の被害が大きくなるときもあるんだ。

自然災害を防ぐためにどのような取り組みがあるのだろうか？

では，自然災害を防ぐためにはどうしたらよいだろう？

「気象災害については天気予報の精度が上がっていますから，これを利用してしっかり準備するとよいと思います。また，洪水や高潮の起きやすい地域には堤防をつくると役立つでしょう。」

そうだね。しかし，火山がいつ噴火するか，いつ地震が起こるのかなどについて正確な日時まで予想することは難しいね。どうしたらよいかな？

「もし起きたらどうなるかのシュミレーションが大切だと思います。」

そうだね。防災計画をしっかりつくり，自然災害が起きたときにどんな被害がどんな地域で発生しそうなのかを予測した地図である**ハザードマップ（防災マップ）**を作成することも重要だ。これについては20-1「中部地方」の413・414ページも参照しておこう。そして，前もって対策を立てて，自然災害による被害を小さくおさえる**減災**が大事だ。

「また，住民一人ひとりがどんな自然災害が起きる可能性があるかを知っておくとともに，防災に協力することも必要だと思います。」

そのとおりだ。防災・減災のためには，国や都道府県などの防災の取り組み（**公助**）だけでなく，自分の身は自分で守ること（**自助**），同じ地域に暮らす人々が助け合うこと（**共助**）が必要だ。

社会 お役立ち話

地形図のさまざまなきまりを理解しよう

地形図の読み取り問題は入試でよく問われる。地形図のさまざまなきまりを理解しておこう。

1 地形図とは

地形図とは，**土地の使われ方や施設の位置，土地の起伏などを詳しく表した地図**のこと。

主に**縮尺**が**5万分の1**と**2万5千分の1**の2つがあるよ。

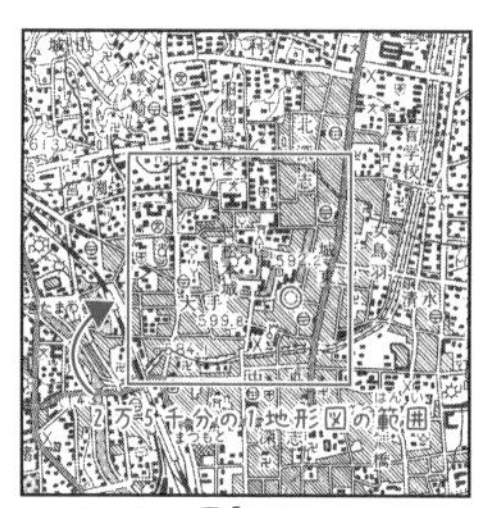

5万分の1地形図「松本」

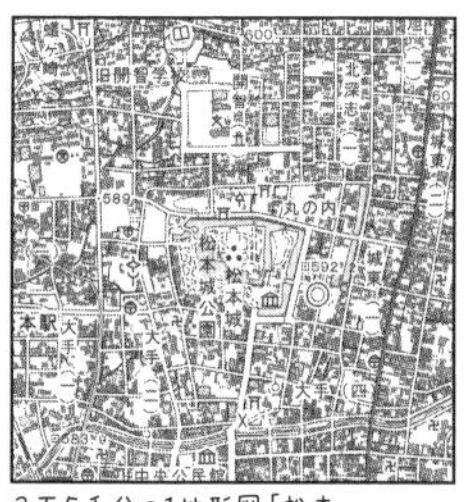
2万5千分の1地形図「松本」

縮尺とは，**実際の距離を地形図上でどのくらい縮めたかの割合**のこと。

縮尺と地形図上の長さから，実際の距離を求めることができるよ。

【実際の距離の求め方】

実際の距離＝地形図上の長さ×縮尺の分母

〈例題〉

2万5千分の1の地形図で，地形図上の長さが4 cmあるA地点からB地点までの実際の距離は何kmですか？

〈解き方〉

4 cm×25000 = 100000 cm

= 1000 m = 1 km

2 等高線と方位

地形図に引かれている，**同じ高さのところを結んだ線**を**等高線**（とうこうせん）というよ。

主曲線という細い実線の等高線は，５万分の１の地形図では，**20 m**ごと，２万５千分の１の地形図では，**10 m**ごとに引かれている。

この**等高線**から**標高**が，**等高線の間隔**（かんかく）から**土地の傾斜**（けいしゃ）がわかるよ。

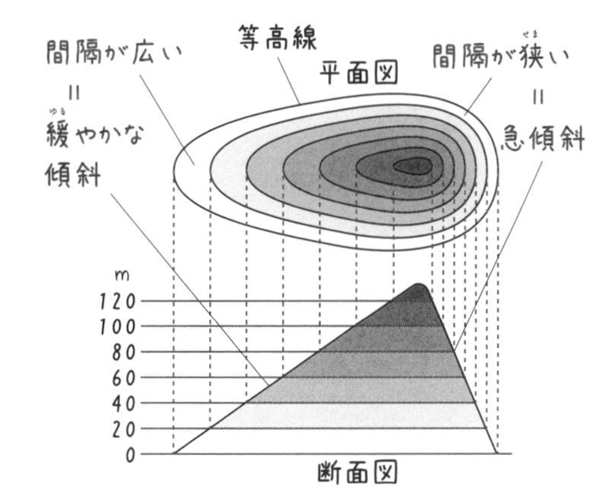

▲等高線と土地の傾斜

また，地形図では，とくにことわりがない場合，上が**北**を示しているよ。

3 主な地図記号

地図記号とは，建物・施設や土地利用の様子，鉄道・道路などをわかりやすい記号で表したもの。関連のあるものを図案化したものが多い。

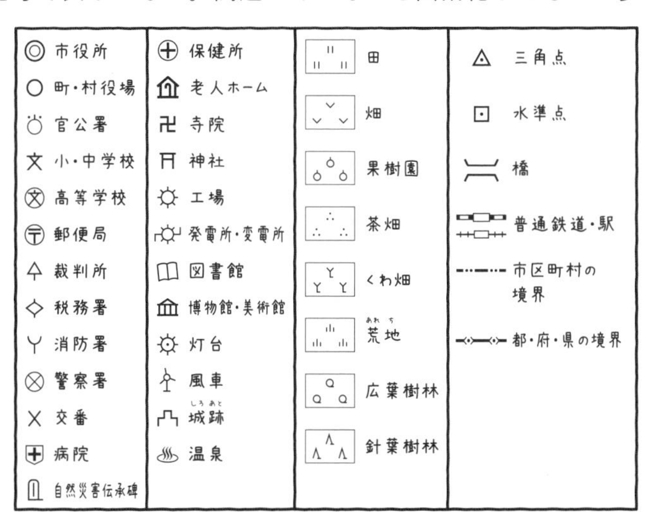

☑CHECK 12

つまずき度 ！！！！！

➡解答は別冊 p.22

次の文の（　　）にあてはまる語句か数字を答えなさい。

(1) 北海道の北東に位置する（　　）島，国後島，色丹島，（　　）群島を合わせて，（　　）という。現在，（　　）が不法に占拠している。

(2) 島根県の（　　）島は日本固有の領土だが，韓国が不法に占拠している。

(3) 日本の北の端は北海道の（　　）島，南の端は東京都の（　　）島，東の端は東京都の（　　）島，西の端は沖縄県の（　　）島である。

(4) 日本は（　　）造山帯に位置していて，造山運動がさかんである。国土の約（　　）分の（　　）は山地と丘陵地が占める。

(5) 河口付近にできた，三角形に似た形の低く平らな地形を（　　）という。

(6) 日本は，北海道地方，東北地方，関東地方，中部地方，（　　）地方，（　　）・四国地方，九州地方の7地方に分けられる。

(7) 次の道県の道県庁所在地は，①北海道（　　市），②岩手県（　　市），③宮城県（　　市），④群馬県（　　市），⑤栃木県（　　市），⑥茨城県（　　市），⑦埼玉県（　　市），⑧神奈川県（　　市），⑨山梨県（　　市），⑩愛知県（　　市），⑪石川県（　　市），⑫滋賀県（　　市），⑬三重県（　市），⑭兵庫県（　　市），⑮島根県（　　市），⑯香川県（　　市），⑰愛媛県（　　市），⑱沖縄県（　　市）である。

(8) （　　）によって，集中豪雨や河川のはんらん，強風や高潮などが引き起こされる。

(9) 日本は環太平洋造山帯に位置するため（　　）が多く火山活動がさかんである。

(10) 防災のために，被害が出そうな場所などを示した（　　）を作成する。

13章

日本の農業

日本には，熱帯に近い環境もあれば，温帯，冷帯もあり，さらに四季がある。多種多様な植物が成長するんだ。

「日本って農業に向いているということですね。」

そうだね。しかし，平野が狭いので，機械化，大規模化には向かないのがなやましいところだ。2019年度現在，日本の食料自給率は約38%（カロリーベース）。これでは万が一貿易が止まったときに食料危機になるかもしれない。

「農業をどう守るかを考えなければなりませんね。」

13-1 日本の農業

日本人の食生活はどのように変化したのか？

農業には，稲作や野菜づくりなどのように植物を栽培するものと，畜産のように動物を飼育(しいく)するものがある。人間が自然に直接はたらきかけて行う生産活動である農林水産業は**第１次産業**といわれるよ。また，原材料を加工して製品を生産する産業，つまり工業などを**第２次産業**という。さらに，ものの生産に直接加わらない産業，つまり商業などを**第３次産業**という。

さて，次のグラフを見てみよう。これは１人１日当たりの食料供給量(きょうきゅうりょう)の変化を示(しめ)している。

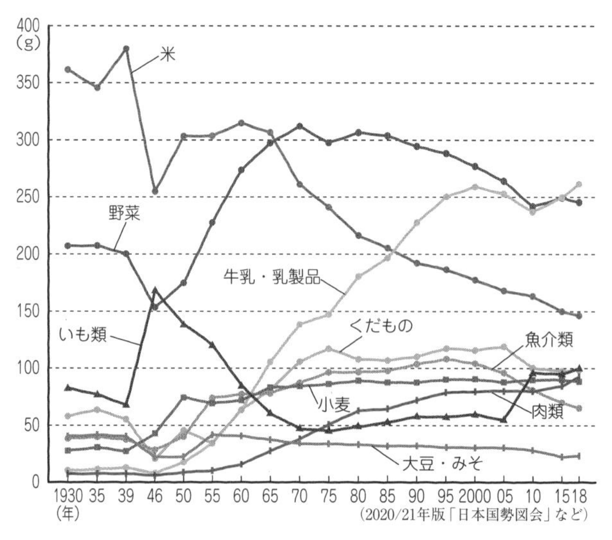

▲１人１日当たりの食料供給量の変化

このグラフから，日本人の食生活の変化が読み取れるんだ。1946 年を境(さかい)に大きく変化していることがわかるかな？ つまり，第二次世界大戦が終わる前と終わった(1945 年)あとで大きな変化があったわけだね。

「米の供給量が減(へ)っていますね。米を以前より食べなくなったわけですか。」

「戦争が終わったあとは，食料が足りなくて日本人は飢(う)えに苦しんだと聞いたことがあります。終戦直後の 1946 年よりも，2018 年のほうが米を食べていないことになるわけですね。」

そうだね。代わりに何の供給量が増(ふ)えているかな？

「牛乳(ぎゅうにゅう)・乳製品(にゅうせいひん)の供給量がどんどん増えていますね。第二次世界大戦前は，ほとんどなかったのに…。」

「肉類も第二次世界大戦前はほとんど食べていなかったのに，第二次世界大戦後に供給量が増えています。」

まとめると，第二次世界大戦前は米や野菜，いも類を中心とした食事だった。第二次世界大戦後は米の供給量が減り，牛乳・乳製品や肉類の供給量が大きく増えたわけだ。この変化を**食生活の洋風化**というよ。日本人の食生活が変わったことは，日本の農業にも大きな影響(えいきょう)を与(あた)えたんだ。

例(たと)えば，稲作。次のグラフを見てみよう。これは，米の生産量と消費量(しょうひりょう)の変化を示している。消費量はどのように変化しているだろうか？

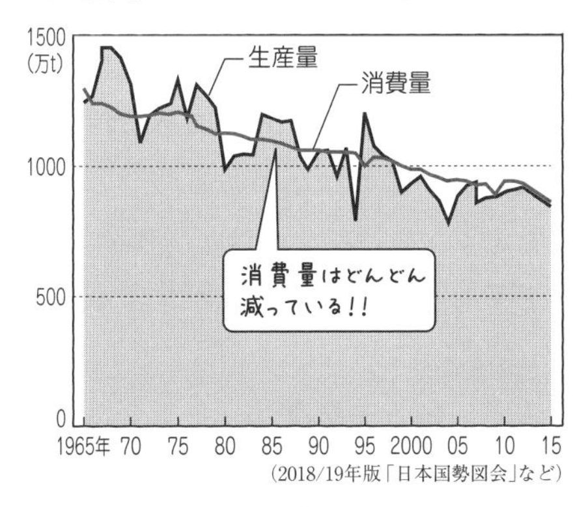

▲米の生産量と消費量の変化

「消費量がどんどん減っていますね。」

では，生産量はどうかな？

「年によって増えたり減ったりしていますが，全体としては減ってきています。」

そのとおり。米の消費量が減ったことで，1960 年代後半から，米の生産量が消費量を上回るようになった。つまり，米が余(あま)るようになってしまったわけだ。そのため，国は稲作農家に米以外の作物をつくる**転作**をすすめた。これを**米の生産調整（減反政策）**という。

Point 日本人の食生活の変化

- **食生活の洋風化**→第二次世界大戦前は米や野菜，いも類が中心。第二次世界大戦後は，**牛乳・乳製品**や**肉類**の供給量が大きく増える。
- 米の消費量が減って米が余るようになった。
→国が稲作農家に**転作**をすすめる。**米の生産調整**（減反政策）

日本の稲作の特色とは？

では，ここからは日本の稲作の特色について見ていこう。稲作に適(てき)した条件(じょうけん)として，①水が豊富(ほうふ)にあること，②夏にある程度(ていど)高温になる温暖湿潤(おんだんしつじゅん)の気候，③夜間の気温が低いことなどがある。③の夜間の気温が低いことという条件は意外に思えるかもしれないけど，夜間の気温が低いと，「呼吸が少ない→でんぷんを使わない→でんぷんがたまる」ということでさらにおいしい米ができるんだ。

右の資料(しりょう)を見てみよう。米の生産量ランキングだよ。上の条件を満たす地域(ちいき)ということだね。

米の生産量ランキング

1位	新潟県	64.6万t	2位	北海道	58.8万t
3位	秋田県	52.7万t	4位	山形県	40.4万t
5位	宮城県	37.7万t	6位	福島県	36.9万t
7位	茨城県	34.4万t	8位	栃木県	31.1万t
9位	千葉県	28.9万t	10位	青森県	28.2万t

（2019年）（2020/21年版「日本国勢図会」）

「東北地方（3位，4位，5位，6位，10位）と北陸で稲作がさかんですね。」

Point　日本の稲作の特色

- 米の生産量ランキング→**1位新潟県，2位北海道，3位秋田県。**
- **東北地方**や**北陸**で，稲作が特にさかん。

日本のくだものの栽培の特色とは？

次は，くだものの栽培について見ていこう。くだものの栽培には，どんな自然環境が適しているだろうか？　まず，1つ目の条件は，水はけのよい土地であること。稲作とは条件が異なるね。

次のページの2つの写真を見てごらん。左はりんご畑，右はみかん畑だよ。どちらも水はけをよくするために，ある地形の特色を利用しているんだけど，共通する地形の特色が何かわかるかな？

alps/PIXTA(ピクスタ)

▲りんご畑

kjn/PIXTA(ピクスタ)

▲みかん畑

「どちらも斜面にありますね。もしかして土地の傾斜を利用しているのですか？」

そうなんだ。傾斜地は水はけがよいので，くだものの栽培に適しているよ。愛媛県は，耕地面積に占める田の割合が低く，写真のように山の斜面などを利用してくだものを栽培し，みかんを中心に，伊予かんやポンカンなどのかんきつ類をたくさんつくっているんだ。

同じように水はけがよく，くだものの栽培に適した土地が**扇状地**だよ。川が山地から平地に流れ出るところに土砂が積もってできた地形で，扇形に広がる緩やかな傾斜地となっているんだったね。扇状地は水はけがよいので，多くが**果樹園**などに利用されているよ。山梨県の**甲府盆地**や長野県の**長野盆地**に扇状地が広がっているんだ。

「きっと山梨県や長野県は，くだものの栽培がさかんなのですね。」

そのとおりだ。くだものの栽培には水はけがよい土地が適しているけど，裏返せば水がありすぎるとよくないわけだね。そこで，くだものの栽培に適した２つ目の条件は，降水量が少なめなこと。もちろん，降水量が少なすぎてもダメなんだけど，日本はもともと降水量が多いほうだから…。そんな日本の中でも降水量が少ないところといえば，どこだろう？

「季節風の影響を受ける地域は，降水量が多いですよね。降水量が少

ないのは，山地などに囲まれて，季節風の影響が少ない地域です。例えば，中央高地の山梨県，長野県，岐阜県などですね。」

「瀬戸内海沿岸の地域，つまり瀬戸内も季節風の影響をあまり受けず，降水量が少ないですよね。」

そうだね。そして，くだものの栽培に適した３つ目の条件は，昼と夜の気温差が大きいことだ。昼と夜の気温差が大きいことで，くだものの甘味が増すんだよ。日本の中で，昼と夜の気温差が大きい気候の地域はどこだろうか？

「山に囲まれ，海に面していない地域は昼と夜の気温差が大きくなるはずです。あれ？ この条件も中央高地があてはまりますね。」

「なるほど。この３つ目の条件からも，中央高地でくだものの栽培がさかんなことが予想されますね。」

「海に面している都道府県でも，内陸部は昼と夜の気温差が大きいところがあるでしょう。」

「先生。ほかにもくだものの栽培に適した条件はありますか？」

うん。４つ目の条件は，それぞれのくだものの栽培に適した気温だね。涼しい気候の地域では涼しい気候に合ったくだものが，暖かい気候の地域では暖かい気候に合ったくだものがつくられている。主なくだものについて，栽培に適した年平均気温をまとめてみたよ。次のページの資料を見てみよう。

主なくだものと栽培に適した年平均気温

7～12℃	りんご〔青森県，長野県〕， さくらんぼ（おうとう）〔山形県〕
11～15℃	ぶどう〔山梨県，長野県〕，もも〔山梨県，福島県〕， 日本なし〔千葉県，茨城県〕， キウイフルーツ〔愛媛県〕，かき〔和歌山県〕， すもも〔山梨県〕，うめ〔和歌山県〕
15～18℃	かんきつ類〔和歌山県，静岡県，愛媛県〕
20℃以上	パイナップル

ここで挙げた条件だけでなく，「このくだもので，地域を豊(ゆた)かにしたい」と考えた人たちの情熱(じょうねつ)によって，さかんに栽培されるようになったくだものもあるよ。自然環境による条件だけではないんだね。くだものの栽培をさかんにした人たちについて，調べてみるとおもしろいよ。

ここからは，ざっくりだけど，栽培に適した年平均気温が低い順に，どのくだものがどの都道府県で栽培がさかんなのかを見ていこう。

りんごの生産量ランキング

1位 青森県 44.6万t　2位 長野県 14.2万t　3位 岩手県 4.7万t

さくらんぼ（おうとう）の生産量ランキング

1位 山形県 1.4万t　2位 山梨県 0.1万t

ぶどうの生産量ランキング

1位 山梨県 4.2万t　2位 長野県 3.1万t　3位 山形県 1.6万t

ももの生産量ランキング

1位 山梨県 3.9万t　2位 福島県 2.4万t　3位 長野県 1.3万t

すももの生産量ランキング

1位 山梨県 0.8万t 2位 和歌山(わかやま)県 0.3万t 3位 長野県 0.3万t

日本なしの生産量ランキング

1位 千葉県 3.0万t 2位 茨城県 2.4万t 3位 栃木県 2.0万t

うめの生産量ランキング

1位 和歌山県 7.3万t 2位 群馬(ぐんま)県 0.6万t

かきの生産量ランキング

1位 和歌山県 3.9万t 2位 奈良(なら)県 2.8万t 3位 福岡(ふくおか)県 1.6万t

（2018年）（2020/21年版「日本国勢図会」）

さて，次は**かんきつ類**について見てみよう。かんきつ類の代表といえば，**みかん**だね。

みかんの生産量ランキング

1位 和歌山県 15.6万t 2位 静岡(しずおか)県 11.5万t 3位 愛媛県 11.4万t

（2018年）（2020/21年版「日本国勢図会」）

さて，くだものの最後に**パイナップル**を取り上げよう。パイナップルはどの都道府県が生産量全国一だと思う？

「290ページの『主なくだものと栽培に適した年平均気温』の資料を見ると，パイナップルの栽培には，年平均気温が20℃以上の地域が適しているわけですよね。日本の中でも特に暖かいところといえば…，**沖縄(おきなわ)県**ですか？」

正解(せいかい)。国産のパイナップルは，そのほとんどが沖縄県産だよ。

Point 日本のくだものの栽培の特色

- くだもの栽培に適した条件→①**水はけのよい土地**，②ほどよく**降水量が少ない**，③**昼と夜の気温差が大きい**，④各くだものの**栽培に適した気温**→「**地域を豊かにしたい**」という人たちの情熱も大きな要素。
- 中央高地の**甲府盆地**や**長野盆地**は**扇状地**が広がり，くだものの栽培が特にさかん。
- 7～12℃が適温→**りんご**は**青森県**や**長野県**，**さくらんぼ（おうとう）**は**山形県**で栽培がさかん。
- 11～15℃が適温→**ぶどう**は**山梨県**や**長野県**，**もも**は**山梨県**や**福島県**，すももは山梨県，**キウイフルーツ**は愛媛県，**日本なし**は**千葉県**や**茨城県**，鳥取県，**うめ**と**かき**は**和歌山県**で栽培がさかん。
- 15～18℃が適温→**みかん**は**和歌山県**や**静岡県**，**愛媛県**で栽培がさかん。
- 20℃以上が適温→**パイナップル**は**沖縄県**で栽培がさかん。

日本の野菜の栽培の特色とは？

さて，ここからは野菜の栽培について見ていこう。

下のグラフを見てもわかるように埼玉県は，野菜づくりがさかんだね。

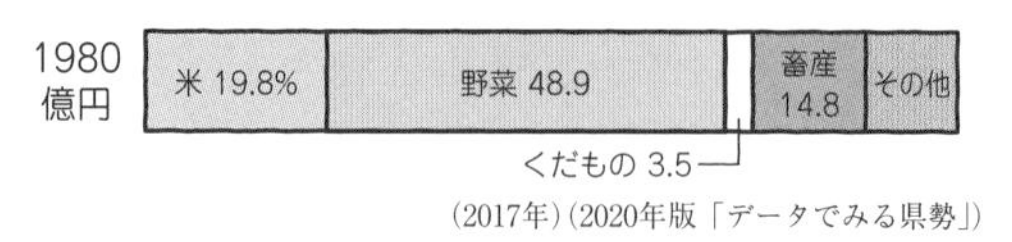

▲埼玉県の農業産出額とその割合

埼玉県，千葉県，茨城県，愛知県などは，野菜を安い輸送費で，新鮮なまま大消費地に届けることができるため，野菜の栽培がさかんなんだ。このように大都市の近くで，大消費地向けに野菜や花などをつくる農業を**近郊農業**というよ。特に，いたみやすく新鮮さが重要な野菜の栽培がさかんに行われている。ねぎやほうれんそうなどがそうだね。

「なるほど。大都市に近いことを上手にいかしているわけですね。」

野菜の産出額ランキングを見てみよう。

野菜の産出額ランキング

1位 北海道 2114億円　2位 茨城県 2071億円
3位 千葉県 1829億円　4位 熊本県 1247億円
5位 愛知県 1193億円

（2017年）（2020年版「データでみる県勢」）

「関東地方の茨城県や千葉県は，野菜の産出額が全国有数なのですね。」

「愛知県の県庁所在地の名古屋市は，人口が全国有数の大都市ですよね。愛知県も野菜の産出額が多いのですね。」

そのとおり。大都市の近くでは，野菜の栽培がさかんなことを覚えておいてね。

さて，近年は保冷トラックなどの輸送技術の進歩で，消費地から遠いところでとれた野菜でも，品質を保ったまま消費地まで輸送できるようになった。

「しかし，先生。それでは近郊農業に比べて，輸送費が高くなってしまうのではないでしょうか？ 輸送費が高くなった分は野菜の値段に反映されるでしょうから，ほかの産地より高い値段となってなかなか売れないですよね。困ります。」

そのとおり。野菜をつくる農家は，何か工夫をしなくてはいけない。

次のグラフを見てみよう。これは東京都中央卸売市場における**はくさい**の生産県別入荷量を示しているよ。一般的に，はくさいの旬は冬だね。

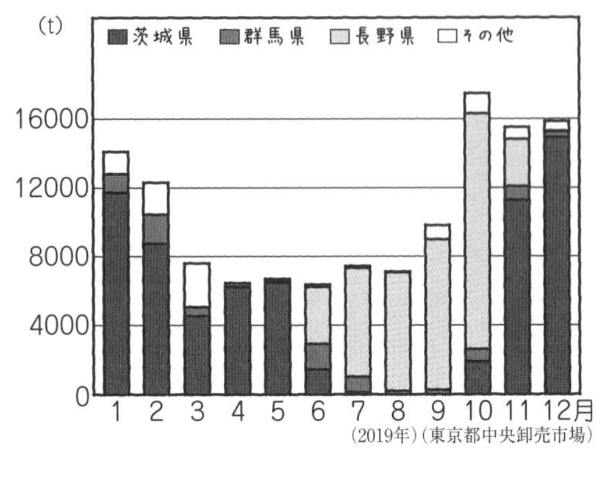

◀東京都中央卸売市場におけるはくさいの生産県別入荷量

「確かに。だって，鍋の具材には欠かせないですもんね。僕も大好きです。」

グラフを見ると，入荷量が少ない 7，8 月，すなわちはくさいの値段の高い時期に出荷している県があるんじゃないかな？

「わかりました。**長野県**です。近郊農業がさかんな茨城県などからの入荷量が少ない夏から秋にかけて長野県からたくさん入荷していますね。」

そのとおり。冬が旬の野菜なのに，どうして長野県では夏から秋にかけて収穫して，出荷することができるのだろうか？ 長野県の高原地帯は夏でも涼しい気候だから，はくさいなどの野菜の栽培がさかんなんだ。このようにほかの産地よりも遅い時期に農産物を栽培し，出荷する方法を**抑制栽培**というよ。

「先生。もしかして，その逆もできるのではないですか？ つまり，冬でも暖かい気候をいかして，野菜を他の地域よりも早い時期に栽

培して，出荷する方法です。本来夏にできる野菜を，冬に出荷すれば高い値段で売ることができるはずですよね。」

サクラさんはすばらしいところに気がついたね。サクラさんが言ってくれた栽培方法を**促成栽培**といい，宮崎県の**宮崎平野**や高知県の**高知平野**でさかんに行われているんだ。次のグラフを見てみよう。これは東京都中央卸売市場における**きゅうり**の生産県別入荷量を示しているよ。宮崎県と高知県からの入荷量が多い月に注目してみて。

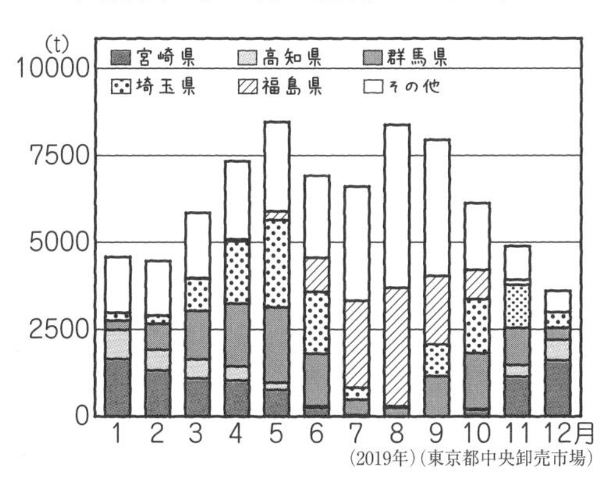

◀**東京都中央卸売市場におけるきゅうりの生産県別入荷量**

「全体の入荷量が少ない12月から2月にかけて，宮崎県と高知県からの入荷量が多いですね。」

そのとおり。サクラさんが言ってくれたとおりだよね。宮崎県や高知県は冬でも温暖な気候で，温室やビニールハウスなどを利用し，ピーマンやきゅうり，なすなどの野菜をほかの地域よりも早い時期に栽培して，出荷している。このように温室やビニールハウスなどの施設を利用して，野菜やくだものなどを栽培する園芸農業のことを，**施設園芸農業**というよ。

Point 日本の野菜の栽培の特色

- 大都市の近くで，大消費地向けに野菜や花などをつくる**近郊農業**
→**安い輸送費**で，**新鮮な状態**で大消費地に届けることができる利点。
- 近郊農業は関東地方の県などでさかん。
- 農作物をほかの地域よりも遅い時期に栽培し，出荷する**抑制栽培**
→**長野県**や**群馬県**の高原地帯で行われる，夏の涼しい気候をいかした**高原野菜**の栽培などがある。
- 冬でも暖かい気候をいかして，野菜をほかの地域よりも早い時期に栽培して，出荷する**促成栽培**→宮崎平野や高知平野でさかん。
- **施設園芸農業**→温室やビニールハウスなどの施設で農作物を栽培。

日本の畜産の特色とは？

さぁ，ここからは畜産の特色について勉強していこう。まずは，次のページの資料を見てみよう。

どんなことに気づいたかな？

「北海道，鹿児島県，宮崎県で特にさかんだということですね。」

うん。畜産は，基本的には，土地や気候の条件が植物を育てることに不向きな場所で行われてきた。例えば，鹿児島県と宮崎県には，水分を保ちにくいシラス台地と呼ばれる火山灰でできた土地が広がっている。

「植物を育てるには何らかのハンディがあるということですね。」

そう。もっとも，最近は食生活の洋風化にともない，畜産も積極的に行われるようになってきている。それについては各地方のところでくわしく学習するよ。

乳牛の飼育数ランキング

1位 北海道 80.1万頭　2位 栃木県 5.2万頭　3位 熊本県 4.4万頭
4位 岩手県 4.2万頭

肉牛の飼育数ランキング

1位 北海道 51.3万頭　2位 鹿児島県 33.8万頭
3位 宮崎県 25.0万頭

豚の飼育数ランキング

1位 鹿児島県 126.9万頭　2位 宮崎県 83.6万頭
3位 北海道 69.2万頭

肉用にわとりの飼育数ランキング

1位 宮崎県 2824万羽　2位 鹿児島県 2797万羽
3位 岩手県 2165万羽

(2019年)(2020/21年版「日本国勢図会」)

Point　日本の畜産の特色

- **北海道地方→根釧台地**や**十勝平野**で，乳牛などを飼育して，牛乳やバター，チーズなどの乳製品を生産する**酪農**がさかん。
- 九州地方→**鹿児島県**や**宮崎県**には，水分を保ちにくい**シラス台地**が広がる→**肉牛**や**豚**，**肉用にわとり**の飼育がさかん。

今後の日本の農業はどうあるべきか？

次のページのグラフを見てみよう。これは乳牛の飼育数・飼育農家数・1戸当たりの飼育数の変化を示したものだよ。何か気づくことはないかな？

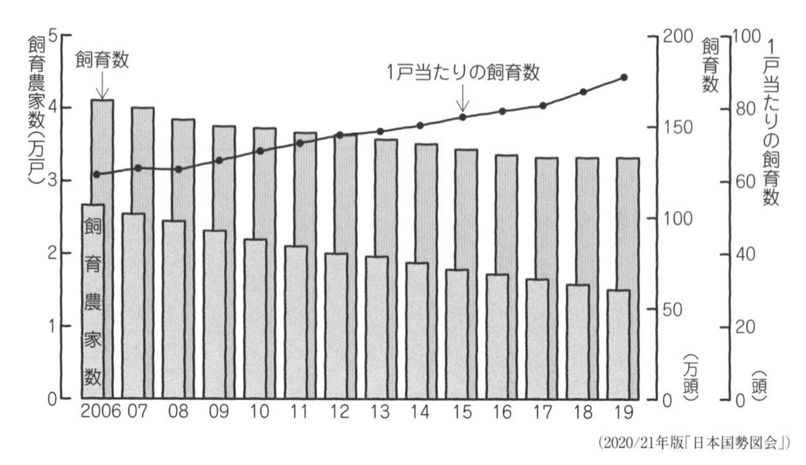

(2020/21年版「日本国勢図会」)

▲乳牛の飼育数・飼育農家数・1戸当たりの飼育数の変化

「飼育数も飼育農家数もどんどん減っていますね。」

「いっぽうで，1戸当たりの飼育数はどんどん増えています。」

そうだね。乳牛の飼育において，農家の経営規模が大きくなってきていることがわかると思う。畜産農家の経営規模が大きくなることでよいこともあるよ。大規模な畜産により，乳製品や牛肉・とり肉などの価格を安くすることができる。

続いて，下の資料を見てみよう。

日本とタイの稲作の比較

米の生産量

日本 776万t（2019年） タイ 3219万t

1 ha 当たりの米の生産量

日本 6.62 t タイ 3.09 t

（2018年）（2020/21年版「日本国勢図会」）

「確か，タイは米の輸出量が世界有数なんですよね。」

「米の生産量ではタイが日本の４倍以上生産していますが，１ha当たりの米の生産量は，日本がタイの２倍以上生産していますね。」

そう。日本はタイよりも効率よく稲作を行っていることがわかるね。これは日本のほうがタイよりも機械化が進んでいることが大きく影響している。狭い耕地を有効に使って，農業機械やたくさんの肥料を利用し，できるだけ多くの収穫量をあげる集約的な農業が，日本の農業の特色だね。

また，九州地方の福岡県と佐賀県にまたがる筑紫平野などでは，冬でも温暖な気候をいかして，米をつくったあとに麦などを栽培する**二毛作**を行って，耕地を有効活用しているよ。

「農家の人たちはさまざまな努力をして，利益を上げようとしているわけですね。」

うん。いっぽうで難しい現実もあるんだ。下の資料を見てごらん。

日本とアメリカ合衆国の農林水産業の比較

農林水産業従事者数

日本 226万人　アメリカ合衆国 225万人

農地面積

日本 444万ha　アメリカ合衆国 40555万ha

農林水産業従事者１人当たりの農地面積

日本 2.0 ha　アメリカ合衆国 180.2 ha

（2017年）（2020/21年版「世界国勢図会」など）

「アメリカ合衆国の農地面積は，日本の約 90 倍もありますね。」

そうなるね。日本は国土の多くを山地が占めているため，農業に適した土地はとても限られている。そのため，耕地面積も狭いんだ。

「アメリカ合衆国は，農林水産業従事者 1 人当たりの農地面積でも，日本の約 90 倍ですね。大規模な農業が行われていることがよくわかります。」

サクラさんが言うとおりだね。ここまで見てきたように，日本は集約的な農業を行っているので，生産費がかかり，アメリカ合衆国などからの輸入農作物に比べて，どうしても国産農作物の価格は高くなってしまうんだ。品質に大きな差がなければ，価格が安い農作物を買うよね。国産の農作物が安い外国産の農作物に押されたことで，日本の食料自給率は低下し，2019 年度現在，38%（カロリーベース）となっている。

「残りの 60%以上の食料は，輸入に頼っているわけですね。」

そういうこと。

「先生。日本は耕地面積が狭いので，今後も外国産の農作物に価格で対抗するのはなかなか厳しいですよね？ 日本の農業はこのまま衰えてしまうのでしょうか？」

国内の農業が衰えて農作物の生産が減れば，戦争や不作などの影響で相手国から農作物を輸入できなくなったときに困ってしまう。また，水田は環境保全などの面からも重要なんだ。今後の日本の農業がどうあるべきかを考えたとき，重要になってくるのはこのような試みかも

▲「環境こだわり農産物認証マーク」

しれないね。前ページの写真のシールを見てごらん。

「『農薬・化学肥料　通常(つうじょう)の５割以下』，『びわ湖にやさしい』とありますね。」

「『環境こだわり農産物』，そして『滋賀(しが)県認証(にんしょう)』と大きく書かれていますね。『環境こだわり農産物』とは何でしょうか？」

びわ湖の水質を守るために農薬や化学肥料の使用量を通常の半分以下にするなどの条件を満たした農産物を，滋賀県が「環境こだわり農産物」として認証しているんだ。認証された農産物には，このシールが貼(は)ってある。安心して食べられる安全な農産物であることをアピールできるよね。

外国産の農作物に対しては，「農薬が大量に使用されているのではないか？」など，安全面や品質(ひんしつ)に不安をもっている消費者が多くいるよ。この滋賀県の試みのように，国内産の農作物は，安全性(せい)や品質の高さ，環境への負荷が小さいことなどをアピールすることで，外国産の農作物に対抗することも考えなくてはいけない。消費者にとっても，安全性や品質の高さなどはとても魅力的(みりょくてき)だからね。

「食べ物は自分の体に入るものですから，少し高くても安全なものを選びたいと思います。」

Point　今後の日本の農業のあり方

- 乳牛を飼育する農家の**経営規模**が大きくなっている。
- 日本の農業の特色→狭い耕地を有効に使って，農業機械やたくさんの肥料を利用し，できるだけ多くの収穫量をあげる**集約的な農業**。
- 問題点→外国産の農作物に比べて，国産の農作物は価格が高い。
- 低い**食料自給率**。
- 対策→安全性や品質の高さなどで消費者にアピールする。

☑CHECK 13

つまずき度 !!!!!

➡ 解答は別冊 p.22

次の文の(　　)にあてはまる語句を答えなさい。

(1) 米が余るようになったため，国は，稲作農家に米以外の作物をつくる(　　)作をすすめた。この政策を米の(　　)という。

(2) 右の写真のように，川が山地から平地に流れ出るところに土砂が積もってできた地形で，扇形に広がる緩やかな傾斜地を(　　)地という。多くが果樹園などに利用され，山梨県の(　　)盆地などに広がっている。

写真：アフロ

(3) 地域で消費される食料のうち，その地域で生産している分でまかなえる食料の割合を食料(　　)という。

日本の水産業

次の表を見てほしい。主な国・地域の国民1人当たりの食用魚介類の供給量の推移だ。

主な国・地域の国民1人当たりの供給量の推移
（単位：kg/人年）

国など ＼ 年	平成2（1990）	12（2000）	25（2013）
世界平均	13.5	15.9	19.0
日本	71.2	67.2	49.3
中国	10.4	24.1	34.5
インドネシア	14.9	20.6	28.2
EU（28か国）	20.1	20.8	22.5
アメリカ合衆国	21.9	22.0	21.5
インド	3.8	4.5	5.0

（水産庁）

日本は世界の中でも多く魚介類が供給されている＝食べている。水産業が大事なことがわかるね。

日本の水産業

漁業にはどんな種類があるのか？

漁業は，魚介類をどこでとるかによって，大きく２つに分けることができる。川や湖，池などで魚介類をとる漁業を**内水面漁業**，海で魚介類をとる漁業を**海面漁業**というよ。日本は国土があまり広くないため，内水面漁業の漁獲量はとても少ないんだ。

「国土が広い国，例えば中国では内水面漁業がさかんなのですか？」

そのとおり。中国は漁獲量が世界一だけど，その約13％を内水面漁業による漁獲量が占めている。

また，海面漁業は陸地から近いところで魚介類をとるか，遠いところで魚介類をとるかなどによって，さらに３つに分けることができる。陸地から遠く離れた海で，大型の船を使って行う漁を**遠洋漁業**というよ。

「陸地から遠く離れた海ですか。どのあたりまで行って漁をするのですか？」

日本は南太平洋やアフリカ大陸近くのインド洋，そして北大西洋など，世界各地で漁を行っているよ。漁に出る期間はおおよそ50日から１年にもおよぶ。主にまぐろやかつお，いかなどをとっているよ。

「船上生活が長いわけですね。漁師さんは大変です。」

海岸から80～200 kmくらいの沖で，中型の船を使って行う漁を**沖合漁業**というよ。沖合漁業は，日本の排他的経済水域内が主な漁場となっている。漁に出る期間は，とる魚や漁法によっても違うけど，数日〜1か月ぐらいだね。さばやあじ，さんまやいわしなどのいわゆる大衆魚に加えて，えびやかになどをとっているよ。

そして，陸地に近い海域で，小型の船を使って行う漁業を**沿岸漁業**というんだ。

「日本の『沿岸部』で行う漁業というわけですね。」

そう。沿岸漁業は主に日帰りで行われる。古くから受け継がれてきた漁法をはじめ，さまざまな漁法があり，とる魚介類の種類も多彩なんだ。遠洋漁業，沖合漁業，沿岸漁業は合わせて**「とる漁業」**と呼ばれるよ。

「天然の魚介類をとる漁業ですからね。」

これに対して，人の手で育てる過程を経て，魚介類をとる漁業を**「育てる漁業（つくり育てる漁業）」**というんだ。「育てる漁業」には**養殖業（養殖漁業）**と**栽培漁業**があるよ。

「養殖業と栽培漁業はどう違うのですか？」

養殖業は，魚介類を小さいときからいけすなどの施設を使って育て，出荷できるサイズまで大きくしてから出荷する漁業だよ。つまり，出荷するまですべて人の手で管理されて育つ。これに対して，栽培漁業は，卵からかえした稚魚や稚貝を，一定の期間育ててから，海や川に放流し，その後自然の中で成長したものをとる漁業のことだよ。稚魚や稚貝の期間を保護して育て，外敵から身を守れるようになったら，自然に送り出すわけだね。

「つまり，魚介類の一生を人の手で管理するのが養殖業，魚介類を一定期間人の手で管理するのが栽培漁業というわけですね。」

「養殖業は魚介類を放流せずに大きくなるまで育てて，栽培漁業は魚介類を途中で放流することが大きな違いですね。」

そのとおり。

次のグラフを見てみよう。これは漁業種類別漁獲量の変化を示しているよ。何か気づくことはないかな？

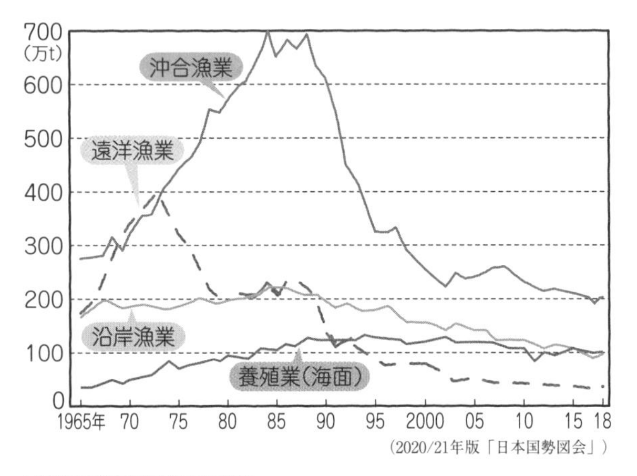

▲**漁業種類別漁獲量の変化**

「もっとも漁獲量が多いのは沖合漁業ですね。」

うん，そうだね。日本の漁獲量の約半分は沖合漁業が占めている。前に話したように日本は排他的経済水域が広く，とれる魚介類も豊富なので，排他的経済水域内で漁をする沖合漁業の漁獲量がもっとも多くなることも理解できるよね。

「先生。沖合漁業の漁獲量は1980年代をピークにその後大きく減少していますが，なぜでしょうか？」

これはいわしやさばの漁獲量が減ったことが影響しているんだ。とりすぎが大きな原因ともいわれているよ。

「とる漁業で漁獲量が２番目に多いのは沿岸漁業ですね。しかし，沿岸漁業の漁獲量も1980年代をピークにその後減っています。」

これにもいわしの漁獲量が減少したことが影響しているんだ。しかし，それ以外にも海沿いの埋め立てや赤潮などの海の汚れによるところも大きいね。

「赤潮って何ですか？」

海や湖などでプランクトンが異常発生し，水面が赤く染まって見える現象だよ。赤潮が発生すると，プランクトンが水中の酸素を大量に消費するため，酸素が足りなくなってしまい，魚や貝などが死んで，大きな被害が出るんだ。

「よくわかりました。前ページのグラフを見ると，遠洋漁業の漁獲量も1970年代から大きく減少していますね。これはなぜですか？」

いいところに気がついたね。理由はいくつかあるよ。まず，1970年代に**石油危機（オイル・ショック）**が起こり，石油の価格が上昇して，燃料費が高くなったことで影響を受けた。さらに，1970年代から多くの国が200海里の**排他的経済水域**を設けて，外国の漁船による漁を制限するようになった。

「なるほど。遠洋漁業の漁獲量が減少したのは，石油危機による燃料費の値上がりや，各国の排他的経済水域の設定が大きな原因だったわけですね。」

そう，しっかり覚えておいてね。遠洋漁業でとられるすけとうだらの日本の漁獲量も，1970年代前半を境に大きく減少している。主な漁場は，ロシア連邦東部の沿岸やアメリカ合衆国のアラスカ沿岸など。まさに，石油危機による燃料費の値上がりや，各国の排他的経済水域の設定の影響を大きく受けて，遠洋漁業が衰(おとろ)えた例といえるね。

「沖合漁業と遠洋漁業の漁獲量は大きく減少し，沿岸漁業の漁獲量も減少傾向(けいこう)にあります。日本全体の漁獲量も年々減少していますよね？ しかし，養殖業（海面）は昔より増(ふ)えていますね。」

そうなんだ。魚介類などの水産資源が減りすぎないようにしっかり管理するため，日本の水産業ではこれまでの「とる漁業」だけでなく，「育てる漁業」の養殖業や栽培漁業に力を入れるようになったということだね。

Point 漁業の種類

- 川や湖，池など→**内水面漁業**，海→**海面漁業**。
- **遠洋漁業**→陸地から遠く離れた海で，大型の船を使って行う。
- **沖合漁業**→80～200 kmくらいの沖で，中型の船を使って行う。
- **沿岸漁業**→陸地に近い海域で，小型の船を使って行う。
- 「**とる漁業**」→遠洋漁業，沖合漁業，沿岸漁業。「**育てる漁業（つくり育てる漁業）**」→養殖業（養殖漁業），栽培漁業。
- **養殖業**→魚介類を放流せず大きくなるまで育てる。
- **栽培漁業**→魚介類を途中で放流し，大きくなったものをとる。
- 「とる漁業」から「育てる漁業」への転換(てんかん)。

☑CHECK 14

つまずき度 !!!!

➡ 解答は別冊 p.23

次の文の(　　)にあてはまる語句を答えなさい。

(1) 沿岸から200海里以内の海域で，領海を除く水域を(　　)水域という。

(2) 陸地から遠く離れた海で，大型の船を使って行う漁を(　　)漁業，海岸から80～200 kmくらいの沖で，中型の船を使って行う漁を(　　)漁業，陸地に近い海域で，小型の船を使って行う漁を(　　)漁業という。これらをまとめて「(　　)漁業」といい，最も漁獲量が多いのは(　　)漁業である。

(3) 魚介類を小さいときからいけすなどの施設を使って育て，出荷できるサイズまで大きくしてから出荷する漁業を(　　)業，卵からかえした稚魚や稚貝を，一定の期間育ててから，海や川に放流し，その後自然の中で成長したものをとる漁業を(　　)漁業という。これらをまとめて「(　　)漁業」という。

(4) 遠洋漁業の漁獲量が1970年代から大きく減った理由には，(　　)が起こって燃料費が高騰したことと，各国が200海里の(　　)を設定したことがある。

15章

日本の工業

世界一の工業国は「世界の工場」などといわれる。初代「世界の工場」は産業革命が始まった国だ。

「イギリスですね。」

そう。その後，20世紀になるとアメリカ合衆国が「世界の工場」になった。これには日本を含める考えもある。

「おお，日本もすごいですね。」

そして，21世紀の「世界の工場」は中国だ。

「日本の工業も生き残りの道を真剣に考えなくてはならないということですね。」

日本の工業

伝統的工芸品とは何か？

ここからは日本の工業について見ていこう。工業とは，原料や材料を加工して，私たちの生活に役立つ製品をつくることだよ。工業がさかんな日本は，「ものづくりの国」といわれている。日本のものづくりの原点は，**伝統的工芸品**にあるんだ。

▲伝統マーク

「伝統的工芸品ってどんなものなのですか？」

伝統的工芸品とは，次に挙げる要件をすべて満たすものをいうよ。右上の伝統マークは経済産業大臣の指定を受けた伝統的工芸品のシンボルマークなんだ。

①主として日常生活で使用する工芸品であること。
②製造工程のうち，製品のもち味に大きな影響を与える部分は，手作業が中心であること。
③100年以上の歴史を有し，今日まで継続している伝統的な技術・技法により製造されるものであること。
④主たる原材料が原則として100年以上継続的に使用されていること。
⑤一定の地域で当該工芸品を製造する事業者がある程度の規模を保ち，地域産業として成立していること。
⑥伝統的工芸品産業の振興に関する法律にもとづく経済産業大臣の指定を受けること。

以上の要件を満たす伝統的工芸品は，2021 年 5 月現在（げんざい），全国で 236 品目あるよ。

Point　伝統的工芸品

- **伝統的工芸品**→木工品や陶磁器，漆器や織物，染め物など。
- 木工品→**大館曲げわっぱ**など。
- 陶磁器→**伊万里焼・有田焼**はドイツのマイセンの手本。ほかにも**京焼・清水焼**や**九谷焼**など→ファインセラミックス製品などにいかされる。
- 漆器→**輪島塗**や**飛騨春慶**，**会津塗**など→塗装などに応用される。
- 織物→**西陣織**，**久留米絣**，**桐生織**など。
- ほかにも**宮城伝統こけし**，**天童将棋駒**，**加賀友禅**や**岩槻人形**，**岐阜提灯**など。**南部鉄器**づくりの技術は，最新の炊飯器にもいかされる。

日本の工業はどのように発展してきたのか？

さて，日本の工業はどのように発展してきたのだろうか？「11-1 日本と世界③　貿易」のところでも少し学習したよね。314 ページのグラフは，1935 年以降（いこう）の日本の工業出荷額（しゅっかがく）等構成（こうせい）の移（うつ）り変わりを示（しめ）している。グラフからどんなことがわかるかな？

「昔は，せんい工業がさかんでした。1935 年のグラフでは，30% を超（こ）えています。」

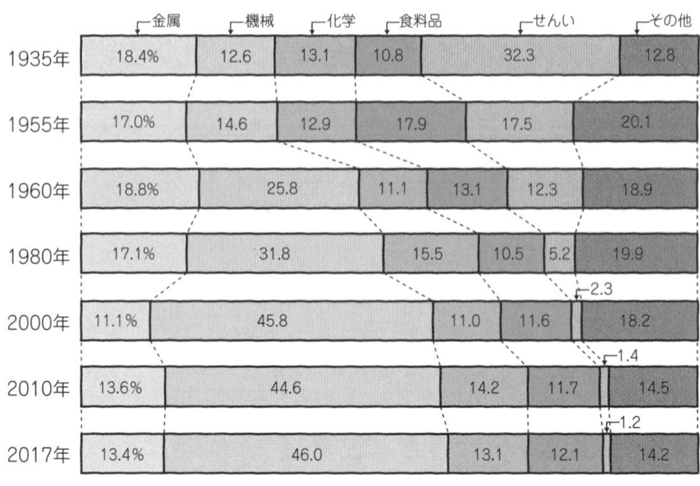

▲日本の工業出荷額等構成の移り変わり

そう。かつては蚕を育てて，せんい原料のまゆを生産する養蚕や，まゆをつむいで，絹織物の原料となる生糸を生産する製糸業，輸入した綿花から綿織物を生産する綿工業など，せんい工業がさかんだった。また，せんい工業や食料品など比較的軽い製品をつくる工業は**軽工業**と呼ばれる。金属工業，機械工業，化学工業は**重化学工業**と呼ばれるよ。原料や燃料を輸入して工業製品をつくり，価値を高めて外国に輸出する貿易の形を**加工貿易**というんだったね。日本は資源が乏しい国なので，加工貿易によって工業を発展させる必要があった。しかし，日本の工業は太平洋戦争で大きなダメージを受けてしまうんだ。

「工業地帯などが攻撃されてしまったわけですね。」

うん。しかし，戦後，日本の工業はすぐに立ち直り，さらに発展する。1950 年に起こった朝鮮戦争がきっかけだった。アメリカ合衆国を中心とする国連軍は，日本から大量の軍需物資を調達したため，日本の工業が息を吹き返したんだ。その後，1950 年代後半から 1970 年代初めまでは，日本の工業・経済が飛躍的に成長した。これを**高度経済成長**というよ。同じころ，発電などに利用されるエネルギー源の中心が，石炭から石油に変わった。これを**エネルギー革命**というよ。

「やったー!! 日本の工業は立ち直り，さらに発展したのですね。」

そのとおり。臨海部には石油化学コンビナートや製鉄所が建設され，重化学工業が急速に発展したんだ。それまでは軽工業中心の加工貿易だったけど，重化学工業中心の加工貿易に変わったんだよ。

Point 日本の工業の発展の歴史

- 比較的重い製品をつくる**重工業**，比較的軽くて，日常生活で使うような製品をつくる**軽工業**。
- **重化学工業→機械工業，金属工業，化学工業**。
- **軽工業→せんい工業，食料品工業，その他の工業**（製紙・パルプ工業，窯業，印刷業など）。
- 第二次世界大戦前→**せんい工業**などの**軽工業**が中心。
- 第二次世界大戦後→朝鮮戦争をきっかけに日本の工業が立ち直る。**重化学工業**中心の**加工貿易**。**高度経済成長期**を迎え，「世界の工場」とも。

公害にはどのようなものがあるのか？

さて，工業が発展していいことばかりだったわけではないよ。工業の発展に伴い，悲しい出来事も起こってしまった。

「えっ!? 悲しい出来事って何ですか？」

それは**公害**だよ。高度経済成長のもとで，産業や経済の発展が何よりも優先され，工場周辺に住む人々の生活環境などはあまり考えられなかったんだ。その結果，各地で公害が発生した。公害とは，工場の生産活動などによって，地域に住む人々の健康などに悪影響が出る被害だよ。特に**四大公害病**の被害は深刻だった。次の地図を見てみよう。四大公害病には何があるかな？

▲四大公害病が起こったところ

「はい。**水俣病**，**新潟水俣病**，**イタイイタイ病**，**四日市ぜんそく**ですね。」

そうだね。まず，**水俣病**について説明しよう。水俣病は熊本県と鹿児島県の八代海沿岸の地域で起こった。1953年ごろから，住民の中に手足がしびれたり，目や耳に障がいが出たりする人が増えた。原因は化学工場の廃水に含まれていた**有機水銀（メチル水銀）**で，住民がそれに汚染された魚や貝を食べたことで水俣病を発症したんだ。実はこの原因について，国が認めるのは10年以上も先のことだった。有機水銀が原因であることはその何年も前に報告されていたのにもかかわらずだよ。

「えっ!? 化学工場の廃水に原因物質が含まれていることがわかったなら，すぐにその化学工場を動かすのをやめればよかったのではないですか？」

確かにそうだね。水俣病が発生したにもかかわらず，国や県，市などは有効な対策を打ち出さず，12年もそのままにしてしまったんだ。これにより，被害がさらに拡大した。なぜ，国や県，市などは有効な対策をとらなかったのだろうか？

「まさかですが…。住民の健康よりも，化学工場が大事だったわけではないですよね？」

そのまさかなんだ。国や県，市などは化学工場を保護し，産業・経済の発展を重視した。高度経済成長の時代に，どのような考えが生まれていたか，よくわかるね。

「先ほど先生が言っていたとおり，産業や経済の発展が何よりも優先されたわけですね。」

そのとおり。続いて，**イタイイタイ病**について。イタイイタイ病は，富山県の神通川下流域で起こった。原因物質は，神通川上流の神岡鉱山の廃水に含まれていた**カドミウム**という有害物質だったんだ。昭和時代の1955年に新聞で取り上げられ，全国に知られるようになったけど，すでに大正時代にはイタイイタイ病を発症した人がいたようだね。

「なぜ，イタイイタイ病という名前がついたのですか？」

発症すると，骨がもろくなって痛むようになり，病気が進むと骨折を繰り返すようになる。患者が「痛い !! 痛い !!」と苦しむことから，その名がついたんだ。亡くなった人の中には，実に72か所も骨折していた人がいたそうだよ。

「想像をはるかにこえる痛み，苦しみだったことでしょう。」

四日市ぜんそくは，1960年ごろから三重県の四日市市で発生した公害だよ。原因物質は，**石油化学コンビナート**の排煙に含まれていた**亜硫酸ガス（硫黄酸化物）**だった。

最後に**新潟水俣病**。第二水俣病とも呼ばれるよ。1964年ごろから，新潟県の阿賀野川下流域で発生した。原因物質は，化学工場からの廃水に含まれていた**有機水銀（メチル水銀）**だった。水俣病と同じように，有機水銀に汚染された魚や貝を食べた住民が発症し，手足のしびれ，目や耳の障がいに苦しんだんだ。

「四大公害病では，どれくらいの人が病気にかかったのですか？」

国は患者と認めるにあたって，症状の重さなど，いくつかの認定基準をもうけているよ。認定患者数は合わせて，約3500人（2019年）になる。

「しかし，国の認定基準を満たしていなくても，症状が出た人はもっと多いのではないですか？」

そのとおりなんだ。水俣病は最初は原因がわからなかったため，「伝染病」や「タタリ」などといった誤った情報が流れ，病気にかかった人は差別された。そのため，症状があらわれてもそれを申し出ない人が多くいた。結果，本当に水俣病にかかった人の数はわからず，一説では2～3万人ほどではないかという話もあるよ。1967年から1969年の間に，四大公害病の患者が国や工場（企業）を相手に，相次いで裁判を起こした。いずれも患者側が勝訴したんだ。

「ここまでくると，国も本格的に対策をとるしかないですね。」

そして，国はようやく動き出すんだ。1967年，**公害対策基本法**を制定し，国や企業，都道府県などが公害を防ぐために取り組むべきことなどを定めた。1971年には，公害の防止などに取り組む役所として環境庁を設置した。環境庁は2001年に**環境省**にかわっているよ。また，1993年には公害対策基本法にかわって，**環境基本法**を制定し，地球規模の環境問題にも取り組むことなどを定めたんだ。

Point 公害問題と対策

- **四大公害病**→水俣病，新潟水俣病，イタイイタイ病，四日市ぜんそく。**高度経済成長**のもと，産業や経済の発展が何より優先された結果。
- **水俣病**→熊本県と鹿児島県の八代海沿岸で発生。化学工場の廃水に含まれていた**有機水銀（メチル水銀）**が原因。
- **イタイイタイ病**→富山県の神通川下流域で発生。神岡鉱山の廃水に含まれていた**カドミウム**が原因。
- **四日市ぜんそく**→三重県の四日市市で発生。石油化学コンビナートの排煙に含まれていた**亜硫酸ガス（硫黄酸化物）**が原因。
- **新潟水俣病（第二水俣病）**→新潟県の阿賀野川下流域で発生。化学工場の廃水に含まれていた**有機水銀（メチル水銀）**が原因。
- 国の対策→**公害対策基本法**，のちに**環境基本法**の制定。環境庁（のちの**環境省**）の設置など。

高度経済成長後，日本の工業はどう変わったのか？

さて，高度経済成長により，日本の工業や経済は大きく発展したけど，その高度経済成長は1970年代初めに終わったんだ。

「高度経済成長が終わった原因は何ですか？」

日本は資源が乏しい国で，石油の大部分を輸入に頼っているよね。石油の輸入先となっている西アジアを含む中東で**第四次中東戦争**が起こり，石油の価格が4倍にはね上がった。1973年のことだよ。先進国の経済は大きな影響を受け，不況に陥り，日本の高度経済成長も終わったんだ。この世界的な経済の混乱を**石油危機（オイル・ショック）**というよ。

「日本は原油の 99%以上を輸入に頼っていましたよね。」

そのとおり。石油危機による石油価格の上昇は日本にとって一大事だったけど，エネルギーの節約を徹底したり，新しい技術の開発に取り組んだりすることで，日本の経済は安定成長に向かう。そんな中，工業にも変化が見られたんだ。314 ページの日本の工業出荷額等構成の移り変わりのグラフを見てみよう。1980 年から 2000 年にかけての変化に注目してね。何か気づくことはないかな？

「金属工業は 17.1%から 11.1%，化学工業は 15.5%から 11.0%と割合を減らしていますね。」

「いっぽう，機械工業は 31.8%から 45.8%と割合を大きく増やしています。」

いいところに気がついたね。石油危機をきっかけに，石油や石炭などを大量に使用する素材型産業（金属工業や化学工業）の割合が減り，高い技術力が求められる機械工業の割合が高くなったんだ。

「石油の価格が上がれば，それを原料や燃料として大量に使用する素材型産業の製品の価格も当然上がりますよね。そうなると，日本の製品は外国の製品との競争に勝てません。それならば，日本は高い技術力で勝負しようというわけですね。」

そういうこと。先ほども話したように日本は資源が乏しい国だから，国際競争で生き残るには技術力を磨くしかなかったわけだね。しかし，1980 年代に入ると，日本の工業はさらなる変化を求められることになる。

「いったい何があったのですか？」

背景(はいけい)には円高の進行があったんだ。円高になると日本の輸出に不利で，輸入に有利となる。逆に円安になると日本の輸出に有利で，輸入に不利となる。

円高が進むと，外国から原料や燃料を輸入して工業製品をつくり，価値を高めて外国に輸出する加工貿易だけでは，利益を確保(かくほ)することが難しくなるんだ。

「確かにそうですね。輸出には不利なわけですからね。」

うん。そこで日本の工業は変化したんだ。下の表を見てみよう。これは工業の事業所数と従業者数(じゅうぎょうしゃ)の変化を示しているよ。例えば事業所には工場なども含まれる。何か気づくことはあるかな？

15章

	1990年	2000年	2010年	2015年	2017年
事業所数	728853	589713	434672	356752	357754
従業者数（千人）	11788	9700	8087	7773	8030

（2020/21年版「日本国勢図会」など）

▲工業の事業所数と従業者数の変化

「事業所数も従業者数も減ってきていますね。」

うん。こんどは次のページのグラフを見て。これは現地法人企業数の移り変わり（地域別）を示している。このグラフから日本の企業が世界のどんな地域にどれだけ海外進出しているかがわかるよ。

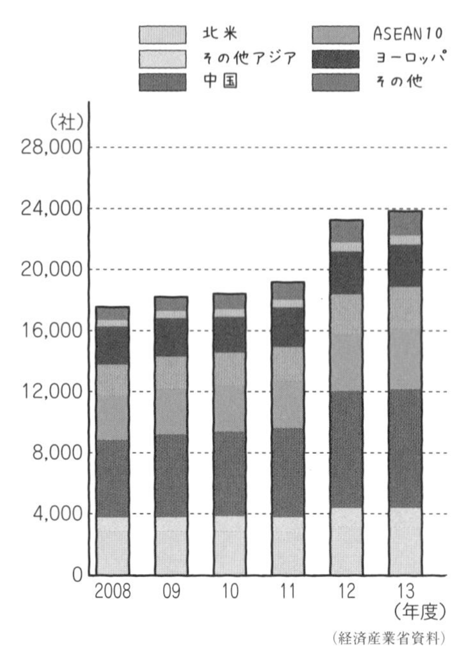

▲現地法人企業数の移り変わり(地域別)

「現地法人企業数は毎年増加しているようですね。特に中国へ進出している企業が多いようです。近年はASEAN(アセアン)諸国も増えていますね。」

「321ページの表と合わせて考えると，日本の企業は国内の工場を閉鎖(へいさ)して，工場を海外に移すようになってきているのでしょうか？」

そのとおり。工場を海外に移す日本の企業が増えたため，国内では工場の閉鎖や従業者数の減少が見られるようになった。円高の影響で輸出には不利な状態なので，それならば現地（海外）で生産して販売(はんばい)しようというわけだね。このように国内の企業が海外に工場を移(うつ)すことなどによって，国内で製品をつくる力が衰(おとろ)えることを**「産業の空洞化(くうどうか)」**という。

「日本の企業が海外に工場を移すのには，ほかにも理由があるのではないですか？ 特に中国へ工場を移した企業が多いですよね。」

いい質問だね。下の表を見てみよう。これはアジアの主要都市について，工場で働く人の1か月当たりの給料，事務所賃料，一般用電気料金をまとめたものだよ。ケンタさんとサクラさんが企業の社長なら，どこの国・都市に工場を移したいと思う？ 表を見て考えてみて。

都市	名古屋	大阪	シャンハイ	ホーチミン	ダッカ
国	日本	日本	中国	ベトナム	バングラデシュ
ワーカー（一般工職）月額基本給	2502	2563	674	242	109
事務所賃料（月額，1m^{2}当たり）	40	29〜52	40	25	13〜28
一般用電気料金（1 kWh 当たり）	0.2〜0.26	0.17〜0.22	0.04〜0.14	0.07〜0.13	0.04〜0.13

※単位：アメリカドル。（日本貿易振興機構資料）

▲**アジアの主要都市別のワーカー月額基本給，事務所賃料，一般用電気料金**

「中国のシャンハイなら働く人の給料，つまり人件費を大阪の約4分の1に抑えることができるわけですね。しかし，シャンハイはほかのアジアの都市と比べて，事務所賃料が高いですね。」

「ベトナムのホーチミンやバングラデシュのダッカは，事務所賃料，人件費，電気料金すべて安いですね。中国や東南アジア，南アジアの国々に工場を移したくなります。」

そう思うよね。中には犯罪が多いなど，治安の面で問題を抱える都市もある。しかし，安い賃金で豊富な労働力を得られるとともに，賃料や電気料金などの公共料金が安く，生産にかかる費用を抑えることができるため，中国や東南アジアなどに進出する企業が増えたんだ。中国は工業が発展して，経済も大きな成長をとげ，2010年には，国内総生産（GDP）で日本を追い抜き，アメリカ合衆国に次いで世界第2位の経済大国になった。

「生産費が安いと日本製品は価格の面で中国製品に対抗するのはなかなか難しいですよね。」

確かにそうだね。工業が発展した中国は，現在，「世界の工場」と呼ばれているんだったね。いっぽうで，中国国内の賃金は上がっている。2013～18年の6年間で倍になったほどなんだ。そのため，賃金が安いベトナムなどの東南アジアの国々に進出する企業が増えているよ。

「なるほど。中国も発展とともに人件費などが上がって，生産費を抑えることが難しくなってきたわけですね。かつてはイギリスやアメリカ合衆国，日本などが『世界の工場』と呼ばれていましたが，今は中国がそう呼ばれています。しかし，今後はまた違う国が『世界の工場』と呼ばれる日が来るかもしれません。」

「まさに歴史は繰り返すわけですね…。」

そう。しかし，賃金などの人件費が上がることは決して悪いことばかりではないよ。中国で働く人の賃金が上がれば，その分人々が消費にあてることができるお金も増えるわけだから，製品を買ってもらえるチャンスができる。日本の企業は中国を大きな市場として考え，中国で現地生産した製品を中国国内で大量に買ってもらえることを期待しているんだ。

さて近年，日本の工業はさらなる試練を迎えた。2008年にはアメリカ合衆国から世界金融危機が広がり，輸出が激減したことで，日本国内も不景気になった。2011年には，東日本大震災（東北地方太平洋沖地震）が起こって，日本の工業は大打撃を受けたんだ。

「日本にとって試練が続いたわけですね。」

うん。東日本大震災で東北地方や関東地方の工場が被害を受けたとき，その影響は全国各地の工場にも広がったよ。中でも全国の自動車工場は，操業を停止する事態となってしまったんだ。

「なぜ，東北地方や関東地方の工場だけでなく，全国の自動車工場に大きな影響が出てしまったのですか？」

自動車工場は，**ジャストインタイム**というしくみを採用している。これは部品をつくる関連工場が，自動車工場（組み立て工場）の生産ラインの予定に合わせて，決められた量の部品を決められた時間に自動車工場に届けるしくみのことだよ。ジャストインタイムにより，自動車工場は余った部品を置いておくスペースを省くことができるため，効率的に生産できる。東北地方や関東地方には，自動車の部品をつくる関連工場がたくさんあるんだけど，東日本大震災で大きな被害を受けたため，部品を自動車工場に届けられなくなってしまい，全国の自動車工場は必要な部品を確保できずに，生産がストップしてしまった。

「そういうことですか。自動車工場は部品の在庫をもっていませんから，自動車の組み立てをストップせざるを得なくなったわけですね。それは大変です。」

現在の日本の工業は，ここまで見てきたようなさまざまな苦難・試練を乗り越えて成り立っているということだね。

Point　高度経済成長後の日本の工業

- **石油危機（オイル・ショック）**が起こり，**高度経済成長**が終わる。
- 石油危機後，金属工業や化学工業などの**素材型産業**の割合が減り，高い技術力が求められる**機械工業**の割合が高くなる。
- **円高**の影響や生産費を安く抑えられることから，工場を海外に移す企業が増える。→国内で製品をつくる力が衰える「**産業の空洞化**」。
- 中国は工業が急速に発展。→「**世界の工場**」と呼ばれる。
- 日本の工業は，世界金融危機による不況や東日本大震災の苦難を乗り越え，現在に至（いた）る。

工業地帯や地域が発達しているのはどこか？

日本で工業が発達している地域をざっと押(お)さえておこう。328ページの地図を見てごらん。日本の主な工業地帯・地域を表しているよ。工業地帯・地域とは，工場などの多くの工業施設(しせつ)が集中している工業がさかんなところだね。

「工業地帯と工業地域という呼び名は，何をもとに分けているのですか？」

これにはさまざまな考え方があるけど，代表的なものは第二次世界大戦前から発達しているところを工業地帯，第二次世界大戦後に発達したところを工業地域とする考え方だね。ほかにも，規模によって分ける考え方などがある。北九州(きたきゅうしゅう)工業地帯は，工業出荷額が伸(の)び悩(なや)んでいるため，近年は北九州工業地域と呼ばれることもあるよ。

「工業出荷額がほかの工業地帯・地域と比べて少ないわけですか。」

そういうこと。

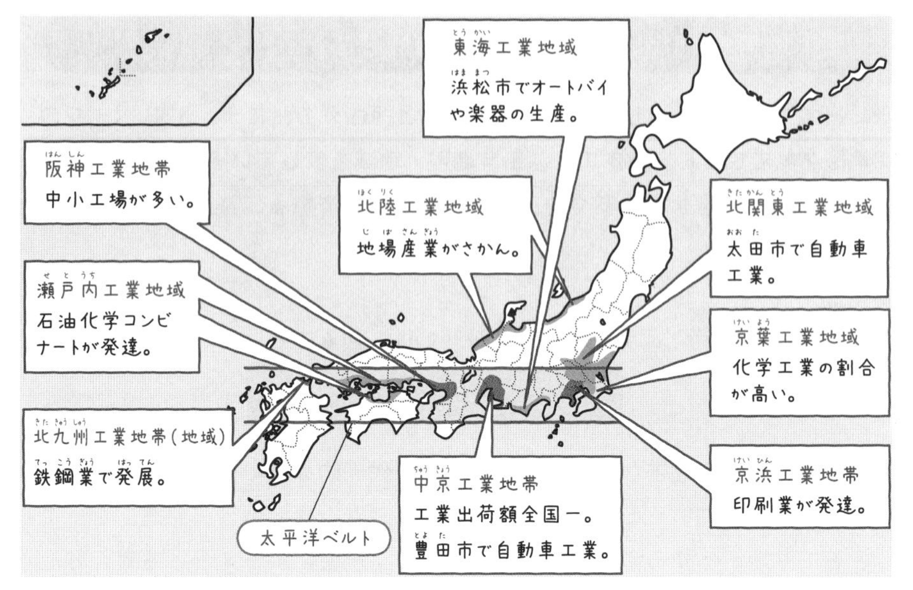

▲日本の主な工業地帯・地域

さて，上の地図を見ると，主な工業地帯・地域はどんなところに発達しているといえるかな？

「海沿いに広がっていますね。特に太平洋側の地域に集中しています。」

そのとおり。なぜ，海沿いに発達しているのだろうか？ 工業が発達するには，次のような条件が必要なんだ。①工場を建てることができる広い土地があること，②原料や製品を輸送するための交通網が整備されていること，③石油などの輸入や外国への製品の輸出に適した港があること，④豊富な労働力があること，⑤気候がおだやかなことなどだね。

「太平洋側の臨海部は，これらの条件をすべて満たすわけですね。」

そういうこと。地図にも示したけど，関東地方から九州地方北部にかけて帯のように連なる，工業地帯・地域が集中しているところを**太平洋ベルト**というよ。

Point　工業地帯・地域が発達しているところ

- **太平洋ベルト**→関東地方から九州地方北部にかけて帯のように連なる，工業地帯・地域が集中しているところ。

CHECK 15

つまずき度 !!!!!

➡ 解答は別冊 p.23

次の文の（　　）にあてはまる語句を答えなさい。

(1) 機械工業，金属工業，化学工業をまとめて（　　）工業，せんい工業，食料品工業，製紙・パルプ工業などをまとめて（　　）工業と呼ぶ。

(2) 1950年代後半から1970年代はじめまでは，日本の工業，そして経済が飛躍的に成長した。これを（　　）という。同じころ，発電などに利用されるエネルギー源の中心が，石炭から石油に変わった。これを（　　）という。

(3) 円高になると，輸出に（　　）利で，輸入に（　　）利となる。

(4) 四大公害病のひとつで，熊本県と鹿児島県の八代海沿岸の地域で起こったのは（　　）病である。原因は，化学工場の廃水に含まれていた（　　）であった。

(5) 国は公害対策に取り組むため，1967年，（　　）を制定した。1993年には，これにかわって，（　　）を制定し，地球規模の環境問題にも取り組むことなどを定めた。

(6) 関東地方から九州地方北部にかけて帯のように連なる，工業地帯・地域が集中しているところを（　　）という。

16章

日本の商業・サービス業・交通

外国の人が日本に来て驚くもののひとつに，鉄道の正確な運行がある。「混雑のため２分遅れての到着となります。誠に申し訳ございません。」などという鉄道内のアナウンスを聞いたことがある？

「あります。」

しかし，外国人の視点からすると，なぜわびるのか理解できない。鉄道が10分ぐらい遅れるのは当たり前だという感覚があるそうだ。

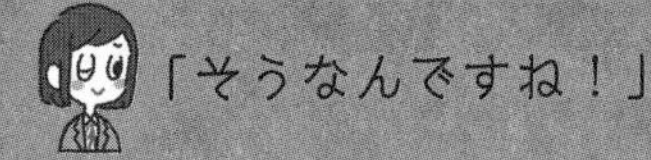

「そうなんですね！」

この章では日本の商業・サービス業と通信・交通について見ていくよ。

日本の商業・サービス業

日本の商業・サービス業の特徴とは？

日本の商業・サービス業の従事者は北アメリカやヨーロッパの国々と同様，全就業者数の半数を超えているよ。一般に発展途上国では農林水産業の就業者が多く，商業・サービス業の就業者が少なくなるんだ。先進国ではその逆になる傾向があるよ。

「ということは，日本は先進国ですね。」

そうなるね。さて，最近の日本の商業・サービス業の特徴だけど，第一に「コンビニエンスストア」の躍進がある。次のグラフを見てみよう。

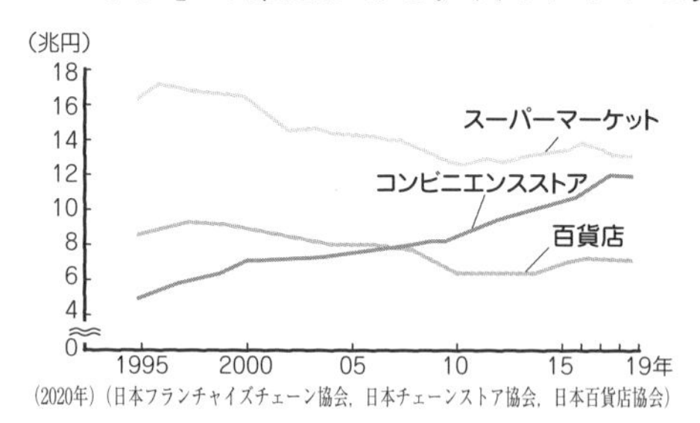

▲コンビニエンスストア・スーパーマーケット・百貨店の売上高の推移

「確かにコンビニエンスストアの売上高は急速に伸びているのに，スーパーマーケット，百貨店は減少傾向です。」

うん。これはコンビニエンスストアが，電気代・ガス代などの収納や，銀行のATM設置など時代の変化に合わせてサービスを拡大していること，情報を分析し，商品を効率的に管理するいわゆる**POSシステム**（販売時点情報管理システム）の活用を行っているためだ。

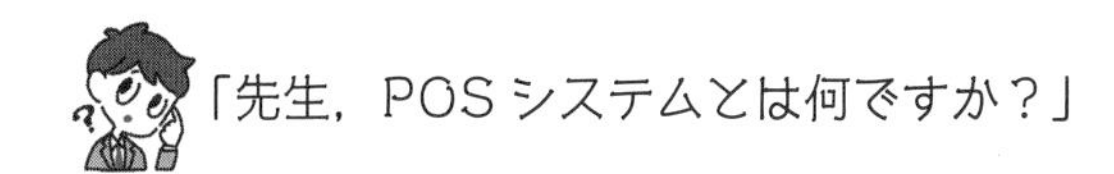

「先生，POSシステムとは何ですか？」

商品が売れたらその情報が本部に集約され，そのデータにもとづいてメーカーに商品が発注され，配送されてくるしくみだよ。無駄のない効率のよい販売のしくみだね。

お店のコンピュータと本部間，本部とメーカー間，本部・メーカーと共同配送センター間のやり取りにはインターネットが使われる。商品の輸送は自動車が中心だよ。

コンビニエンスストアの成功は，インターネットと自動車専用道路網を上手に活用した点にある。同じくインターネットと自動車専用道路網を活用して，**通信販売**も伸びているよ。

コンビニエンスストアは，今や百貨店の２倍以上の売り上げがあるんだ。

「インターネットなら家にいながら注文できますし，家まで宅配便などで商品を配達してもらえますものね。インターネットと交通網の整備が商業を変えたのですね。」

うん。ほかにもインターネット関連の**情報通信技術産業（ICT 産業）**や高齢化社会の進展に伴い，医療・福祉サービス業なども伸びている。その反面，古くからある商店街が衰えてきている。個人商店の活性化は大きな課題なんだ。

16-2 日本の交通

日本の交通網はどのように整備されたのか？

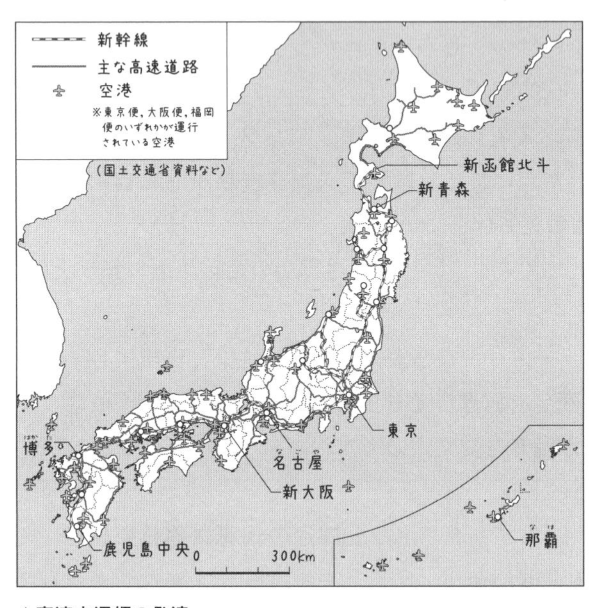

▲高速交通網の発達

上の図のように，交通網の中の高速道路網は，1963 年に初の高速道路である名神（めいしん）高速道路が開通して以来全国に整備されてきたよ。1963 年以前は，自動車は専用（せんよう）道路ではなく一般（いっぱん）道を走るしかなかったんだ。高速道路網の発達で，自動車の利便性は大きく向上したよ。

続いて日本の鉄道網の中でも人の移動（いどう）に重要な新幹線（しんかんせん）。

「新函館北斗（しんはこだてほくと）から鹿児島中央まで，新幹線で結ばれています。」

そうだね。1925 年に東京～大阪間は，11 時間以上かかっていたよ。現在（げんざい）の新幹線では，東京～新大阪間なら 2 時間 20 分，新函館北斗～鹿児島中央間は約10時間で行くことができる。もっと速いリニア中央新幹線も建設中だ。ところで，鉄道より高速の交通機関は何かな？

日本では，航空網も各地に発達しているよ。さて，次のグラフを見てほしい。何か気づいたことはあるかな？

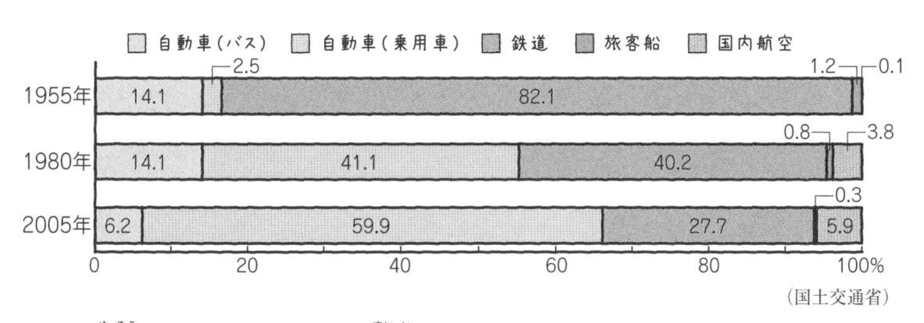

▲旅客輸送の輸送機関別分担率の推移

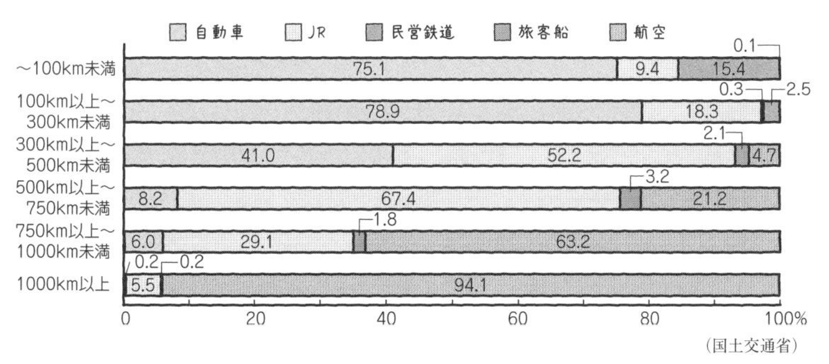

▲旅客輸送の距離帯別分担率

「上のグラフでは，自動車（乗用車）による輸送の割合が急増しています。鉄道の割合がもっとも低下しています。」

「下のグラフでは，近距離は自動車による輸送の割合が高いです。中距離だとJR（鉄道）の割合が高いです。」

そうだね。自動車による輸送の長所は，出発地から目的地まで直接，ドアトゥードアで行けることだ。しかし，環境への悪影響や交通渋滞などの短所もあるよ。

さて，335ページの上のグラフで自動車の次に大きく割合が増えているのは何かな？

「航空輸送です。1955年の0.1%から2005年には5.9%に増加しています。」

「距離帯別分担率のグラフを見ると，長距離ならば圧倒的に航空機の割合が高いです。」

そうだね。長距離の旅客輸送で航空輸送が多いのは，航空機のスピードが速いからだ。

貨物輸送についての次のグラフも見てみよう。

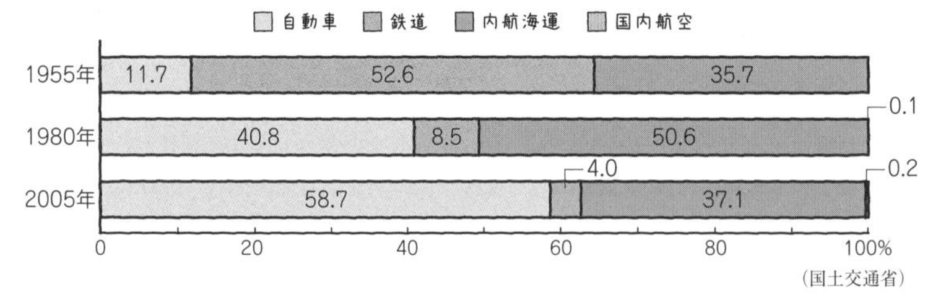

▲貨物輸送の輸送機関別分担率の推移

「こちらも自動車が割合を大きく伸ばしています。航空輸送は貨物の輸送だと，2005年の割合が0.2%と低いですね。」

うん。自動車はドアトゥードアで物を運べるからね。いっぽう航空機には，重くてかさばる物は運べない，運賃が高い，空港までのアクセスが悪いなどの欠点がある。だからIC（集積回路）など軽くて高価なものの輸送に使われるんだ。また，温室効果ガスの排出量の多さや騒音の大きさも問題だね。

「環境(かんきょう)には優(やさ)しくないですね。」

そうだね。

「貨物輸送では鉄道の割合が大きく減っていますね。ほとんど使われていないといってもいいくらいです。」

そうだね。ただし，鉄道には温室効果ガスの排出量は自動車より少ないというよい点があるよ。さて，次に船による輸送はどうかな？

「旅客輸送は極めて少ないです。」

「貨物輸送では自動車に抜(ぬ)かれたとはいえ，第２位です。」

うん。大きいものや重量のあるものを遠くまで運ぶ場合には，船が適(てき)しているね。しかし，時間がかかる点や天候の影響を受けやすい点が欠点なんだ。

CHECK 16

つまずき度 !!!

➡ 解答は別冊 p.23

次の文の（　　）にあてはまる語句を答えなさい。

(1) インターネットと自動車専用道路網の活用…（　　）ストア，通信販売が伸びている。

(2) 近年，旅客輸送の割合は（　　）>（　　）>航空機の順である。

(3) 近年，貨物輸送の割合は（　　）>船>（　　）の順である。

17章

北海道地方

北海道の面積は日本の総面積の約22%。そして九州の約2倍。

「北海道はデッカイドウ。」

「変なこと言うの，やめてください。」

耕地面積も日本全体の約26%，都府県平均の約15倍。漁業生産量も約23%を占める。

「おおざっぱにいうと，日本の食料の4分の1くらいは北海道産ということですね。」

そうだね。日本全体の食料自給率は約38%（2019年度，カロリーベース）。だけど，北海道だけでいうと約200%だ。

「まさに『日本の食料基地』なんですね。」

北海道地方

さぁ，ここからは日本を地方別に見ていこう。まずは北海道地方だよ。

北海道はどれだけ大きいのか？

次の資料を見てごらん。

地方別の面積

北海道地方	8万3424 km²	東北(とうほく)地方	6万6948 km²
関東(かんとう)地方	3万2433 km²	中部(ちゅうぶ)地方	6万6807 km²
近畿(きんき)地方	3万3126 km²	中国(ちゅうごく)地方	3万1922 km²
四国(しこく)地方	1万8803 km²	九州(きゅうしゅう)地方	4万4512 km²

※北海道地方には北方領土(ほっぽうりょうど)の面積を含(ふく)む。

（2019年）（2020/21年版「日本国勢図会」）

地方別の面積を比(くら)べてみよう。

「８つの県がある九州地方と４つの県のある四国地方を合わせた面積より，北海道だけのほうが広いんですね。」

「６つの県がある東北地方の面積よりも，また，９つの県からなる中部地方の面積よりも，北海道だけのほうが広いです。」

そう。北海道は日本の中で，もっとも面積が広い都道府県であり，本州の次に大きな島でもあるんだ。

Point　北海道の大きさ

- 北海道は日本で**もっとも面積が大きい都道府県**で，本州に次いで**2番目に大きい島**でもある。
- 北海道の面積は九州地方と四国地方を合わせた面積や，東北地方，中部地方の面積よりも大きい。

アイヌの人々とは？

「先生。もし，広大な北海道が他国の領土になってしまっていたら，日本の損失はかなり大きかったのではないですか？」

そうだね。そこで明治時代に入ると，日本政府は北海道の本格的な開発に乗り出したんだ。まず，開拓を進めるための拠点となる**開拓使**という役所を札幌に置いた。そして**屯田兵**という農兵が北海道に送られる。屯田兵は北海道を開拓しながら，警備にあたる兵士の役目も果たしているよ。また政府は，北海道への移住も奨励した。それまで原野が広がっていた札幌は，碁盤の目状に道路が整備されたんだ。

「平城京や平安京のようですね。」

うん。札幌は広い平野，大きい川もあるし，夏には気温も上がり，比較的過ごしやすい気候なので北海道の人口の3分の1以上が集中している。

さて，北海道の開発が進むいっぽうで，昔から北海道に住んでいた**アイヌの人々（アイヌ民族）**は独自の生活と文化を奪われてしまったんだよ。

「先生，アイヌの人々についてくわしく教えてください。」

遺跡の調査などにより，北海道には2万年くらい前から人類が住んでいたことがはっきりしているけど，彼（かれ）らがアイヌの人々の起こりではないかといわれているよ。彼らは北海道の豊（ゆた）かな自然の中で漁や猟（りょう）をして，平和に暮（く）らしていたんだ。

最近はアイヌの人々の文化を保護（ほご）する動きが見られるようになっているよ。また，アイヌ民族が，日本の先住民族であることが法律でも認（みと）められたんだ。

Point　アイヌの人々

- 北海道は明治時代，**開拓使**が置かれ，**屯田兵**により開拓が進む。
- 北海道には昔から先住民の**アイヌの人々**が暮らす。
 →明治時代，開拓により独自の生活と文化を奪われる。
- 現在はアイヌの人々の文化を保護する動きが見られる。

北海道の地形や気候の特色とは？

次は，北海道の地形を見てみよう。次ページの地図を見て，気づいたことを言ってみて。

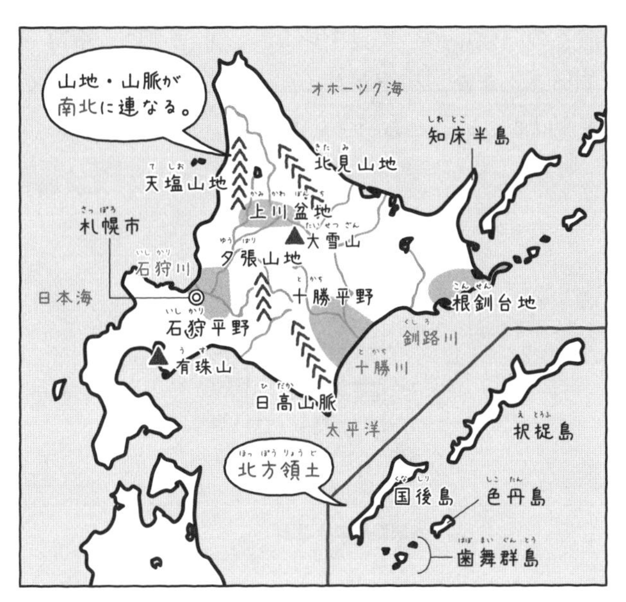

▲北海道地方の主な地形

「中央部は山地・山脈が多いですね。**天塩山地**，**北見山地**，**夕張山地**，**日高山脈**がまるで『ハリ』という字のように並んでいます。」

17章

「真ん中には，**大雪山**がありますね。」

平野はどこに広がっているかな？

「夕張山地の西側，石狩川の流域に**石狩平野**が広がっています。石狩平野には道庁所在地の**札幌市**がありますね。」

そうだね。石狩平野は日本海側にある。太平洋側にはどんな平野があるかな？

「十勝川の流域に**十勝平野**が広がっています。東部には**根釧台地**が広がっていますね。」

次に，北海道の気候について見ていこう。北海道は，**冷帯（亜寒帯）の気候**に属している。また，梅雨がなく，台風の影響を受けにくい。夏は涼しく，冬の寒さは厳しいことも特色だよ。

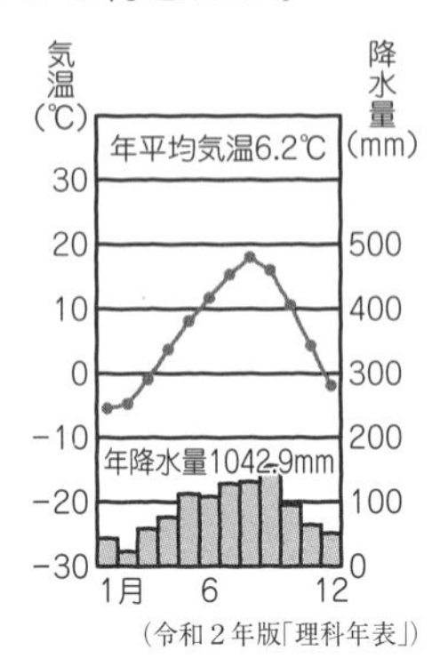

（令和２年版「理科年表」）

▲釧路市の雨温図

さて，上は釧路市の雨温図だよ。

北海道の内陸部は冬に気温が−20℃以下になることも多い。そこで，北海道の家は，玄関の扉や窓を二重にするなどの寒さ対策を行っている。また，雪が多いため，屋根の傾きを急にして，雪が落ちやすいようにしている家もある。ほかにも，道路が凍結しないように，電熱線や温水パイプを入れた**ロードヒーティング**という設備が整えられているよ。

「釧路市は夏の気温もあまり高くないですね。」

そう。札幌市などの日本海側や内陸部は，夏に少しは気温が上がるんだけど…。釧路市などの太平洋側で，夏の気温が上がらない原因の１つに**濃霧**がある。釧路市では，年間 100 日以上霧が発生するよ。

「なぜ，釧路市では，夏に霧が発生することが多いのですか？」

それは，夏に南東から吹く湿った季節風が，近くを流れる寒流の親潮（千島海流）で冷やされるからだよ。このように北海道の太平洋側では夏，濃霧が発生するため，日照時間が短く，気温も上がらないんだ。稲作などには向いていないことがわかるよね。

Point 北海道の地形や気候の特色

- 中央部に**天塩山地**や**北見山地**，**日高山脈**などが連なる。
- 石狩川流域に**石狩平野**，十勝川流域に**十勝平野**が広がる。東部には**根釧台地**が広がる。
- 気候は**冷帯（亜寒帯）の気候**で，冬の寒さが厳しい。梅雨がなく，台風の影響を受けにくい。
- 北海道の寒さ対策→扉や窓を二重にする。**ロードヒーティング**など。
- 太平洋側は夏に**濃霧**が発生し，気温が上がらない。

石狩川流域でさかんな農業とは？

さて，ここからは北海道の農業について解説(かいせつ)するよ。北海道の畑作農家1戸当たりの耕地(こうち)面積は全国平均(へいきん)の10倍以上で，大型機械を使った大規模(だいきぼ)な農業が行われている。耕地面積は全国一だよ。ここでは石狩川流域，十勝平野，根釧台地の3つの地域(ちいき)について，詳しく見ていこう。まず，石狩川流域から。

石狩川は旭川(あさひかわ)市などがある**上川盆地(かみかわぼんち)**を流れたあと，**石狩平野**に至(いた)る。上川盆地や石狩平野は，広大な平地が広がり，豊富(ほうふ)な水に恵(めぐ)まれているとともに，夏の日照時間が長く，昼と夜の気温差が大きい地域だよ。つまり，稲作に適(てき)した土地なんだ。

「では，昔から稲作がさかんだったんでしょうね。」

しかし，稲作がさかんになるまでには大変な苦労があった。石狩平野はかつて，植物が腐(くさ)りきらずに堆積(たいせき)した**泥炭地(でいたんち)**と呼ばれる土地が広がっていたんだ。泥炭地では農業ができない。そこで，**客土(きゃくど)**を行った。客土とは，ほかの土地から農耕に適した土を運び入れて，土地の性質(せいしつ)を変えることだよ。

「米をつくるために努力したのですね…。すごいです!!」

日本人の稲作にかける情熱(じょうねつ)はものすごいよ。また，泥炭地は大量の水を含むので，排水(はいすい)工事をして，土地を改良したんだ。さらに，冷涼(れいりょう)な北海道でも稲がよく育つように，**品種改良**も行われ味も向上したよ。

Point　石狩川流域でさかんな農業

- 北海道では大型機械を使った，大規模な農業が行われている。
- 石狩川流域に広がる**上川盆地**や**石狩平野**では**稲作**がさかん。
- 石狩平野は**泥炭地**が広がっていたが，**客土**や排水工事により，稲作に適した土地にかえた。**品種改良**も行う。→稲作がさかんになった。

十勝平野でさかんな農業とは?

さて，続いて北海道の南部，**十勝平野**の農業について。十勝平野は，ふもとで馬の放牧がさかんな日高山脈の東側に広がっている。火山灰(かざんばい)が積もってできた土地で，広大な平地となっているよ。次の写真を見てみよう。

▲十勝平野のようす

「どこまでも平らな土地が続いていますね。十勝平野でも石狩平野と同じように稲作がさかんなのですか？」

いや，そうではない。十勝平野は火山灰地だから，水はけがよすぎて水田には不向きなんだ。よって稲作はあまりさかんではないよ。さらに沿岸部では夏，濃霧が発生し，冷涼な気候なんだ。そこで**酪農**(らくのう)が行われているよ。酪農とは何だったっけ？

「乳牛を飼(か)い，牛乳やチーズ，バターなどの乳製品(せいひん)をつくる農業です。」

そのとおり。下の絵が乳牛だよ。

▲乳牛

北海道の乳牛は乳がよく出るように長い年月をかけて品種改良されている。

乳牛の原産地はオランダやイギリスなんだ。オランダやイギリスは北海道よりも高緯度(こういど)で，比較的冷涼な気候だよ。そのため，乳牛も冷涼な気候を好み，北海道の気候に向いていた。日本の乳牛の半分以上が北海道で飼育(しいく)されているよ。

さて，十勝平野の内陸部は夏に気温が上がる。これをいかして，広い耕地で大型機械を使った大規模な**畑作**が行われているんだ。しかし，問題点もあった。

「先生，問題点とは何ですか？」

同じ農作物をずっとひとつの畑でつくっていると，その農作物が必要とする栄養分だけが消費されてしまい，土地がダメになってしまうんだ。同じ農作物をひとつの畑で続けてつくることを**連作**というよ。連作によって土地の栄養分が少なくなってしまい，農作物がうまく育たなくなることを**連作障害**という。この連作障害を防ぐために**輪作**を行うんだ。

「輪作とは何ですか？」

同じ耕地でいくつかの種類の農作物を，一定の期間順番につくる方法だよ。次の図を見てごらん。

	1年目	2年目	3年目	4年目
畑1	小麦	じゃがいも	てんさい	スイートコーン
畑2	スイートコーン	小麦	じゃがいも	てんさい
畑3	てんさい	スイートコーン	小麦	じゃがいも
畑4	じゃがいも	てんさい	スイートコーン	小麦

▲輪作のしくみ（例）

「なるほど。畑が4つあります。畑1では，小麦→じゃがいも→てんさい→スイートコーンの順に栽培していくわけですね。」

そのとおり。同じ種類の農作物を続けて栽培しないように工夫しているんだ。このような工夫をすることで，北海道の大地のパワーが引き出される。北海道は農業産出額が全国一の「日本の食料基地」となっているよ。

さらには，とうもろこしや大豆，にんじん，そば，だいこん，かぼちゃなど生産量が全国一の農作物がたくさんあるんだ。ほかにも砂糖の原料であるてんさいの国内生産量は，北海道が100％を占めている。てんさいは寒冷な地域に適した農作物だよ。

「すごいです !! 北海道は多くの農作物が生産量全国一なのですね。
そういえば米も新潟県と全国一を争っていましたよね。」

「でも，これだけ多くの農作物をどうやって覚えればいいのかしら
…。」

では，よい覚え方を紹介しよう。牛肉，じゃがいも，にんじん，たまねぎ，米を使った料理で思いつくものはないかな？

「カレーライスですね !!」

そう。カレーライスの材料の多くは，北海道が生産量全国 1 位なんだ。また，小麦はパンの材料だね。これらのことをまとめて，暗記法をつくってみたよ。

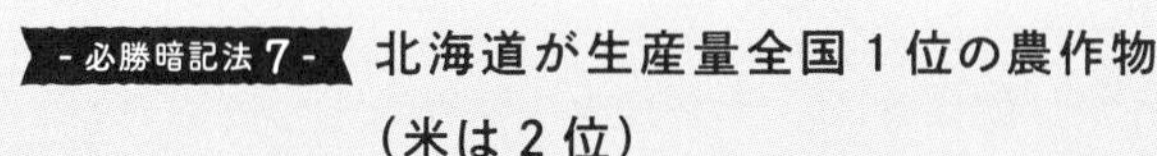

(米は 2 位)

コーンと **豆** 入り
(とうもろこし) (大豆・あずき)

ビーフカレーライスに
(肉牛，じゃがいも，にんじん，たまねぎ，米)

パンと**そば**を食べ，さらに**だいこん**と
(小麦)

かぼちゃのサラダも食べて，**天 才** になろう !!
(てんさい)

「カレーライスとパンに加えてそばまで食べたら，おなかいっぱいです。ところで，先生。デザートはないのですか？」

わかった。十勝平野から少し離れるけど，夕張市付近でつくられているメロンをデザートとして紹介しよう。

「あっ，夕張メロン。知っています。東京では5000円くらいで売られていたような…。10000円以上するものもあるようです。」

「なぜ，こんなに値段が高いのですか？」

メロンはどちらかといえば，傷みやすい農作物だからね。

「わかりました。傷まないように，飛行機で東京などに運ばれることが関係しているのではないですか？」

そのとおり。夕張メロンを夕張市で買えば，もっとお手ごろな価格で手に入れることができるよ。

「どうしても輸送費がかかってしまうわけですね。」

もちろんそれだけではなく，大変な手間をかけてつくられているし，ビニールハウスの暖房費などにもお金がかかる。また，夕張市は現在，大変な状況になっているんだ。財政が破綻し，2007年に国から財政再建団体に指定されている。現在は国の指導のもと，財政再建中だよ。

「なぜ，そんな状況になってしまったのですか？」

もともと夕張市は，夕張炭鉱で栄えた町だった。**室蘭市**に北海道で唯一の**製鉄所**があるのも，夕張炭鉱の石炭を利用できたからだよ。しかし，エネルギーの中心が石炭から石油にかわったエネルギー革命によって，夕張炭鉱は衰え，閉山してしまった。そして，夕張市も衰退したんだ。

下の資料はメロンの生産量ランキングだよ。

メロンの生産量ランキング

1位 茨城県 4.0万t　2位 熊本県 2.2万t　3位 北海道 2.2万t

（2018年）（2020/21年版「日本国勢図会」）

2位と3位はよく入れ替わるよ。

Point　十勝平野でさかんな農業

- **十勝平野**は火山灰が積もってできた土地で，広大。
- 冷涼な気候をいかして，乳牛を飼い，牛乳やチーズ，バターなどをつくる**酪農**がさかん。肉牛の飼育頭数も全国一。
- 大規模な**畑作**を行う。**連作障害**を防ぐため，**輪作**などの工夫をする。

→とうもろこし，大豆，あずき，じゃがいも，にんじん，たまねぎ，小麦，そば，だいこん，かぼちゃ，てんさいなど多くの農作物を栽培。

根釧台地でさかんな農業とは？

最後に**根釧台地**について見ていこう。根釧台地は夏に濃霧が発生して，気温があまり上がらないんだ。また，土地もやせていて，農業には向かなかった。さて，ここで生活していくためにはどうすればよいだろうか？

「冷涼な気候に適した**酪農**がよいのではないですか？」

そのとおり。根釧台地には，1950年代にパイロットファーム（酪農の実験農場）が，1973年に新酪農村がつくられた。現在，根釧台地は日本を代表する酪農地帯となっているよ。

Point 根釧台地でさかんな農業

- 冷涼な気候に適した**酪農**がさかん。日本を代表する酪農地帯。
- 1950 年代にパイロットファーム，1973 年に新酪農村がつくられた。

北海道の漁業の特色とは？

次に北海道の漁業について見ていこう。次のグラフを見てごらん。何か気づくことはある？

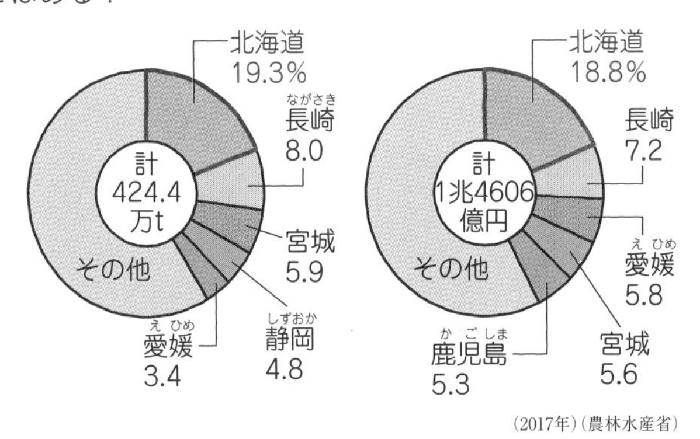

▲海面漁業・養殖業の漁獲量（左）と生産額（右）の都道府県別割合

「北海道は漁獲量がダントツで全国一なのですね。日本全体の漁獲量の約 5 分の 1 を占めていることがわかります。」

「生産額でも全国一なのですね。」

漁業に従事する人の数も全国一だよ。なぜ，北海道ではここまで漁業がさかんなのかな？ 次ページの地図に答えがあるよ。

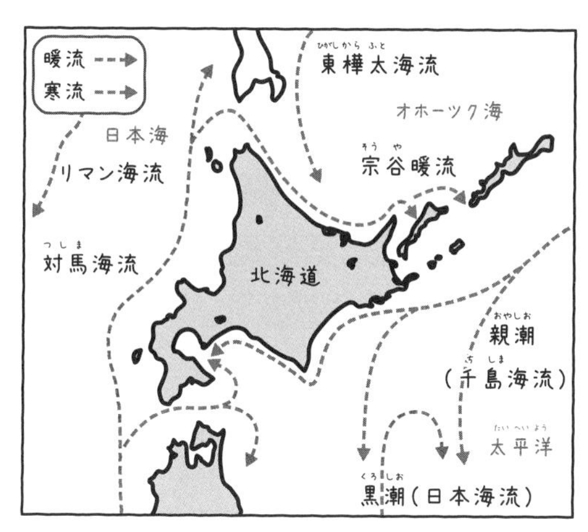

▲北海道周辺の海と海流

「**オホーツク海**，**日本海**，**太平洋**の３つの海に囲まれていることが関係してそうですね。」

「近海を**対馬海流**や**親潮（千島海流）**などが流れていることがわかります。おそらくいろいろな魚が獲れるのではないでしょうか？」

二人とも正解だね。それでは，北海道ではどんな魚介類が獲れるのかな？下のグラフを見て。

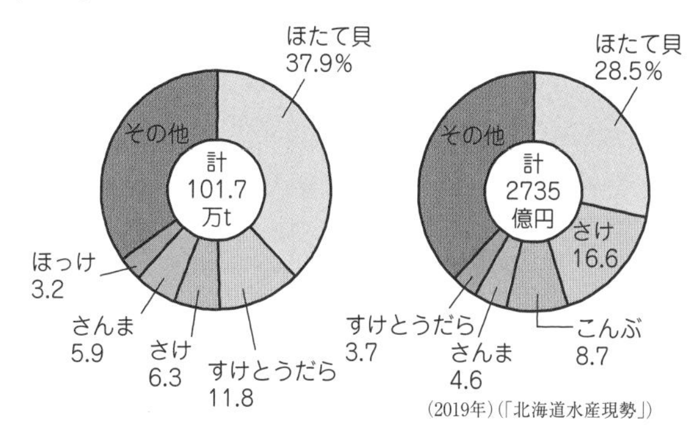

▲北海道の魚種別漁獲量（左）と生産額（右）の内訳

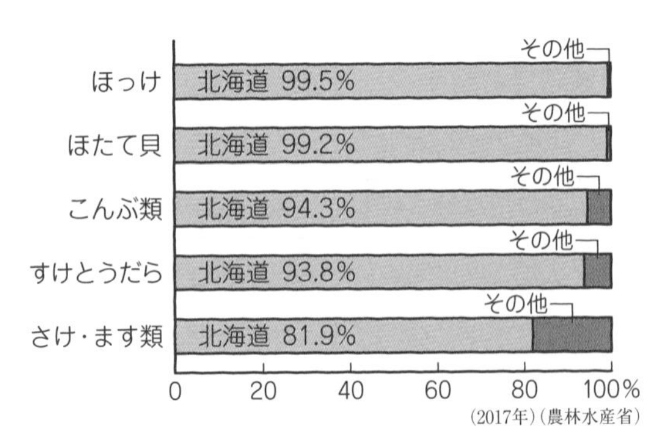

▲主な魚介類の漁獲量（海面漁業）に占める北海道の割合

「北海道でもっとも多く獲れる魚介類は**ほたて貝**なのですね。漁獲量，生産額ともに１位です。」

「帯グラフのほうに注目すると，**ほっけ**，**ほたて貝**，**こんぶ類**，**すけとうだら**，**さけ・ます類**の北海道の漁獲量は圧倒的（あっとうてき）なのですね。どれも全国の80%以上を占めていることがわかります。」

そう。ちなみに，ほたて貝の漁獲量（海面漁業）ランキングは**１位北海道**，**２位青森県**。ほたて貝は，寒い海を好む貝であることがわかるね。

▲ほたて貝

また，北海道の漁業では**北洋漁業**（ほくよう）についても押（お）さえておこう。北洋漁業は，オホーツク海や北太平洋などで行う遠洋漁業で，すけとうだら，さけ，ますなどを獲っているよ。**釧路港**は北洋漁業の基地（きち）として発展（はってん）した。しかし，各国が**排他的経済水域**（はいたてきけいざいすいいき）を設定して，他国の漁業を制限（せいげん）したことにより，北洋漁業の勢いは衰え，釧路港の地位も低下したんだ。

★Point　北海道の漁業の特色

- 北海道は**漁獲量・生産額ともに全国一**。→**オホーツク海，日本海，太平洋**に囲まれ，**対馬海流**や**親潮（千島海流）**などが流れる豊かな漁場。
- 北海道でもっとも多く獲れる魚介類は**ほたて貝**。すけとうだら，こんぶ，ほっけ，さけ・ます類など多くの魚介類が獲れる。
- かつてさかんだった**北洋漁業**は衰退。**釧路港**の地位は低下。

北海道の工業の特色とは？

最後に北海道の工業について見ていこう。ここまでで北海道は農業も漁業もとてもさかんなことがわかったね。さて，農業も漁業もさかんであるなら，どんな工業が発展すると思う？

「先生，わかりました。農作物や魚介類を加工する**食料品工業**が発展するのではないですか？」

大正解。次のグラフを見てみよう。北海道の製造品出荷額割合（せいぞうひんしゅっかがくわりあい）では食料品がもっとも高く，約 35％を占めている。

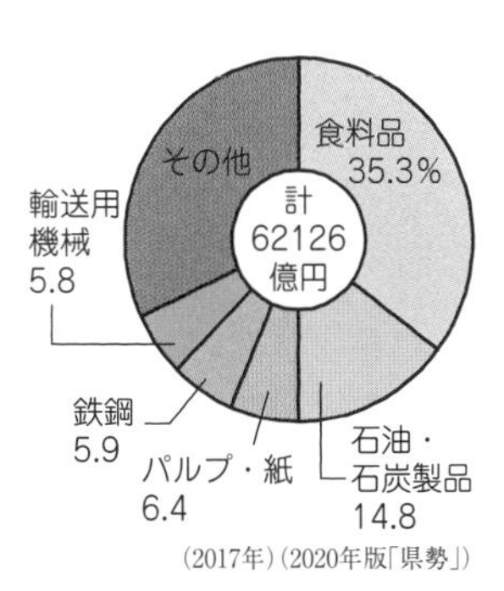

▲北海道の製造品出荷額割合

「**製紙・パルプ工業**もさかんなようですね。」

うん。豊富な木材資源をいかして，**苫小牧市**などで製紙・パルプ工業がさかんなんだ。苫小牧港は掘り込み港で，貨物取扱量は北海道一だよ。

さて，北海道と本州の間には津軽海峡があり，昔から物資や人の輸送には主に船が使われてきた。しかし，1988年，北海道と本州は鉄道でつながった。

「お～!! 便利になったのですね。」

1988年，北海道と青森県との間に**青函トンネル**が開通し，鉄道輸送が可能になった。これは人々の暮らしや北海道の産業に大きな影響を与えたよ。

また，寒くて雪が多いこと，温泉がたくさんあることなどをいかして，**観光業**も盛んだ。毎年約200万人の観光客を集める**さっぽろ雪まつり**が有名だ。流氷の上を歩くツアーもある。北海道は自然豊かだ。例えば，**知床**が世界遺産の自然遺産に登録されている。また，国際的に重要な水鳥や湿地を守るためのラムサール条約により指定された湿地が日本には52か所あるけど，そのうち13か所は北海道にある（2020年）。

「先生，観光客が増えると，自然が破壊される恐れはありませんか？」

心配だよね。地域の自然や文化を壊さないように，自然や文化を体験したり学んだりしながら楽しむ観光を**エコツーリズム（エコツアー）**というんだ。北海道ではこのエコツーリズムがさかんなんだよ。自然環境の保全と観光を両立させようとしているんだね。

Point　北海道の工業の特色

- 豊富な農作物や畜産物（ちくさん），魚介類を加工する**食料品工業**がさかん。
- 森林資源をいかした**製紙・パルプ工業**も発展。→苫小牧市など。

CHECK 17

つまずき度 !!!!!

➡ 解答は別冊 p.23

次の文の（　　）にあてはまる語句を答えなさい。

(1) 明治時代，北海道を開拓するため，札幌に（　　）という役所が置かれ，（　　）という農兵が北海道に送られた。

(2) 択捉島，国後島，色丹島，歯舞群島からなる（　　）は，日本固有の領土だが，現在，ロシア連邦が不法に占拠している。

(3) 北海道の先住民は（　　）の人々である。

(4) 石狩平野は，ほかの土地から農耕に適した土を運び入れて，土地の性質を変える（　　）を行った。

(5) 北海道東部に広がる，日本を代表する酪農地帯は（　　）台地である。

18章

東北地方

東北地方の農家は稲作のために頑張ってきた。一番恐れたのは夏の冷たい風,「やませ」だ。太平洋側で農家を営む人々にとってこれほど恐ろしいものはない。

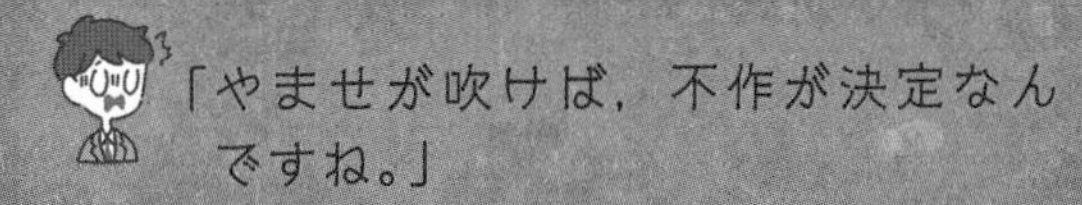

「やませが吹けば，不作が決定なんですね。」

そう。今までの努力が水の泡となる。だから，何とか，豊作になるように祈った。それが東北三大祭りの始まりだといわれている。

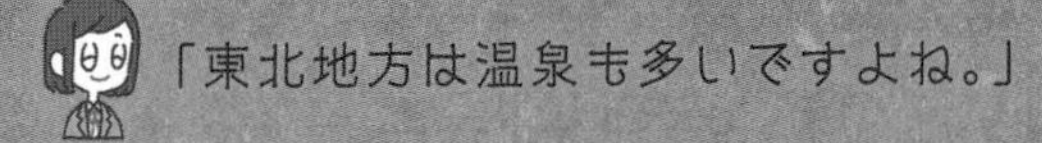

「東北地方は温泉も多いですよね。」

そうだね。奥羽山脈のあたりは特に多いね。お土産となる伝統的工芸品の生産も多いよ。

18-1 東北地方

なぜ東北地方では祭りがさかんなのか？

さて，次は東北地方について見ていこう。東北地方といえば，二人は何を思い浮(う)かべるかな？

「お祭りが有名ですよね。」

そうだね。特に**東北三大祭り**が有名だよ。東北三大祭りとは，青森(あおもり)市（青森県）で行われる**青森ねぶた祭**，秋田(あきた)市（秋田県）で行われる**秋田竿燈(かんとう)まつり**，そして，東北地方の**地方中枢都市**である仙台(せんだい)市（宮城(みやぎ)県）で行われる**仙台七夕(たなばた)まつり**。これらの祭りは，すべて旧暦(きゅうれき)の７月，つまり新暦の８月上旬(じょうじゅん)に行われるよ。

▲青森ねぶた祭

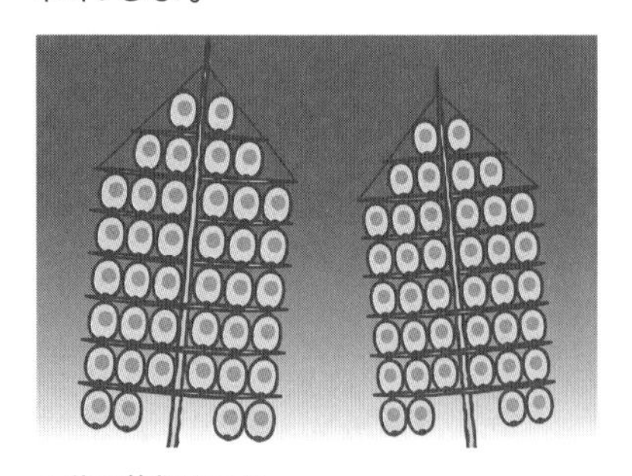

▲秋田竿燈まつり

▲仙台七夕まつり

「なぜ８月に行われるのですか？」

東北地方は夏が短く，冬が長い。冬になると深い雪に覆われ，積雪量が3ｍを超えるところもあるんだ。建物の一階部分が埋まってしまうこともめずらしくないよ。

「いつも雪かきするのは大変でしょうね…。」

それだけ雪が降ると，冬の間は祭りを行うのは厳しいよね。雪が降らない間は農作業中心の生活なので，農作業が一段落してみんなが集まれる期間はどうしても限られる。それが８月上旬なんだ。また，七夕はもともと豊作を祈る行事だったといわれているよ。先ほど紹介した秋田竿燈まつりの絵を見ると，長い竹竿に提灯をつけているのがわかると思う。これを竿燈といい，たわわに実った稲穂を表しているんだ。

「東北地方では，稲の収穫前の８月に祭りを行って，みんなで豊作を祈ったわけですね。」

「しかし，なぜ大がかりな祭りを行ってまで，豊作を祈ったのでしょうか？」

それは東北地方の農業に影響をもたらすあるものの存在が大きいんだけど…。これについては，後で詳しく説明するね。

Point　東北地方で祭りがさかんな理由

- **青森ねぶた祭，秋田竿燈まつり，仙台七夕まつり**の東北三大祭りはすべて８月上旬に行われる。もともと豊作を祈る行事だった。
- 東北地方の冬は雪が深く，冬以外で農作業が一段落するのは８月上旬だったことから，同時期に祭りが集中した。

東北地方の地形と気候の特色とは？

東北地方の地形と気候について説明しよう。また，その自然条件がどのような産業をさかんにさせたのか，探っていこう。

次の地図を見てごらん。東北地方に属する県を，青森県から時計回りに全て読み上げてみて。

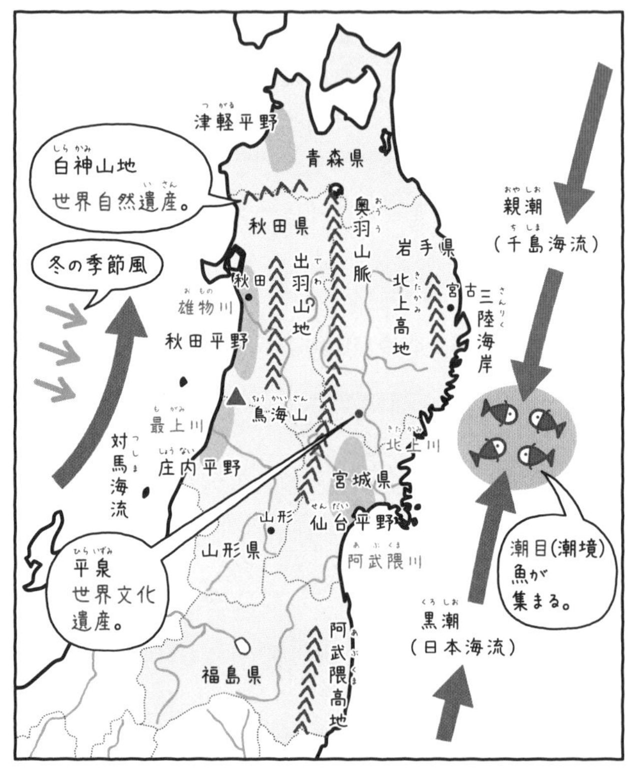

▲東北地方の地形図

「青森県，岩手県，宮城県，福島県，山形県，秋田県です。」

東北地方はかつて「奥羽」と呼ばれていたけど，明治時代になって「東北」と改められた。上の地図を見ると，「奥羽」の名を残す地形名があるよね。見つけられるかな？

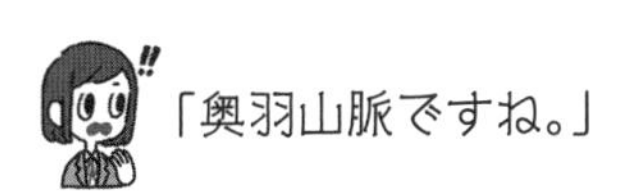

「奥羽山脈ですね。」

そう。東北地方の中央部には，南北約 500 km にわたって**奥羽山脈**が連なっている。他に山地・山脈はあるかな？

「奥羽山脈の西側に**出羽山地**，東側に**北上高地**が南北に連なっていますね。また，福島県東部には阿武隈高地があります。」

「青森県と秋田県の県境には**白神山地**がありますね。」

うん。白神山地は日本最大級のぶなの原生林が広がり，貴重な動物が生息していて，1993 年に**世界遺産（自然遺産）**に登録されたんだ。東北地方では，岩手県の**平泉**と**橋野鉄鉱山**も世界遺産（文化遺産）に登録されているよ。

続いて，東北地方の地形と気候の関係を見ていこう。左下の宮古市（岩手県）の雨温図を見てごらん。夏の気温があまり上がっていないね。

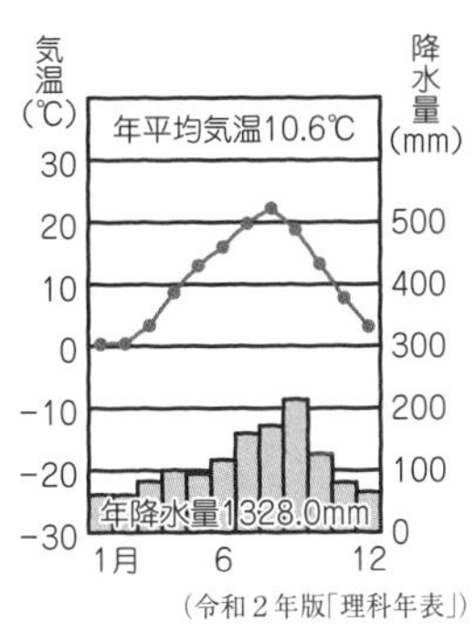

▲宮古市の雨温図

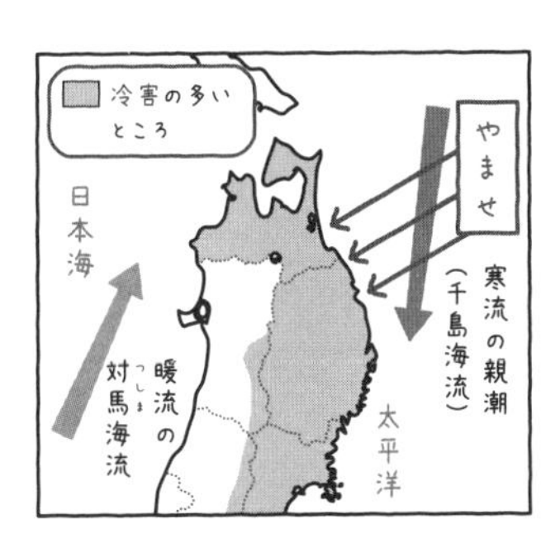

▲やませのしくみと冷害

さて，右上の図を見てみよう。東北地方の太平洋側は，夏に寒流の親潮（千島海流）の上を通って吹いてくる，冷たく湿った北東風の影響で，気温が上がらず，日照時間も不足することがある。この冷たく湿った北東風を**やませ**というんだ。やませは農業にも影響を与えるよ。気温が上がらず，日照時間が不足すると，農作物が十分に育たなくなる。これを**冷害**というよ。

覚えておこう。

　ところで，次の詩を知っているかな？　この「雨ニモマケズ」を書いた宮沢賢治は岩手県の花巻市出身だよ。実はこの詩には，「やませ」について触れている部分があるんだ。その部分はどこだろう？

「雨ニモマケズ」　宮沢賢治

（原文）
雨ニモマケズ／風ニモマケズ／雪ニモ夏ノ暑サニモマケヌ／丈夫ナカラダヲモチ／（中略）ヒドリノトキハナミダヲナガシ／サムサノナツハオロオロアルキ／ミンナニデクノボートヨバレ／ホメラレモセズ／クニモサレズ／サウイフモノニ／ワタシハナリタイ

（現代仮名遣い）
雨にも負けず／風にも負けず／雪にも夏の暑さにも負けぬ／丈夫なからだをもち／（中略）日照りのときは涙を流し／寒さの夏はおろおろ歩き／みんなにでくのぼーと呼ばれ／ほめられもせず／苦にもされず／そういうものに／わたしはなりたい

「わかりました。『サムサノナツハオロオロアルキ』のところですよね。」

「『おろおろ歩き』の表現には，『もうどうしていいかわからない』という，途方に暮れた農民の気持ちが強く表れていると思います。」

「もしかして，東北地方の人たちが大がかりな祭りで豊作を祈るようになったことには，このやませが関係しているのではないですか？」

　なかなか鋭いね。東北地方の人たちはやませが吹かないように強く願ったことだろうね。最近は，農業技術の進歩や稲の品種改良により，やませの影響で冷害が起こることは以前より少なくなったよ。

Point 東北地方の地形と気候の特色

- 中央部を南北に**奥羽山脈**が連なる。青森県と秋田県の県境に，**世界自然遺産**に登録されている**白神山地**がある。
- 夏は**寒流の親潮（千島海流）**の上を吹いてくる，冷たく湿った北東風の**やませ**の影響で，気温が上がらず，日照時間も不足して**冷害**が発生することもある。

東北地方の沿岸部に住む人々の暮らしの特色とは？～農業～

さて，次に東北地方の人々の暮らしについて見ていこう。沿岸部と内陸部に分けて説明していくことにするよ。まず，沿岸部に住む人々の暮らしの特色から見ていこう。

東北地方の沿岸部は大きな川が流れ，豊富(ほうふ)な雪どけ水に恵(めぐ)まれているんだ。また，夏はある程度(ていど)気温が高くなる温暖湿潤(しつじゅん)の気候で，夜間は気温が低くなる。これはおいしい米のできる条件だね。だから，東北地方では**稲作**がさかんになった。

ここで，東北地方の大きな川の名前と位置を必勝暗記法で押(お)さえておこう。取り上げるのは，阿武隈川，北上川，米代(よねしろ)川，雄物(おもの)川，最上(もがみ)川の５つ。地図帳などとも照らし合わせてみよう。

-必勝暗記法8- 東北地方の主(おも)な川(阿武隈川から反時計回り)

阿武隈川 北上川 米代川 雄物川 最上川
あ～!きた よ。大物，最上川。

「なぜ，最上川が大物なのですか？」

それはもうあれだよ…。そう，松尾芭蕉(まつおばしょう)の「五月雨(さみだれ)を 集めてはやし 最上川」という有名な俳句(はいく)もあるぐらいだからね。この俳句からもわかるように，最上川は流れが速い川で，日本三大急流のひとつなんだ。

「う～ん。一応(いちおう)，納得(なっとく)しました（笑）。」

さて，最上川は高い山々から流れ出している。しかし，流れが速くなるためには，水の量もたくさん必要だよね。つまり，最上川は水量も豊富なわけだ。なぜだろうか？ ヒントは東北地方の冬の気候だよ。

「東北地方の冬といえば，雪ですね。」

「わかりました!! 冬に積(つ)もった雪が，春から初夏にかけてとけるからではないですか？」

正解。最上川に限らず，冬に降った雪が春になってとけて，東北地方に豊かな水資源をもたらすんだ。この豊かな水に加えて，先ほど話した夏にある程度気温が高くなる温暖湿潤の気候，夜間の気温が低い自然条件をいかして，東北地方では稲作がさかんになった。

だから，稲作がとてもさかんな東北地方は日本の**穀倉地帯**と呼ばれているんだよ。

中でも秋田県は米の生産量が東北一で全国でも第３位（2019年）。秋田県で米の生産量が多い理由に，近海を暖流の対馬海流が流れているため，緯度のわりに気温は低くならないということがあるよ。また，先ほど取り上げたやませの影響を受けないことも大きいね。なぜだかわかる？ 地形に注目して考えてみて。

「わかりました。東側に連なる奥羽山脈が，やませを防いでくれるからではないですか？」

よくわかったね。冷たく湿った風のやませは奥羽山脈にぶつかって，その後，乾燥した高温の風となり，秋田県に吹き降ろすんだ。これがいわゆる**フェーン現象**だよ。ちなみに秋田県に吹くこの乾燥した風は，現地では「宝風」と呼ばれている。稲の発育をよくして，豊作をもたらす風なんだ。

「太平洋側の地域ではあれだけ恐れられていたやませが，秋田県では宝風になるのですね。驚きです。」

また秋田県には，かつて日本で２番目に大きい湖の**八郎潟**があったんだけど，1950年代から大規模な干拓が行われ，大潟村となった。その大潟村で稲作がさかんになったことも，米の生産量が多くなった要因のひとつだよ。干拓などによって，新しく広い農地をつくった場合，どのような利点があると思う？

「北海道と同じように，大型機械をフルに活用した大規模な農業ができることではないでしょうか。」

そのとおり。現在，大潟村では米のほかにも，大豆や麦類など，さまざまな農作物がつくられているよ。大潟村については，以前学習したように**北緯約40度**にあって，中国の首都のペキンなどとほぼ同じ緯度であることを覚えておいてね（248ページ）。また，秋田県で多く生産されている**銘柄米（ブランド米）**は，**「あきたこまち」**であることも押さえておこう。

さて，東北地方の米の生産量第２位は山形県で，第３位は宮城県だよ。

稲作がさかんな山形県の庄内平野には，最上川が流れている。江戸時代には，最上川の河口の**酒田市**に東北地方の米が集められ，ここから東日本の各地に運ばれたんだ。また，宮城県でもっとも多くつくられている銘柄米は**「ひとめぼれ」**であることも覚えておこう。

「先生，東北地方で稲作がさかんなことはよくわかりました。米以外で，生産がさかんな農作物を教えてください。」

うん。まずは青森県の**りんご**を紹介しよう。特にりんごの栽培がさかんなのは**津軽平野**だね。津軽平野は夏も涼しく，火山灰土に覆われているため，水はけがよい土地で，りんごの栽培に適していた。やませなどの影響で冷害が起こり，米があまり収穫できないときのための収入源として，りんごは大切に育てられてきたんだ。現在，青森県は全国一の生産量を誇り，全体の６割近くを占めているよ。

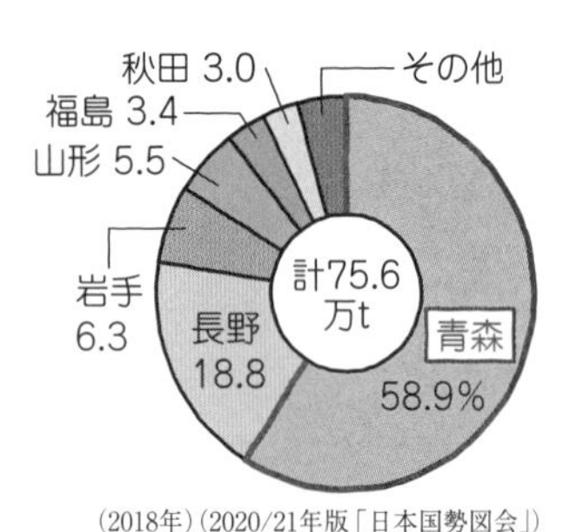

▲りんごの生産量の割合

すごいよね。りんごの収穫時期を知っているかな？

「はい。秋ですよね。」

正解。近年は，収穫しやすい**背の低い樹木**での栽培も取り入れられているよ。また，りんごジュースの輸入が自由化されたことで輸入量が増えたうえに，国内でのりんごの消費量が減ったため，国内産のりんごの輸出を進めているんだ。

ところで，東北地方でもっとも面積が広い県はどこかわかる？

「地図帳で調べるとわかります…。え～っと，**岩手県**ですね。」

そう。岩手県では**酪農**がさかんなんだ。理由のひとつにその気候がある。

岩手県の気候は寒冷で，乳牛の飼育(しいく)に適しているよ。また，面積が広く，広大な土地に恵まれていることもよい条件だね。稲作に向いていない山間部では，牧草を育て，乳牛を飼(か)う農家が多くなったんだ。

さらに，岩手県は奈良(なら)時代から**馬**の産地として有名だった。下の写真の家を見てごらん。右は家の間取りだよ。

▲曲家

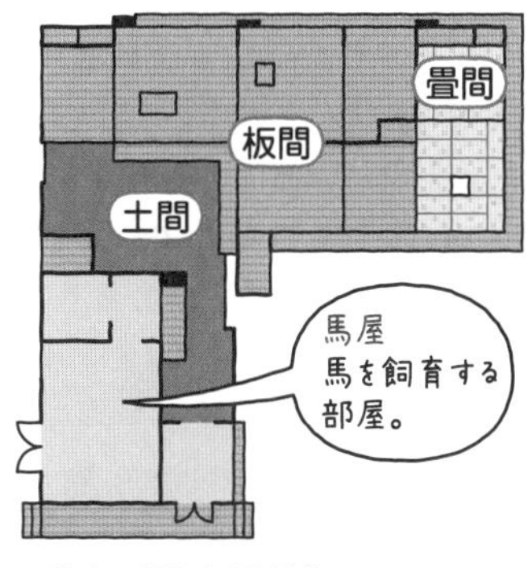

▲曲家の間取り図（例）

「間取り図を見ると，家の中に馬の部屋がありますね。」

この家は，馬といっしょに生活をする**曲家**(まがりや)**（南部曲家）**という家屋なんだ。岩手県の南部によく見られたものだよ。岩手県では古くから**畜産**がさかんだったんだね。

Point　東北地方沿岸部に住む人々の暮らしの特色～農業～

- **雪どけ水による豊かな水資源**＋夏にある程度気温が高くなる温暖湿潤の気候＋夜間の気温が低い自然条件→東北地方は**稲作**がさかん。
- 秋田県は全国第３位の米の生産量→やませの影響を受けず，宝風がよい影響を与える。**八郎潟**の干拓による大規模な稲作。**「あきたこまち」**。
- 山形県は，最上川が流れる**庄内平野**で稲作がさかん。宮城県で多くつくられている**銘柄米（ブランド米）**は，**「ひとめぼれ」**。
- 青森県は**りんご**の生産量全国一→夏も涼しく，水はけがよい**津軽平野**などで栽培がさかん。東北地方の他の県でもりんごを栽培。
- 岩手県は気候が寒冷で，広大な土地にめぐまれる→**乳牛**を飼育し，**酪農**がさかん。古くから**馬**の飼育もさかんで，**曲家**が見られる。

東北地方の沿岸部に住む人々の暮らしの特色とは？～漁業～

さて，ここからは漁業について見ていこう。東北地方の太平洋側では，漁業がさかんなんだ。漁業がさかんな理由は，大きく４つあるよ。

①東北地方の太平洋側に広がる**三陸海岸**（さんりく）の南部は，山地が海に沈（しず）み込（こ）んでできた，複雑（ふくざつ）に入り組んだ**リアス海岸**となっており，波が静かで，水深が深いため，天然の良港が多くなっていること。②波が静かな環境（かんきょう）は養殖業（ようしょくぎょう）（養殖漁業）に適していること。③森林が海岸から近いところに広がり，川を通じて豊富な栄養分が海に運ばれること。④三陸沖（おき）に暖流（だんりゅう）の黒潮（くろしお）（日本海流）と寒流の親潮（千島海流）がぶつかる好漁場の**潮目（しおめ）（潮境（しおざかい））**があることなどだよ。海流や潮目については，362ページの地図をもう一度確認（かくにん）しておこう。

「先生。なぜ，リアス海岸の湾内（わんない）は養殖業に適しているのですか？」

養殖業では魚に逃げられないように網などで囲っておく必要があったり，あるいは貝などをつけたロープを固定しておく必要があったりするんだ。外洋よりも，波の少ない湾内のほうが養殖業に適しているんだよ。

さて，次の資料を見てみよう。2010 年の水揚量ベスト 3 の漁港を答えてみて。

「はい。1 位が焼津港（静岡），2 位が銚子港（千葉），3 位が石巻港（宮城）ですね。東北地方からは，石巻港が 3 位に入っています。」

2010 年で，石巻港以外に，東北地方で水揚量が多い漁港はどこかな？

漁港別水揚量ランキング（単位：t）

順位	（2010 年）		順位	（2011 年）	
1位	焼津港（静岡）	217853	1位	銚子港（千葉）	225618
2位	銚子港（千葉）	214239	2位	焼津港（静岡）	201709
3位	石巻港（宮城）	128678	3位	境港（鳥取）	147774
4位	八戸港（青森）	118596	4位	釧路港（北海道）	121484
5位	境港（鳥取）	118361	5位	八戸港（青森）	120480
6位	釧路港（北海道）	117635	6位	根室港（北海道）	105413
7位	気仙沼港（宮城）	101729	7位	松浦港（長崎）	98795
8位	松浦港（長崎）	89035	8位	枕崎港（鹿児島）	82716
9位	根室港（北海道）	76688	9位	長崎港（長崎）	71606
10位	紋別港（北海道）	70117	10位	紋別港（北海道）	65815
11位	枕崎港（鹿児島）	69369	11位	網走港（北海道）	56257
12位	長崎港（長崎）	67175	12位	羅臼港（北海道）	54906
13位	網走港（北海道）	61956	13位	枝幸港（北海道）	51950
14位	女川港（宮城）	55845	14位	奈屋浦港（三重）	44294
15位	羅臼港（北海道）	52433	15位	稚内港（北海道）	38191
16位	稚内港（北海道）	51377	16位	宮古港（岩手）	35331

17位 大船渡港（岩手）	49663	17位 勝浦港（千葉）	32943
18位 宮古港（岩手）	49522	18位 沼津港（静岡）	32559
19位 枝幸港（北海道）	48391	19位 常呂港（北海道）	32558
20位 奈屋浦港（三重）	46342	20位 厚岸港（北海道）	32352
⋮		⋮	
		24位 石巻港（宮城）	28075
		25位 気仙沼港（宮城）	27827
		26位 大船渡港（岩手）	27393
		⋮	
		42位 女川港（宮城）	15071

（水産庁資料）

「八戸港（青森），気仙沼港（宮城），女川港（宮城），大船渡港（岩手），宮古港（岩手）ですね。」

そうだね。青森県の八戸港は，**いか**の水揚げで有名だよ。日本海を北上してきた対馬海流の一部は津軽海峡に流れ込み，三陸沖を通過して，いかなどを回遊させている。また，青森県の**陸奥湾**は津軽半島と下北半島に挟まれ，波が静かなので養殖業に適しているよ。海水温は5～19℃ぐらいで，これぐらいの水温を好む**ほたて貝**の養殖がさかんなんだ。

養殖ほたて貝の生産量のランキングは1位が青森県，2位が北海道，3位が宮城県だよ（2019年）。ちなみに全国生産のほとんどを青森県と北海道で占めているんだ。

さて，371～372ページの資料で，2010年の水揚量と2011年の水揚量ランキングを比べてみて。何か気づかないかな？ 東北地方の漁港に注目してみよう。

「八戸港や宮古港はそれほど順位に変化がありませんね。」

「石巻港，大船渡港，気仙沼港，女川港は大きく順位を落としていますね。」

なぜだかわかる？

「2011 年といえば…。あっ，わかりました。3 月 11 日に起きた**東日本大震災（東北地方太平洋沖地震）**の影響ですね。」

そのとおり。東日本大震災のように，海底を震源とする地震では**津波**が発生し，沿岸の地域に大きな被害を与えることがある。東日本大震災は津波の被害が特に大きく，死者・行方不明者は 2 万人近くにのぼり，避難せざるをえなくなった人は 33 万人以上にものぼったんだ。

「すさまじい被害ですね。」

また，この地震と津波によって，東京電力**福島第一原子力発電所**で大きな事故が発生した。大量の放射性物質が大気中に放出され，事態はさらに深刻になった。次ページの資料を見てごらん。東日本大震災の発生前（2010 年）と発生した年（2011 年）の都道府県別の米の生産量ランキングだよ。何か気づかないかな？

「福島県が大きく生産量を減らして順位を落としていますね。」

そう。これは津波による被害や，放射性物質が放出されたことで，稲を栽培できる地域が制限されたことなどが影響しているんだ。

「稲に放射性物質が含まれてしまうことを避けるためですね。」

都道府県別の米の生産量ランキング　（単位：t）

東日本大震災の発生前（2010年）			東日本大震災が発生した年（2011年）		
1位	新潟県	617800	1位	北海道	634500
2位	北海道	601700	2位	新潟県	631600
3位	秋田県	488500	3位	秋田県	512100
4位	福島県	445700	4位	茨城県	396900
5位	山形県	406500	5位	山形県	392200
6位	茨城県	406000	6位	宮城県	363200
7位	宮城県	400000	7位	福島県	353600

（農林水産省）

そういうことだね。福島第一原子力発電所の事故を受け，農作物や水産物などに国の基準以上の放射能が含まれていないか，厳重にチェックが行われ，管理されているよ。でも，東北産，特に福島県産の農作物には一時，大量の放射能が含まれているのではないかなどといったうわさが流れ，消費者から避けられる事態も発生したんだ。

「悲しい話ですね。」

このような根拠のないうわさによって受ける被害を，**風評被害**というよ。

現在なお，復興への努力が続けられているけど，まだ国と地方が協力して解決すべき課題は残っているよ。

Point 東北地方沿岸部に住む人々の暮らしの特色～漁業～

- 東北地方の太平洋側で漁業がさかんな4つの理由→①**三陸海岸**の南部は**リアス海岸**となっていて，**天然の良港**が多い。②リアス海岸の湾内は波が静かで，**養殖業**に適している。③**森林**が海岸に近く，川を通じて栄養分が海に運ばれる。④三陸沖に暖流と寒流がぶつかる**潮目（潮境）**があり，魚のえさとなる**プランクトン**が豊富。
- 青森県の**陸奥湾**では**ほたて貝**の養殖がさかん。
- **東日本大震災**で発生した**津波**により，石巻港や大船渡港，気仙沼港や女川港などが大きな被害を受けた。
- 東日本大震災によって，**福島第一原子力発電所**で事故が起こり，放射性物質が放出された。→農作物の**風評被害**。

東北地方の内陸部に住む人々の暮らしの特色とは？

さて，ここからは内陸部に住む人々の暮らしについて見ていこう。

東北地方の内陸部に広がる盆地では，川が山地から平地に出るところに土砂（どしゃ）を堆積させてできた扇状地（せんじょうち）と呼ばれる地形が見られるんだ。また，盆地には，昼と夜の気温差が大きいという特色がある。特に山形県の内陸部に広がる山形盆地などは，夏に南東から吹く季節風が奥羽山脈を越（こ）えて，乾（かわ）いた風となって吹き降ろし，高温となることがある。これが**フェーン現象**だったよね。このような自然条件は，何の栽培に適しているだろうか？

「はい。くだものの栽培に適していると思います。」

正解。次ページのグラフを見てみよう。**さくらんぼ**は**おうとう**ともいうよ。

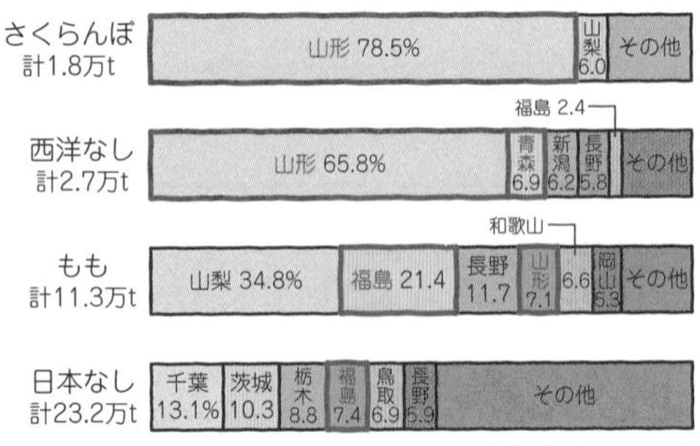

▲主なくだものの生産量の割合

「すごい!! 東北地方では，くだものの栽培がさかんなのですね。」

いっぽう，内陸部にも，稲作がさかんな地域がある。例えば，福島県の**郡山盆地**がそうだね。

「盆地で稲作がさかんというのはあまり聞かないですね。」

そうかもしれない。もともと郡山盆地は荒地だった。なぜなら，農業に必要な水に恵まれなかったからだよ。しかし，明治時代，福島県の磐梯山のふもとに位置し，現在では日本で４番目の面積を誇る**猪苗代湖**を取水源として，**阿武隈川**と結ぶ**安積疏水**が開通し，郡山盆地でも水が得られるようになった。下の写真が猪苗代湖だよ。

おたどん／PIXTA(ピクスタ)

▲猪苗代湖

安積疏水の誕生により，郡山盆地は大規模に開拓され，稲作が発展した。

東北地方の内陸部は，**林業**もとてもさかんなんだ。青森県の**青森ひば**，秋田県の**秋田すぎ**は，長野(ながの)県の木曽(きそ)ひのきと合わせて，**天然の日本三大美林**に数えられるよ。

「すごい!! 天然の日本三大美林のうち，２つが東北地方にあるのですね。」

そうだね。

「なぜ，美しいひばの木やすぎの木が生えるのでしょうか？」

まず，ひばは雨や雪，霧(きり)などが多く，空中湿度(しつど)の高い厳しい自然環境を好む樹木といわれているよ。これは，青森県の下北半島の自然環境と一致(いっち)するね。

次にすぎだけど，すぎは水分と栄養分が豊富な自然環境を好む。秋田県の米代川上流は，まさにこの自然環境が整っているんだ。

Point　東北地方の内陸部に住む人々の暮らしの特色

- 内陸部の盆地は水はけがよい**扇状地**が広がり，昼と夜の気温差が大きい。→**さくらんぼ（おうとう）**や**もも**など，くだものの栽培がさかん。
- **郡山盆地**は，**猪苗代湖**の水を引く**安積疏水**ができ，稲作がさかんに。
- 自然条件をいかし，**青森ひば**や**秋田すぎ**などが育ち，林業がさかん。

東北地方の工業の特色とは？

さて，次は東北地方の工業について見ていこう。東北地方には，たくさんの**伝統的工芸品**があるんだ。伝統的工芸品について，くわしくは312ページで説明しているよ。東北地方は，なぜ伝統的工芸品が多いかわかるかな？ヒントは冬の気候だよ。

「東北地方の冬といえば，やはり雪が多いことですよね。」

いいところをついているよ。

「先生，わかりました。冬の大雪のため，農作業ができないときに，さまざまなものをつくったからではないでしょうか。」

そのとおり。東北地方では，冬の農家の副業として**伝統産業**が発展した。東北地方の主な伝統的工芸品に，**南部鉄器**（岩手県盛岡市など），**大館曲げわっぱ**（秋田県大館市など），**宮城伝統こけし**（宮城県大崎市など），**会津塗**（福島県会津若松市など），**津軽塗**（青森県弘前市など），**天童将棋駒**（山形県天童市など），**山形仏壇**（山形県山形市など）があるね。ここで挙げた伝統的工芸品を一度で覚えることができる必勝暗記法を紹介しよう。

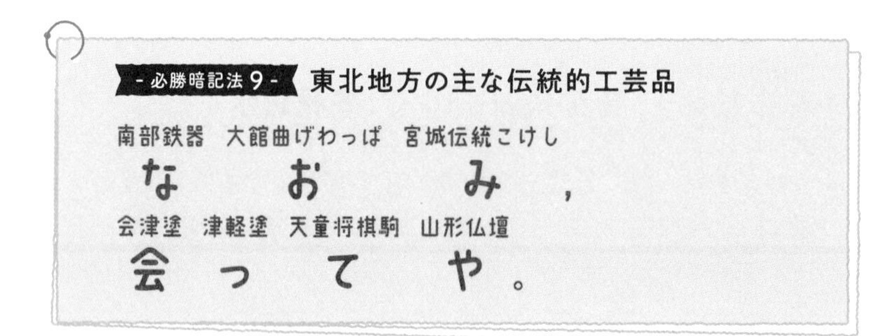

「なおみって誰ですか（笑）。」

単なる覚え方だよ。ところで，ここまで見てきたように東北地方は農業や漁業がさかんだから，農作物や水産物を原料にした食料品工業がさかんなんだ。例えば，宮城県のおみやげとして有名な，魚を加工した食べ物を知らないかな？

「知っています。**笹かまぼこ**ですね。大好きです（笑）。」

そう。笹かまぼこは，魚を加工してつくられるよ。また，東北地方は高速道路が整備されたことや，土地の価格が比較的安いことから，1980年代以降，東北自動車道のインターチェンジ付近を中心に**IC（集積回路）工場**がたくさん進出したんだ。多くのIC工場が建ち並ぶ東北自動車道沿いは，ICの原料であるシリコンにちなんで，**シリコンロード**と呼ばれているよ。製品は東北自動車道などを利用して，首都圏に運ばれる。東北自動車道のルートは，地図帳などで確認しておこう。世界遺産（文化遺産）の平泉の中尊寺金色堂のそばを通っているよ。

「中尊寺には東北自動車道を通って行けばいいのですね。」

うん，ぜひ行ってみてね。

Point　東北地方の工業の特色

- 農作業ができない冬の農家の副業として，**伝統産業**がさかんに。
  →**南部鉄器**，**大館曲げわっぱ**，**宮城伝統こけし**，**会津塗**，**津軽塗**，**天童将棋駒**，**山形仏壇**など，多くの**伝統的工芸品**がある。
- 農業や漁業がさかんなことから，**食料品工業**が発達。
- 高速道路の整備に加えて，土地の価格が他の地域より安い→東北自動車道沿いに**IC（集積回路）工場**が進出。**シリコンロード**と呼ばれる。

新幹線は東北地方をどのように結んでいるのか？

最後に東北地方の交通網(もう)について見ていこう。2010 年 12 月，**東北新幹線**が青森県の八戸駅から**新青森駅**まで延長(えんちょう)された。さて，東京都の東京駅から，青森県の新青森駅まで東北新幹線に乗って行く場合，どの都道府県を通るかな？

「東京都→埼玉県→茨城県→栃木県→福島県→宮城県→岩手県→青森県の順に通りますね。」

そうだね。さて，山形新幹線，秋田新幹線は，東北新幹線とどこの駅で分岐(ぶんき)しているかな？

「山形新幹線は**福島駅**で，秋田新幹線は**盛岡駅**でそれぞれ東北新幹線から分岐していますね。」

そう。秋田新幹線の下りの終点は**秋田駅**，山形新幹線の下りの終点は**新庄駅**(しんじょう)だよ。押さえておこう。

Point 東北地方の新幹線

- **東北新幹線**が**新青森駅**まで結んでいる。**秋田新幹線**は盛岡駅で分岐して**秋田駅**まで，**山形新幹線**は福島駅で分岐して**新庄駅**まで結ぶ。

☑CHECK 18

つまずき度 !!!!!

➡ 解答は別冊 p.23

次の文の（　　）にあてはまる語句を答えなさい。

(1) 太平洋側の地域は，夏に寒流の（　　）の上を吹いてくる，冷たく湿った北東風の（　　）の影響で，気温が上がらず，日照時間も不足して（　　）が発生することもある。

(2) 東北地方の太平洋側に広がる三陸海岸の南部は（　　）海岸となっていて，天然の良港が多く，波が静かな環境は（　　）業に適している。

(3) 三陸沖には，暖流と寒流がぶつかる（　　）があり，プランクトンが豊富なため，よい漁場となっている。

(4) 青森県の陸奥湾では，（　　）の養殖がさかんである。

19章

関東地方

二人は山に住みたいかな？ それとも平地に住みたいかな？

「ぼくは山派です!! 山からの景色は最高ですから!!」

サクラさんは？

「私は移動が楽な平地派ですかね～。」

そうなんだね。日本最大の関東平野がある関東地方には，人口が集中しているよ。サクラさんと同じ意見の人が多いのかもしれないね。

関東地方

関東地方はどのように発展しているのか？

関東地方は東京都，埼玉県，千葉県，神奈川県，茨城県，栃木県，群馬県からなるよ。日本の東端の**南鳥島**，南端の**沖ノ鳥島**はどちらも東京都に属していて，関東地方の一部だよ。ちなみに東京都の中心部から約1000 km 南の太平洋上にある**小笠原諸島**も，東京都に属しているよ。小笠原諸島は，**世界遺産（自然遺産）**に登録されているので，覚えておいてね。

「関東地方は広い範囲にまたがっていますね。」

そういえるね。関東地方にはどんな特色があるだろうか？ まずは，次の資料を見てみよう。

都道府県の人口ランキング

順位	都道府県	人口	順位	都道府県	人口
1位	東京都	1392.1万人	2位	神奈川県	919.8万人
3位	大阪府	880.9万人	4位	愛知県	755.2万人
5位	埼玉県	735.0万人	6位	千葉県	625.9万人
7位	兵庫県	546.6万人	8位	北海道	525.0万人
9位	福岡県	510.4万人	10位	静岡県	364.4万人

（2019年10月1日現在）（2020/21年版「日本国勢図会」）

都道府県の1人あたりの年間所得ランキング（2016年度）

順位	都道府県	所得	順位	都道府県	所得
1位	東京都	534.8万円	2位	愛知県	363.3万円
3位	栃木県	331.8万円	…………		
…………			47位	沖縄県	227.3万円

（2020/21年版「日本国勢図会」）

都道府県の合計特殊出生率ランキング（低い順）【2018 年】

1位 東京都	1.20人	2位 北海道	1.27人
3位 京都府	1.29人	4位 宮城県	1.30人
5位 秋田県・神奈川県	1.33人	7位 埼玉県・千葉県	1.34人
…………………………		47位 沖縄県	1.89人

※合計特殊出生率とは，1人の女性が一生のうちに産む子どもの数を平均した数値。

（2020/21年版「日本国勢図会」）

「**東京都**は，人口と 1 人あたりの年間所得が全国一ですね。神奈川県は人口が全国第 2 位です。」

うん。東京都の人口は **1300 万人**を超えているね。2020 年の日本の総人口が約 1 億 2600 万人だから，東京都にはその 10％以上が住んでいることになる。ちなみに関東地方には，日本の総人口の約 3 分の 1 が集中しているよ。

「すごいですね。東京都は 1 人あたりの年間所得もダントツですね。」

そうだね。また，東京都に住んでいなくても，周辺の県から東京都にやってくる人がたくさんいるよ。神奈川県や埼玉県，千葉県などの周辺の県から東京 23 区へ通勤・通学している人は，290 万人を超えている（2015 年）。その結果，東京 23 区では夜間人口より昼間人口のほうが多くなるんだ。さらに東京都は，小売業の年間商品販売額でも全国一だよ。つまり，東京都の人が全国で一番お金を使って商品を買っているわけだね。

「お金もちが多いわけですね !!」

そういうことになるね。人口が多く，大企業もたくさんあるから，当然ともいえるだろうけど…。

「でも，東京都は人口が多くて，年間所得も年間商品販売額も全国一なのに，合計特殊出生率は全国でもっとも低いのですね。同じく人口が多い周辺の神奈川県や埼玉県，千葉県も合計特殊出生率は低いですね。」

「どういうことでしょうか？　東京都では子どもを育てにくいということでしょうか。１人あたりの年間所得も年間商品販売額も全国一で，暮らしは豊かなように思えるのですが…。」

そうだね。逆に年間所得が全国でもっとも低い沖縄県は，合計特殊出生率が全国でもっとも高い県だよ。対照的だね。

「もしかして沖縄県には，豊かな自然があることが関係しているのでしょうか？」

そうかもしれない。さて，東京といえば，忘れてはいけないことがあるよ。東京が日本の**首都**であることは，二人も知っているよね？　東京には**国会議事堂**や**最高裁判所**，日本最大の証券取引所である**東京証券取引所**などが置かれていて，大企業の本社や大手百貨店，大学や博物館・美術館などもたくさんある。

「まさに東京は，日本の政治・経済の中心地であり，文化・情報の発信地でもあるわけですね。」

そのとおり。私が言いたいことをサクラさんが言ってくれたね。東京が情報の発信地であることを象徴するもののひとつが，右ページの写真の東京スカイツリーだね。2011 年 11 月にはギネスワールドレコーズ社から世界一高いタワーとして認定された。その高さは何 m か知っているかな？

まちゃー／PIXTA(ピクスタ)

▲**東京スカイツリー**

「え～と，確か覚えやすい数字だったのですが…。」

高さは **634 m** だよ。「むさし」と覚えよう。東京スカイツリーがある東京都墨田区は，江戸時代に**武蔵国**の一部だったんだよ。

「なぜこんなに高いタワーをつくったのでしょうか？」

東京スカイツリーは，東京の超高層ビルにじゃまされることなく，電波を送ることを目的に建設されたんだ。東京スカイツリーの完成により，地上デジタル放送用の電波もより行き届くようになった。

東京スカイツリーは，地震のゆれや強い風に耐えられるように設計されているんだ。そのつくりは，**法隆寺**の五重塔などを参考にしているよ。

さて，関東地方で発展しているのは東京都だけではないよ。384 ページの資料を見てもわかるように，周辺の県にも多くの人が住んでいる。それらの県には，**政令指定都市**となっている大都市がいくつかあるんだ。関東地方には政令指定都市がいくつあるかな？ 地図帳の統計ページなどで，調べることができるよ。ちなみに政令指定都市になるには，人口が 50 万人以上であることなどの条件がある。政令指定都市であるということは，その都市が発展していることを示しているといえるね。

「神奈川県には政令指定都市が３つもあります。**横浜市**，**川崎市**，**相模原市**です。」

うん。相模原市は，2010 年に政令指定都市となったんだ。

「千葉県の県庁所在地の**千葉市**も政令指定都市ですね。」

「埼玉県の県庁所在地の**さいたま市**も政令指定都市です。ひらがなで書くのですね。」

2021 年 6 月現在，政令指定都市は全国に 20 ある。そのうちの 4 分の 1，つまり 5 つが関東地方にあるわけだね。

関東地方では，東京を中心に周辺にも人口が集中し，**東京大都市圏**が形成されている。歴史をさかのぼってみると，江戸時代以降，東京（江戸）は政治の中心だったんだ。

「政治の中心といえば，神奈川県の**鎌倉市**にはかつて鎌倉幕府が置かれていましたよね。」

そのとおり。鎌倉市はかつて鎌倉幕府が置かれ，政治の中心だった。鎌倉市は三浦半島の付け根にあり，相模湾に面しているよ。

Point 関東地方の発展

- 東京は日本の**首都**→**政治・経済の中心地**，**文化・情報の発信地**。
- **政令指定都市**→**横浜市**，**川崎市**，**相模原市**，**さいたま市**，**千葉市**。
- **東京大都市圏**→東京を中心に周辺の県に人口が集中し，形成。

なぜ関東地方は発展したのか？

関東地方がとても発展していることはよくわかったと思う。では，なぜ関東地方はここまで発展したのだろうか？ 次の地図をヒントに少し考えてみよう。

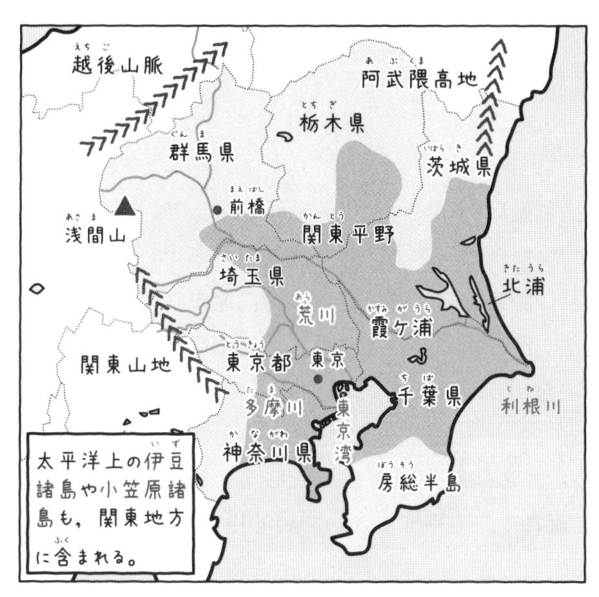

▲関東地方の主な地形

「発展とは関係ないかもしれませんが，埼玉県は神奈川県を除くすべての関東地方の都県と接しているのですね。」

そうだね。よく気づいたね。地図をしっかり読み取れている証拠だよ。さて，ほかに何か気づくことはないかな？

「大きな平野があることが関係していると思います。山地などよりも，平野のほうが住みやすいですよね。大きな平野があることは人口が集中した理由のひとつだと思います。」

いいところに気がついたね。関東地方には，日本最大の平野の**関東平野**

が広がっている。これは関東地方が発展した理由のひとつだね。ほかにも何かない？

「大まかなイメージですが，関東地方が日本のほぼ真ん中あたりに位置していることも発展と関係ありますか？」

もちろんあるよ。色々なところに行きやすいよね。それも発展した理由のひとつだ。

「あと，関東地方にはたくさんの川が流れているようですね。」

「つまり，関東地方は豊富な水資源に恵まれているわけですね。確かに水は，飲料水や農業用水，工業用水などに利用され，とても大切ですよね。」

そのとおり。さて，越後山脈を源として，群馬県や埼玉県，茨城県と千葉県の県境を流れて，太平洋に注いでいる川があるよ。何という川かな？

「**利根川**です。」

そう。利根川は全国で２番目に長い川で，流域面積は全国一だよ。では，関東山地から流れてきて，神奈川県と東京都の境を流れ，東京湾に注ぐ川は何かな？

「**多摩川**です。」

そうだね。江戸時代には，多摩川から江戸のまちに水を引く玉川上水がつくられた。多摩川は江戸時代から貴重な水源として，江戸そして東京の発展に貢献してきたわけだね。右の地図で，多摩川のほかに東京湾に流れ込んでいる川に注目してみよう。何という川が流れているかな？ 東から順に言ってみて。

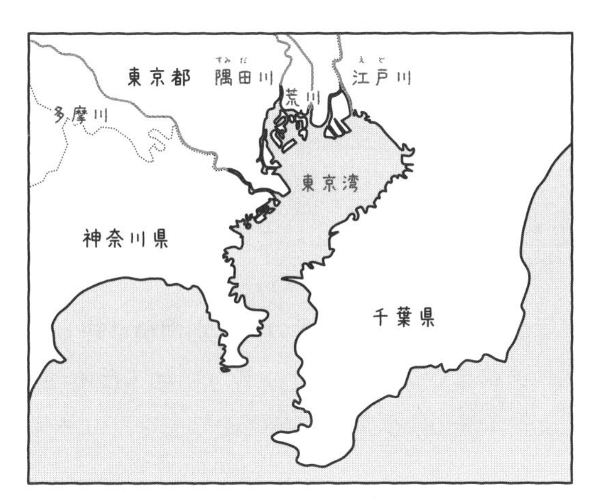

▲東京湾に流れ込む川

「**江戸川，荒川，隅田川，多摩川**です。」

そうだね。江戸川は利根川から分かれて流れているけど，これは江戸時代に行われた治水工事によって分岐したものなんだ。ちなみに関東平野の西部を流れる多摩川と荒川の間には，武蔵野台地が広がっているよ。

また，茨城県の南東部にある**霞ケ浦**と北浦も忘れてはいけない。霞ケ浦は全国で２番目に大きい湖だよ。これらも関東地方の大切な水資源だね。

関東地方を流れる川とその位置を，必勝暗記法で覚えよう。

-必勝暗記法 10- 関東地方を流れる川（東から西へ）

（利根川）（江戸川）（荒川）（隅田川）（多摩川）

利根川でえ，荒らすたま

ちなみに「たま」は，ネコの名前と覚えるとよいかもしれないね。

さて，ほかにも関東地方が発展した理由がないだろうか？

「先生。もしかして，気候も関係しているのではないですか？」

関係あるよ。では，関東地方の気候を見ていくことにしよう。気候は地形に大きく影響されるんだ。関東地方には，どんな山地・山脈があるかな？　特に群馬県に注目して，地図帳で調べてみよう。

「地図帳を見ると，群馬県は山地が多いですね。」

いいところに気がついたね。群馬県の地形別面積は約80％を山地・丘陵地が占め，関東地方のほかの都県と比べて，山地・丘陵地の割合がとても高くなっているよ。赤城山，榛名山，妙義山の上毛三山が有名だね。

「北は**越後山脈**，南西部は関東山地，その中間には**浅間山**など，ひらがなの『く』の字の形みたいに山地・山脈が群馬県を囲んでいます。」

そうだね。浅間山は，群馬県と長野県の県境にそびえる標高2568 mの活火山だよ。

さて，関東地方は高温になることがある。例えば，東京などの都市中心部は，**ヒートアイランド現象**が起こることがあるよ。

「ヒートアイランド現象とは，どんなものですか？」

都市中心部の気温が周辺部よりも高くなる現象のことだよ。原因としては，都市部で緑地などが減少し，アスファルトの舗装などが増えて，熱がたまりやすくなってしまったことがある。ほかにも，エアコンの室外機や自動車からの排出熱などが原因として挙げられるね。

「確かに夏は，アスファルトやコンクリートに触ると，やけどしてしまいそうなほど，熱いときがありますよね。」

東京の都心では，人口が集中しすぎる**過密**による都市問題が深刻になっているんだ。都市問題には，ごみ問題，交通渋滞，地価が高くなること，住宅問題などがあるね。これらの問題を解決することなどを目的に，都心の機能を分担する**副都心**の整備などが進んでいるよ。新宿や池袋などがその例で，東京湾岸も再開発されている。東京都の面積は，1985 年に 2162 km^2 だったけど，2019 年には 2194 km^2 となっている。面積が少し大きくなったわけだね。

「えっ～!? いったいどういうことですか？」

東京湾を埋め立てたからだよ。東京湾の埋め立ては，ごみ処理場の不足を解決するためだけでなく，湾岸地域の開発も目的としているんだ。東京湾の埋め立て地には，新しいビルが建ち並び，放送局やレジャー施設などがあって**臨海副都心**と呼ばれているよ。この臨海副都心は，海からの風をさえぎるので関東地方で気温が上がる原因のひとつになっているんだ。

ところで，これは冬の寒さに関係するんだけど，群馬県や栃木県では，冬に冷たく乾いた北西の風が吹き，晴れた日が続く。なぜ，乾いた北西の風が吹くのだろうか？ ヒントは地形と季節風だよ。

「わかりました。冬の北西の季節風は，日本海を北上する暖流の対馬海流の上を通るときに湿気を含み，越後山脈などに当たって日本海側の地域に雪や雨を降らせます。その後，冷たく乾いた風となって，群馬県や栃木県に吹いてくるわけですよね。」

よく理解できているね。冬の季節風は，日本海側の地域に雪や雨を降らせたあと乾いた風となって，越後山脈などから関東地方に吹き降ろしてくる。この冷たく乾いた北西の風を**からっ風**というよ。「赤城おろし」や「上州のからっ風」などと呼ばれることもある。「赤城おろし」は，上毛三山の赤城山にちなんだ名前だね。

しかし，基本的には関東地方は温和な気候だ。これも関東地方が発展した理由のひとつだよ。

また，東京は江戸時代に幕府が置かれ，明治時代以降は首都になったことにより，大きく発展したことも事実だね。江戸幕府は，江戸を起点にして交通網を整備したんだ。

「もともと地形や気候の面でも発展する条件がそろっていたわけですし，幕府が置かれ，その後東京が首都になったことで，関東地方全体のさらなる発展にもつながっていったわけですね。」

そういうこと。

「江戸を起点にして整備された交通網って，**五街道**のことですか？」

うん。よく知っているね。五街道は，徳川家康の命令で整備されたんだ。

五街道のそばには国道や高速道路が発達している。例えば，国道1号線や東名高速道路，名神高速道路などは東海道とほぼ同じルートだよ。甲州街道は国道20号線や中央自動車道，奥州街道は国道4号線や東北自動車道とほぼ重なっているね。

「なるほど。江戸時代に整備された五街道がもとになって，現在の国道や高速道路が発達したわけですね。徳川家康はやっぱり偉大ですね～。」

栃木県の日光市には，徳川家康をまつる**日光東照宮**があるよ。日光東照宮をはじめとする日光の社寺は**世界遺産（文化遺産）**に登録されているんだ。

「すごい。徳川家康はさまざまなところに名を残していますね。」

そうだね。さて，話を交通網の発達に戻そう。1997年，神奈川県川崎市と千葉県木更津市を結ぶ**東京湾横断道路（東京湾アクアライン）**が開通し，関東地方の交通はますます便利になった。右の図を見てごらん。

▲東京湾アクアラインのルート

東京湾アクアラインの神奈川県側は海底トンネル，千葉県側は海上橋となっていて，中継点(ちゅうけいてん)にはパーキングエリアの「海ほたる」がある。海上橋は東京湾アクアブリッジと呼ばれ，日本一長い橋だよ。

「東京湾横断道路ができたことで，千葉県南部と都心がより短い時間で結ばれたわけですね。」

そうなんだ。それまでは，川崎～木更津間は高速道路などを利用しても約 90 分かかっていたのが，東京湾アクアラインを利用すれば約 30 分で行けるようになった。都心まで短時間で行けるようになると，どんないいことがあるだろうか？ 農業の面で何か考えられないかな？

「千葉県でとれた農作物をより新鮮(しんせん)な状態(じょうたい)で都心に届(とど)けることができますね。」

いいところに気がついたね。例えば，千葉県南部で早朝に摘(つ)んだ花が，その日のうちに都心の花屋さんなどに並んでいるよ。

さて，関東地方は道路網だけでなく，全国の鉄道網の中心にもなっている。

例えば，東京都千代田区にある東京駅は，東北新幹線や東海道新幹線など，各新幹線の起点になっているんだ。また，江戸時代から，東京（江戸）は海上輸送の面でも中心となっていたよ。

「現在も東京は海上輸送の中心になっているのですか？」

うん。関東地方と外国との海上輸送，および外国との航空輸送についても見ていこう。次の資料を見てね。

輸入額が多い港（空港）ランキング

順位	港（空港）	輸入額
1位	成田国際空港（千葉県）	12兆9560億円
2位	東京港（東京都）	11兆4913億円
3位	名古屋港（愛知県）	5兆849億円
4位	横浜港（神奈川県）	4兆8920億円
5位	大阪港（大阪府）	4兆7781億円
6位	関西国際空港（大阪府）	3兆9695億円
7位	神戸港（兵庫県）	3兆3103億円
8位	千葉港（千葉県）	3兆2682億円

輸出額が多い港（空港）ランキング

順位	港（空港）	輸出額
1位	名古屋港（愛知県）	12兆3068億円
2位	成田国際空港（千葉県）	10兆5256億円
3位	横浜港（神奈川県）	6兆9461億円
4位	東京港（東京都）	5兆8237億円
5位	神戸港（兵庫県）	5兆5571億円
6位	関西国際空港（大阪府）	5兆1872億円
7位	大阪港（大阪府）	3兆7742億円
8位	博多港（福岡県）	2兆9773億円

（2019年）（2020/21年版「日本国勢図会」）

「輸入額が多い港（空港）上位８位までのうちの４つと，輸出額が多い港（空港）上位８位までのうちの３つを，関東地方の港（空港）が占めていますね。まさに貿易の面で，関東地方が日本と外国との窓口となっているといえるでしょう。」

「東京港は輸入額で２位，輸出額で４位とどちらも上位ですね。」

「先生。意外なことに，貿易額がもっとも多いのは，港ではなく空港で，**成田国際空港**なのですね。」

うん。成田国際空港は，日本最大の貿易額を誇っているんだ。成田国際空港の輸出入品で金額が多いのは，通信機や医薬品，科学光学機器や集積回路，コンピュータなど，軽量で高価なものだよ。軽量で高価なものは，輸送費が高い航空機を使って運んでも，十分利益を上げることができるわけだ。

「関東地方の空港といえば，東京都には**東京国際空港（羽田空港）**がありますね。」

そう。成田国際空港が外国との空の玄関口となっているのに対して，羽田空港は国内航空輸送の中心となっているよ。近年，羽田空港は，国際線を大幅に拡大する方針をとっている。羽田空港と成田国際空港を比べた場合，羽田空港がもつ利点は，①都心に近いこと，②空港までの交通手段が多いこと，③ 24 時間離着陸が可能なことなどだね。

「関東地方は，東京を中心に交通網がとても発達していることがよくわかりました。」

関東地方の１都６県（東京都・埼玉県・千葉県・神奈川県・茨城県・栃木県・群馬県）と山梨県を**首都圏**といい，国の政策によってさらなる発展が目指されているんだ。

「山梨県は中部地方なのに，首都圏に含まれるわけですね。なぜでしょうか？」

やはり東京からの距離（きょり）が近いことが大きいだろうね。地図帳などで調べてみて。東京からの直線距離を測（はか）ったとき，茨城県の県庁所在地の水戸（みと）市，栃木県の県庁所在地の宇都宮（うつのみや）市，群馬県の県庁所在地の前橋（まえばし）市，山梨県の県庁所在地の甲府（こうふ）市は，東京からの直線距離がほとんど変わらないことがわかると思うよ。

「確かに東京からの距離を考えれば，山梨県を首都圏に含めることも理解できます。」

Point　関東地方が発展した理由

- 日本最大の**関東平野**が広がり，人口が集中。日本のほぼ真ん中。
- 流域面積が日本最大の**利根川**などが流れ，水資源が豊富。
- **温和**な気候→**ヒートアイランド現象**などの影響で，高温になることもある。冬は冷たく乾いた北西風の**からっ風**が吹く。
- 東京は江戸時代に幕府が置かれ，明治時代以降は**首都**とされる。
- 東京を中心に高速道路や新幹線などが全国各地に発達。
- **成田国際空港**は日本最大の貿易額を誇る。**東京国際空港（羽田空港）**は，国内航空輸送の中心。

関東地方の農業の特色とは？

さて，ここまで関東地方が東京を中心に発展してきたことを勉強したね。ここからは関東地方の暮らしの特色を見ていこう。まずは農業から。関東地方では，どんな農業がさかんだったっけ？

「大都市に住んでいる人たち向けに農作物をつくる**近郊農業**がさかんです。」

そのとおり。野菜や花，卵はいたみやすく，新鮮さが大切なんだ。近郊農業は野菜や花，卵などを新鮮なまま，安い輸送費で大都市に届けることができる利点があるんだったね。次の資料を見てみよう。

主な農作物の生産量ランキング

ピーマン（2018年）

1位 茨城県 3.3万t 2位 宮崎県 2.7万t 3位 高知県 1.4万t

きゅうり（2019年）

1位 宮崎県 6.3万t 2位 群馬県 5.9万t 3位 埼玉県 4.6万t

ねぎ（2018年）

1位 千葉県 6.3万t 2位 埼玉県 5.6万t 3位 茨城県 5.0万t

にんじん（2018年）

1位 北海道 16.4万t 2位 千葉県 10.9万t 3位 徳島県 4.9万t

だいこん（2018年）

1位 北海道 15.7万t 2位 千葉県 15.1万t 3位 青森県 12.3万t

ほうれんそう（2018年）

1位 千葉県 2.6万t 2位 埼玉県 2.4万t 3位 群馬県 2.1万t

はくさい（2018年）

1位 茨城県 23.6万t 2位 長野県 22.6万t

すいか（2018年）

1位 熊本県 4.7万t 2位 千葉県 4.1万t 3位 山形県 3.2万t

いちご（2018 年）

1位 栃木県 2.5万t 2位 福岡県 1.6万t 3位 熊本県 1.1万t

日本なし（2018 年）

1位 千葉県 3.0万t 2位 茨城県 2.4万t 3位 栃木県 2.0万t

さつまいも（かんしょ）【2019 年】

1位 鹿児島県 26.1万t 2位 茨城県 16.8万t
3位 千葉県 9.4万t

らっかせい（2019 年）

1位 千葉県 1.0万t 2位 茨城県 0.1万t
※千葉県が全国の約82%，茨城県が約11%を占める。

こんにゃくいも（2018 年）

1位 群馬県 5.2万t 2位 栃木県 0.1万t
※群馬県が全国の約93%を占める。

キャベツ（2018 年）

1位 群馬県 27.6万t 2位 愛知県 24.6万t
3位 千葉県 12.5万t

レタス（2018 年）

1位 長野県 20.9万t 2位 茨城県 9.0万t 3位 群馬県 4.6万t

（2020/21年版「日本国勢図会」など）

ほかにも，かんぴょうは栃木県が生産量全国一で，全体の99%以上を占めているよ。関東地方は稲作も行われているけど，畑作のほうがさかんといえるね。これには，関東平野が**関東ローム**と呼ばれる赤土で覆われていることが影響している。関東ロームは，富士山や浅間山などが噴火したときの火山灰が積もってできた土壌だよ。水はけがよいので，稲作よりも畑作に適しているんだ。

「なるほど。だから，資料からわかるように，多くの**野菜**の生産量で，関東地方の県が上位を占めているわけですね。」

「すいかやいちごなど，くだものの栽培もさかんですね。」

すいかといちごは，くだものではないよ。野菜に分類されるんだ。

「えっ!? そうなのですか？」

野菜は食用に育てた植物で，葉や根など，さまざまな部分を食べる。ほうれんそうなどは葉を，だいこんやにんじんなどは根を，きゅうりなどは実の部分を食べるよね。これに対し，くだものは木になっている実で，りんごやみかんなどがある。

「そうやって分けられているのですね。」

栃木県産の**いちご**は，二人も知っているんじゃないかな？ 生産量は栃木県が全国一で,「とちおとめ」などの品種が有名だね。栃木県は内陸部にあり，昼と夜の気温差が大きいため，いちごが甘くおいしく育つんだ。

「千葉県はゆるキャラのふなっしーが有名ですが，日本なしの生産量が全国一なんですね。」

「たくさんの観光客が訪れる，東京ディズニーランドと東京ディズニーシーは千葉県にありますよね？」

うん。夏に多くの海水浴客でにぎわう九十九里浜も千葉県だよ。ちなみに千葉県の**銚子港**は，全国有数の水揚量を誇り，漁業もさかんなことを押さえておいてね。

次に，群馬県に注目しよう。先ほど話したように，群馬県の地形別面積では約80%を山地・丘陵地が占めている。標高が高いところは，標高が低いところに比べて，気温はどうかな？

「低くなるのでした。」

そのとおり。夏も比較的涼しい気候なんだ。この気候をいかして，キャベツやレタスなどの高原野菜をほかの地域よりも遅い時期に栽培して出荷する**抑制栽培**がさかんだよ。

「促成の逆が抑制ですね。」

そうだ。特に浅間山の山ろくにある群馬県の**嬬恋村**は，**キャベツ**の抑制栽培がさかんで，見渡す限りキャベツ畑が広がっている。キャベツは高温や干ばつに弱く，栽培には15～20℃ぐらいが適しているといわれるよ。まさに嬬恋村の6～9月の平均気温がピッタリなんだ。また，昼と夜の気温差が大きいことが，とびきりおいしいキャベツができるヒミツなんだよ。

「らっかせいは千葉県，かんぴょうは栃木県，こんにゃくいもは群馬県と，関東地方の県が全国のほとんどを生産している農作物もありますね。」

そうだね。いずれも火山灰が積もってできた関東ロームで栽培するのに適した農作物といえるね。

Point　関東地方の農業の特色

- 大消費地向けに野菜や花などをつくる**近郊農業**がさかん。→野菜や花などを新鮮な状態で，安い輸送費で届けることができる。
- **関東平野**は火山灰が積もった**関東ローム**に覆われ，畑作が中心。
- 群馬県の**嬬恋村**→キャベツなどの**抑制栽培**がさかん。

関東地方の工業の特色とは？

次に関東地方の工業を見ていこう。関東地方では工業が大変発達しているよ。発達した理由には，次のようなことが挙げられる。①広い工業用地を確保できたこと，②大都市が多く，労働力が豊富で市場があること，③交通網が発達していることなどだね。

では，具体的に各工業地帯・地域を説明しよう。**東京**から**横浜**にかけての東京湾岸には，**京浜工業地帯**が形成されている。

「東京の『京』と横浜の『浜』をとって，京浜というわけですか。」

そのとおり。次のグラフを見てみよう。京浜工業地帯の工業生産額は，第何位かな？

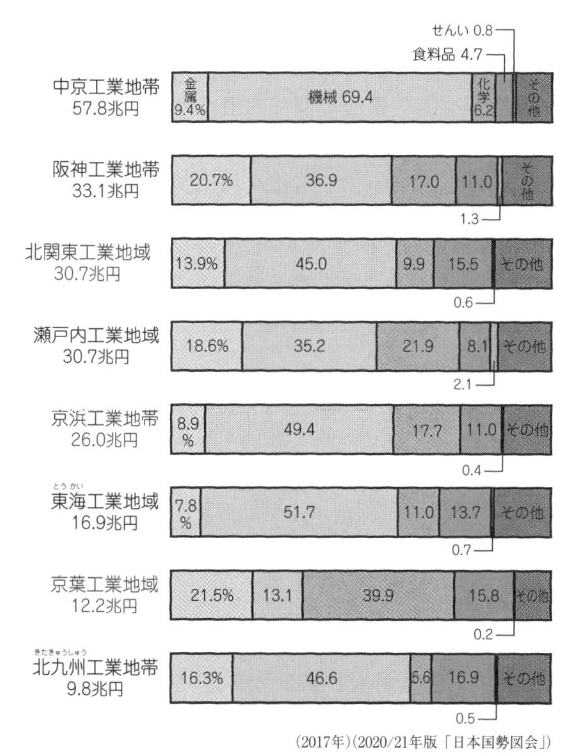

▲主な工業地帯・地域の工業生産額とその割合

19章

「工業地帯の中では，中京工業地帯，阪神工業地帯に次いで**第 3 位**，全体の中では，中京工業地帯，阪神工業地帯，北関東工業地域，瀬戸内工業地域に次いで**第 5 位**です。」

そうだね。では，京浜工業地帯の各工業の割合について，ほかの工業地帯・地域と比べて，何か気づくことはないかな？

「**機械工業**が約 49%を占めていて割合が高いですね。化学工業の割合も約 18%で，ほかの工業地帯・地域と比べて割合が高いです。」

「では，京浜工業地帯は機械工業が約 50%，化学工業が約 20%と覚えておけば，ほかの工業地帯・地域と区別することができますね。もちろん割合は変化するかもしれませんが…。」

うん。東京は政治・経済の中心地で，文化や情報の発信地となっている。そのため，情報を扱う出版社や新聞社などが多く，**印刷業**が発達しているよ。また，情報を発信するテレビ局やラジオ局がたくさんあり，**情報通信業**がさかんなほか，**金融業**や**運輸業**も大変発達している。さらに人口が多く，デパートや商業施設などもたくさんあることから，**小売業**もさかんなんだ。さて，ここで挙げた情報通信業，金融業，運輸業，小売業の共通点は何だろう？

「先生，何かヒントをください。」

わかった。農林水産業を第 1 次産業，鉱工業を第 2 次産業，その他商業・サービス業などを第 3 次産業というんだったね。

「なるほど。とするとすべて第 3 次産業に分類されます。」

よく理解しているね。東京都は第 3 次産業がさかんで，就業者割合でも第３次産業の割合がとても高いんだ。

話を戻そう。京浜工業地帯は，第二次世界大戦後には日本最大の工業生産額を誇る工業地帯だった。しかし，その後，ほかの工業地帯・地域に抜かれ，現在は主な工業地帯・地域で５番目の工業生産額だったね。

「先生。なぜ，ほかの工業地帯・地域に抜かれてしまったのでしょうか？」

京浜工業地帯の工業生産額が伸び悩んだ理由には，工業用地が不足してきたことや，環境への配慮などから内陸部へ移転する工場が増えたことなどがあるんだ。工場の跡地は，マンションや公園などに利用されているよ。

次は，**京葉工業地域**について説明しよう。京葉工業地域は，東京湾の千葉県側を埋め立てて，京浜工業地帯から延びる形で形成されたんだ。403ページのグラフを見てごらん。京葉工業地域の各工業の割合には，どんな特色があるかな？

「化学工業の割合が飛び抜けて高いですね。」

いいところに目をつけたね。各工業の割合で化学工業がもっとも高くなっているのは京葉工業地域だけなので，しっかり覚えておこう。

続いては，茨城県南東部に発達している**鹿島臨海工業地域**について説明するよ。鹿嶋市には**掘り込み港**がつくられ，製鉄所や石油化学コンビナートがあるよ。**鉄鋼業**や**石油化学工業**がさかんなんだ。

「掘り込み港って何ですか？」

砂浜が広がる海岸を掘り込んでつくった人工の港のことだよ。

じゅらいじゅらい／PIXTA(ピクスタ)

▲鹿嶋市の掘り込み港

掘り込み港では，北海道の苫小牧港も有名だよ。さて，茨城県で工業がさかんな都市として，代表的なのが**日立市**なんだ。日立市では何の生産がさかんだと思う？

「やはり**電気機器**でしょうか？ 有名な電気機器メーカーがありますもんね。」

そのとおり。また，茨城県南西部のつくば市には，大学や政府の研究機関が集まった**筑波研究学園都市**が建設されたんだ。ほかにも，茨城県の**東海村**には，原子力発電所があるね。関東地方にある原子力発電所はここだけだよ。

「茨城県には，進んだ科学技術が結集しているわけですね。」

うん。東北自動車道や関越自動車道が整備されたことで，京浜工業地帯から関東地方の内陸部へ工場が移転して，群馬県，栃木県，茨城県などにまたがる**北関東工業地域**が形成された。

近年は，高速道路や鉄道網，工業用地や工業用水の整備が進んだことで，内陸部に工場を計画的に集めた地区がたくさん見られるようになった。工場を計画的に集めた地区を**工業団地**というよ。工業団地が進出したことで，北関東工業地域は発展したんだ。

Point 関東地方の工業の特色

- **京浜工業地帯**→**東京**から**横浜**にかけての東京湾岸に形成。機械工業や化学工業の割合が高い。東京都では，**印刷業**が発達。
- **京葉工業地域**→千葉県の東京湾岸に形成。**化学工業**の割合が高い。
- **鹿島臨海工業地域**→茨城県南東部に形成。鹿嶋市に**掘り込み港**。
- **北関東工業地域**→群馬県・栃木県・茨城県などにまたがる。**工業団地**が進出。
- 東京都は**第3次産業**がさかんで，就業者も多い。

CHECK 19

つまずき度 !!!!!

➡ 解答は別冊 p.23

次の文の（　）にあてはまる語句を答えなさい。

(1)（　）空港は，日本最大の貿易額を誇る。

(2) 関東平野は，関東（　）と呼ばれる赤土で覆われている。

(3) 群馬県の高原地帯では，夏の涼しい気候をいかして，キャベツやレタスなどの高原野菜をほかの地域よりも遅い時期に栽培して出荷する（　）栽培がさかんである。特に（　）村には，見渡す限りキャベツ畑が広がっている。

(4) 東京から横浜にかけての東京湾岸には，（　）工業地帯が広がっている。この工業地帯の各工業の割合は，（　）工業が約50％，化学工業が約20％である。

(5) 高速道路の整備により，内陸部への工場の移転が進んで，群馬県，栃木県，茨城県にまたがる（　）工業地域が形成された。

中部地方

中部地方は３つの顔をもつ。まず，日本海側の北陸だ。ここは米の単作地帯だよ。

「東北地方に似ていますね。」

そうだね。次に中央高地。寒暖差をいかしたくだもの栽培や高原野菜の抑制栽培（よくせいさいばい）がさかんだ。

「くだものは山梨県の甲府（こうふ）盆地，高原野菜は野辺山原（のべやまはら）が有名ですね。」

最後に太平洋側の東海。ここは今や日本の工業の中心といってもいいかもしれない。中でも有名なのが，日本の企業時価総額ランキング一位のトヨタだ。本社は愛知県豊田市にあるよ。

中部地方

なぜ中部地方には高い山が多いのか？

さて，ここからは中部地方について，学習していこう。まずは，次の中部地方を中心とする立体地図を見てごらん。どんな特徴（とくちょう）があるかな？

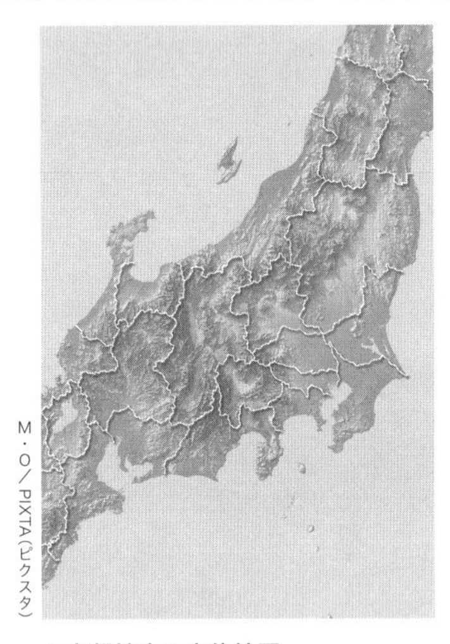

▲中部地方の立体地図

「高い山が多いようですね。」

「中央部には，3000 m 級の山々が連なっているんでしたよね。」

よく覚えているね。3000 m 級の山々がそびえる**飛驒（ひだ）山脈**，**木曽（きそ）山脈**，**赤石（あかいし）山脈**，まとめて**日本アルプス**だ。ヨーロッパのアルプス山脈のように険（けわ）しいことから，名づけられたんだよ。**日本の屋根**とも呼（よ）ばれる。これはとても重要なので，3 つの山脈の位置と合わせて，しっかり覚えておいてね。位置は 415 ページの地図などで確認しよう。

「こんなときこそ暗記法をお願いします。」

わかった。では，南から北へ順番に覚えよう。赤石山脈，木曽山脈，飛驒山脈の順番だよ。ちょっとあぶない感じがする暗記法だけど，どうかな？

ちなみに，日本アルプスの３つの山脈には，それぞれ北アルプス，中央アルプス，南アルプスという別名があるけど，どれがどれかわかる？

「先生。わざわざ問題にするってことは，何か引っかけがありますね。」

いや，実は何も引っかけはないよ。

「じゃあ，南から順番に赤石山脈が南アルプス，木曽山脈が中央アルプス，飛驒山脈が北アルプスと呼ばれるわけですね。」

そのとおり。

「ところで，先生。なぜ，中部地方にはこんなに高い山が多いのですか？」

地球の表面はいくつかのプレートで覆(おお)われていて，その上に大陸や海洋がある。プレートについては「12-4 日本の地形と気候」でも学習したよね。412ページの図を見てほしい。日本の周辺には何というプレートがあるかな？

「**ユーラシアプレート，北アメリカプレート，フィリピン海プレート，太平洋プレート**の４つがありますね。」

そうだね。中部地方のあたりは，ちょうど３つのプレートがぶつかり合っていることがわかると思う。

「ユーラシアプレート，北アメリカプレート，フィリピン海プレートの３つですね。」

そう。プレートはゆっくりと移動していて，この３つのプレートがぶつかり合うエネルギーによって地面が盛り上がり，日本アルプスなどが誕生したんだ。現在も，日本アルプスは１年間に２cmぐらいずつ高くなっているよ。

▲日本周辺のプレート

「ということは，日本アルプスはいつかヒマラヤ山脈なみに高くなるのですか？」

いやいや。雨や風によって，１年間に２cmぐらいずつ削られているので，標高はほとんど変わらないんだ。

「もしかして，ユーラシアプレート，北アメリカプレート，フィリピン海プレートがぶつかっているのは，ちょうど富士山のあたりではないですか？」

よく気づいたね。３つのプレートがぶつかり合うエネルギーが，富士山を日本一の高さにしたといっていいだろうね。ところで，富士山の高さは何ｍか，知っているかな？

「はい。3776 m です。『富士山のように，みななろう』と覚えればいいんですよね。」

正解。暗記法まで知っているとはすばらしい。富士山は，**静岡県**と**山梨県**にまたがっているんだ。右は静岡県の県章だよ。

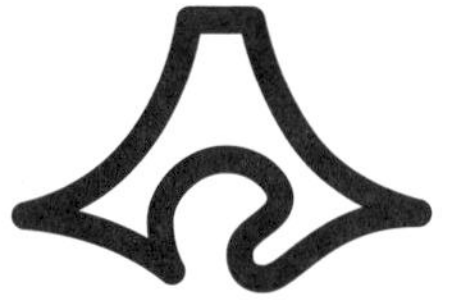

▲静岡県の県章

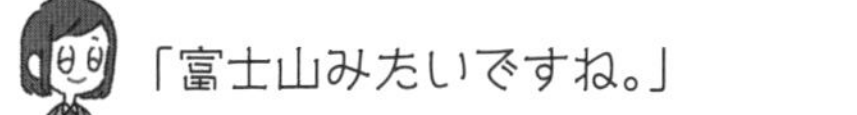

「富士山みたいですね。」

うん。富士山と，御前崎，駿河湾，伊豆半島などの静岡県の形が表現されているよ。現在，富士山は世界遺産（文化遺産）に登録されている。実は最初は，富士山を自然遺産として世界遺産に登録しようとする動きがあったんだ。しかし，残念ながら落選してしまった。落選した理由のひとつが，ゴミの不法投棄なんだ。

「日本一の山を汚すなんてひどいですね !!」

その後，富士山が信仰の対象や芸術創作の源泉であることなど，富士山の文化的な価値が認められて，2013 年に文化遺産として世界遺産に登録されたんだ。

「富士山は昔，噴火したことがあるんですよね。富士山が噴火すると，大きな被害が出てしまいそうで，こわいです。」

富士山は，江戸時代の 1707 年に噴火しているよ。ちょうど徳川綱吉が江戸幕府の第 5 代将軍だったころで，元禄文化が栄えていた。この噴火の前には大きな地震も発生していて，たくさんの人が犠牲になったんだ。

富士山が噴火したときに火砕流や噴石などによる被害が出そうな地域や被害の程度を予測して示した**ハザードマップ**（**防災マップ**）が 414 ページのものだ。

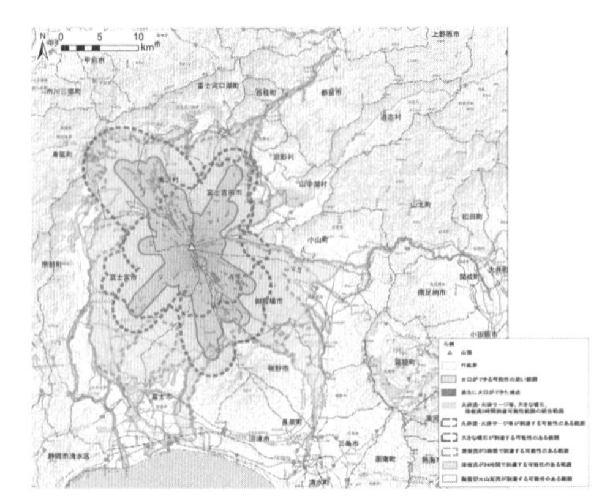

▲富士山が噴火したときのハザードマップ
（一例※富士山火山防災対策協議会による）

噴火の被害は広範囲におよび，農業などに大打撃を与えるだろうね。

ところで，もう一度412ページの図を見てみよう。実は，ユーラシアプレートと北アメリカプレートの境目は，昔は海だった。かつて海だったところが，プレートの移動によって隆起し，陸地となったんだね。下の地図は，日本列島ができるまでの陸地の移り変わりを示しているよ。

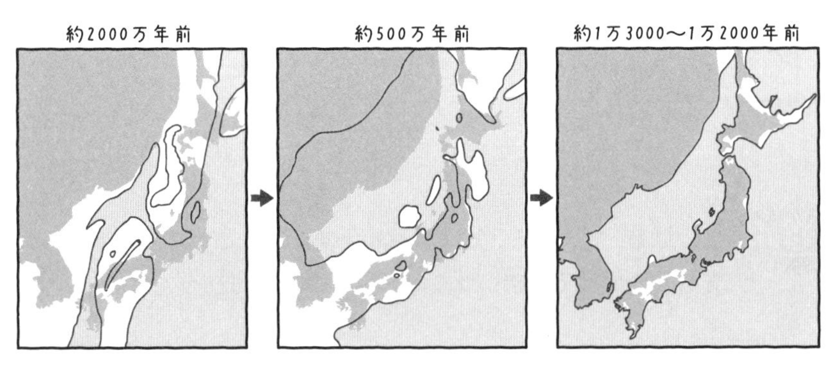

▲日本列島ができるまでの陸地の移り変わり

「お～。確かに約2000万年前の地図だと，中部地方のあたり，2つのプレートの境目は海ですね。」

「その海だったところが，約500万年前の地図だと，すでに陸地に

なっていることがわかります。2つの別の陸地がつながって，日本列島ができたのですね。」

そう。約2000万年前に海だったところは，現在，大きな溝状の地形，つまり低地になっている。これが**フォッサマグナ**だったね。フォッサマグナを境に，東日本と西日本の地形は大きく異なっているよ。次の図を見てごらん。東日本では山地が南北にのび，西日本では山地が東西にのびていることがわかると思うよ。これが一例だね。

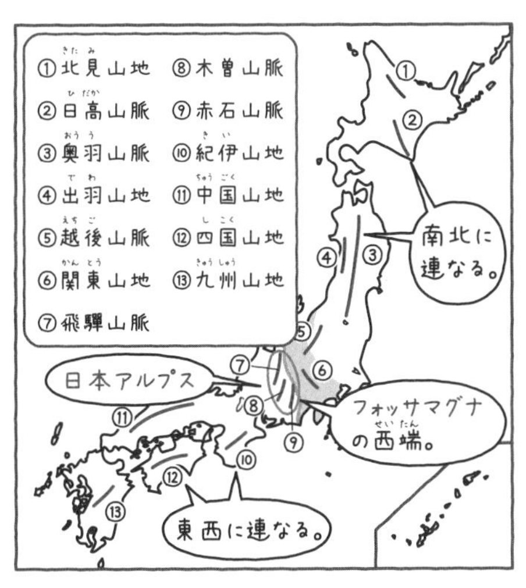

▲フォッサマグナと主な山脈・山地

「フォッサマグナの端ってどのあたりですか？」

新潟県糸魚川市と静岡県静岡市を結ぶ線がフォッサマグナの西端だけど，東端ははっきりしていないんだ。糸魚川市では特徴的な地形や地質が見られるため，ユネスコが支援するプロジェクトによって，2009年に**世界ジオパーク（ユネスコ世界ジオパーク）**に認定されたんだよ。

さて，フォッサマグナは，プレートとプレートがぶつかりあっているところなので，マグマが発生している。マグマが上昇すると，火山になるよ。

「ということは，フォッサマグナの近くにはたくさんの火山があるわけですね？」

そのとおり。ぜひ，地図帳などで探してみてね。焼山，妙高山，黒姫山，八ケ岳（赤岳），富士山，箱根山（神山）などの火山があるよ。

Point　中部地方に高い山が多い理由

- 3000 m 級の山々がそびえる**日本アルプス**←3つのプレートがぶつかり合うエネルギーによって誕生した。
- **フォッサマグナ**→大きな溝状の地形。西端は，**新潟県糸魚川市と静岡県静岡市を結ぶ線**。ここを境に，東日本と西日本の地形が異なる。

中部地方の各地の気候の特色とは？

さて，ここからは中部地方のさらにくわしい地形のようすや，気候について見ていこう。次の地図は，中部地方の主な地形を表しているよ。地図帳などとも合わせて，確認しよう。

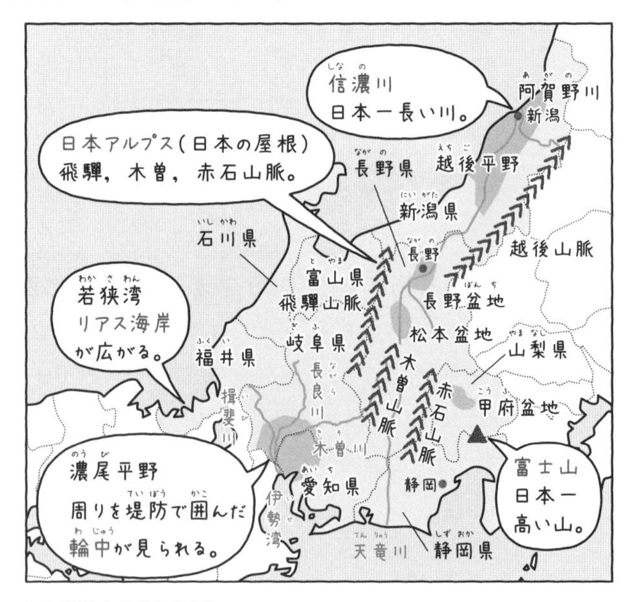

▲中部地方の主な地形

すでに「12-2 日本の地域区分・都道府県」でも触れたけど，中部地方は，日本海側の**北陸**，内陸部の**中央高地**，太平洋側の**東海**に分けられる。北陸は冬に降水量が多い日本海側の気候で，中央高地は年中降水量が少なく夏と冬の気温差が大きい内陸の気候，東海は夏に降水量が多い太平洋側の気候だよ。

「ところで，新潟県，石川県，富山県，福井県が北陸，長野県，山梨県，岐阜県北部が中央高地，静岡県，愛知県，岐阜県南部が東海になるんでしたよね。」

いや，ひとつ忘れているよ。

「えっ。どこでしたっけ？」

実は三重県を東海に含めるんだ。

「三重県は近畿地方ですよね？」

確かにそうだね。しかし，東海は「本州中央部の太平洋側」を指し，三重県は東海に区分されることもある。次の地図で，3つの地域区分を確認しておこう。

▲中部地方の3つの地域区分

20章

三重県については近畿地方のところでくわしく学習するので，ここでは取り上げないよ。

さて，甲信越(こうしんえつ)地方ということばを聞いたことはないかな？ 天気予報(よほう)などで耳にすることがあるかもしれないね。

「聞いたことはありますが，何県を指しているかは知らないです。」

甲信越地方は山梨県，長野県，新潟県のことを指し，旧(きゅう)国名にちなんだ呼び方なんだ。山梨県の旧国名の甲斐国(かいのくに)，長野県の旧国名の信濃国(しなののくに)，新潟県の旧国名の越後国(えちごのくに)の頭文字をとって，甲信越地方と呼ばれているよ。

さて，次から中部地方の暮らしを地域別にくわしく見ていこう。

Point 中部地方の各地の気候の特色

- 北陸→**日本海側の気候**。冬に**豪雪**。
- 中央高地→**中央高地（内陸，内陸性）の気候**。**降水量が少ない**。夏と冬，昼と夜の**気温差が大きい**。
- 東海→**太平洋側の気候**。**夏の降水量が多い**。比較的温暖。

北陸の暮らしの特色とは？

まずは北陸だよ。農業から見ていこう。特に新潟県に注目してみて。新潟県といえば…。

米の生産量ランキング

1位 新潟県 64.6万t 2位 北海道(ほっかいどう) 58.8万t 3位 秋田県(あきた) 52.7万t

（2019年）（2020/21年版「日本国勢図会」）

「米の生産量は，新潟県が全国一でしたよね。」

そう。毎年，北海道と 1 位を争っているよ。

「先生。新潟県はたくさん雪が降るんですよね？」

そう。勉強したことがしっかり頭に入っているね。新潟県といえば，川端康成の小説『雪国』の舞台として有名だよ。ぜひ，読んでみてね。北陸は東北地方と同じように，冬は雪によって農業を行うことが難しいため，春から秋にかけて米だけをつくる**水田単作地帯**となっている。北陸の農業生産額の約 6 割を米が占めているよ。特に新潟県は米どころで，広い地域で**「コシヒカリ」**という品種がつくられているんだ。二人も聞いたことがあるのではないかな？

「よくスーパーマーケットで見かけます。」

そうだよね。おいしい米として有名だよ。日本でつくられている米の品種の約 30％は「コシヒカリ」なんだ。

「しかし，耕地面積が広い北海道より，米の生産量が多いなんて，新潟県はすごいですね。なぜ，新潟県は米どころとなったのでしょうか？」

復習だけど稲作には 286 ページで述べたように，次の 3 つの自然環境が適しているといわれる。①豊富な水，②夏にある程度高温となる温暖湿潤の気候，③夜間の気温が低いことの 3 つだね。全国有数の米どころである新潟県の**越後平野**はこの条件を満たしているんだ。特に魚沼あたりは夜の気温が低く，おいしいお米ができるよ。

「①については，2 つの大きな川が越後平野に流れ込んでいますね。

信濃川と**阿賀野川**です。」

そうだね。もとは海だったところに川の作用と海流の影響で砂丘ができ，さらに山々に囲まれた入り江に，信濃川と阿賀野川が運んできた土砂が堆積して越後平野が形成されたんだ。ちなみに信濃川は日本一長い川だよ。信濃川がどんなところを流れているかについては，次の地図を見てみよう。

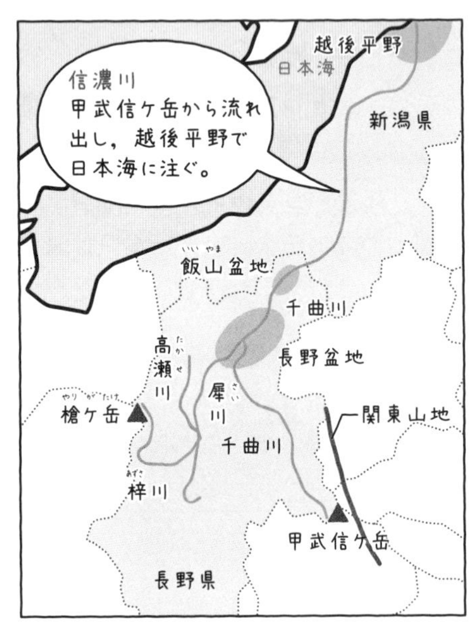

▲信濃川の流域の地形

「山梨県，長野県，埼玉県の県境にある甲武信ケ岳から流れ出しているのですね。」

「信濃川は，長野県内では千曲川と呼ばれ，途中で犀川と合流し，新潟県に入っています。千曲川は関東山地のすぐ西を通っていますね。」

うん。少し前に話したように，新潟県を含む北陸は，冬は豪雪となることにも注目しておこう。雪は春に解けて雪解け水となり，信濃川や阿賀野川を通じて越後平野に流れ込むんだ。

「信濃川と阿賀野川は，４月や５月に雪解け水が流れ込み，水量が増えるわけですね。」

「どうやら，①の『豊富な水』という条件は，十分クリアですね。」

そうなるね。さて，新潟県の「潟」という字には，湿地帯という意味があるよ。これが表すように，越後平野はかつて水はけが悪く，米がつくりづらい土地だった。そこで**大河津分水路**をつくって信濃川の流れを変えたり，湿地を干拓したり，排水工事を行ったりした。このような努力が実を結び，越後平野は稲作に適した土地となったんだ。

「どうしても米をつくりたかったのですね。日本人の主食ですもんね。」

続いて，次の写真を見てごらん。

Yoshitaka/PIXTA(ピクスタ)

▲千枚田

「斜面にたくさんの小さな田がつくられていますね。すごい!! 米を食べたいという執念ですね～。」

これは，石川県の**能登半島**北部にある棚田で，**千枚田**と呼ばれている。棚田は，斜面を階段状に切り開いた田だよ。この千枚田は，2011年に世界農業遺産に認定されたんだ。

ちなみに，新潟市の８月の日最高気温の平均は30℃を超えているよ。これらのことから，②の条件もクリアしている。また，8月の日最高気温の平均と日最低気温の平均の差は 7℃以上あり，③の「夜間の気温が低いこと」という条件もクリアしているね。

「先生。北陸は冬に農業を行うのが難しく，水田単作地帯となっているということですが，雪が多い冬に北陸の人は何をして過(す)ごしているのでしょうか？」

いい質問だね。冬の豪雪(ごうせつ)の時期も，人々は生計を立てなくてはならないよね。

「ほかにも何か冬に行われている産業があるんですか？」

うん。北陸では**地場産業**がさかんなんだ。地場産業とは，個人(こじん)や地元の中小企業(きぎょう)によって行われる，地域との結びつきが強い産業のことだよ。地場産業の中でも，その地域でとれる原材料を使って，伝統的(でんとうてき)な技術(ぎじゅつ)をいかしながら発展(はってん)してきたものを，**伝統産業（伝統工業）**というんだ。北陸では地場産業や伝統産業がさかんで，多くは冬の農家の副業(ふくぎょう)として発展した。地場産業や伝統産業がさらに発展して，**北陸工業地域**が形成されたんだ。

「先生。例(たと)えば，どんな産業があるのですか？」

まずは，新潟県から見ていこう。**燕市**(つばめ)ではスプーンなどの**金属洋食器**(きんぞく)の生産がさかんなんだ。新潟県の金属洋食器の工業生産額は，全国の 90%以上を占めている。最近はその高い技術をいかし，iPod(アイポッド)の背面(はいめん)の鏡面仕上げを手がけて，話題になったよ。ほかにも，三条市(さんじょう)では，包丁(ほうちょう)や鍋(なべ)などの**金物**の生産がさかんだよ。そして，忘(わす)れてはいけないのが**小千谷市**(おぢや)の**小千谷ちぢみ**という**麻織物**(あさおりもの)だね。

次のページの写真のように，雪にさらすことで，美しい柄(がら)が浮(う)き立つんだ。冬の積雪がいかされているわけだね。

公益社団法人 新潟県観光協会

▲小千谷ちぢみを雪にさらす工程

次に富山県を見ていこう。富山県では**製薬業**がさかんなんだ。「富山の薬売り」って聞いたことがあるんじゃないかな？ 江戸時代，富山県でつくられた薬を全国の家庭に売り歩く売薬がさかんだった。富山県の製薬業は，江戸時代からの歴史があるんだ。

「ところで，先生。地図帳を見ると，富山県には多くの川が流れていますね。」

確かに。どんな川があるかな？

「例えば，**神通川**が南から北に流れ，富山市を通って，富山湾に注いでいますね。また，**常願寺川**も流れていますね。」

うん。常願寺川は，もっとも高いところと低いところの高さの差が約3000 m あるにもかかわらず，川の長さはたった 56 km で，世界有数の急流河川となっている。ほかにはどんな川があるかな？

「黒部川が流れています。」

そうだね。黒部川の上流には，日本最大級の水力発電ダムである**黒部ダム**がある。黒部ダムは，日本一の高さを誇るダムだよ。ここまで見てきたように富山県は川が多く，常願寺川に代表されるように川の流れが急になっている。この特色をいかし，水力発電がさかんなんだ。

ところで，**「電気のかんづめ」**って知っているかな？

それは，**アルミニウム**のことだよ。アルミニウムをつくるにはたくさんの電力が必要なことから，こう呼ばれるんだ。富山県は，アルミサッシの工業生産額が全国一。これは，飛驒山脈につくられた水力発電所から，豊富な電力を安く取り入れることができるためだよ。富山県のアルミ産業の発展には，高岡市の伝統産業である**高岡銅器**の生産技術もかかわっている。高岡市は，日本一の銅器の生産地だよ。

「富山県では，もともと金属工業がさかんだったのですね。」

うん。また，多くの川が流れ込む富山湾は蜃気楼が発生することや，ほたるいかの漁でも有名だね。

続いて，石川県について見ていこう。石川県でも伝統産業がさかんだよ。特に有名なのが，輪島市でつくられている漆器の**輪島塗**だね。輪島市は，日本海に突き出た**能登半島**の北部に位置しているよ。

さて，石川県の県庁所在地はどこだったかな？

「**金沢市**です。」

正解。金沢市は，かつて「加賀百万石」の城下町として栄えた。戦争の被害をまぬがれたことで，現在も歴史的な町並みが残り，多くの観光客が訪れているよ。金沢市は，伝統的工芸品の**加賀友禅**，**九谷焼**，**金沢箔**などの生産でも有名なんだ。ちなみに，日本三名園のひとつの**兼六園**は金沢市にあるよ。

さて，石川県の西どなりには，何県があるかな？

「はい。福井県です。」

そうだね。福井県は**若狭湾**に面しているよ。若狭湾の沿岸部は，海岸線がギザギザした形をしているね。このような海岸地形を何といったかな？

「はい。**リアス海岸**です。」

よく覚えているね。リアス海岸が広がる若狭湾の沿岸部には，**原子力発電所**が４か所ある。実は，福井県は原子力発電所がもっとも多い都道府県なんだよ。北陸の４県で，原子力発電所が設置されていないのは，富山県だけなんだ。

「富山県には水力発電所がたくさんありましたね。ところで，先生。福井県では，どんな地場産業がさかんですか？」

鯖江市で**眼鏡フレーム**の生産がさかんだね。国内生産の約９割，世界生産の約２割を占めている。これも冬の農家の副業として発展したんだ。

さて，次の写真の鳥を知っているかな？

ヘイホー／PIXTA(ピクスタ)

「わからないです。でも，かっこいいですね。」

この鳥は**ライチョウ**だよ。ライチョウは富山県，長野県，岐阜県の県鳥で，国指定の特別天然記念物なんだ。

「長野県と岐阜県は北陸ではないですが…。」

確かに。しかし，北陸新幹線は長野県を通っているよ。鳥といえば，新潟県の佐渡島のトキを覚えておいてね。トキは人の手によって保護され，近年は数が増えてきた。また，佐渡島の佐渡金山は金を産出し，江戸幕府の重要な財源となっていたよ。

Point 北陸の暮らしの特色

- 米の**水田単作地帯**→**越後平野**などでさかん。能登半島には**千枚田**。
- **地場産業**や**伝統産業（伝統工業）**がさかん。冬の農家の副業として発展→燕市の**金属洋食器**，小千谷市の**小千谷ちぢみ**，輪島市の**輪島塗**。
- 若狭湾沿岸に多くの**原子力発電所**。富山県には水力発電所。

中央高地の暮らしの特色とは？

さて，ここからは中央高地を見ていこう。中央高地の中の長野県は，日本で４番目に面積が大きい都道府県だよ。

「南北にかなり広いですもんね。」

さて，中央高地の３県である山梨県，長野県，岐阜県の共通点といえば何かな？ 416ページの地図がヒントになるかもしれないね。

「わかりました。３つの県とも海に面していません。」

そのとおり。海に面していない**内陸県**は，日本に８つあるよ。次のページの地図で確認してみてね。

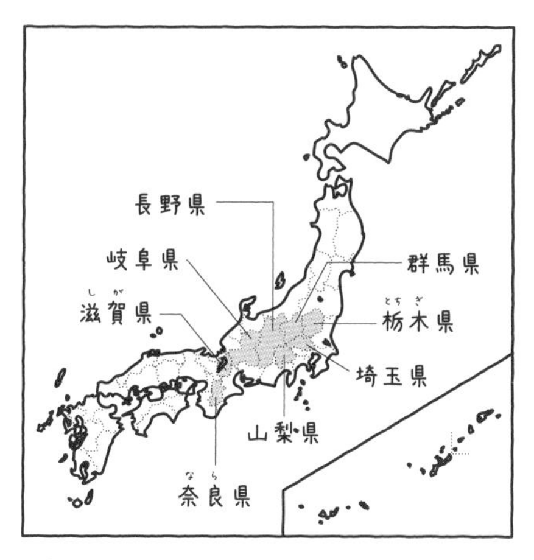

▲内陸県

　また，もっとも多くの県と接しているのは実は長野県なんだ。長野県が接している県をすべて答えてみよう。

「はい。群馬県から反時計回りに，群馬県，新潟県，富山県，岐阜県，愛知県，静岡県，山梨県，埼玉県と接しています。」

　なんと８つの県と接しているんだ。必勝暗記法で覚えておこう。

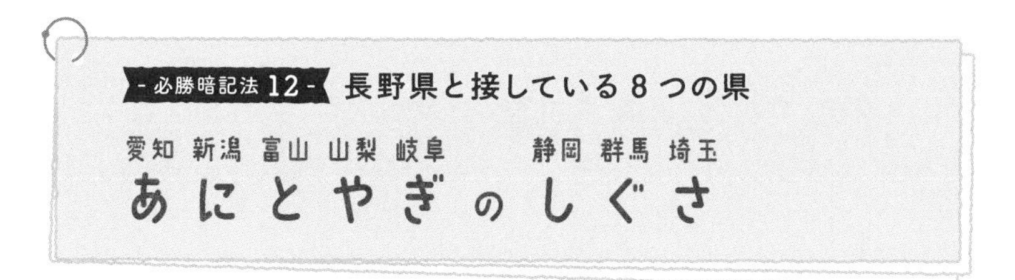

　ちなみに岐阜県は７つの県と接しているよ。これも地図帳などで確認してみよう。

　中央高地では，どんな農業がさかんなのだろう？ 山梨県や長野県には，次のページの写真のような地形が多く見られるよ。

写真：アフロ

▲山梨県などで見られる地形

「扇形をした地形が広がっていますね。あれ？ 前にも見たような…。」

うん。このような地形を**扇状地**というのだったね。扇状地は，小石やつぶの大きな砂が積もっているので，**水はけがよい**という特徴がある。また，中央高地は晴れの日が多いため，日照時間が長く，昼と夜の気温差が大きい気候だよ。これらの自然環境は**くだもの**の栽培に適していて，山梨県や長野県では，**ぶどう**や**もも**，**りんご**などの栽培がさかんなんだ。

主なくだものの生産量ランキング

ぶどう

1位 山梨県 4.2万t　2位 長野県 3.1万t　3位 山形県 1.6万t

もも

1位 山梨県 3.9万t　2位 福島県 2.4万t　3位 長野県 1.3万t

りんご

1位 青森県 44.6万t　2位 長野県 14.2万t　3位 岩手県 4.7万t

（2018年）（2020/21年版「日本国勢図会」）

「山梨県はすごいですね。ぶどうとももの生産量が全国一です。まさにフルーツ王国なのですね。」

そうなんだ。特に甲府盆地で栽培がさかんだよ。りんごは，長野県の**長野盆地**や**松本盆地**で栽培がさかんだね。

さて，今度は長野県の**野辺山原**に注目しよう。野辺山原は何という山のふもとにあるかな？ 地図帳で調べてみて。

「八ケ岳のふもとです。」

そうだね。野辺山原は夏でも涼しく，湿気が少ない高原の気候なんだ。この自然環境をいかして，夏に施設を使わずにレタスやはくさいなどの高原野菜を抑制栽培し，市場に出回る量が少ない夏から秋にかけて出荷している。これを**高冷地農業**というよ。**抑制栽培**とは，ほかの地域よりも遅い時期に農作物を栽培・出荷することだったね。また，レタスなどの野菜は雨が多いとすぐ病気になってしまうので，降水量が少ない中央高地の気候が適しているよ。レタスとはくさいの生産量ランキングを確認しておこう。

レタスとはくさいの生産量ランキング

レタス

1位 長野県 20.9万t　2位 茨城県 9.0万t　3位 群馬県 4.6万t

はくさい

1位 茨城県 23.6万t　2位 長野県 22.6万t

（2018年）（2020/21年版「日本国勢図会」）

次に中央高地の工業について見ていこう。長野県の諏訪湖周辺では，きれいな水が豊富である自然条件をいかして，古くから**製糸業**がさかんだった。製糸業とは，蚕を育ててまゆをとり，そのまゆをつむいで生糸を生産する工業のことだよ。蚕を育ててまゆをとる農業を**養蚕**というんだ。岐阜県でも製糸業がさかんだった。

次の写真を見てみよう。これは合掌造りの集落で，岐阜県北西部の白川郷と，富山県南部の五箇山で見られ，**白川郷・五箇山の合掌造り集落**として世界遺産（文化遺産）に登録されている。実はこの建物は，養蚕とかかわりがあるんだ。

花火／PIXTA(ピクスタ)

▲合掌造りの集落

「先生。その前になぜ，合掌造りというのですか？」

屋根が両の手の平を合わせた，つまり合掌したような形になっていることから，合掌造りと呼ばれているよ。

「屋根はかなり急な角度になっていますね。」

そうだね。これは，雪が積もりにくいようにするためなんだ。また，合掌造りの集落の屋根の面は東と西を向いていて，太陽の光をまんべんなく当てることで，雪が解けやすいように工夫されているよ。

「先生。合掌造りの家では，屋根裏部屋が広そうですね。」

いいところに気がついたね。屋根裏部屋では，蚕を飼育して，まゆをとる養蚕が行われていたんだ。もちろん，まゆは生糸をつくるために使われていたよ。

「なるほど。屋根裏部屋が養蚕と関係があったわけですね。」

うん。しかし，太平洋戦争が起こり，生糸が売れなくなってしまった。それまで日本でつくった生糸をアメリカが買ってくれていたのに，そのアメリカと戦争になったからなんだ。

「確かに戦争で対立している相手国から物を買ってはくれないですね。」

日本の製糸業は衰えつつあった。同じころ，アメリカ軍の爆撃により，日本の臨海部に発達した工業地帯は破壊された。東京から横浜（神奈川県）にかけて発達した京浜工業地帯も同様で，工場や技術者が爆撃を避けて，長野県に疎開してきたんだ。

「先生。なぜ，疎開先に長野県が選ばれたのですか？」

製糸業に使われていた工場の設備をそのまま利用できたことなどが理由として挙げられるね。これがきっかけのひとつとなり，第二次世界大戦後には，時計やカメラなどをつくる**精密機械工業**が発達した。時計の生産は特に有名で，同じように時計の生産で世界的に有名なスイスになぞらえて，「東洋のスイス」と呼ばれたんだよ。

「精密機械工業が発達した理由にはほかにどんなことがあるのでしょうか？」

精密機械をつくるとき，少しのちりやほこりが大きなさまたげとなる。ＩＣ（集積回路）などの半導体もそうだよ。

「確かに時計やカメラにちりやほこりなどが入ってしまうと，ダメになってしまいそうですもんね。」

そうなんだ。だから，きれいな水と空気に恵まれた自然環境の長野県は，精密機械工業に適しているんだね。そして，1980年代以降は高速道路沿いに電子部品，プリンター，産業用ロボットなどの電気機械工業が発達してきている。精密機械の技術がいかされているんだ。

Point　中央高地の暮らしの特色

- **扇状地**が広がる**甲府盆地**は，**ぶどう**と**もも**の生産が日本一。
- 野辺山原などでは**高原野菜**を**抑制栽培**する**高冷地農業**がさかん。
- **白川郷・五箇山の合掌造り集落**は**世界遺産**に登録。
- 製糸業が衰えたあと，**精密機械工業**が発展。

東海の暮らしの特色とは？

最後に東海を見ていこう。東海には，多くの大都市があるよ。

「なぜ，東海に大都市が多いのでしょうか？」

やはり地形によるところが大きいね。愛知県西部から岐阜県南部にかけては大きな平野が広がっている。何平野だろうか？ 旧国名を組み合わせた名前だよ。

「はい。**濃尾平野**ですね。岐阜県南部の旧国名の美濃（みの）と，愛知県西部の旧国名の尾張（おわり）から名前をとったわけですね。」

そう。濃尾平野には３つの大きな川が流れているよ。416ページの地図を見て，西から順に言ってみて。

「揖斐（いび）川，長良（ながら）川，木曽川です。」

「すべて伊勢（いせ）湾に注いでいるのですね。木曽川がもっとも東を流れているわけですか。」

うん。揖斐川，長良川，木曽川の３つの川をまとめて木曽三川と呼ぶよ。しっかり覚えておいてね。

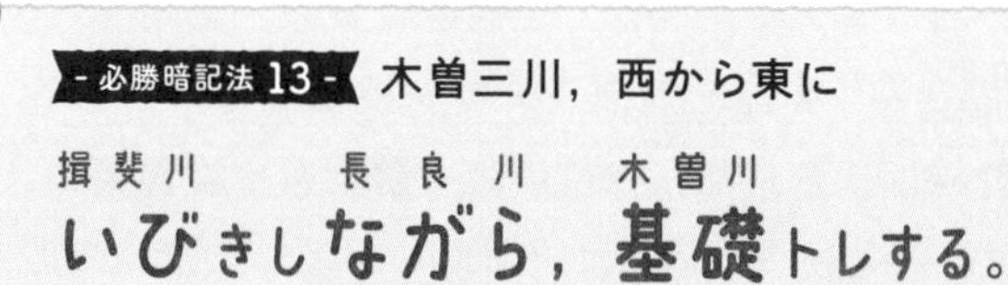

「ははは（笑）。基礎トレ，つまり基礎トレーニングは確かにつまらないから，いびきをかきながら寝てしまうかもしれません。」

木曽三川は合流したり，分かれたりしながら濃尾平野を流れていて，明治時代に治水工事が行われるまで，濃尾平野では洪水がよく発生していたんだ。木曽三川の下流域には，**洪水を防ぐために，周りを堤防で囲んだ地域**が見られる。これを**輪中**というよ。

下の図が輪中のつくりだよ。母屋は日常の住居として利用され，それより高いところにつくった水屋は避難所兼倉庫として，食料や生活用品を蓄えておくことで，洪水に備えた。こうして洪水の被害は少なくなり，東海の発展につながったんだ。特に名古屋市の周辺には，大都市が集まり**名古屋大都市圏**を形成している。

▲輪中のつくり

「大変な苦労があったのですね。」

そうなんだ。また名古屋大都市圏は，位置的に東京大都市圏と大阪大都市圏の間にあるから，人や製品を運ぶうえで，重要な場所となっている。例えば，**東海道新幹線**は，東京都→神奈川県→**静岡県**→**愛知県**→岐阜県→滋賀県→京都府→大阪府を通っているよ。

「東海道新幹線では，静岡県が東京駅と新大阪駅のちょうど中間にあたりますね。」

新幹線だけでなく，東京都世田谷区と愛知県の小牧市を結ぶ**東名高速道路**や，小牧市と兵庫県西宮市を結ぶ名神高速道路などが通っていて，高速道路でも東京大都市圏や大阪大都市圏と結ばれている。しかし，東名高速道路は利用者が多く，渋滞しやすい問題点があった。そこで，**新東名高速道路**が新たに開通したんだ。だから交通網が発達しているんだね。

ここまで説明した自然条件や地理的条件がもととなって，東海では工業や商業が大きく発展したわけだね。

さて，大都市周辺では，どんな農業がさかんだと思う？

「わかりました。**近郊農業**ですね。」

よく理解しているね。東海では，特に愛知県で近郊農業がさかんなんだ。近郊農業とは，大都市の近くで，大都市向けに野菜や花などを栽培する農業だったね。東海には大都市がたくさんある。中でも，愛知県の県庁所在地の**名古屋市**は，中部地方でもっとも人口が多い都市で，岐阜県や三重県まで広がる名古屋大都市圏の中心となっているんだ。ちなみに，中部地方には４つの政令指定都市があるけど，人口が多い順に並べると，**「名古屋市→浜松市**→新潟市→**静岡市**」となるよ。

「静岡県には，浜松市と静岡市の２つの政令指定都市があるのですね。」

「浜松市は県庁所在地の静岡市よりも人口が多いのですね。」

そうなんだ。これらの大都市に，近郊農業でつくられた農作物が運ばれている。下の資料を見てみよう。

キャベツ・たまねぎ・菊(きく)の生産量ランキング（2018年）

キャベツ

1位 群馬県 27.6万t　2位 愛知県 24.6万t　3位 千葉(ちば)県 12.5万t

たまねぎ

1位 北海道 71.7万t　2位 佐賀(さが)県 11.8万t　3位 兵庫県 9.6万t
4位 長崎県 2.9万t　5位 愛知県 2.8万t

菊(きく)

1位 愛知県 4.5億本　2位 沖縄県 2.6億本　3位 福岡県 1.0億本

（2020/21年版「日本国勢図会」など）

「愛知県は農業がとてもさかんな県なのですね。」

そう。しかし，大変な苦労もあったんだ。

「例えばどんな苦労ですか？」

先ほど出てきた濃尾平野の土壌(どじょう)は水分が多すぎたため，地下にパイプを通して，余分(よぶん)な水分を取り除(のぞ)くしくみをつくって，土地を改良したんだ。これを**暗きょ排水**というよ。逆に知多(ちた)半島や渥美(あつみ)半島，岡崎(おかざき)平野などは水不足や干(かん)ばつに悩(なや)まされていた。

「農作物が十分に育たないことが多かったわけですね。」

そうなんだ。水不足を解消するため，まず最初に**岡崎平野**に矢作川の水を引いた。これを**明治用水**というよ。文字通り明治時代につくられたものだね。これにより，畑作と畜産を組み合わせて行う農家が多くなった。続いて，**知多半島**には木曽川などの水を引いた。これを**愛知用水**というんだ。愛知用水は現在，工業用水や生活用水として使われることが多くなっているよ。

「農業への情熱がすごいですね！」

さらに**渥美半島**には，天竜川の水を豊川に流し，**豊川用水**が引かれた。これにより農業がさかんになって，**温室メロン**や**電照菊**が栽培されているよ。いわゆる施設園芸農業だね。電照菊とは，ビニールハウスなどの中で夜間に照明を当て，開花時期を遅らせてつくる菊だよ。

- 必勝暗記法 14 -　愛知県下の三大用水，東から西に，用水名と場所。

豊川用水　渥美半島　明治用水　岡崎平野　愛知用水　知多半島

豊川　渥美，目　を　愛　ちた。

「豊川渥美って，女の人の名前になっていますね。」

見事でしょ（笑）。３つの用水の場所は，地図帳などで確認しておこう。

さて，今度は愛知県の工業を見ていこう。明治時代には，毛織物などを中心とする**せんい工業**が発達したよ。下の資料を見てごらん。

せんい工業の工業生産額ランキング

1位　愛知県　3943億円　2位　大阪府　3013億円　3位　福井県　2488億円

（2018年）（2021年版「データでみる県勢」）

「愛知県は現在，せんい工業の工業生産額が全国一なのですね。」

そうなんだ。現在も一宮(いちのみや)市などで毛織物の生産がさかんだよ。

さて，次のグラフを見てみよう。これは愛知県の製造品出荷額等割合を示しているよ。

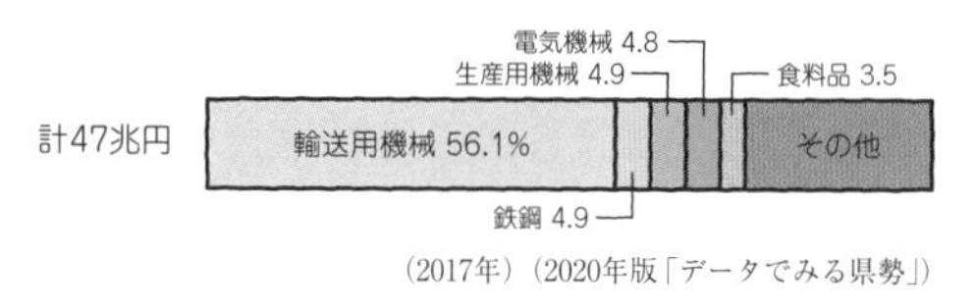

▲愛知県の製造品出荷額等割合

輸送用機械が半分以上を占めているね。愛知県の工業の中心は，**自動車**などの輸送用機械をつくる工業であることがわかる。ちなみに，愛知県は輸送用機械器具の工業生産額が全国一なんだ。2 位は**静岡県**，3 位は神奈川県。2018 年のデータだよ。

「先生。自動車はたくさんの部品からできていると聞いたことがあります。」

そうなんだ。自動車は約 3 万個の部品からできているんだ。材料として必要なものに鉄がある。愛知県の**東海市**には巨大な製鉄所(せいてつじょ)があり，**鉄鋼業(てっこうぎょう)**がさかんだよ。東海市は臨海部に位置していて，原料の鉄鉱石(てっこうせき)などの輸入に便利なんだ。生産された鉄の多くは，自動車をつくるために使われている。2018 年の鉄鋼業の工業生産額は，愛知県が全国一だよ。ちなみに 2 位は兵庫県，3 位は千葉県。

話を戻(もど)すけど，自動車生産の中心となっているのは**豊田市(とよた)**なんだ。世界有数の自動車メーカーであるトヨタ自動車が本社を置いているね。自動車工場の周辺には，自動車部品を生産する**関連工場**がたくさんある。豊田市内にある自動車関連工場の数は約 350，その工場で約 9 万人の人が働いているよ（2014 年）。

「先生。豊田市は，まさにトヨタ自動車とともに発展した町なのですね。」

そうだね。豊田市のように，ひとつの大きな企業を中心に発展した都市を**企業城下町**というよ。企業城下町といえば，石川県の**小松市**も有名な建設機械メーカーの企業城下町だね。

ここまで見てきたように，世界有数の自動車会社があり，工業がとてもさかんな愛知県は，工業生産額が全国一なんだ。愛知県を中心に**中京工業地帯**が形成されているよ。次のグラフを見てみよう。全国と比較して，中京工業地帯の製造品出荷額等の割合には，どんな特色があるかな？

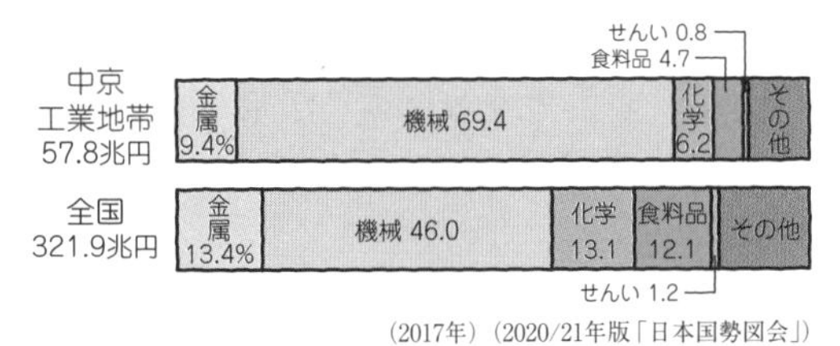

▲中京工業地帯と全国の製造品出荷額等の割合

「全国と比べて機械工業の割合が高いですね。自動車や自動車部品をつくる工業がさかんだからだと思います。」

よく気づいたね。機械工業の割合が65%を超え，とても高いことは，中京工業地帯の大きな特色なんだ。ちなみに中京工業地帯は，全国の工業地帯・地域の中でもっとも工業生産額が多くなっているよ。

「自動車の生産がとてもさかんなことが大きくプラスになっているわけですね。」

そうなんだ。しかし，自動車工業は海外での現地生産が進み，国内の生産力が衰える**産業の空洞化**が起こっている。現在，日本国内で生産される自動車の台数より，日本の自動車会社が海外で生産する自動車の台数のほうが多くなっているよ。

「自動車の生産が中心の中京工業地帯にとっては，少し心配ですね。」

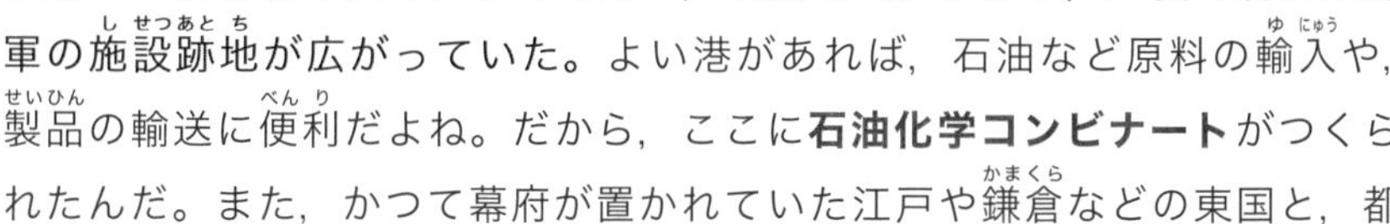

そうだね。しかし，中京工業地帯は自動車工業だけではないよ。三重県北部の**四日市市**は古くからの港町で，天然の良港があり，空襲で焼けた海軍の施設跡地が広がっていた。よい港があれば，石油など原料の輸入や，製品の輸送に便利だよね。だから，ここに**石油化学コンビナート**がつくられたんだ。また，かつて幕府が置かれていた江戸や鎌倉などの東国と，都が置かれていた京都などの西国の中間に位置し，古くから栄えていたことを忘れてはいけないね。愛知県の瀬戸市や岐阜県の多治見市は，原料となるよい土に恵まれていたため，古くから**窯業**がさかんなんだ。窯業は，主に陶磁器やファインセラミックスをつくる産業だよ。

「地図帳で見ると，瀬戸市と多治見市は近いですね。」

気づくのが早いね。瀬戸市では**瀬戸焼**がつくられている。陶磁器全般を「せともの」というよね？「せともの」ということばは，瀬戸焼からきているんだ。

「それほど瀬戸市が全国を代表する陶磁器の産地というわけですね。」

そういうこと。多治見市では**美濃焼**という陶磁器がつくられていて，多治見市の窯業の歴史は古墳時代までさかのぼるんだ。

さて，岐阜県の工業に目を移すと，高山市は「小京都」と呼ばれ，伝統的工芸品の飛騨春慶がつくられている。高山市といえば，日本一面積が大きい市としても有名だね。東京都と同じくらいの面積だよ。

「すごく広いのですね !!」

関市は**刃物づくり**がさかんで，鎌倉時代から続く伝統産業となっている。日本刀やナイフ，はさみなどの産地として全国的に有名だよ。また，岐阜県は**ちょうちん**の生産もさかんで，工業生産額で全国の約 45%を占めている。

さぁ，ここからは静岡県の農業について見ていこう。次の資料を見てみよう。

茶とみかんの生産量ランキング

茶（2019年）

1位　静岡県　3.0万t　2位　鹿児島県　2.8万t　3位　三重県　0.6万t

みかん（2018年）

1位　和歌山県　15.6万t　2位　静岡県　11.5万t　3位　愛媛県　11.4万t

（2020/21年版「日本国勢図会」）

茶と**みかん**の栽培がさかんなことがわかるよね。茶から説明していこう。茶の栽培に適した自然条件は，①水はけがよいこと，②日当たりがよいこと，③風通しがよいことの３つだ。静岡県にはこの３つの自然条件を満たす台地が多くある。特に中部に広がる**牧ノ原**は，日本一の茶の産地となっているよ。牧ノ原の東側を大井川が流れているんだ。

Yoshitaka/PIXTA(ピクスタ)

▲牧ノ原の茶畑

「だから，お茶がほしいときには**『おおい，お茶』**って言うわけですね。」

「うまい。座布団１枚!!」

あはは（笑）。うまい暗記法だ。次に右のページの写真を見てごらん。みかん畑だよ。

Princess Anmitsu/PIXTA(ピクスタ)

▲**静岡県のみかん畑**

みかんの栽培に適した自然条件は，①年間を通して温暖でほどよく降水量があること，②日当たりがよいこと，③水はけがよいことなどだ。静岡県には，この自然条件がそろっているんだ。ところで，茶畑とみかん畑の写真を見て，何か共通点があることに気づかないかな？

「どちらも斜面に広がっていますね。」

いいところに気がついたね。では，なぜ，斜面に茶畑やみかん畑があるのだろうか？

「土地が斜めになっているわけですから，水はけがよいはずですよね。以前にも学習しました。また，方角にもよりますが，日当たりがよいことも大きいでしょう。どちらも茶やみかんの栽培に適していますね。」

すばらしい。サクラさんが言ってくれたような理由から，茶畑やみかん畑は斜面にあることが多いんだ。

さて，静岡県の漁業についても見ていこう。静岡県の**焼津港**は全国有数の水揚げ量を誇っているんだ。遠洋漁業の基地となっていて，特に**まぐろ**の水揚げで有名だね。

「先生。なぜ，焼津港は遠洋漁業の基地となったのでしょうか？」

東京大都市圏と大阪大都市圏の中間に位置する立地条件のよさや，湾内が静かでおだやかな良港であることなどが理由として考えられるね。焼津港の周辺には，かまぼこ工場や缶詰(かんづめ)工場などがあるよ。

「水揚げされた魚や，魚を加工した食品を東京大都市圏や大阪大都市圏にすばやく送ることができますもんね。」

そのとおり。東名高速道路や名神高速道路を利用して運ばれる。静岡県で水揚げ量が多い魚としては，まぐろのほかに，**かつお**や**さば**があるよ。あと，**養殖(ようしょく)によるうなぎ**の収獲量が多いことでも有名なんだ。次の資料を見てほしい。

かつおとさばの水揚げ量と養殖によるうなぎの収獲量ランキング

かつお

1位　静岡県　7.2万t　2位　東京都　2.5万t　3位　宮城県　2.3万t

さば

1位　茨城県　12.6万t　2位　長崎(ながさき)県　9.9万t　3位　静岡県　5.2万t

養殖によるうなぎ

1位　鹿児島県　0.9万t　2位　愛知県　0.6万t　3位　宮崎(みやざき)県　0.3万t
4位　静岡県　0.2万t

（2017年）（2020年版「データでみる県勢」）

さて，上位の県に何か共通点はないかな？

「もしかして，かつおやさばは暖かい海を好む魚なのでしょうか？」

そのとおり。かつおとさばの水揚げ量で上位３位や４位までに入っている都県の近くには，どんな海流が流れているかな？

「暖流の黒潮（日本海流）や対馬海流が流れていますね。」

「暖かい海が好きな魚が，静岡県で多く水揚げされているわけですね。」

うなぎの養殖は，静岡県の**浜名湖**が有名だよ。

「静岡県は収獲量全国４位ですね。」

養殖によるうなぎの収獲量は，1980 年代初めまで静岡県が全国一だった。浜名湖でうなぎの養殖技術が確立され，それが全国各地に広まったんだ。

さて，次に静岡県の工業について見ていこう。静岡県の沿岸部には，**東海工業地域**が形成されているよ。次のグラフを見てみよう。東海工業地域は，全国と比べてどんな特色があるだろうか？

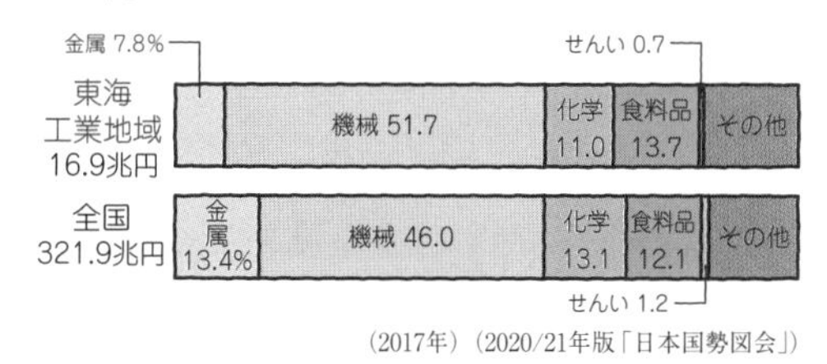

▲東海工業地域と全国の製造品出荷額等の割合

「**機械工業**と**食料品工業**の割合が全国と比べて高くなっていますね。」

「食料品工業の割合が高いのは，静岡県内で茶やみかんの栽培がさかんなうえに，多くの魚介類も水揚げされていますから，それらを加工する工業が発達しているわけですね。」

そのとおり。機械工業の割合が高いのは，**浜松市**で**楽器**や**オートバイ**の生産がさかんなことが大きいね。

「先生。なぜ，浜松市で楽器やオートバイの生産がさかんになったのですか？」

まず，楽器について説明しよう。浜松市で楽器の生産がさかんになった理由には次の２つがあるよ。静岡県では西部を流れる**天竜川**(てんりゅう)の上流で伐採(ばっさい)した木をいかだにして下流に流し，河口の浜松市でさまざまな木工品をつくる工業が古くから栄えていた。この木工品をつくる技術が楽器の生産にいかされたわけだね。具体的に天竜川はどんなところを流れているかな？地図帳で確認してみて。

「天竜川は長野県の**諏訪湖**を水源として，木曽山脈と赤石山脈の間を流れ，愛知県，静岡県を経て，太平洋に注いでいます。」

そうだね。

「ほかにも静岡県でさかんな工業はありますか？」

富士市では，**製紙・パルプ工業**がさかんだよ。富士市はティッシュペーパーやトイレットペーパーなど衛生用紙の生産量で，全国の約30％を占めている。紙をつくるには大量の水が必要なんだけど，富士市周辺は富士山の豊富な湧(わ)き水に恵まれているため，製紙・パルプ工業がさかんになったんだ。富士山の周りには，５つの湖があるよ。地図帳で探(さが)してみよう。

「西から東に，本栖湖(もとすこ)，精進湖(しょうじこ)，西湖(さいこ)，河口湖(かわぐちこ)，山中湖(やまなかこ)です。」

そう。これらをまとめて富士五湖というよ。

「富士五湖に流れ込む川はないようですね。」

そうなんだ。しかし，富士五湖は豊富に水を蓄えている。これも，湧き水が供給(きょうきゅう)され続けているからなんだ。まさに富士山の恵みといえるね。

Point 東海の暮らしの特色

- **濃尾平野**に**木曽三川**が流れ込む→**輪中**をつくって洪水対策。
- **名古屋市**などの大都市があり，周辺で**近郊農業**がさかん→**キャベツ**や**たまねぎ**，**温室メロン**や**電照菊**などを栽培。
- **電照菊**→抑制栽培のひとつ。夜に照明を当てて，開花時期を調整。
- 日本一の工業生産額を誇る**中京工業地帯**→世界有数の自動車会社の本社がある**豊田市**で**自動車工業**，東海市で鉄鋼業がさかん。
- 静岡県は日本有数の**茶**の産地→**牧ノ原**が一大産地。
- 静岡県の漁業→**焼津港**は遠洋漁業の基地，**浜名湖**で**うなぎの養殖**。
- **東海工業地域**→**浜松市**で**楽器・オートバイ**の生産，**富士市**で**製紙・パルプ工業**がさかん。

CHECK 20

つまずき度 !!!!

➡ 解答は別冊 p.23

次の文の(　　)にあてはまる語句を答えなさい。

(1) 長野県の野辺山原などでは，夏でも涼しい気候をいかして，レタスやはくさいなどの(　　)野菜を栽培している。このように，ほかの地域よりも遅い時期に農作物を栽培することを(　　)栽培という。

(2) 濃尾平野には，洪水を防ぐために，周りを堤防で囲んだ地域が見られる。これを(　　)という。

(3) 愛知県では自動車の生産がさかんで，その中心となっているのが世界有数の自動車会社の本社が置かれている(　　)市である。

(4) 静岡県の沿岸部には，(　　)工業地域が形成されている。(　　)市では，楽器やオートバイの生産がさかんで，(　　)市では，製紙・パルプ工業がさかんである。

21章

近畿地方

近畿地方のすべては琵琶湖から始まったといえる。まず琵琶湖から瀬田川が流れ，宇治川，淀川と名前を変えながら大阪湾に注ぎ，大阪平野をつくった。

「平安京がつくられたのも琵琶湖からの川が流れていたからですよね。」

そうだね。大阪は日本の都であった平安京の物流基地になった。だから，問屋などが置かれて商業がさかんになった。

「そう考えると琵琶湖って偉大ですね。」

その琵琶湖が生活排水などで汚染されてしまい，赤潮などが発生した。原因のひとつである合成洗剤の使用をやめるなど対策をしているよ。

近畿地方

さぁ，次は近畿地方だよ。君たちは近畿地方といったら，何を思い浮かべるかな？？

「やっぱり大阪のたこ焼きに…，兵庫の神戸牛ステーキに…，京都の八ツ橋に…。」

「って，なんで食べものばっかりやねん!?」

あはは（笑）。合ってはいるけれど…。近畿地方はかつて都が置かれた場所でもあるよ。まずは，次の地図をチェックしてね!!

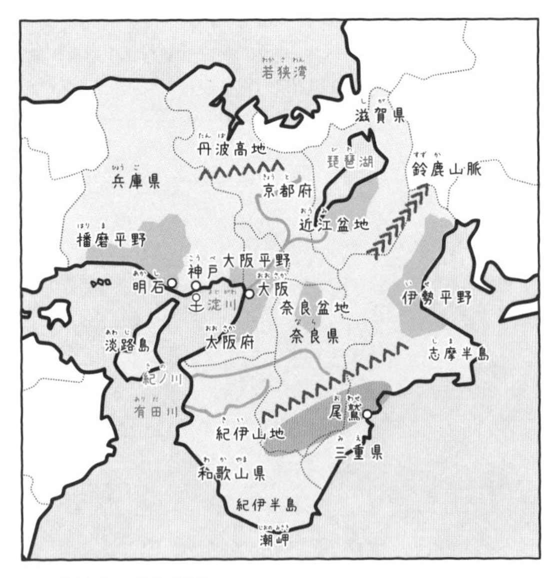

▲近畿地方の主な地形

「はい。」

さて，主な地形が頭に入ったら，各府県についてくわしく見ていこう。必要なときは，前ページに戻って府県や地形の位置を確認してね。

南部の地域（三重県・和歌山県），内陸部にある地域（滋賀県・京都府・奈良県），瀬戸内海の影響が強い地域（大阪府・兵庫県）の順に述べていくよ。

三重県・和歌山県の暮らしの特色とは？

まずは，三重県・和歌山県について学習しよう。

日本の年平均気温は約 15℃，年平均降水量は約 1700 mm として，紀伊半島の**和歌山県の潮岬**の気候にはどのような特徴があるかな？ 次の雨温図を見てね。

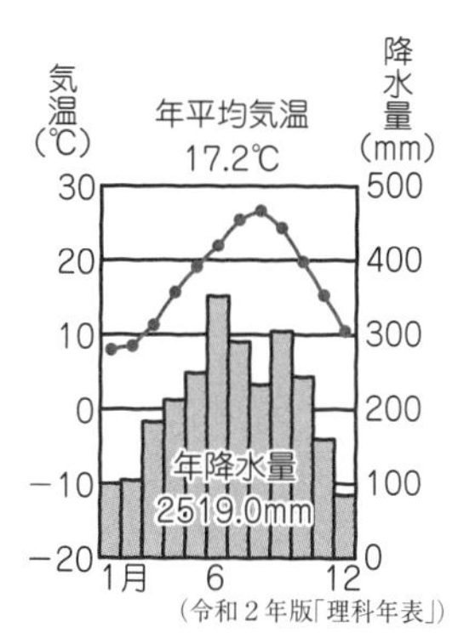

▲潮岬（和歌山県）の雨温図

「はい。平均気温が高く，降水量もとても多いことがわかりますね。」

そうだね。熟語で表現すると「温暖多雨」といえると思うよ。
なぜだろう？

「温暖な気候なのは，近くを暖流の黒潮（日本海流）が流れているためではないでしょうか？」

そのとおり。黒潮の影響で一年中，温暖なんだ。また，**本州最南端**であることも温暖な理由になっているよ。やはり，南に行けば行くほど暑いんだ。

では，降水量が多い理由は何かな？

「黒潮の水蒸気を含んだ湿った**夏の南東の季節風**が**紀伊山地**にあたって，その手前の地域に多くの雨を降らせるのではないでしょうか？」

まさにそのとおり。

潮岬は台風がよく上陸・通過するので**台風銀座**といわれているよ。これも降水量が多いことの原因のひとつだね。

さて，下の雨温図を見てみよう。

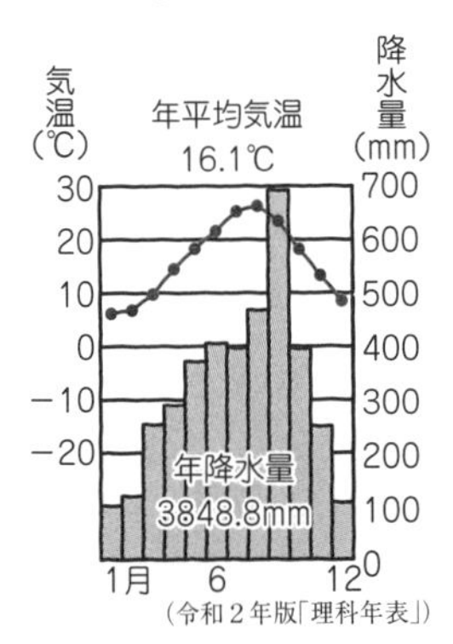

▲尾鷲市（三重県）の雨温図

「9月の降水量が突き抜けちゃってますね。」

日本有数の降水量がある**三重県尾鷲市**の雨温図だよ。年平均気温は16.1℃，年降水量は3848.8 mmだね。

「9月の降水量が突き抜けていたら，尾鷲市の雨温図だと覚えておこう（笑）。」

いいね（笑）。

さて，三重県・和歌山県の人々はこのような温暖多雨な自然環境をいかして幸せになろうとする。自然環境に合わせて，それにふさわしい産業をおこしたり，生活をしたりするわけだね。

雨が多いと木がよく育つ。だから，林業がさかんなんだ。奈良県・和歌山県の**紀伊山地**で育つ**吉野すぎ**は有名だね。古くは清酒のたるなどにも使われていたんだ。三重県の**尾鷲ひのき**も有名だよ。

また，日照時間が長いこと，水はけがよく栄養分を含んだ土壌，温暖な気候の和歌山県の自然環境に適した作物を知っているかな？ すっぱいものだよ。「紀州の○○」なんて聞いたことがないかなぁ？

「わかりました。うめじゃないですか？」

そう。和歌山県の**うめ**の生産量は全国第１位で，全体の６割以上を占めているよ(2018年)。まだまだあるよ。黄色い食べものだ。冬の季語にもなっているね。

「先生，みかんでしょ。」

そのとおり。**紀ノ川**，**有田川**の流域では**みかん**の栽培がさかんなんだ。みかんの生産量の順位は第１位が**和歌山県**，第２位が静岡県，第３位が愛媛県だったよね（2018年）。みかんは，もともと熱帯性の作物だから，年平均気温が15℃以上であることが必要なんだ。

さらにもうひとつ，和歌山県で栽培がさかんなくだものがあるよ。

それはかきだ。生産量の順位は第１位が**和歌山県**，第２位が**奈良県**，第３位が福岡県だよ。和歌山県と奈良県で日本全国の約３分の１を生産している（2018年）。

ところで，三重県の志摩半島に注目してみよう。次のページの図を見てね。

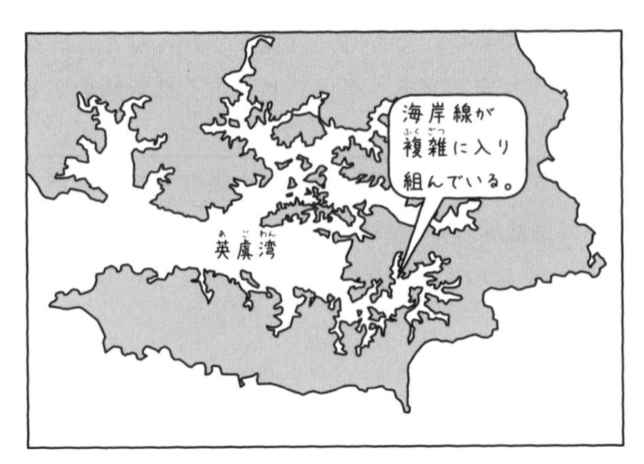

▲志摩半島の地形

「海岸線がギザギザです。これは**リアス海岸**ですね。」

「ということは湾内は波が静か。養殖などに向いている環境ですよね。」

そのとおり。温暖かつリアス海岸が広がる自然環境をいかして，**真珠の養殖**がさかんだよ。真珠の養殖に使うアコヤ貝は水温が 10℃以下になると死んでしまう。温暖な気候が必要不可欠なんだ。

Point 三重県・和歌山県の暮らしの特色

- 温暖多雨な気候をいかした**吉野すぎ**や**尾鷲ひのき**の生産。
- 日照時間が長いこと，水はけがよく栄養分が豊富な土壌をいかした**うめ**・**みかん**・**かき**の栽培。
- リアス海岸が広がる**志摩半島**で**真珠**の養殖。

滋賀県・京都府・奈良県の暮らしの特色とは？

次は，内陸部にある地域について。滋賀県には日本一面積が大きい湖があるよ。448ページの地図で調べてみて。

「先生，**琵琶湖**ですね。」

そのとおり。実に県面積の約6分の1を占めているよ。水鳥がすむところとして，**ラムサール条約**にも登録されている。こんなに**大きな湖**を生活に利用しない手はないよね。何に利用していると思う？

「飲料水かなぁ。」

そうなんだ。飲料水のほか，農業用水や工業用水などにも利用されている。近畿地方の人口のおよそ3分の2の人々が水源として利用しているんだ。ここから流れ出る川は滋賀県では瀬田川，京都府では宇治川，大阪府では**淀川**と名前を変えて，大阪湾に注いでいる。

実は，京都に平安京が建設されたのも水が豊富にあるという自然環境がひとつの重要な要因だったんだよ。

「確かに，人がたくさん住むためには，多くの飲料水が必要ですよね。洗濯や料理に水を使います。」

「トイレを流すときにもね（笑）。」

「ケンタは，そういうことを言っているときうれしそうね。」

それも重要なことなんだよ。奈良盆地に置かれた平城京が100年ももたずに都でなくなった理由のひとつには，付近に大きい川がなく，降水量が少ないという自然環境があった。排泄物，ごみなどの処理に困り，疫病が発生しやすかったんだ。

しかし，近くに琵琶湖があり，そこから流れる川の水を利用することができた平安京は1000年の都として栄えた。現在もその名ごりを感じられるんじゃないかな？ 例えば，京都の町並みは，歴史ある建物や特徴がある自然と調和するように形づくられてきた。京都市では，この景観や町並みを守るために条例を定めている。ほかに，何か名ごりを感じられることはないかな。

「伝統産業が現在も受け継がれていることですか。」

そう。**清水焼**，**西陣織**などの**伝統産業**が京都ではさかんなんだ。

「奈良にも都が置かれていたんですよね。やはり伝統産業があるんですか？」

うん。奈良は日本で最初に仏教が広まった土地で，現在もたくさんの寺が残っているよ。だから，寺で使う**奈良筆**や**奈良墨**などの伝統産業が有名なんだ。

Point 滋賀県・京都府・奈良県の暮らしの特色

- 日本一の面積の**琵琶湖**は，近畿地方の生活用水・農業用水・工業用水に利用される。**ラムサール条約**にも登録。
- 京都や奈良にはかつて都が置かれ，現在も**清水焼**や**西陣織**などの**伝統産業**が受け継がれている。

大阪府・兵庫県の暮らしの特色とは？

さて，瀬戸内海の影響が強い地域を見よう。琵琶湖から流れ出た淀川は大阪府を流れ，流域に**大阪平野**をつくった。大阪平野は近畿地方でもっとも広い平野だよ。また，大阪市は西日本最大の都市だね。そして，大阪を中心に神戸や京都，奈良などは人やものの移動で強いつながりをもつ地域なんだ。これを**大阪（京阪神）大都市圏**と呼ぶよ。その郊外では大都市圏に，朝収穫した野菜をその日のうちに送る**近郊農業**がさかんになっている。なぜ，大阪はこんなに発展したのだと思う？　ヒントは平安京だよ！

「淀川を利用すれば，船を使って平安京まですぐに行けたからだと思います。」

そうだね。それが重要なんだ。平安京と淀川の水運で結ばれていて，さらには瀬戸内海の東端に位置していた。つまり，大阪は都が京都に置かれてから都と西日本の各地を結ぶ交通の要所であったわけだね。こんな環境の下では，何をすれば人々は幸せになれるのだろう？

「商業じゃないですか。物流の中心なんだから，運送業，**問屋**などをすればもうかったのではないかと思います。」

そう。大阪は，江戸時代に全国から物資が集まり，ものの売り買いがさかんになった。経済の中心地として**「天下の台所」**と呼ばれ，商業が発展したんだ。明治時代の初期までは，日本経済の中心地だったわけだね。

さて，商業がさかんであるということは，売るだけではなく商品をつくろうという考えをうむ。

そこで大阪府から兵庫県にかけて**阪神工業地帯**が形成されたんだ。日本で最初に発達した工業地帯で，第二次世界大戦前までは日本最大の工業地帯だったけど，近年製造品出荷額が伸び悩んでいるよ。

次のグラフを見てみよう。

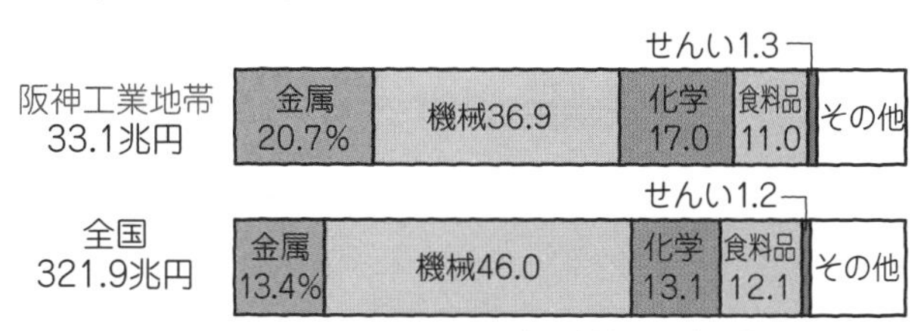

▲**阪神工業地帯と全国の製造品出荷額等の割合**

せんい工業の割合は，今では全国とほぼ同じだが，かつては，大阪はせんい工業がさかんで「**東洋のマンチェスター**」と呼ばれていたんだよ。第二次世界大戦前の日本の工業は，せんい工業などの軽工業中心だったんだ。現在でも，その名ごりがあり，大阪府の**泉大津市**は国内産毛布のほとんどを生産しているよ。

「金属工業や化学工業の割合が全国に比べて高いですね。」

これは，第二次世界大戦後に臨海部の堺市（大阪府）や尼崎市（兵庫県）につくられた埋め立て地に，製鉄所や石油化学工場ができたからだよ。ただ，設備が古くなってしまっていることが問題なんだ。また，つくられた当時は大企業の工場だったけど，現在の水準からすると規模が小さい，中小企業の町工場が多いことも阪神工業地帯の特徴だよ。

ところで，パナソニックっていう会社を知っているかな？

「はい。有名な電機メーカーですよね。」

門真市（大阪府）には，パナソニックの本社がある。したがって門真市では**電気機器**の生産がさかんなんだ。

「先生。琵琶湖から淀川が流れ出し，大阪平野をつくって，周辺で商業が発達し，そして阪神工業地帯が形成されたともいえますね。元をたどれば，琵琶湖のおかげかも。琵琶湖って偉大なんですね。」

そのとおり。

さて，兵庫県にも注目しよう。兵庫県は**神戸港**の発展をきっかけに大きく栄えた。神戸港は古くは**大輪田泊**と呼ばれ，**平清盛**が日宋貿易の拠点にしようと修築したことが始まりだよ。一人の天才が町を変えた例といえるね。神戸港は西日本有数の貿易港なんだ。神戸港でたばこに次いで輸入額が多いものは何だと思う？　神戸市や大阪市など大都市に近いことから考えてみてね。

「大都市で消費されるものということですよね？ 人が多いと必要になるものってなんだろう。」

「先生。やはり食べものや着るものなんでしょうね。」

そう。答えは**衣類**だよ（2020年）。大都市の港というのは，衣類や食料品の輸入が多い。神戸港はさらに発展しているよ。神戸市は丘陵地を切り開いて**ニュータウン**をつくった。そして，その土を利用して神戸港に**ポートアイランド**という埋め立て地をつくった。ここには港湾設備，マンション，商業施設などが建設され，いわば海上のニュータウンとして機能しているよ。しかし，1995年に大きな被害を受けたんだ。

「先生，何があったのですか？」

阪神・淡路大震災だよ。最大で震度7を記録し，近畿地方を中心に大きな被害が出た。ポートアイランドは埋め立て地なので，地盤が弱く、特に被害が大きかったんだ。しかし，この震災をきっかけに，近畿地方は災害対策を強く意識したまちづくりをするようになった。

また，兵庫県明石市には**日本標準時子午線**（**東経135度**の経線）が通っているよ。

Point 大阪府・兵庫県の暮らしの特色

- 大阪は物流の中心で商業が発展し，かつて「**天下の台所**」。
- **阪神工業地帯**が発達⇒**せんい工業**，**金属工業**，化学工業の割合が高い。**中小企業の町工場**が多い。
- **神戸港**は貿易港として発展。明石市は**日本標準時子午線**（**東経135度**の経線）が通る。

☑CHECK 21

つまずき度 !!!!!

➡ 解答は別冊 p.23

次の文の（　　）にあてはまる語句か数字を答えなさい。

(1) 黒潮の（ ① ）海流の影響などにより，和歌山県・三重県は温暖である。温暖多雨という自然環境をいかして，紀伊山地周辺では林業がさかんであり，（ ② ）すぎは有名である。また，このような自然環境と豊かな土壌をいかして，和歌山県では（ ③ ）や（ ④ ），かきの栽培がさかんで，生産量は日本一を誇(ほこ)る。（※③④の解答は順不同とします。）

(2) 日本一面積が大きい湖は（　　）湖で，そこからは（　　）川が流れ出し，流域に大阪平野が広がっている。

(3) 大阪は古くから商業がさかんで，「天下の台所」と呼ばれていた。現在でも（　　）屋が多い。

(4) 阪神工業地帯の製造品出荷額は，第二次世界大戦前は第（　　）位だったが，現在は伸び悩んでいる。全国と比べて（　　）工業や化学工業の割合が高い。（　　）市（大阪府）には有名な電機メーカーの本社があり，電気機器の生産がさかんである。

(5) 兵庫県の明石市は東経（　　）度の日本標準時子午線が通る。

22章

中国・四国地方

中国・四国地方は山陰，瀬戸内，南四国の3つの地域に分けることができたね。また，中国地方の中国山地より南の地域は山陽と呼ばれる。

「山陽と瀬戸内は重複しますか？」

そうだね。山陽＝岡山県＋広島県＋山口県だ。瀬戸内＝岡山県＋広島県＋山口県＋愛媛県＋香川県だ。ところで，夏の瀬戸内は温暖で乾燥している。どこかの気候と似ていない？

「地中海性気候ですか？」

そう。だから地中海周辺と同じように，オリーブやトマト，ぶどうがとれるよ。

中国・四国地方

山陰（日本海側）の暮らしの特色とは？

まずは山陰，つまり日本海側から見ていこう。この地域は，冬の北西の季節風とほぼ正面から向かい合っているよね。この季節風の影響を受けて，砂によってあるものが形づくられた。何だと思う？

「日本最大級の砂丘の**鳥取砂丘**ですね。」

そう。鳥取砂丘は観光資源ともなっている。さて，砂丘では，**水もちの悪い土地**でも栽培できる作物が育てられているよ。地図帳などで調べてみて。

「**らっきょう**や長いも，すいか，メロン，**日本なし**などですね。」

そう。また，砂によって２つの有名な湖ができた。ひとつは島根県にある湖だけど，地図帳を見て答えてみて。

「**宍道湖**です。」

もうひとつは，島根県と鳥取県にまたがっているよ。その湖は？

「**中海**です。」

そうだね。宍道湖も中海も日本海に開いた湾の入り口が，砂州によって塞がれてできた湖（潟湖）なんだよ。だから，海水と淡水が混ざった汽水湖となっていて，さまざまな魚介類が生息している。漁業では，**しじみ漁**

がさかんだよ。また，渡り鳥を保護するうえで重要な場所であり，**ラムサール条約**にも登録されているんだ。

さらに，山陰には対馬海流があじなどの魚を運んできてくれる環境がある。あじ類の水揚げ量は，第１位長崎県，第２位**島根県**，第３位宮崎県の順だよ（2018 年）。鳥取県の有名な港町といえばどこだろう？

「はい。境港市です。**境港**があります。」

そうだね。実は，鳥取県は全国で人口がもっとも少ないことからもわかるように**過疎**に悩んでいるんだ。そこで境港市では，有名マンガに登場する妖怪を観光資源として，観光客を呼ぶように努力しているよ。このように，過疎に直面する市町村では，地域の実状に合わせて，さまざまな**町おこし・村おこし（地域おこし）**が行われている。

「先生，**石見銀山**（島根県）は世界遺産（文化遺産）に登録されています。今後さらに観光客が増え，山陰の過疎問題が解消されればよいですね。」

観光といえば，島根県北東部には「縁結びの神様」として有名な**出雲大社**があるよ。

Point　山陰（日本海側）の暮らしの特色

- 山陰は**強い季節風**と強い波の影響を受け，海岸に砂がたまる。
  →①日本最大級の**鳥取砂丘**があり，**らっきょう**や**日本なし**の栽培がさかん。②潟湖の**宍道湖**と**中海**があり，宍道湖では**しじみ漁**がさかん。
- **対馬海流**が近くを流れ，漁業がさかん→**境港**（境港市）。

瀬戸内の暮らしの特色とは？

次に瀬戸内を見ていこう。この地域は，海に面しているし，中国山地と四国山地に挟（はさ）まれているため季節風の影響を受けにくい。だから温暖で降水量が少ない。このような環境に適した農作物といえば，くだものだよね。

岡山（おかやま）県では**マスカット**（全国の90％以上）や**もも**が栽培されている。岡山県には桃太郎（ももたろう）伝説があるから，昔からももがよくできたのかもね（笑）。

ほかの農作物を地図帳で調べてみよう。

「香川（かがわ）県の**小豆島**（しょうど）は**オリーブ**で有名ですよね。愛媛（えひめ）県の**みかん**もです。生産量は第1位和歌山（わかやま）県，第2位静岡（しずおか）県，第3位**愛媛県**という順位になっていますね（2018年）。」

また，人々の米を食べたいという執念（しゅうねん）にはものすごいものがあった。降水量が少ないので，本来は米づくりに適（てき）さないけど，香川県の**讃岐（さぬき）平野**では古くから**ため池**を利用して米づくりを行ってきたんだ。日本最大のかんがい用のため池（満濃池（まんのういけ））もあるよ。水不足に悩まされていたけど，その後吉野（よしの）川から水を引いた**香川用水**が完成してから，水不足になることは減（へ）ったんだ。

「苦労して土木工事をしてでも，米を食べたかったんですね。」

そう。温暖で降水量が少ないことは，工業にも影響を与（あた）えた。瀬戸内では温暖で降水量が少ないことに加えて，潮（しお）の干満（かんまん）の差（さ）が大きい環境をいかして，古くから塩田で**塩づくり**が行われてきたんだ。しかし，現在（げんざい）塩は工場で生産されるようになっているよ。

そこで，もとは塩田だった広大な土地をいかしてつくられたのが，日本有数の工業地域である**瀬戸内工業地域**なんだ。右ページのグラフを見て，気づいたことはあるかな？

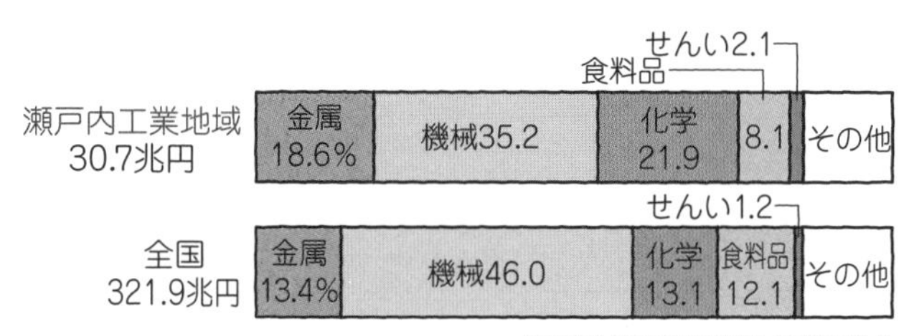

▲瀬戸内工業地域と全国の工業生産額の割合

「化学工業の割合が高いですね。」

なぜ，化学工業がさかんなんだろう？「塩田跡の広大な土地をいかす」ことがヒントだよ。

「広大な土地を利用できたんだから，大規模な**石油化学コンビナート**をつくれたんじゃないかしら。石油化学コンビナートは複数の工場が集まったものだから，普通の工場より広い土地が必要ですよね。」

そのとおり。だから化学工業の割合が高いんだ。

さて，瀬戸内工業地域の中心は**水島コンビナート**がある**倉敷市水島地区**（岡山県）だよ。倉敷市には製鉄所もあり，鉄鋼業もさかんなんだ。さて，広島県に本社がある有名な自動車メーカーを知っているかな？

「はい。マツダです。」

そうだね。マツダの本社は広島県の府中町にある。府中町は周りを広島市に囲まれているよ。

広島市は，中国・四国地方における政治・経済・文化の中心地，いわゆる**地方中枢都市**になっているよ。しかし，広島には悲劇もあったんだ。

「先生，どんな悲劇ですか？」

1945年8月6日に原子爆弾（原爆）が投下され，多くの被害者が出たんだ。その悲劇を忘れないように，爆心地に近い原爆ドームは，世界遺産に登録され，保存されている。また，広島市は**平和記念都市**として，世界に平和の尊さを訴えているよ。

さて，愛媛県の石油化学コンビナートがある都市といえばどこだろう？

「はい。**新居浜市**です。」

そうだね。新居浜市は別子銅山によって発展した。別子銅山が閉山して，金属工業は衰えたけど，その代わりに石油化学コンビナートが進出したんだね。山口県の周南市にも石油化学コンビナートがあるよ。

また，岡山県はもともと小倉織や雲斎足袋など厚手の服地による衣服の生産がさかんだった。現在では，何の生産がさかんだと思う？

「厚手の服地を使って，たくさんつくられているものといえば…。」

ジーンズと**学生服**だよ。国産ジーンズ発祥の地は岡山県の倉敷市といわれているよ。学生服は全国の約60%を岡山県が生産しているんだ。同じように綿織物の伝統技術があったことをいかして，**タオル**の生産がさかんな都市はどこかな？

「愛媛県の**今治市**です。」

そう。そのおかげで，愛媛県はタオルの生産量が日本一なんだ。しかし，近年外国産の安いタオルがたくさん輸入されたため，売上が上がらず今治市ではタオル工場が減少している。そのため国産タオルの品質の高さをアピールしているよ。

さらに山口県には変わった地形があるよ。山口県西部には**秋吉台**があり，石灰石が雨水などで削られた地形が見られる。このような地形を**カルスト地形**というんだ。次のページの写真が秋吉台のカルスト地形だよ。

風待人／PIXTA（ピクスタ）

▲秋吉台のカルスト地形

「羊がいっぱいいるみたい（笑）。」

この石灰石が豊かな地質をいかして，**宇部市**（山口県）などでは，石灰石が原料となる**セメント工業**がさかんなんだ。

さて，瀬戸内工業地域の主な工業都市について，次の地図で確認しておこう。

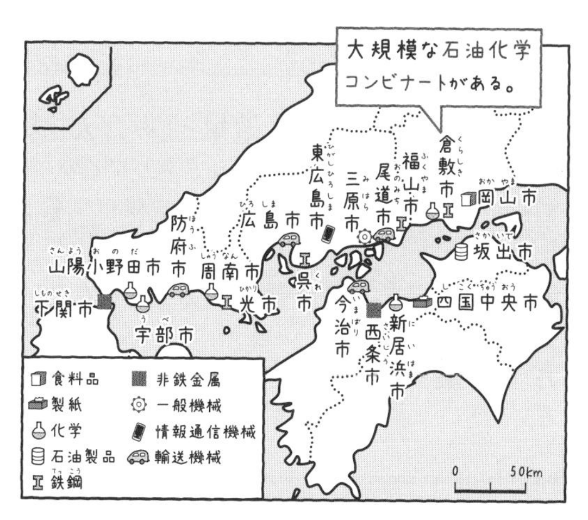

▲瀬戸内工業地域の主な工業都市

ところで，瀬戸内海は波がおだやかだと思う？ それとも荒いと思う？ 内海だし，季節風の影響を受けにくいよね。

「おだやかだと思います。」

そう。そのおだやかな海，しかも潮の干満の差が大きいことをいかして，**養殖業**がさかんだよ。広島県の養殖業といえば何かな？

「**かき**の養殖です。」

そうだね。広島県のかきの養殖は，日本一の生産量を誇るんだ。

さらに，宇和海沿岸は真珠の養殖業がさかんだ。

「うわ～ !!」

あはは（笑）。おだやかな海，しかも潮の干満の差が大きいことに加えて，**リアス海岸**（山地の谷の部分に，海水が入り込んでできた地形）が広がっていることをいかして，宇和海沿岸では，たいや真珠などが養殖されている。

Point 瀬戸内の暮らしの特色

- **温暖で降水量が少ない自然環境→**①**みかん**（愛媛県），**マスカット**（岡山県），**オリーブ**（香川県小豆島）などのくだものづくり。②塩田跡を利用した**瀬戸内工業地域**。大規模な**石油化学コンビナート**がある。
- 秋吉台の**カルスト地形→セメント工業**がさかん（山口県**宇部市・山陽小野田市**）。
- **おだやかで，潮の干満の差が大きい瀬戸内海→かき**の養殖（広島県），**たい・真珠**の養殖（宇和海沿岸）。

南四国（太平洋側）の暮らしの特色とは？

次に太平洋に面している南四国を見てみよう。

高知平野では，暖流である**黒潮（日本海流）**の影響で，冬でも温暖なことをいかし，ビニールハウスなどを利用して野菜の生育を早める**促成栽培**

が行われている。ほかの産地からの出荷が少ない冬から春の時期を中心に，**きゅうり・なす・トマト・ピーマン**などが出荷されているよ。

「ピーマンの生産量の順位は，第１位が茨城県，第２位が宮崎県，第３位が**高知県**，第４位が鹿児島県となっています（2019年）。２位と３位は，どちらも促成栽培がさかんな県ですよね。」

「なすは，第１位が**高知県**，第２位が熊本県，第３位が群馬県となっています（2019年）。」

最後に四国は大きな島だよね。本州とは３つのルートでつながっているよ。この３つのルートにかかる橋をまとめて**本州四国連絡橋**という。下の地図を見てごらん。真ん中の橋は何という名前かな？

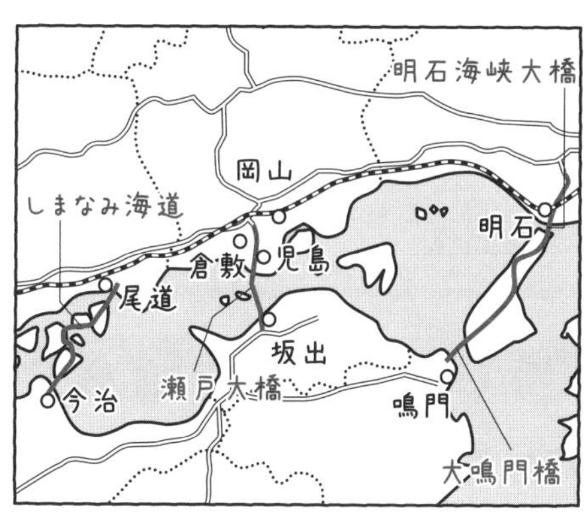

▲本州四国連絡橋の３つのルート

「はい。**瀬戸大橋**です。」

そう。1988年に，倉敷市児島（岡山県）と坂出市（香川県）を結ぶ瀬戸大橋が最初に開通した。瀬戸大橋は，上が道路，下が鉄道の二重構造となっているんだ。

次に1998年に，神戸（兵庫県）～鳴門（徳島県）ルートができた。これは自動車専用で，**大鳴門橋**と**明石海峡大橋**によって結ばれ，淡路島を通っているよ。

1999年には尾道（広島県）～今治（愛媛県）ルートができた。これは，**しまなみ海道**とも呼ばれるよ。

「先生，本州四国連絡橋が開通したので，便利になってよかったですね。」

うん。例えば，明石海峡大橋と大鳴門橋の開通で神戸市（兵庫県）と鳴門市（徳島県）は1時間半ほどで結ばれた。さらに，中国地方の東西に広がる中国自動車道，山陽自動車道なども開通し，移動がしやすくなった。その反面，悪いことも起きているんだ。

「それは何ですか？」

例えば，四国の人が神戸や大阪に観光や買い物に行くようになり，四国の地元の商店などが衰退する結果が生じた。このように，交通網が整備された結果，大都市に人が吸い寄せられる現象を**ストロー現象**というよ。

Point　南四国（太平洋側）の暮らしの特色

- **冬でも温暖な気候→きゅうりやなす，ピーマン**などの野菜の**促成栽培**がさかん。
- **本州四国連絡橋…明石海峡大橋や大鳴門橋，瀬戸大橋**などで本州と四国がつながる。

☑CHECK 22

つまずき度 !!!!!

➡ 解答は別冊 p.23

次の文の（　　）にあてはまる語句を答えなさい。

(1) 瀬戸内では降水量が少なく，冬でも温暖なことをいかして，塩田での塩づくりがさかんであった。この広大な塩田の跡地を利用して形成されたのが（　　）工業地域である。

(2) 瀬戸内工業地域の中心地は岡山県の（　　）市（　　）地区である。

(3) 瀬戸内海の波がおだやかな自然環境をいかして，広島県では（　　）の養殖が，愛媛県の宇和海沿岸ではたいや（　　）の養殖がさかんである。

(4) 高知平野では冬でも温暖な気候をいかして（　　）やきゅうり，なすなどの野菜の（　　）栽培がさかんである。

(5) 本州四国連絡橋の中で，鉄道が通っているのは（　　）のみである。

23章

九州地方

熊本県の阿蘇山は世界最大級のカルデラといわれる。カルデラとは火山の活動によってできた大きなくぼ地だ。
しかし，もっとすごいカルデラがある。薩摩半島の南およそ50 kmの海底にあるカルデラで，鬼界カルデラという。

「それがどのようにすごいんですか？」

およそ7300万年前このカルデラが大噴火を起こし，南九州の縄文文化を壊滅させたという。

「その噴火の証拠はあるんですか？」

九州はおろか，東北地方でもその時の火山灰が確認されている。その後，千年間，南九州には人が住めなかったという話もあるくらいだ。

23-1 九州地方

沖縄県の暮らしの特色とは？

右のグラフは沖縄県那覇市の雨温図だよ。

沖縄県那覇市の８月・９月の降水量は多いよね。これは，**台風**によるものだよ。沖縄県は台風の通り道となることが多いんだ。

亜熱帯なので暑く，６月から９月は平均気温が 30℃近くある。冬でも温暖な気候だよ。また，沖縄県は大きな川がないから，降水量は多いけど，たまに水不足になることがある。台風がよく来て，冬でも温暖。大きな川がないから，水不足になる。この自然環境が沖縄県を理解するポイントになるから，しっかり押さえておいてね。

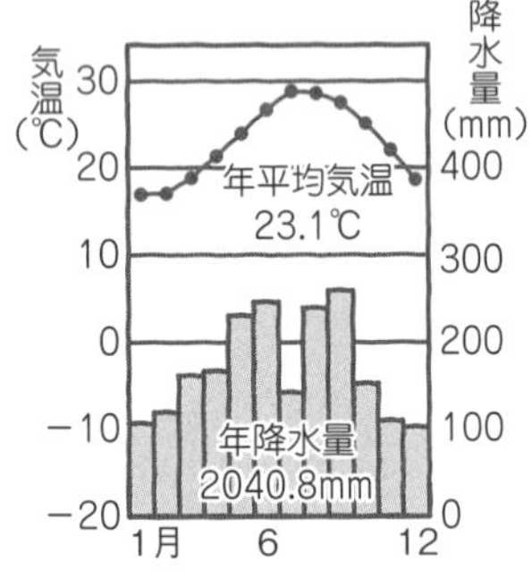

▲沖縄県那覇市の雨温図

１年を通じて気温の変化が少ないよね。これはなぜだと思う？ ヒントは，水と土の違いにあるよ。

「わかりました。水は土に比べて，温まりにくく冷えにくい。沖縄県は周りを海に囲まれているから，陸つづきの地域より温まりにくく冷えにくいわけですね。つまり，気温差が小さくなります。」

よくわかったね。そのとおりだよ。

さて，次ページの写真の家を見てごらん。どんな特徴があるかな？

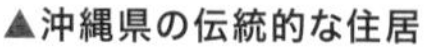
▲沖縄県の伝統的な住居

▲沖縄県の伝統的な住居の屋根

「石垣で囲まれていますね。それに，家の後ろに木が植えられています。」

「先生。よく見ると，屋根瓦が何かで固められているようですね。それに平屋というのも珍しいんじゃないかしら。」

屋根のアップが右の写真だよ。白いのは石灰を主成分とする「しっくい」というものなんだ。

今君たちが答えてくれたのは，すべて沖縄の人々の生活の工夫だよ。それでは，何のためなんだろうね？ 沖縄県は台風がよく来ることがヒントだよ。

「家の後ろの木は**防風林**かもしれないな…。石垣も強風を防ぐためですかね。」

「屋根瓦をしっくいで固めているのは，風で吹き飛ばされないようにするため，そして家の中の防水のためでしょうか。家が低いのも暴風対策かもしれません。」

そのとおり。また，沖縄県の伝統的な住居では家の出入口が広く，窓が大きいんだ。それは，何のためだと思う？

沖縄県は亜熱帯で気温が高いことがヒントだよ。

「わかりました。風通しをよくして，暑さをやわらげるためでしょう？」

うん，そうだね。また大きい川がなく，水不足になることがあるので家の屋根にタンクを設(もう)けて，雨水を貯(た)められるようにしている家も多いんだ。また，**地下ダム**もつくられているよ。

さて，沖縄県は，動植物にも特色がある。例(たと)えば次の写真の森林は，何だかわかるかな？

Hiroko/PIXTA(ピクスタ)

「先生，知ってます。**マングローブ**ですよね。」

そのとおり。熱帯・亜熱帯に特有の森林で，自然のままのものは，日本では沖縄県と鹿児島県でしか見られないんだ。

じゃあ，ケンタくん。次の写真の鳥は何か知っているかな？

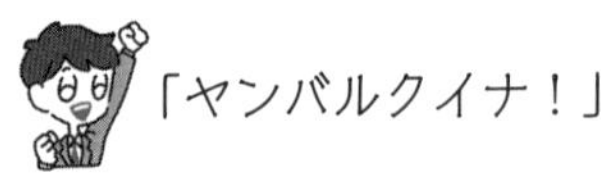

「ヤンバルクイナ！」

そう。沖縄県といえば思い浮かぶ島だよね。さらに，温かくてきれいな海に発達したさんご礁は，波から島を守り，また，重要な観光資源になっているよ。

さて，沖縄県は気温が高く，台風が多く来る。そして大きい川がなく，水不足になるんだったね。このことが，沖縄県の**農業**にどのような影響を与えるのかを見ていこう。沖縄県でさかんにつくられている農作物は何かな？

「先生，**さとうきび**の栽培がさかんです。日本では，沖縄県と鹿児島県でしか栽培されていないようですね。」

「日本で生産されている**パイナップル**は，ほぼ沖縄県産なんですよね。」

うん，どちらも熱帯性の農作物で，台風の強風に吹きとばされにくいんだ。また最近では，**電照菊**などの花の栽培もさかんになってきている。なぜだろうか？ ヒントは沖縄県の暑さだよ。サクラさん，どうかな？

「冬でも温暖なので，他の地域では栽培できない時期に花を栽培して出荷できますね。」

そう。温暖な気候をいかして，他の地域からの出荷が少ない冬から春に花を出荷するんだ。つまり花の**抑制栽培**だね。菊は秋の花で，秋のお彼岸用の菊は沖縄県産のものは少ないかもしれないけど，春のお彼岸用の菊は沖縄県産のものが多いんだよ。

農業以外の産業については，どんな産業がさかんだと思う？ 沖縄県の特徴から考えてみて。

「沖縄県といえば，多くの人が観光に訪れる**リゾート地**ですよね。」

「先生，わかりました。観光業，例えばホテル経営，飲食業などの**サー**

ビス業がさかんになると思います。」

そのとおり。沖縄県はサービス業などの第３次産業で働く人の割合が，東京都についで全国第２位なんだ（2017年）。

ところで，東京，マニラ（フィリピン），シャンハイ（中国）は，いずれも那覇市から約1500 kmの距離にある都市だよ。また鹿児島市，那覇市，シャンハイ，台北（台湾）を直線で結ぶと，一辺が約800 kmのひし形ができる。このように沖縄県は東アジア，東南アジアの国や地域と近く，影響力が強い位置にあるので，沖縄は，その昔，**琉球王国**という独立国として貿易によって栄え，独自の文化を築いてきた。同じ理由からアメリカ軍がたくさんの基地を沖縄県に置いているよ。

日本にあるアメリカ軍基地の**約70%**が沖縄県に集中しているんだ。下の地図を見てごらん。

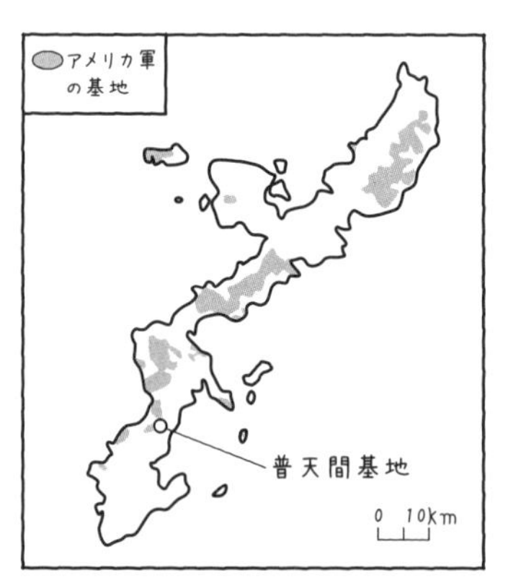

▲沖縄島のアメリカ軍基地

「広いですねえ。日本にある基地だから，日本のことを守ってくれるんですよね？」

うん。**日米安全保障条約**にもとづいて，日本が他国から侵略された場合，アメリカ軍が日本を守ることになっている。サクラさん，このアメリカ軍基地によって，沖縄県の人たちにはどんな影響があると思う？

「戦闘機などの訓練による騒音や，墜落事故などですかね…。」

そうだね。ちなみに宜野湾市にある普天間基地は，1日におよそ50～200回の軍用機（ヘリコプターや飛行機）の離発着がある。また，2010年度における，夜10時から朝6時の間の離発着は356回だったそうだよ。

「それでは，夜眠れない日もあるでしょうね。ほかにもアメリカ軍の兵士による事故や犯罪について，ニュースを見たことがあります。」

それも問題だね。一方，基地のある地域に雇用をうみ出すといういい面もあるよ。

Point　沖縄県の暮らしの特色

- 沖縄県は気温が高く，**台風**が多く来る。また大きい川がなく，**水不足**になることがある→①住居における工夫（屋根瓦をしっくいで固めたり，周りを**石垣**で囲んだりする）。②自然の特徴（**亜熱帯**，**マングローブ**など）。③農業（**さとうきびやパイナップル**，**電照菊**など）。④**第3次産業**の割合が高い（**観光業**がさかん）。
- 沖縄県は東アジアや東南アジアの国・地域に影響力が強い位置にある。→**アメリカ軍基地**が集中。→よいところ（雇用をうみ出す）とよくないところ（騒音や事件など）がある。

続いて九州の勉強に入ろう。

ここでは九州新幹線のルートに沿って，各県について勉強していこう。九州新幹線のルートについては，次ページの地図を見てみよう。

▲九州地方の地形

九州新幹線の下りは，福岡県→佐賀県→熊本県→鹿児島県と通過するよ。計画では，佐賀県の新鳥栖駅から長崎県の長崎駅にも新幹線が延びる予定なんだ。

福岡県の人々の暮らしの特色とは？

それでは，まず福岡県についてだね。玄関口は博多駅と博多港。博多駅は**山陽新幹線**の発着地であるとともに，九州新幹線の発着地なんだ。また，博多港からはプサン（韓国）へ定期便のフェリーが出ているよ。どうして福岡駅や福岡港ではなく，博多駅や博多港というのか知っているかな？

「そういえば不思議です。福岡市にあるのに，博多駅というのは。」

実は，福岡と博多は元々別の町だったんだ。2つがひとつになるにあたり，名前をどうするかでかなり争ったらしいよ。その結果「福岡市」が勝利をおさめたわけだけど，駅名や港の名前に博多の名前を残すことになったそうなんだ。

「しかし，地図を見ると『博多区』という地名がありますよ。」

それは，1972 年に福岡市が**政令指定都市**になったとき，特別区として博多という地名を復活させたんだ。

ところで，福岡県はまさに九州の中心だよ。人口も製造品出荷額も九州でナンバーワンだし，九州有数の米どころでもある。プロ野球のチームもあるね。どのような地理的環境が，福岡県を九州一に導いたのか，考えてみよう。

まず，福岡県には九州最大の川が流れている。何だろう？

「はい。**筑後川**です。」

そうだね。筑後川は福岡県と佐賀県の県境，また九州最大の平野である**筑紫平野**を流れ，**有明海**に注ぐ。

九州最大の川が流れ，九州最大の平野が広がっているのだから，**福岡県が九州有数の米どころ**になったんだ。

さて筑紫平野には，かつては田んぼのかんがいや排水に使われていた水路が見られるよ。これを何というか，知っているかな？

tarousite/PIXTA(ピクスタ)

「はい，**クリーク**です。」

昔はたくさんのクリークが張りめぐらされていたけど，現在は埋め立てられてしまったものも多いよ。

その他福岡県の農業といえば，**種苗・苗木**の生産額全国１位，**いちご**の生産量は全国２位（「あまおう」の品種で有名）などがポイントだね（2018年）。

次に**漁業**について見てみよう。ポイントは**有明海**で**養殖**されているものだよ。何だろう？

「先生，**のり**ですよね。」

そうだね。有明海は筑後川がもたらす栄養分があり，干満の差が大きいこともあって，のりの養殖に最適なんだ。しかし最近，**干拓**の影響で獲れる量が減ったともいわれている。

さて，ここからは福岡県の工業の説明に入るよ。福岡県の製造品出荷額は九州ナンバーワンといったよね。これはどのような地理的条件が理由だろうか？　明治時代に**日清戦争**の賠償金を使って現在の北九州市に八幡製鉄所がつくられたことが，福岡県で工業が発展した理由のひとつだよ。なぜ，ここに製鉄所がつくられたのだろうか？

「鉄鋼の原料が近くでとれたんですかねぇ？」

「原料の鉄鉱石は，日本ではほとんどとれないはずよ。」

しかし，鉄鋼をつくるのに同じく不可欠な原料である石炭はどうかな？

「先生，**筑豊炭田**が有名ですよね。」

そうだね。今は閉山しているけど，かつては筑豊炭田から石炭を供給できた。では，鉄鉱石はどこから手に入れたのだろう？　日本の隣の大きな国からだよ…。

「先生，**中国**からでしょうか？」

そうなんだ。筑豊炭田の石炭が使えること，鉄鉱石の輸入先の中国に近かったことから，北九州市に八幡製鉄所がつくられたんだ。これにより周辺が**北九州工業地帯**に発展して，福岡県は工業生産額九州ナンバーワンになったわけだね。一方で，北九州市は大気汚染などの公害に悩まされることになった。

ところが，その後鉄鋼業は衰えていったんだ。衰えたひとつの原因は，1960年代から始まった**エネルギー革命**だよ。エネルギー革命とは何だっけ？「15-1日本の工業」で勉強したはずだけど…。

「はい。石炭から石油へのエネルギーの転換です。」

そうだね。だから，筑豊炭田がそばにあることが長所ではなくなってしまったんだ。また現在，日本の鉄鉱石の輸入先はどうなっているかな？ サクラさん，どうだろう？

「はい。第1位がオーストラリア，第2位がブラジル，第3位がカナダです（2019年）。」

中国が入っていないね。鉄鉱石の輸入先が変わったので，中国と近いことも長所ではなくなったんだ。北九州工業地帯の生産額は伸び悩み，現在では**北九州工業地域**と呼ばれることもある。ところで，北九州市は，鉄の生産量は減ったけど，かつての公害の経験をいかして，公害防止技術や省エネルギーの技術を開発してきた。そして現在では，さまざまな廃棄物をリサイクルする工場を集めた**エコタウン**が形成されている。

最近，福岡県に自動車工場が進出を始めているよ。主に輸出用の生産なんだ。これは，なぜだろうか？

「先生，輸出用と聞いてピンときましたよ。今，成長著しい中国への

輸出に便利だからでしょう？」

正解（せいかい）。ちなみに自動車の生産順位で，福岡県は全国有数だよ。大分県の中津（なかつ）市などにも自動車工場が進出している。最近，九州は**カーアイランド**なんて呼ばれるようになったんだ。九州は，他にも「○○○○アイランド」と呼ばれているけど，何ていうか知っているかな？ ICなどの半導体の材料の名称をうめればいいんだ。「**18**東北地方」の章で○○ロードって学習したんだが…。

「先生，もしかすると**シリコンアイランド**ではないですか？ IC（アイシー）（集積回路）の原料として絶対（ぜったい）必要なシリコンにちなんで名づけられたんですよね。」

正解。IC工場は，九州各地に進出しているよ。

Point 福岡県の暮らしの特色

- 福岡県には九州最大の**筑後川**が流れ，九州最大の**筑紫平野**が広がる→福岡県は**九州有数の米どころ**。
- **筑豊炭田**があり，鉄鉱石の輸入先だった**中国**に近いこと→**八幡製鉄所**がつくられ，**北九州工業地帯**が形成される。→福岡県は九州ナンバーワンの工業生産額を誇（ほこ）る。

佐賀県と熊本県の暮らしの特色とは？

次は佐賀県を見てみよう。

佐賀県といえば，右の写真のものが有名だよね。何だと思う？

「**陶磁器**みたいですね。佐賀県の窯業について，地図帳で調べてみると…。わかりました。**伊万里焼・有田焼**ですね。」

そうだね。佐賀県にはよい土があったため，陶磁器の生産がさかんになった。豊臣秀吉が朝鮮を侵略したときに，朝鮮から連れてきた人たちが始めたものなんだ。鹿児島県の薩摩焼も同じだよ。

次に熊本県を見ていこう。熊本県で有名なものといえば，まず**阿蘇山**だね。何という地形で有名かな？ 噴火によってできた大きな「くぼ地」だよ。次の写真を見て答えてね。

スタジオアドス／PIXTA(ピクスタ)

▲**阿蘇山の地形**

「世界最大級の**カルデラ**で有名ですよね。」

そのとおり。さて，熊本県には日本三大急流のひとつに数えられる川が流れている。ケンタさん，その川は何かな？

「はい，**球磨川**ですね。」

そうだね。球磨川の下流には**八代平野**が広がっている。そこでは米の裏作として，ある農作物がつくられている。その農作物は，畳の原料になるものだよ。熊本県で全国の**99%以上**が生産（2019 年）されているんだけど，サクラさん，何という農作物かな？

「はい。**いぐさ**です。」

そのとおり。八代市のあたりは冬の平均気温が 11℃, 6・7 月に雨が多く，いぐさが育つのにぴったりの自然環境だよ。これが熊本県をいぐさの生産日本一に導いたんだ。熊本県は**すいか**の生産量も日本一だね（2019 年）。

また熊本県で重要なのは，水俣市で発生した四大公害病のひとつである**水俣病**だ。しかし，水俣市の人々は環境改善に努め，2008 年には国から環境モデル都市に選ばれたんだ。

Point　佐賀県と熊本県の暮らしの特色

- 佐賀県には，陶磁器づくりに適した土があった。→**伊万里焼**・**有田焼**などの生産。
- **阿蘇山**には世界最大級の**カルデラ**がある。
- **八代平野**の冬の平均気温と 6・7 月の降水量→**いぐさ**の栽培。

鹿児島県と宮崎県の暮らしの特色とは？

さぁ，次は鹿児島県・宮崎県に入ろう。

鹿児島県と宮崎県は似ている点がある。ひとつは両県のそばを流れる，**暖流の黒潮（日本海流）**の影響だよ。

「先生。黒潮（日本海流）の影響といえば，気候でしょう。温暖で降水量が多い**太平洋側の気候**が共通点のひとつではないでしょうか？」

そのとおり。さらに土の性質も似ているよ。両県とも，火山灰や軽石の積もった**シラス**と呼ばれる土壌が広がっているんだ。しかし，この土壌は水もちが悪いので，水田には向かない。鹿児島県・宮崎県には，標高約 50 ～ 100 m の比較的平らな台地が多いんだ。この台地は，何と呼ばれているかな？

「**シラス台地**と呼ばれています。」

そうだね。さらに共通点があるよ。ヒントは，鹿児島県と宮崎県の県境にある霧島山の**新燃岳**だね。

「先生。新燃岳は，2011 年 1 月に大規模な噴火があったそうですね。共通点ということは，ほかに有名な火山でもあるのでしょうか。」

「わかりました。鹿児島県の**桜島**ですね。桜島の噴火による火山灰が，その日の風向きによって鹿児島市に降ることもあるそうですね。」

kazukiatuko/PIXTA(ピクスタ)

▲桜島

そうなんだ。桜島は今でも活動が活発な火山だよ。その名のとおりかつては「島」だったけど，1914 年の大噴火で流れ出た溶岩が**大隅半島**との海峡を埋めて，陸続きになった。このように，鹿児島県や宮崎県では火山活動がさかんなんだ。

火山といえば，長崎県の島原半島にも有名な火山があるね。こちらは

1991年に噴火したよ。478ページの地図を見てみよう。

「先生，**雲仙岳**ですか。」

そうだね。ちなみに，有名な別府温泉がある大分県は，**温泉**の源泉数が日本一なんだ。第2位が**鹿児島県**，第3位が静岡県，第4位が北海道，第5位が**熊本県**だよ（2018年度）。九州で火山活動がさかんなことは温泉がたくさんあることからもわかるね。さらに大分県九重町などでは地熱発電もさかんだ。

話を元に戻そう。鹿児島県と宮崎県の共通点だけど，気候も土壌も似ているとなると，さかんな農業も似てくるよね。**ピーマン**の生産量は，第2位が**宮崎県**，第4位が**鹿児島県**（2019年），**茶**の生産量は第2位が**鹿児島県**，第4位が**宮崎県**（2019年）だ。

ピーマンや茶は，それぞれどのような土地に適した農作物かな？

「宮崎県と鹿児島県の共通点から考えればよいわけですよね。つまり，温暖で降水量が多い，あるいは水はけのよい土地に適した農作物なのではないでしょうか。」

そういうことになるね。ピーマンについては冬でも温暖な気候を利用し，ビニールハウスを使って生育を早める**促成栽培**を行っている。他の地域からの出荷が少ない冬から春に出荷して，高い値段で売ろうというわけだね。宮崎県はきゅうりの促成栽培でも有名だよ。

「**きゅうり**の生産量の順位は，第1位が**宮崎県**となっています（2019年）。茶の生産量が第1位の静岡県も，富士山の火山灰が積もった土地が広がっていますよね。」

「先生，その他にも**肉牛**の飼育数は，第２位が**鹿児島県**，第３位が**宮崎県**です。**豚**の飼育数は，第１位が**鹿児島県**，第２位が**宮崎県**です。**肉用にわとり**の飼育数は，第１位が**宮崎県**，第２位が**鹿児島県**です（すべて2019年）。」

「先生。畜産といえば，**鹿児島・宮崎コンビ**なんですね。」

そうだね。鹿児島県・宮崎県では，なぜ畜産がさかんなのだろう？ シラス台地という土壌がヒントだよ。

「水もちが悪いので，基本的には農作物を育てることに向いていないからですかね。」

そう。そこには農作物を育てにくかった苦しい歴史があるんだね。さらに，シラス台地は集中豪雨があると崖くずれや土砂くずれを起こしやすい。これに対して鹿児島県などは，土砂や木の流出を防ぐ砂防ダムをつくり，斜面を安定させる事業を行って対策に努めているよ。

Point 鹿児島県と宮崎県の暮らしの特色

- 鹿児島県・宮崎県は暖流の**黒潮（日本海流）**の影響を受け，温暖で降水量が多い**太平洋側の気候**。
- 水もちが悪い**シラス台地**が広がる。→**ピーマン**や**茶**の栽培がさかん。ピーマンは**促成栽培**を行う。
- **肉牛**や**豚**，**肉用にわとり**などを飼育して，**畜産**がさかん。

長崎県と大分県の暮らしの特色とは？

さぁ，次は，長崎県を見ていこう。

長崎県は，半島や小さな島が多く，海岸線がジグザグだ。このような海岸線は何という？

「**リアス海岸**ですよね。」

そのとおり。長崎県の**海岸線の長さ**は北海道（北方領土を含む）に次いで，全国第２位なんだよ。港をつくるのに適した地形なんだ。とすると，さかんな産業もわかるよね。

「先生，**漁業**ですか？」

正解。漁獲量は九州ナンバーワン。さらに工業では，**造船業**がさかんなんだ。県庁所在地である長崎市，県内第２の都市である**佐世保市**ではいずれも造船業がさかんだよ。

長崎市は，広島市とともに第二次世界大戦中に**原子爆弾**が投下され，大きな被害があったことも覚えておこう。

最後になったけど，大分県の勉強をしよう。温泉が多いことはわかったよね。農業では何がつくられているかな？ ヒントは，あるものを干したものだよ。

「はい。先生，**干ししいたけ**ですね。」

そうだね。大分県の干ししいたけの生産量は日本一だよ。これは，しいたけを植えるくぬぎなどの木がよく育つからなんだ。

Point 長崎県と大分県の暮らしの特色

- **リアス海岸**が広がる長崎県→港をつくるのに適した地形で，よい漁場も広がり，**漁業**がさかん。長崎市や佐世保市で**造船業**がさかん。
- 大分県はくぬぎなどの木がよく育つ→**干ししいたけ**の生産量日本一。

CHECK 23

つまずき度 !!!!!

➡ 解答は別冊 p.23

次の文の（　　）にあてはまる語句を答えなさい。

(1) 日本にある（　　）軍基地の約70%が沖縄県に集中している。

(2) （　　）炭田や，鉄鉱石の輸入先だった中国に近いことから，北九州市に（　　）製鉄所がつくられ，（　　）工業地帯の発展のもととなった。これにより，（　　）県は工業生産額が九州第1位となった。

(3) 熊本県の阿蘇山には世界最大級の（　　）がある。

(4) 鹿児島県・宮崎県は暖流の（　　）の影響を受け，温暖で降水量が多い。また，火山灰などが積もった（　　）台地が広がっている。

(5) 鹿児島県は静岡県と並んで（　　）の生産量がとても多い。また，宮崎平野ではピーマンなどの野菜が（　　）栽培されている。

さくいん

あ

会津塗……313, 379
アイヌの人々……342
明石海峡大橋……468
安積疏水……377
アジア NIES（新興工業経済地域）……88, 94
阿蘇山……484
アパラチア山脈……174
アボリジニ……199
アマゾン川……190
アメリカ合衆国……153, 228
アメリカ軍基地……477
有田焼……484
アルパカ……66
アンコール・ワット……94

い

イギリス……115, 179, 202
いぐさ……484
イグルー……62
石狩平野……345, 346
イスラム教……68
緯線……20
イタイイタイ病……319
イタリア……111
緯度……20
稲作……86, 94, 98, 266, 346, 370
猪苗代湖……377
イヌイット……62
伊万里焼……484
印刷業……407
インドネシア……94
インド洋……11

う

うめ……292, 452
ウルグアイ・ラウンド……220

え

永世中立国……121
越後平野……426
択捉島……242
エネルギー革命……315, 481
えび……94
沿岸漁業……308
円高……326
遠洋漁業……308

お

奥羽山脈……365
オーストラリア大陸……11
オートバイ……445
大鳴門橋……468
沖合漁業……308
沖ノ鳥島……242
オホーツク海……355
親潮（千島海流）……268, 355, 365
オランダ……115
オリーブ……121, 466
オレンジ……106
温室メロン……445
温帯……41, 58, 137, 174, 277
温暖湿潤気候……58

か

開拓使……342
海面漁業……308
カカオ……147
化学工業……407
かき（柿）……292, 452
かき（牡蠣）……466
加工貿易……225, 315
鹿島臨海工業地域……407
過疎……210, 461
カトリック……109
カナダ……153
上川盆地……346
過密……209, 392
カラジャス鉄山……190
からっ風……398
カルスト地形……466
カルデラ……484
環境基本法……319

環境省……319
観光業……477
韓国……242
ガンジス川……98
関税の撤廃……130
乾燥帯……41, 49, 101, 137
漢族（漢民族）……86
寒帯……41, 62
環太平洋造山帯……204, 266
関東平野……398, 402
関東ローム……402
寒流……268

き

キウイフルーツ……292
機械工業……326
企業的な農業……174
季節風（モンスーン）……58, 270
北関東工業地域……407
北九州工業地帯（地域）……482
北大西洋海流……58, 106
北半球……253
北見山地……345
ギニア湾……147
キムチ……88
客土……346
キャベツ……445
きゅうり……468
漁業……489
ギリシャ……121
キリスト教……68, 111
キリスト教徒……94
金……137
近郊農業……296, 402, 445
金属工業……457

く

釧路港……355
グレートプレーンズ……174
黒潮（日本海流）……268, 487

け

軽工業……225, 315
経済格差……86, 130
経済特区……86
経線……20
経度……20
京浜工業地帯……407
京葉工業地域……407
ゲル……49
ゲルマン系言語・民族……109
原子力発電所……426
減反政策……286
原油……101, 118, 174, 225

こ

公害対策基本法……319
工業団地……407
高原野菜……296, 432
豪雪……418
高度経済成長……315, 319, 326
甲府盆地……292, 432
神戸港……457
高冷地農業……432
コーヒー……66, 190
郡山盆地……377
国境線……15
小麦……86, 106, 111, 174, 191, 200
米……86, 94
混合農業……106
根釧台地……297, 345

さ

栽培漁業……308
境港……461
さくらんぼ（おうとう）……292, 377
さとうきび……190, 477
砂漠……101
砂漠気候……49
サバナ気候……45, 94
サハラ砂漠……137
三角州……266

産業革命……115
産業の空洞化……326
三大洋……11
三大宗教……68
サンベルト……174
三陸海岸……375

し

シェールオイル……174
シェールガス……174
潮目(潮境)……268, 375
時差……37
しじみ漁……461
施設園芸農業……296
自動車工業……445
地場産業……426
島国（海洋国）……242
志摩半島……266, 452
じゃがいも……66
重化学工業……225, 315
集約的な農業……301
縮尺……280
首都……388
少子高齢化……208
庄内平野……370
情報通信技術産業（ICT 産業）……98
植民地……140
食料自給率……301
食料品工業……357, 379
白神山地……365
白川郷……432
シラス台地……297, 487
シリコンバレー……174
シリコンロード……379
シンガポール……94
人口……15, 86
人口爆発……149
宍道湖……461
真珠……452, 466
針葉樹林（タイガ）……60, 179

す

スイス……121
水田単作地帯……426
ステップ気候……49
スペイン……111
スラブ系言語・民族……109

せ

西岸海洋性気候……58, 106
正教会……109, 121
製紙・パルプ工業……357, 445
精密機械……225
精密機械工業……432
政令指定都市……388
世界遺産……432
世界自然遺産……365
「世界の工場」……86, 326
「世界の食料庫」……158
石炭……86, 94, 118, 174, 200, 202
赤道……20, 137, 190
石油化学コンビナート……466
石油危機（オイル・ショック）……326
瀬戸内工業地域……466
瀬戸大橋……468
セメント工業……466
せんい工業……225, 315, 457
扇状地……266, 292, 377, 432
先端技術（ハイテク）産業……174
尖閣諸島……242

そ

造船業……489
促成栽培……296, 468, 487
粗鋼……86

た

タイ……94
たい……466
大韓民国（韓国）……88
第 3 次産業……407, 477
大豆……190

大西洋……11
対せき点……252
台風……477
太平洋……11, 355
太平洋ベルト……329
ダイヤモンド……137
高床の住居……45, 60
竹島……242
多文化社会……179, 199
多文化主義（多民族主義）……174
たまねぎ……445
多民族国家……179
暖流……268

ち

地球儀……28
筑後川……482
畜産……487
筑豊炭田……482
地形図……280
地図記号……281
地中海式農業……106
地中海性気候……58, 106, 121, 174
チマ・チョゴリ……88
茶……445, 487
中央アジア……75
中央平原……174
中京工業地帯……445
中国……202, 228, 242, 482
中小企業の町工場……457
朝鮮民主主義人民共和国（北朝鮮）……88

つ

津軽平野……370
筑紫平野……482
対馬海流……268, 355, 461
津波……375
ツンドラ気候……62

て

泥炭地……346
適地適作……174
天塩山地……345
鉄鋼……225
鉄鉱石……86, 174, 190, 200, 202
転作……286
電照菊……445, 477
伝統産業（伝統工業）……379, 426, 454
伝統的工芸品……313, 379
天然ガス……94, 118
天然ゴム……94

と

ドイツ……115
銅……137
東海工業地域……445
東京国際空港（羽田空港）……398
東京大都市圏……388
等高線……281
東南アジア……75
東北新幹線……380
十勝平野……297, 345, 351
独立国……15
鳥取砂丘……461
利根川……398
屯田兵……342

な

内水面漁業……308
ナイル川……137
中海……461
成田国際空港……398
南極大陸……11

に

新潟水俣病（第二水俣病）……319
肉牛……191, 200, 297, 487
肉用にわとり……297, 487
肉類……286
西アジア……75
日系人……190
200 海里……231
日本アルプス……416
日本海……355

日本標準時子午線 …… 457
乳牛 …… 191, 370

ね

熱帯 …… 41, 45, 94, 137, 190
熱帯雨林 …… 45, 190
熱帯雨林気候 …… 45, 94

の

濃尾平野 …… 445
濃霧 …… 345
ノルウェー …… 115

は

バイオ燃料 …… 190
排他的経済水域 …… 231, 242
パイナップル …… 94, 292, 477
白豪主義政策 …… 199
畑作 …… 86, 174, 351
バチカン市国 …… 111
八郎潟 …… 370
バナナ …… 94
浜名湖 …… 445
ハングル …… 88
阪神工業地帯 …… 457
パンパ …… 191

ひ

ヒートアイランド現象 …… 398
ピーマン …… 468, 487
東アジア …… 75
東日本大震災 …… 375
ヒスパニック …… 174
日高山脈 …… 345
日付変更線 …… 20, 32
一人っ子政策 …… 86
日干しれんが …… 49
白夜 …… 115
氷雪気候 …… 62
琵琶湖 …… 454
品種改良 …… 346
ヒンドゥー教徒 …… 98

ふ

フィヨルド …… 115
フィリピン …… 94
フォッサマグナ …… 416
福島第一原子力発電所 …… 375
豚 …… 297, 487
仏教 …… 68
ぶどう …… 106, 292, 432
プランクトン …… 375
フランス …… 111
プランテーション …… 94
プレーリー …… 174
プロテスタント …… 109

へ

ベトナム …… 94
偏西風 …… 58, 106

ほ

貿易の自由化 …… 220
牧畜 …… 86, 174
北洋漁業 …… 355
北陸 …… 287
ほたて貝 …… 355, 375
北海道の気候 …… 277
北方領土 …… 242
掘り込み港 …… 407
ポルダー …… 115
ポルトガル …… 111
本州四国連絡橋 …… 467
本初子午線 …… 20, 32

ま

曲家 …… 370
牧ノ原 …… 445
マスカット …… 466
マレーシア …… 94
マングローブ …… 477

み

みかん …… 292, 452, 466

ミシシッピ川 …… 174
水俣病 …… 319
南アジア …… 75
南アフリカ共和国 …… 137

む

陸奥湾 …… 375

め

銘柄米（ブランド米） …… 370
メキシコ …… 153
綿花 …… 98, 174

も

モノカルチャー経済 …… 147
もも …… 292, 377, 432

や

焼津港 …… 445
焼畑農業 …… 45
八代平野 …… 484
八幡製鉄所 …… 482
やませ …… 365

ゆ

遊牧 …… 49
ユーラシア大陸 …… 11
ユーロ …… 130
ユーロポート …… 115

よ

養殖業 …… 308, 375
ヨーロッパ経済共同体（EEC） …… 130
抑制栽培 …… 296, 402, 432
四日市ぜんそく …… 319
四大公害病 …… 319

ら

酪農 …… 174, 297, 351, 352, 370
らっきょう …… 461
ラテン系言語・民族 …… 109
ラムサール条約 …… 454

り

リアス海岸 …… 266, 375, 489
リャマ …… 66
領域 …… 231
領海 …… 231
領空 …… 231
領土 …… 231
りんご …… 292, 370
輪作 …… 351

る

ルール工業地域 …… 115

れ

レアメタル（希少金属） …… 86, 101, 137
冷害 …… 365
冷帯（亜寒帯） …… 41, 60, 179, 277
冷帯（亜寒帯）の気候 …… 345
連作障害 …… 351

ろ

ロードヒーティング …… 345
六大陸 …… 11
ロシア連邦 …… 118, 242
ロッキー山脈 …… 174
露天掘り …… 200
ロンドン …… 20

わ

若狭湾 …… 266
輪中 …… 445

アルファベット

ASEAN（東南アジア諸国連合） …… 94
BRICS …… 118, 190
EC（ヨーロッパ共同体） …… 130
EU（ヨーロッパ連合，欧州連合） …… 130
GATT …… 220
GDP（国内総生産） …… 158
IC（集積回路）工場 …… 379

USMCA（アメリカ・メキシコ・カナダ協定）
……………………………………………… 179
WTO（世界貿易機関）……………………… 220

◆ ブックデザイン　野崎二郎（Studio Give）
◆ キャラクターイラスト　徳永明子
◆ 図版・イラスト　有限会社　熊アート
◆ シリーズ企画　宮﨑純
◆ 企画・編集　中原由紀子，細川順子，八巻明日香，延谷朋実
◆ 編集・校正協力　KEN 編集工房（高橋賢），野口光伸，佐藤玲子，長谷川健勇，高木直子，オルタナプロ，稲葉友子
◆ 写真提供　株式会社アフロ，株式会社ピクスタ（写真そばに記載）
https://commons.wikimedia.org/wiki/File:Tarangire_2012_05_28_1793_(7468559328).jpg, Source : Harvey Barrison from Massapequa, NY, USA, CC BY-SA 2.0, via Wikimedia Commons (p44)
https://commons.wikimedia.org/wiki/File:Desert_(6486336161).jpg Source : Sammy Six, CC BY 2.0, via Wikimedia Commons (p46)
https://commons.wikimedia.org/wiki/File:Gimchi.jpg　Source : Nagyman, a flickr user, CC BY-SA 2.0,via Wikimedia Commons (p87)
https://commons.wikimedia.org/wiki/File:Hula_Kahiko_Hawaii_Volcanoes_National_Park_01.jpg Source : Ron Ardis, CC BY-SA 2.0, via Wikimedia Commons (p171)
https://commons.wikimedia.org/wiki/File:All_Blacks_Haka.jpg?uselang=ja Source : Sonya & Jason Hills from London, UK, CC BY-SA 2.5, via Wikimedia Commons (p204)
https://commons.wikimedia.org/wiki/File:Tokachi_plain_02.jpg?uselang=ja Source : satoshi sawada, CC BY 2.0, via Wikimedia Commons (p346)
https://commons.wikimedia.org/wiki/File:Tono-furusato-mura23s3872.jpg Source : 663highland, CC BY-SA 3.0, via Wikimedia Commons (p369)
◆ データ作成　株式会社　四国写研

やさしい中学地理

掲載問題集

→

この冊子はとりはずせます。
矢印の方向にゆっくり引っぱってください

1章 世界の姿

CHECK 1

つまずき度 !!!!

➡ 解答は p.22

次の文の（　）にあてはまる語句か数字を答えなさい。

(1) 陸地は，最大の（ ① ）大陸，（ ② ）大陸，（ ③ ）大陸，南アメリカ大陸，（ ④ ）大陸，（ ⑤ ）大陸の六大陸と，多くの島々からなる。（※②～⑤の解答は順不同とします。）

(2) 海洋は，最大の（ ① ）洋，（ ② ）洋，（ ③ ）洋の三大洋と，日本海や地中海などの付属海と呼ばれる小さな海からなる。（※②③の解答は順不同とします。）

(3) 世界は大きく6つの州に分けることができる。ユーラシア大陸は，（ ① ）州と（ ② ）州に分けられる。オーストラリア大陸とその周辺は，（ ③ ）州である。ほかにアフリカ州，北アメリカ州，南アメリカ州がある。（※①②の解答は順不同とします。）

(4) 日本の時刻の基準となっているのは，東経（　　）度の経線（標準時子午線）上の時刻である。

(5) 経度（　　）度で1時間の時差が生まれる。

2章 環境と暮らし

☑CHECK 2

つまずき度 !!!!

➡ 解答は p.22

次の文の（　　）にあてはまる語句を答えなさい。

(1) 赤道周辺に広がる1年中気温が高い気候帯を（　　）帯という。

(2) 緯度が20～30度あたりの地域や内陸部には降水量が少ない（ ① ）帯が広がっている。降水量がほとんどなく，（ ② ）が広がる（ ② ）気候と，降水量が少しあり，丈の短い草原が広がる（ ③ ）気候がある。

(3) 温帯の気候のうち，ヨーロッパ北西部などの大陸西岸に広く分布しているのは（　　）気候である。ヨーロッパ北西部は，（　　）風と（　　）流の北大西洋海流の影響を受け温暖で，降水量は安定している。

(4) 北緯40～60度あたりには（　　）帯が広がっている。（　　）の寒さが厳しく，夏と冬の気温差が大きいのが特徴である。寒さに強いもみ，まつなどの針葉樹林（　　）が見られる。夏に永久凍土の表面の氷がとけても建物が傾かないように，（　　）の住居が見られる。

(5) 北極や南極周辺には，1年中気温が低い（　　）帯が広がっている。1年中氷や雪に覆われる（　　）気候と，夏にだけ地表の氷がとけて，こけ類などが生える（　　）気候がある。

(6) 南アメリカ大陸西部には，南北に険しい（　　）山脈が連なっている。ここでは標高に合わせた農作物が栽培されていて，ふもとで（　　）やバナナ，2000～3000 mぐらいの地域で（　　），3000～4000 mぐらいの地域で（　　）などが栽培されている。4000 m以上の地域では，（　　）やアルパカの放牧が行われている。人々は，脱ぎ着がしやすい（　　）を着用している。

3章 アジア州

CHECK 3

つまずき度 !!!!

➡ 解答は p.22

次の文の（　　）にあてはまる語句を答えなさい。

(1) 中国の人口は世界一だが，増えすぎた人口を抑えるために，政府は（　　）をとっていた。

(2) 東アジアの沿岸部や東南アジア，南アジアは季節風（　　）の影響を強く受ける。季節風は（　　）に海洋から大陸に向かって，（　　）に大陸から海洋に向かって吹く。

(3) 中国は世界各国へ大量の工業製品を輸出し，「（　　）」とも呼ばれている。外国企業を税金などの面で優遇する（　　）を設けたことなどから，工業が大きく発展した。

(4) 東南アジアの10か国は，政治や経済，安全保障などの面で協力しあうために，（　　）を結成している。

(5) インドの産業では，南部の都市ベンガルールを中心として（　　）が発達している。

4章 ヨーロッパ州

☑CHECK 4

つまずき度 !!!

➡ 解答は p.22

次の文の(　　)にあてはまる語句を答えなさい。

(1) ヨーロッパ州の北西部は,(　　)と暖流の北大西洋海流の影響を受けて温暖な気候である。この気候を(　　)気候という。

(2) ヨーロッパ州の南部は,夏に乾燥して気温が高くなり,冬は比較的温暖でやや雨が多い気候である。この気候を(　　)気候という。

(3) スカンディナビア半島にあるノルウェーなどでは,(　　)という地形が見られる。これは氷河によって侵食された谷に海水が入り込んだ奥深い湾である。

(4) 2002年には,EU加盟国の間で,共通通貨(　　)が一般に流通するようになった。

(5) EU加盟国の間では,自由な貿易のために(　　)(輸入品にかかる税金)が撤廃されている。

5章 アフリカ州

CHECK 5

つまずき度 !!!

➡ 解答は p.22

次の文の(　　)にあてはまる語句を答えなさい。

(1) アフリカ州で多く産出する(　　)(希少金属)はパソコンや携帯電話などの最新の電気機器に利用され，近年重要な資源として注目されている。

(2) チョコレートの原料となる(　　)は，コートジボワールやガーナなどの(　　)湾沿岸の地域で栽培がさかんである。

(3) 特定の農作物や鉱産資源の輸出に頼っている経済状態を(　　)経済という。

(4) アフリカ州の国々は，政治的・経済的な結びつきを強めようと，(　　)という組織を結成している。

(5) 南アフリカ共和国では，かつて白人だけが優遇され，黒人などの有色人種を激しく差別する(　　)という人種隔離政策がとられていた。

6章 北アメリカ州

☑CHECK 6

つまずき度 !!!!!

➡ 解答は p.22

次の文の(　　)にあてはまる語句を答えなさい。

(1) アメリカ合衆国では少ない人手で，大型機械を使って，大量に生産する(　　)的な農業が行われている。

(2) アメリカ合衆国の各地では，地域の気候や土壌に適した農作物が栽培されている。これを(　　)という。

(3) 1970年代以降，アメリカ合衆国の工業の中心地は北緯37度以南の(　　)に移った。

(4) サンフランシスコ近郊の(　　)には，IC(集積回路)工場やICT産業の企業，大学や研究機関が集中している。

(5) アメリカ合衆国で近年人口が増えている，メキシコや中央アメリカ，カリブ海諸国からの移民とその子孫を(　　)という。

7章 南アメリカ州

CHECK 7

つまずき度 !!!

➡ 解答は p.22

次の文の（　　）にあてはまる語句を答えなさい。

(1) ブラジルには流域面積世界一の（　　）川が流れている。この川の流域には熱帯雨林が広がっていて，（　　）と呼ばれる。

(2) ブラジルで栽培がさかんなさとうきびは，近年，自動車などの燃料となる（　　）の原料としても用いられている。

(3) ブラジルは（　　）の生産量が世界一で，一時期この農作物の輸出に頼りきっていた時期もあった。

(4) ブラジルは近年経済発展をとげ，ロシア連邦（れんぽう）や中国などとともに（　　）のひとつに数えられている。

8章 オセアニア州

☑CHECK 8

つまずき度 !!!

➡ 解答は p.22

次の文の(　　)にあてはまる語句を答えなさい。

(1) オーストラリアの内陸部は，(　　)帯の気候となっている。

(2) オーストラリアの先住民は(　　)である。

(3) オーストラリアでは，1970年代までヨーロッパ系以外の移住を制限する移民政策をとっていた。これを(　　)政策という。

(4) オーストラリアは現在，さまざまな民族がともに暮らし，お互いの文化を尊重する(　　)社会を築こうとしている。

(5) オーストラリアは鉱産資源が豊富で，東部で(　　)，西部で(　　)が豊富に産出する。多くは(　　)掘りによって採掘されている。

9章 日本と世界① 人口

☑CHECK 9

つまずき度 !!!

➡ 解答は p.22

次の文の（　　）にあてはまる語句を答えなさい。

(1) 日本は出生率が低下し，高齢者の割合が高くなった結果，（　　）化が進み，人口ピラミッドはつぼ型となっている。

(2) 都市部では人口が集中しすぎる（　　），農村部では人口が急激に減って（　　）が問題となっている。

10章 日本と世界② 日本のエネルギー

☑CHECK 10

つまずき度 !!!!

➡ 解答は p.22

次の文の（　　）にあてはまる語句を答えなさい。

(1) （　　）発電…二酸化炭素を多く排出する。

(2) （　　）発電…ダム建設時に自然破壊を引き起こす。多大な支出が必要。

(3) （　　）発電…放射能もれなどの事故による危険がある。

(4) 近年では，自然環境に与える影響が小さく，繰り返し利用できる（　　）エネルギーの利用が推進（すいしん）されている。

11章 日本と世界③　貿易

☑CHECK 11

つまずき度 !!!

➡ 解答は p.22

次の文の(　　)にあてはまる語句を答えなさい。

(1) 輸入した資源などを原料や燃料として，工業製品をつくり，価値を高めたうえで，外国に輸出する貿易を(　　)貿易という。長年，このかたちが日本の貿易の特色だったが，近年は(　　)の輸入が増え，そのかたちは崩れつつある。

(2) 日本の企業が海外に工場を移して生産するようになり，国内の生産力が衰える現象を産業の(　　)という。

12章 日本の姿

☑CHECK 12

つまずき度 !!!!!

➡ 解答は p.22

次の文の(　　)にあてはまる語句か数字を答えなさい。

(1) 北海道の北東に位置する(　　)島，国後島，色丹島，(　　)群島を合わせて，(　　)という。現在，(　　)が不法に占拠している。

(2) 島根県の(　　)島は日本固有の領土だが，韓国が不法に占拠している。

(3) 日本の北の端は北海道の(　　)島，南の端は東京都の(　　)島，東の端は東京都の(　　)島，西の端は沖縄県の(　　)島である。

(4) 日本は(　　)造山帯に位置していて，造山運動がさかんである。国土の約(　　)分の(　　)は山地と丘陵地が占める。

(5) 河口付近にできた，三角形に似た形の低く平らな地形を（　　）という。

(6) 日本は，北海道地方，東北地方，関東地方，中部地方，（　　）地方，（　　）・四国地方，九州地方の７地方に分けられる。

(7) 次の道県の道県庁所在地は，①北海道（　　市），②岩手県（　　市），③宮城県（　　市），④群馬県（　　市），⑤栃木県（　　市），⑥茨城県（　　市），⑦埼玉県（　　市），⑧神奈川県（　　市），⑨山梨県（　　市），⑩愛知県（　　市），⑪石川県（　　市），⑫滋賀県（　　市），⑬三重県（　市），⑭兵庫県（　　市），⑮島根県（　　市），⑯香川県（　　市），⑰愛媛県（　　市），⑱沖縄県（　　市）である。

(8) （　　）によって，集中豪雨や河川のはんらん，強風や高潮などが引き起こされる。

(9) 日本は環太平洋造山帯に位置するため，（　　）が多く火山活動がさかんである。

(10) 防災のために，被害が出そうな場所などを示した（　　）を作成する。

13章 日本の農業

☑CHECK 13

つまずき度 !!!!!

➡ 解答は p.22

次の文の（　　）にあてはまる語句を答えなさい。

(1) 米が余るようになったため，国は，稲作農家に米以外の作物をつくる(　　)作をすすめた。この政策を米の(　　)という。

(2) 右の写真のように，川が山地から平地に流れ出るところに土砂が積もってできた地形で，扇形に広がる緩やかな傾斜地を(　　)地という。多くが果樹園などに利用され，山梨県の(　　)盆地などに広がっている。

写真：アフロ

(3) 地域で消費される食料のうち，その地域で生産している分でまかなえる食料の割合を食料(　　)という。

14章 日本の水産業

☑CHECK 14

つまずき度 !!!!

➡ 解答は p.23

次の文の（　　）にあてはまる語句を答えなさい。

(1) 沿岸から200海里以内の海域で，領海を除く水域を（　　）水域という。

(2) 陸地から遠く離れた海で，大型の船を使って行う漁を（　　）漁業，海岸から80～200 kmくらいの沖で，中型の船を使って行う漁を（　　）漁業，陸地に近い海域で，小型の船を使って行う漁を（　　）漁業という。これらをまとめて「（　　）漁業」といい，最も漁獲量が多いのは（　　）漁業である。

(3) 魚介類を小さいときからいけすなどの施設を使って育て，出荷できるサイズまで大きくしてから出荷する漁業を（　　）業，卵からかえした稚魚や稚貝を，一定の期間育ててから，海や川に放流し，その後自然の中で成長したものをとる漁業を（　　）漁業という。これらをまとめて「（　　）漁業」という。

(4) 遠洋漁業の漁獲量が1970年代から大きく減った理由には，（　　）が起こって燃料費が高騰したことと，各国が200海里の（　　）を設定したことがある。

15章 日本の工業

✓CHECK 15

つまずき度 !!!

➡ 解答は p.23

次の文の（　　）にあてはまる語句を答えなさい。

(1) 機械工業，金属工業，化学工業をまとめて（　　）工業，せんい工業，食料品工業，製紙・パルプ工業などをまとめて（　　）工業と呼ぶ。

(2) 1950年代後半から1970年代はじめまでは，日本の工業，そして経済が飛躍的に成長した。これを（　　）という。同じころ，発電などに利用されるエネルギー源の中心が，石炭から石油に変わった。これを（　　）という。

(3) 円高になると，輸出に（　　）利で，輸入に（　　）利となる。

(4) 四大公害病のひとつで，熊本県と鹿児島県の八代海沿岸の地域で起こったのは（　　）病である。原因は，化学工場の廃水に含まれていた（　　）であった。

(5) 国は公害対策に取り組むため，1967年，（　　）を制定した。1993年には，これにかわって，（　　）を制定し，地球規模の環境問題にも取り組むことなどを定めた。

(6) 関東地方から九州地方北部にかけて帯のように連なる，工業地帯・地域が集中しているところを（　　）という。

16章 日本の商業・サービス業・交通

☑CHECK 16

つまずき度 !!!

➡ 解答は p.23

次の文の（　）にあてはまる語句を答えなさい。

(1) インターネットと自動車専用道路網の活用…（　）ストア，通信販売が伸びている。

(2) 近年，旅客輸送の割合は（　）>（　）>航空機の順である。

(3) 近年，貨物輸送の割合は（　）>船>（　）の順である。

17章 北海道地方

☑CHECK 17

つまずき度 !!!

➡ 解答は p.23

次の文の（　）にあてはまる語句を答えなさい。

(1) 明治時代，北海道を開拓するため，札幌に（　）という役所が置かれ，（　）という農兵が北海道に送られた。

(2) 択捉島，国後島，色丹島，歯舞群島からなる（　）は，日本固有の領土だが，現在，ロシア連邦が不法に占拠している。

(3) 北海道の先住民は（　）の人々である。

(4) 石狩平野は，ほかの土地から農耕に適した土を運び入れて，土地の性質を変える（　）を行った。

(5) 北海道東部に広がる，日本を代表する酪農地帯は（　）台地である。

18章 東北地方

✓CHECK 18

つまずき度 !!!

➡ 解答は p.23

次の文の（　　）にあてはまる語句を答えなさい。

(1) 太平洋側の地域は，夏に寒流の（　　）の上を吹いてくる，冷たく湿った北東風の（　　）の影響で，気温が上がらず，日照時間も不足して（　　）が発生することもある。

(2) 東北地方の太平洋側に広がる三陸海岸の南部は（　　）海岸となっていて，天然の良港が多く，波が静かな環境は（　　）業に適している。

(3) 三陸沖には，暖流と寒流がぶつかる（　　）があり，プランクトンが豊富なため，よい漁場となっている。

(4) 青森県の陸奥湾では，（　　）の養殖がさかんである。

19章 関東地方

☑CHECK 19

つまずき度 !!!

➡解答は p.23

次の文の（　　）にあてはまる語句を答えなさい。

(1)（　　）空港は，日本最大の貿易額を誇る。

(2) 関東平野は，関東（　　）と呼ばれる赤土で覆われている。

(3) 群馬県の高原地帯では，夏の涼しい気候をいかして，キャベツやレタスなどの高原野菜をほかの地域よりも遅い時期に栽培して出荷する（　　）栽培がさかんである。特に（　　）村には，見渡す限りキャベツ畑が広がっている。

(4) 東京から横浜にかけての東京湾岸には，（　　）工業地帯が広がっている。この工業地帯の各工業の割合は，（　　）工業が約50%，化学工業が約20%である。

(5) 高速道路の整備により，内陸部への工場の移転が進んで，群馬県，栃木県，茨城県にまたがる（　　）工業地域が形成された。

20章 中部地方

✓CHECK 20

つまずき度 !!!!!

➡ 解答は p.23

次の文の（　　）にあてはまる語句を答えなさい。

(1) 長野県の野辺山原などでは，夏でも涼しい気候をいかして，レタスやはくさいなどの（　　）野菜を栽培している。このように，ほかの地域よりも遅い時期に農作物を栽培することを（　　）栽培という。

(2) 濃尾平野には，洪水を防ぐために，周りを堤防で囲んだ地域が見られる。これを（　　）という。

(3) 愛知県では自動車の生産がさかんで，その中心となっているのが世界有数の自動車会社の本社が置かれている（　　）市である。

(4) 静岡県の沿岸部には，（　　）工業地域が形成されている。（　　）市では，楽器やオートバイの生産がさかんで，（　　）市では，製紙・パルプ工業がさかんである。

21章 近畿地方

✓CHECK 21

つまずき度 !!!

➡ 解答は p.23

次の文の（　　）にあてはまる語句か数字を答えなさい。

(1) 黒潮の（ ① ）海流の影響などにより，和歌山県・三重県は温暖である。温暖多雨という自然環境をいかして，紀伊山地周辺では林業がさかんであり，（ ② ）すぎは有名である。また，このような自然環境と豊かな土壌をいかして，和歌山県では（ ③ ）や（ ④ ），かきの栽培がさかんで，生産量は日本一を誇(ほこ)る。（※③④の解答は順不同とします。）

(2) 日本一面積が大きい湖は（　　）湖で，そこからは（　　）川が流れ出し，流域に大阪平野が広がっている。

(3) 大阪は古くから商業がさかんで，「天下の台所」と呼ばれていた。現在でも（　　）屋が多い。

(4) 阪神工業地帯の製造品出荷額は，第二次世界大戦前は第（　　）位だったが，現在は伸び悩んでいる。全国と比べて（　　）工業や化学工業の割合が高い。（　　）市（大阪府）には有名な電機メーカーの本社があり，電気機器の生産がさかんである。

(5) 兵庫県の明石市は東経（　　）度の日本標準時子午線が通る。

22章 中国・四国地方

☑CHECK 22

つまずき度 !!!!!

➡ 解答は p.23

次の文の(　　)にあてはまる語句を答えなさい。

(1) 瀬戸内では降水量が少なく，冬でも温暖なことをいかして，塩田での塩づくりがさかんであった。この広大な塩田の跡地を利用して形成されたのが(　　)工業地域である。

(2) 瀬戸内工業地域の中心地は岡山県の(　　)市(　　)地区である。

(3) 瀬戸内海の波がおだやかな自然環境をいかして，広島県では(　　)の養殖が，愛媛県の宇和海沿岸ではたいや(　　)の養殖がさかんである。

(4) 高知平野では冬でも温暖な気候をいかして(　　)やきゅうり，なすなどの野菜の(　　)栽培がさかんである。

(5) 本州四国連絡橋の中で，鉄道が通っているのは(　　)のみである。

23章 九州地方

☑CHECK 23

つまずき度 !!!

➡ 解答は p.23

次の文の（　　）にあてはまる語句を答えなさい。

(1) 日本にある（　　）軍基地の約70%が沖縄県に集中している。

(2) （　　）炭田や，鉄鉱石の輸入先だった中国に近いことから，北九州市に（　　）製鉄所がつくられ，（　　）工業地帯の発展のもととなった。これにより，（　　）県は工業生産額が九州第1位となった。

(3) 熊本県の阿蘇山には世界最大級の（　　）がある。

(4) 鹿児島県・宮崎県は暖流の（　　）の影響を受け，温暖で降水量が多い。また，火山灰などが積もった（　　）台地が広がっている。

(5) 鹿児島県は静岡県と並んで（　　）の生産量がとても多い。また，宮崎平野ではピーマンなどの野菜が（　　）栽培されている。

― 解答 ―

CHECK 1

(1)　①ユーラシア，②③④⑤アフリカ，北アメリカ, オーストラリア, 南極（順不同）
(2)　①太平，②③大西，インド（順不同）
(3)　①②アジア，ヨーロッパ（順不同），③オセアニア
(4)　135　(5)　15

CHECK 2

(1)　熱
(2)　①乾燥，②砂漠，③ステップ
(3)　西岸海洋性，偏西，暖
(4)　冷（亜寒），冬，タイガ，高床
(5)　寒，氷雪，ツンドラ
(6)　アンデス，コーヒー，とうもろこし，じゃがいも，リャマ，ポンチョ

CHECK 3

(1)　一人っ子政策
(2)　モンスーン，夏，冬
(3)　世界の工場，経済特区
(4)　ASEAN（アセアン）（東南アジア諸国連合）
(5)　情報通信技術産業（ICT 産業）

CHECK 4

(1)　偏西風，西岸海洋性　(2)　地中海性
(3)　フィヨルド　(4)　ユーロ　(5)　関税

CHECK 5

(1)　レアメタル　(2)　カカオ，ギニア
(3)　モノカルチャー
(4)　AU（アフリカ連合）
(5)　アパルトヘイト

CHECK 6

(1)　企業　(2)　適地適作
(3)　サンベルト　(4)　シリコンバレー
(5)　ヒスパニック

CHECK 7

(1)　アマゾン，セルバ
(2)　バイオ燃料（バイオエタノール）
(3)　コーヒー　(4)　BRICS（ブリックス）

CHECK 8

(1)　乾燥
(2)　アボリジニ
(3)　白豪主義　(4)　多文化（多文化共生）
(5)　石炭，鉄鉱石，露天

CHECK 9

(1)　少子高齢　(2)　過密，過疎（化）

CHECK 10

(1)　火力　(2)　水力
(3)　原子力　(4)　再生可能

CHECK 11

(1)　加工，機械類　(2)　空洞化

CHECK 12

(1)　択捉，歯舞，北方領土，ロシア連邦
(2)　竹
(3)　択捉，沖ノ鳥，南鳥，与那国
(4)　環太平洋，4，3　(5)　三角州
(6)　近畿，中国（順不同）
(7)　①札幌，②盛岡，③仙台，④前橋，⑤宇都宮，⑥水戸，⑦さいたま，⑧横浜，⑨甲府，⑩名古屋，⑪金沢，⑫大津，⑬津，⑭神戸，⑮松江，⑯高松，⑰松山，⑱那覇
(8)　台風　(9)　地震
(10)　ハザードマップ（防災マップ）

CHECK 13

(1)　転，生産調整（減反政策）
(2)　扇状，甲府（こうふ）
(3)　自給率

CHECK 14

(1)　排他的経済
(2)　遠洋，沖合，沿岸，とる，沖合
(3)　養殖，栽培，育てる（つくり育てる）
(4)　石油危機（オイル・ショック），排他的経済水域

CHECK 15

(1)　重化学，軽
(2)　高度経済成長，エネルギー革命
(3)　不，有
(4)　水俣，有機水銀（メチル水銀）
(5)　公害対策基本法，環境基本法
(6)　太平洋ベルト

CHECK 16

(1)　コンビニエンス　(2)　自動車，鉄道
(3)　自動車，鉄道

CHECK 17

(1)　開拓使，屯田兵　(2)　北方領土
(3)　アイヌ　(4)　客土　(5)　根釧（こんせん）

CHECK 18

(1)　親潮（千島海流），やませ，冷害
(2)　リアス，養殖　(3)　潮目（しおめ）（潮境（しおざかい））
(4)　ほたて貝

CHECK 19

(1)　成田国際　(2)　ローム
(3)　抑制，嬬恋（つまごい）
(4)　京浜，機械　(5)　北関東

CHECK 20

(1)　高原，抑制
(2)　輪中　(3)　豊田
(4)　東海，浜松，富士

CHECK 21

(1)　①日本，②吉野，③④うめ，みかん（順不同）(2)　琵琶（びわ），淀（よど）　(3)　問
(4)　1，金属，門真（かどま）　(5)　135

CHECK 22

(1)　瀬戸内　(2)　倉敷，水島
(3)　かき，真珠
(4)　ピーマン，促成（そくせい）　(5)　瀬戸大橋

CHECK 23

(1)　アメリカ
(2)　筑豊（ちくほう），八幡，北九州，福岡
(3)　カルデラ
(4)　黒潮（日本海流），シラス
(5)　茶，促成（そくせい）

MEMO